PRINCIPLES OF ACCOUNTING

회계원리

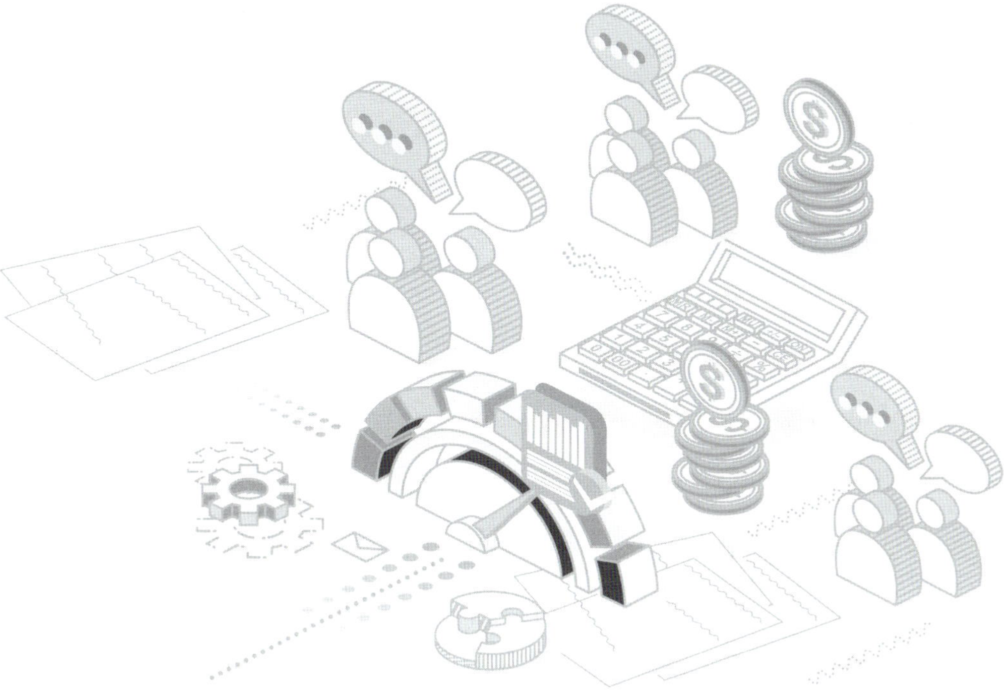

PRINCIPLES OF ACCOUNTING

회계원리

황규진 · 김범건

신영사

머리말

발생주의 회계는 500여년 전 지중해 상인들이 처음 사용한 이래 지속적으로 발전해 왔다. 산업혁명 시기에 제조업이 급속히 발달하면서, 제조원가 및 기간회계의 개념이 정립되었고, 이는 회계처리방법을 더욱 발전시켰다.

시간이 흘러 20세기 초반 현대적 의미의 자본주의가 미국과 유럽에 정착되면서 자본시장 유지를 위한 회계처리 문제가 새롭게 발생하였다. 그러나 회계기준의 미비와 느슨함으로 자본시장의 신뢰를 잃은 회계제도는 1929년 미국 대공황의 원인 중 하나로 지적되었다. 이후 각국은 자본시장에 대한 통제기능을 강화하기 위하여 회계기준을 정비하였고, 회계는 더 이상 기업 내부 정보이용자들만을 위한 것이 아닌 '공공재'로서의 기능을 갖게 되었다. 즉, 많은 회계원칙이 공공재로서 정보제공 기능을 수행하기 위한 규범으로 확립되었다.

우리나라는 1990년대 이후 주식시장을 외국인들에게 단계적으로 개방하는 과정에서 회계정보의 신뢰성을 저해하는 요인들이 발생했고, 이는 1997년 IMF 외환위기의 한 원인으로 작용하였다. 이후 외환위기를 극복하는 과정에서 회계제도가 크게 개선되었으나, 여전히 회계투명성은 낮게 평가되면서 국제회계기준(IFRS)을 도입하는 계기가 되었다. 2011년 한국채택국제회계기준(K-IFRS)이 시행되면서 경제 · 사회 전반에서 회계전문가에 대한 수요가 지속적으로 늘어나고 있다.

IFRS는 지속적으로 경제 · 사회의 변화에 맞추어 지속적으로 발전하고 있다. 이러한 변화 속에서 경영 및 회계 관련 전공 대학생들에게 회계는 선택이 아닌 필수 지식이 되었다. 단순한 암기 위주의 학습으로는 IFRS의 변화를 따라가기 어려운 시대가 되었고, 회계는 '기업의 언어'로서 재무정보를 매개로 한 이해관계자간 의사소통의 핵심이 되고 있다. 따라서 회계지식이 부족하면 기업활동 전반에서 다양한 어려움을 겪을 수 있다. 다만, 경영 및 회계를 전공하는 학생에게 회계원리는 반드시 학습해야 할 기본과목이지만, 많은 학생들이 어렵게 느끼는 것도 사실이다. 본서는 회계가 개인의 일상생활과도 밀접하게 연관되어 있다는 점을 바탕으로 학생들이 보다 쉽게 회계의 원리를 이해하고 흥미를 느낄 수 있도록 구성하고자 하였다.

회계를 공부하는 방법에는 크게 두 가지가 있다. 하나는 실무에서 필요한 회계지식을 습득하며 업무에 활용하는 방법이고, 다른 하나는 회계기준의 내용을 논리적으로 이해하며 '왜 이러한 회계처리가 이루어지는가'에 대해 스스로 납득해 가면서 회계학의 전체적인 지식을 체계적으로 구성하는 방법이다. 만약 평생 한 업종이나 한 회사에서만 일한다면 전자의 방법으로 회계를 학습해도 충분할 것이다. 그러나 현대 경제 · 사회는 '평생직장은 없는 시대'라 할 수 있으므로, 후자의 방법으로 회계를 논리적으로 학습해야만 언제 어디서든 변화하는 환경에 유연하게 대응할 수 있다.

본서는 '회계학의 기본을 바로 세우는 것'을 목표로 한다. 회계의 기본 구조를 정확히 이해하고 있다면, IFRS가 어떤 방향으로 변화하더라도 기본 이론을 응용하여 신속하게 대응할 수 있기 때문이다. 21세기의 회계는 전산회계프로그램의 발전으로 단순한 계산업무에 소요되는 시간을 크게 절약할 수 있게 되었다. 즉, 계산과정에서의 오류를 방지하기 위해 확인절차에 투입되던 시간이 상당히 절약된 것이다. 대신 회계의 전체적인 논리구조를 정확히 이해하고, 목적적합하고 신뢰성 있는 회계정보가 산출되고 있는지를 판단하며, 오류 발생시 그 원인을 분석할 수 있는 전문가에 대한 수요는 더욱 늘어나고 있다.

본서는 이러한 회계전문가로 성장하기 위한 첫걸음이 될 수 있도록 구성하였다. 즉, 계산의 확인과정에 해당하는 불필요한 절차는 최소화하고, 회계기준의 논리체계하에서 각 주제가 어떠한 의미와 역할을 가지며 이들이 재무제표에서 어떻게 유기적으로 연결되는지를 이해하는 데 초점을 두었다. 오늘날 정보의 홍수 속에서 핵심적인 정보를 선별할 수 있는 능력은 매우 중요하다. 수많은 회계학 관련 서적들이 있지만, 그중 상당수가 불필요한 설명을 장황하게 늘어놓고 있어 오히려 중요한 내용들이 가려지는 경우가 적지 않다.

본서는 회계원리 수준에서 학습해야 하는 전 범위를 포함하고 있으면서도 분량은 학습의 효율을 고려하여 적정 수준으로 조정하였다. 회계는 단순 암기의 학문이 아니기 때문에, 본서를 통하여 학생들이 시행착오를 줄이면서 회계에 가까워질 수 있을 것으로 기대한다.

모든 학문은 'why'라는 질문을 통해 존재 의의를 찾는다. 그러나 현실적으로는 한정된 시간 안에 공부해야 하는 상황 속에서 이러한 질문에 대한 깊은 고민을 생략한 채 당장의 문제해결에만 몰두하는 경우가 많다. 본서는 끊임없이 'why'에 대한 답을 중심으로 내용을 구성하여, 독자들이 향후 중급, 고급 회계에서도 자신 있게 회계공부를 할 수 있도록 도움을 주고자 한다. 회계 관련 각종 자격증, 채용시험에서는 1점차로 누군가는 붙고 누군가는 떨어지는 상황이 빈번하다. 그 차이는 우연이나 운이 아니라, 기본이 얼마나 탄탄히 다져져 있느냐에 달려 있다. 낯선 문제에 직면했을 때, 부분적으로라도 옳은 답을 도출하여 평균적으로 1점 이상의 우위를 점할 수 있는 사람은 '기본을 튼튼히 다진 사람'일 것이기 때문이다.

끝으로 이 책이 출판되기까지 조언과 격려를 아끼지 않았던 동료, 선후배 교수님들과 이 책의 출판을 도와주신 (주)신영사 임직원 여러분께 깊은 감사를 드린다.

2025년 12월

지 자

차례

PART I '회계', 왜 해야 하고 무엇을 하는가?

CHAPTER 1 '회계'는 사회적 제도

CHAPTER 2 재무제표

CHAPTER 3 재무제표 작성을 위한 분개 및 수정분개

PART II 재무제표의 작성 I (영업흐름 관련 회계처리)

CHAPTER 4 재고자산

CHAPTER 5 매출채권

CHAPTER 6 유형자산 및 무형자산

PART Ⅲ 재무제표의 작성 Ⅱ(자금흐름 관련 회계처리 및 기타)

CHAPTER 7 금융자산 관련 주요 회계처리

CHAPTER 8 부채 관련 주요 회계처리

CHAPTER 9 자본 관련 주요 회계처리

CHAPTER 10 기타 회계 주제들

PART

I

'회계', 왜 해야 하고 무엇을 하는가?

CHAPTER 1

'회계'는 사회적 제도

제 1 절　회계의 과거와 미래, 그리고 현재
제 2 절　재무제표에 대한 이해
제 3 절　재무제표의 기본구성 및 종류

개 요

회계에서 사용되는 용어와 형식은 상식적으로 표현되지 않는다. 회계는 500여년 전부터 내려오면서 사회적 관습으로 굳어진 복식부기의 규칙을 사용한다. 즉, 일반적인 책에 쓰여 있는 문자 언어, 상식적으로 생각할 수 있는 출납기록장에 대한 선입관을 버리고, 회계에서의 용어, 관점과 체계에 근거해 기업에서 일어난 일들을 회계만의 방식으로 표현하는 방식을 학습해야 한다. 구체적으로, 회계에서는 기업에서 발생한 거래나 사건들을 정해진 규칙에 따라 계정과 금액으로 표현하고(분개), 이를 재무상태표와 포괄손익계산서라는 형식으로 보고하는 일련의 절차를 알아야 한다. 처음 회계를 접할 경우 회계가 생소하고 개념을 이해하기 어려울 수 있다. 그러나 회계의 논리구조를 이해한 후에는, 오히려 회계의 논리대로 사고하는 방식이 더 편할 수 있다. 한마디로, 회계를 시작한다는 것은 하나의 논리체계를 받아들이는 것이므로 첫 출발이 매우 중요하다.

제 1 절 회계의 과거와 미래, 그리고 현재

1. 회계가 발전되어 온 역사

500여년 전부터 지중해 상인들이 사용해 오던 사회적 관습의 방법(복식부기)을 최근 120여년간 회계학자들이 발전시킨 것이 현대적 의미의 '회계'이다. 거래의 양과 종류가 적다면 현금의 출납만을 기록해도 문제가 없겠으나, 500여년 전 지중해 상인들은 엄청난 규모의 무역업의 장단기적인 성과를 측정하기 위해 복식부기라는 원리를 채택하였다. 이후 산업혁명을 거치면서 대규모 설비에 대한 회계처리, 이들의 감가상각에 대한 회계처리 등이 필요해지면서 회계제도가 정교화될 필요가 있었고, 회계제도는 이러한 요구에 따라 발전되었다. 산업혁명을 거쳐 자본주의 발달과 함께 회계는 발전을 거듭해 오늘날 거의 모든 자본주의 국가들이 사용하고 있다.

특히, 20세기에는 석유 등 천연자원을 사용한 제품들이 만들어지면서 무형자산에 대한 회계처리도 필요해졌고, 포드자동차가 표준화된 생산공정에 따라 대량생산에 성공하면서 많은 기업들이 기업규모를 대형화하려는 움직임을 보였다. 기업의 대형화 과정에서 필연적으로 뒤따른 것이 자본시장의 대형화였다. 이에 따라 금융자산, 금융부채 등에 대한 정확한 회계처리의 필요성이 커지면서 회계기준이 강화되었다. 자본시장에서는 금융수익을 원하는 불특정 다수의 투자자가 자금을 공급하고, 불특정 다수의 기업에서 대규모 자금에 대한 수요가 발생한다. 이에 따라 자본시장은 대형화된 기업들의 재산상태와 성과를 구체적으로 측정하여 숫자로 나타낸 정보를 공급할 필요가 생겼다. 자칫하면 투자자들은 투자자금을 손해 볼 수도 있기 때문에, 기업들이 제대로 재산상태를 유지하면서 성과를 내고 있는지에 대하여 알 필요성이 매우 높아졌기 때문이다. 이러한 필요를 충족시키는 정보로 재무제표(회계정보)가 채택된 것이다.

어느 학문에서든, 학자들은 주로 일반현상을 체계화하여 거기서 도출된 결론이 보편적으로 적용가능하도록 발전시키는 데 초점을 맞춘다. 그렇다면 최근 120여년간 회계학자들이 지중해 상인들의 관습적 방법을 연구하는 데 있어서 어떤 철학을 가지고 있었으며, 무엇을 위하여 이러한 연구를 했을까?

학문으로서 회계학의 뿌리는 경제학에서 찾을 수 있다. 경제학의 정의는 다양하지만, 처음 공부하는 사람들에게 아주 상식적이고 쉬운 정의를 내려보면, 궁극적으로 '인간의 생산, 소비 활동의 균형이 어떻게 이루어지는가?'를 연구하는 학문이 경제학이라고 할 수 있다. 수백년 전부터 사람들이 이러한 문제를 깊이 다루면서 경제학의 학문적 발전이 이루어졌다. 경제학은 경제주체의 생산과 소비 활동이 어떻게 균형을 이루는지에 대해 이론적으로 타당한 주장을 제시하지만, 실제로 얼마나 생산하고 소비하는지에 대해서 구체적인 수치로 제시하지 않는다. 그러나 정보이용자는 생산활동 및 소비활동과 관련되어 구체적으로 수치를 측정하여 제시하기를 요구하며, 이 정보를 산출하기 위해서는 다수의 정보이용자가 받아들일 수 있는 합리적인 규칙이 필요해졌다. 이렇게 하여 재무제표[1)]의 정보유용성을 연구하는 일을 회계학자들이 하게 되었고, 오늘날에도 자본시장의 많은 이해관계자에게 유용한 정보를 제공하기 위하여 더 합리적인 회계기준 개정을 추구하는 회계학 연구가 계속 이루어지고 있다.

2. AI시대와 회계

가까운 미래에 더욱 본격화될 AI시대에 '회계' 분야의 전망은 어둡기만 할까? AI가 대체할 분야에 대한 전망은 회계 분야뿐 아니라 사회의 모든 분야에 걸쳐 제기되고 있다. 그렇다면 회계 분야는 가까운 미래에 AI에게 정말로 정복당할 것인가? 지금 회계를 공부하는 것이 필요 없을까?

알파고가 바둑을 학습할 때와 회계의 경우를 비교해 보자.

'바둑'의 특성상 모든 경우의 수가 숫자로만 표현되고, 결과도 승리 아니면 패배로 나타난다는 특성 때문에 바둑의 규칙을 학습한 알파고는 사람의 판단보다 우월할 수밖에 없다. 즉, 바둑의 결과는 반집이라도 이긴 사람과 진 사람으로 명확하게 나뉜다. 그리고 바둑이 진행되는 과정에서도 확실

1) 「주식회사 등의 외부감사에 관한 법률」에 따르면, 재무제표의 작성 책임은 회사의 대표이사와 회계담당 임원에게 있다. 이 재무제표가 회계기준에 따라 적정하게 작성되었는지에 대해서는 공인회계사(CPA)의 감사를 통해 검증된다.

히 정해진 하나의 좌표에 바둑돌이 놓이는 것 외의 상황은 존재하지 않는다.

그런데 '회계' 분야의 경우를 보면, 최종 산출물인 재무제표가 숫자들로 이루어지긴 했으나, 이를 어떻게 해석하느냐에 따라 해당 회계정보의 이용가능성이 달라지며, 궁극적으로는 회계정보의 결과뿐 아니라 회계정보가 산출되는 중간과정에서 매우 유의미한 정보를 얻을 수도 있다. 그리고 회계정보를 산출하는 매 단계마다 사람의 판단이 개입되어야 하며, 숫자로 표현할 수 없는 성장 추세 및 산업의 변화 등도 감안하여 해석할 때 비로소 해당 회계정보의 가치가 완성된다고 할 수 있다.

물론, 엄청난 재력을 가진 투자자 또는 정부가 큰돈을 쏟아부어 회계를 정복하는 AI를 만들겠다고 작정한다면, 사람이 판단해오던 부분을 포함하여 회계 분야의 상당 부분을 AI가 대체할 수 있을 것이다. 그러나 회계 분야는 단순한 검색을 통해 결과를 산출하는 구조도 아니고, 거래들을 계정과 숫자로 변환하는 과정에서 바둑의 좌표처럼 정확히 하나의 정답으로 반영되지 않고 선택의 경우가 나타날 수도 있다. 또한, 다양한 표현으로 이루어진 계약 내용의 숨어 있는 실질까지 파악하고 올바른 판단을 통해 계정과 숫자로 표현해야 하는 절차도 있을 수 있다. 이 과정에서 단 한 번의 실수라도 발생한다면 회계의 최종결과물의 가치는 크게 달라질 위험성이 있다. 이러한 회계의 특성 때문에, AI개발자들에게 있어서 회계를 완전히 대체할 수 있는 AI 시스템을 개발하는 것은 큰 부담일 수 있다. 이러한 단점까지 극복하는 AI시스템이 되려면 그 투자는 가성비가 맞지 않는 투자가 될 가능성이 높을 수 있다.

실제로, 약 100년 전에는 '주판'이라는 도구를 사용하여 계산을 수행하면서 회계처리가 이루어졌으며, 약 50년 전부터는 '주판'이 '전자계산기'로 대체되어 회계처리중에 이루어지는 계산이 훨씬 빨라졌다. 하지만 이 당시 회계 직종의 일자리는 감소하지 않았으며, 약 20~30년 전부터는 전산회계프로그램들이 기업의 회계처리과정에서 나타나는 상당한 양의 계산과 중간처리절차에 도움을 주고 있지만, 여전히 모든 기업에 회계담당자는 필요하다. 회계절차에서 오류가 발생할 경우 해당 기업에 치명적인 문제를 일으킬 수도 있기 때문에, 이를 감독하는 전문가는 반드시 필요한 것이다.

즉, AI가 제시한 결과물 그 자체가 완전한 정답인 경우(알파고의 바둑, 또는 완전 자동화된 공장 등이 그러한 예일 것)가 있을 수 있으며, AI가 제시해 준 결과물을 약간 수정하여 사용할 수 있는 분야(여행객에게 필요한 정도의 언어능력을 지닌 파파고의 번역기 등)가 있을 수 있다. 하지만 AI가 제시해 준 결과를 전략적인 측면에서 상당히 수정하면서 외부와의 경쟁, 자본시장에서의 경쟁력 향상에 이용할 것으로 예상되는 회계 분야와 같은 유형에서는 AI가 만들어준 결과를 어디까지 신뢰할 수 있는지 판단을 유보할 수밖에 없다. 즉, 회계는 AI의 도움으로 시간을 크게 절약할 수 있지만, 회계의 결과물에서 발생할 가능성이 있는 오류의 원인을 AI 스스로 찾아내는 것이 다른 분야들에 비해 어려울 수 있다는 것이다.

회계정보는 매우 작은 중소기업부터 대기업까지 각각의 집단에서 산출되도록 사회적 약속이 되어 있다. 극단적으로 모든 것을 AI가 수행한다고 하더라도 그 진행상황을 점검해야 할 회계전문가가 각 기업마다 적어도 한 명씩은 있어야 한다. AI가 회계를 대체하는 시대가 되어도 각 회사마다 AI가 수행하는 회계를 검토하고 관리하는 인력은 필요하다는 것이다. 지금도 중소기업 중 일부는, 회사 내에 회계전문가를 두지 않고 외부 공인회계사(CPA)들에게 자기 회사의 회계처리를 외주화하는 경우가 있다. 하지만 회계가 단순히 자료만 만들고 제출하면 끝나는 것이 아니라 이를 통해 경영자가 회사의 상황과 전망을 해석할 수 있는 중요한 자료이기 때문에, 자기 회사의 운명을 외부에 100% 의존한다는 것은 매우 위험하다.

결론적으로, 회계도 다른 분야들처럼 AI의 영향을 크게 받는다는 데에는 이론이 있을 수 없다. 다만, AI가 산출한 회계 결과물의 질적 특성에 따라 회계전문가의 개입이 필요한 영역이 회계절차의 매 과정과정마다 있을 것이다. 미래에 AI가 더 확장되는 시대에 회계전문가에 대한 수요가 줄어들 가능성도 배제할 수 없지만, 오히려 AI가 수행한 회계정보를 이해하고 분석, 검토할 회계전문가에 대한 수요가 늘어날 가능성도 있다.

3. 현재 시점에서 회계의 의미와 '회계기준'의 역할

'회계'가 발달되어 온 과거 역사를 살펴보았고, 미래 AI시대에도 회계는 필요하다는 사실을 알게 되었다. 그렇다면 이제부터 회계란 왜 필요하고, 회계에서 무엇을 이해하고 공부해야 하는지 살펴보자.

'회계'를 정의해 보면, '회계기준'에 규정된 대로 기업에서 발생하는 많은 사건들이나 거래를 '측정'하고 '기록'하여 '정보'(재무제표)를 산출하는 것이 '회계'라 할 수 있다. 그리고 이를 통해 자본시장에 참여하는 여러 이해관계자들은 그들에게 유용한 정보를 얻을 수 있게 된다.

무엇인가를 기록하려면 '글'로 쓰는 방법이 가장 일반적이겠으나, 1년에도 수백만 건 이상의 거래 및 사건이 발생하는 기업에서 각자의 일기처럼 '글'로 모든 것을 기록하는 방법은 효율적인 기록이라 할 수 없다. 물론, 자본주의가 발달하기 이전의 시대에는 거래의 규모가 작다 보니 그림이나 간단한 기록으로 물물교환의 시기, 내용 등을 기록했을 수 있으며, 이후에도 작은 규모의 교역에서는 간단한 출납장 형태의 기록만이 필요했을 수 있다.

약 500여년 전 유럽 지중해의 상인들을 중심으로 상거래의 규모가 커지면서 하나의 거래나 사건을 두 측면에서 기록하는 '복식부기'라는 방법이 나타났고, 이후 상거래에서 이러한 방식이 사회적 관습으로 정착되었다. 이후 회계학자들이 이를 연구하며 현대적 의미의 '회계'로 발전시켰고, 이때부터 '회계기준'에 의한 회계정보 산출을 의무화하는 사회적 약속이 시작되는 나라도 있었다. 현재 대부분의 자본주의 국가의 기업들은 '회계기준'에 의하여 기업에서 발생한 거래나 사건들을 체계적으로 기록한 '재무제표'[2]를 공시하도록 의무화하고 있다.

재무제표 작성을 위한 회계의 기본원리는 다음과 같다.

1) 기업에서 발생한 거래의 상황을 정확히 이해하고
2) 이를 약속된 2개 이상의 '계정과 금액'으로 표시하고(분개)
3) 같은 '계정'끼리 그 금액을 합산하여 정리 후 계정과 최종잔액을 재무제표(재무상태표와 포괄손익계산서)의 정해진 위치로 옮긴다.

이상 3단계의 절차가 바로 회계에서 해야 하는 것이다. 오류를 줄이기

---

2) 주요 재무제표로는 재무상태표(구 대차대조표), 포괄손익계산서(공식명칭은 포괄손익계산서이지만, 회계원리 수준에서는 거의 손익계산서 내용에 한정됨), 자본변동표, 현금흐름표 등 네 가지 및 중요한 회계정책 정보와 그 밖의 설명 정보로 구성되어 있는 주석이 있으며, 이 중 재무상태표와 포괄손익계산서가 주로 이용된다.

위하여 추가적인 단계가 있지만, 회계에 있어서 중요한 판단을 요하는 핵심 절차는 위 3단계이다.

1단계에서 발생한 거래를 재무제표로 옮기는 과정에서 기업마다 서로 다른 자신들만의 방식을 적용한다면 회계의 '정보로서의 유용성과 가치'는 떨어질 수밖에 없다. 회계기준이 없는 경우 각 기업은 자신들에게 유리한 방향으로 계정이나 금액을 기록하고자 할 수 있기 때문이다. 따라서 기업들이 작성한 재무제표의 비교가능성을 높이고, 이를 통해 재무제표의 정보유용성을 높이기 위해서는 재무제표 작성시 각 계정의 위치 등과 관련하여 어느 정도 일관된 회계기준이 필요하다.

세계 각국은 각자 자기 나라의 특징에 맞게 세부적인 사항에 대해 회계기준을 정해 왔다.[3] 이와 같이 경제사회에 유용한 회계정보를 제공하기 위해 제정된 회계기준을 일반적으로 GAAP(Generally Accepted Accounting Principles)라고 부르는데, 우리나라에서는 '기업회계기준서'라는 용어로 '회계기준위원회(www.kasb.or.kr)'에서 이를 정하여 공표해 왔다. 그런데 많은 기업이 여러 국가에서 활동하게 됨에 따라 회계기준을 통일할 필요성이 생겼고, 그 역할을 국제회계기준(International Financial Reporting Standards : 이하 IFRS)이 하게 되었다. 우리나라도 IFRS를 수용하여 IFRS의 내용을 한국말로 번역한 K-IFRS가 우리나라의 새로운 기업회계기준서가 되었고, 상장기업 등 '주식회사 등의 외부감사에 관한 법률'에 규정된 기업[4]은 의무적으로 적용하도록 하였다.[5] K-IFRS는 기존의 기업회계기준서와 유사하며, 매우 큰 변화가 있었던 것은 아니다. 이와 같은 수준의 회계기준 개정은 경제사회 변화를 반영하여 앞으로도 매년 조금씩 이루어질 수밖에 없다.

이제부터 우리가 학습하게 되는 '회계'라는 것은 K-IFRS를 바탕으로 재무제표를 작성하는 방법을 배우는 것이라 할 수 있으며 그중 가장 기본이 되는 원리를 학습하는 것이 회계원리 수준에서의 목표가 된다.

---

3) 기본적으로 각국 회계기준의 구조는 유사하며 약간씩 차이가 있을 뿐이다. IFRS의 확산에 따라 사실상 회계는 전 세계에 걸쳐 기업활동을 나타내는 통일된 언어가 되었다고 할 수 있다.

4) ① 주권상장법인, 주권상장법인이 되려는 회사, 금융지주회사, 은행, 투자매매업자, 투자중개업자, 집합투자업자, 신탁업자 및 종합금융회사, 보험회사, 신용카드업자
② 지배 · 종속 관계에 있는 경우로서 지배회사가 연결재무제표에 K-IFRS를 적용하는 경우 연결재무제표가 아닌 재무제표에도 한국채택국제회계기준을 적용해야 함

5) K-IFRS 적용 대상 기업이 아닌 경우 일반기업회계기준을 적용한다.

4. 실생활의 사례에 대한 회계적 생각

실생활의 사례를 회계적으로 해석해 보자.

우리는 어린 시절부터 알게 모르게 다양한 경제활동을 하면서 살아왔다. 이러한 일상생활에서의 경제활동을 회계적인 관점에서 생각하기 위하여 수입과 지출로 구분하여 생각해 보자.

초등학교 시절, 우리의 가장 기본적인 수입원은 부모님으로부터 받는 용돈(현금)일 것이다. 용돈을 받으면 '수입'이 생기고, '지출'활동을 통해 자신이 필요한 물건을 구입하고 남은 돈을 관리할 수 있으며, 이 과정을 통해 돈의 가치와 경제 개념을 이해하게 되었을 것이다. 조금 나이가 들어 중고등학생이 되면 용돈을 받는 것 외에 간단한 아르바이트 등 일을 하여 필요한 돈을 벌 수도 있으며, 급한 경우 친구로부터 돈을 빌릴 수도 있다.

이렇게 마련한 돈(현금)으로 원하는 곳에 소비하게 될 것이다. 예를 들어, 식사나 교통비, 취미생활 등 일상적인 활동을 위해 사용할 수도 있고, 학습을 위한 책(서적)이나 학용품, 태블릿PC 등을 구입할 수도 있을 것이다. 그리고 남은 돈은 장래를 위해 저축을 할 수도 있을 것이다.

위와 같이 '수입'과 '지출'이 있을 때 간단한 수입과 지출의 경우 머릿속으로 기억하며 관리할 수 있을 것이다. 그러나 나이가 들어감에 따라 수입과 지출 경로는 다양해지며, 자금을 효과적으로 관리하기 위해서는 수입 내역과 지출 내역을 기록할 필요가 있을 것이다. 이때 우리는 현금의 유입이나 유출이 있는 경우 해당 내용을 장부(용돈기입장 등)에 기록하며 관리할 것이다.

지금까지 살펴본 내용을 회계적으로 생각해 보자. 위 사례에서 수입은 그 원천에 따라 ① 부모님으로부터 받은 돈, ② 친구로부터 빌린 돈, ③ 아르바이트를 통해 직접 번 돈 등 세 가지로 세분화할 수 있다. ① 부모님으로부터 받은 돈은 미래에 상환해야 할 의무가 없는 온전히 자신에게 주어진 돈이다(회계적으로는 자본). 다만, 부모님이 자식을 위해 투자하신 돈이기에 경제적으로 여유가 있다면 그 보상을 드려야 할 것이다(회계적으로는 배당). ② 친구에게 빌린 돈은 말 그대로 빚(회계적으로는 부채)에 해당한다. 친구와 약속한 시점에 원금과 이자를 갚아야만 한다. ③ 아르바이트를 해서 번 돈은 자신이 직접 일을 하여 벌어들인 수입으로 누군가에게 갚아야 할 의무는 없다(회계적으로는 수익). 다만, 앞서 언급한 것처럼 자신을 위해 ①과 같이 투자하신 부모님께 일정액을 드릴 수는 있을 것이다(회계적으로는 배당). 갚지는 않지만 계속 의무를 느껴야 하는 돈(자본), 바로 갚아서 청산해야 할 분명한 의무가 있는 돈(부채), 땀 흘려 벌어들인 가장 부담감이 적은 돈(수익) 등 세 가지로 정리된다. 수입을 이렇게 세 가지로 나누는 것은 현재 사회적 약속으로 규정되어 있는 회계의 출발점이 된다. 부모님으로부터 받은 돈(자본)과 자신이 땀 흘려 번 돈(수익)은 자신의 돈이라고 할 수 있으므로 자본을 구성하고(회계적으로는 순이익이 회계기말에 자본에 가산된다), 갚아야 하는 돈은 부채이므로, 수입은 크게 두 가지(부채와 자본)라고 볼 수도 있다.

지출은 ① 식사나 교통비와 같이 단기적 효과를 얻을 목적의 지출과 ② 책이나 태블릿PC와 같이 장기적 효과를 얻을 목적의 지출로 세분화할 수 있다. 일반적으로 ①의 경우 지출로 인한 효과가 지금 당장 혹은 단기간(회계적으로는 1년 이내)에 모두 실현되어 그 지출의 역할이 소멸되는 유형(회계적으로는 비용)에 해당하는 반면, ②의 경우는 지출로 인한 효과가 장기간(회계적으로는 1년 초과)에 걸쳐 수익창출에 기여하는 유형(회계적으로는 자산)에 해당한다. ①과 같은 지출을 비용[6]으로, ②와 같은 지출을 자산으로 분류할 수 있을 것이다. 이때 비용은 지출로 인한 효과가 단기적으로 지속되고 자산은 지출로 인한 효과가 장기적으로 지속되어 자산은 좋고, 비용은 좋지 않은 것이라 생각할 수 있다. 하지만 회계에서는 '비용'은 수익을 창출하는 데 기여를 한 부분을 의미하는 것(예를 들면, 위 사례에서 식사를 함으로써 얻은 에너지를 통해 자신이 계획하고 있는 어떠한 활동(공부, 취미활동 등)을 할 수 있다)이며, '자산'은 현재 보유하고 사용을 통해 미래의 수익창출에 기여할 것으로 예상되는 것(예를 들면, 위 사례에서 구매한 태블릿PC를 이용하여 공부를 하거나 경제활동을 할 수 있다)을 의미한다. 결국 자산도 수익창출활동에 기여하기 때문에 장기적으로는 비용화될 가능성이 아주 높다는 것을 생각해 볼 수 있다. 자산과 비용은 좋고 나쁜 것의 개념이 아니라 지출의 역할이 언제 완료되었는지의 시간(회계에서는 주로 1년 기준)과 관련된 개념으로 이해해야 한다.

6) 물론, 지출로 인한 효과가 단기간 내에 모두 실현된다 하더라도 앞으로 수익창출에 기여할 것으로 예상된다면 자산으로 분류할 수 있다.

5. 기본적 회계용어 검토

지금까지 살펴본 논리를 기업에 적용해 보자.

기업은 하나의 경제적 주체(기업실체)로서 경제활동을 한다. 우리가 어린 시절 부모님께 용돈을 받아 생활하기 위한 기본적인 자금을 마련하였듯, 기업은 주주나 출자자로부터 투자를 받아 기업 운영을 위한 자금을 조달하게 된다.[7] 용돈과 마찬가지로 이 자금은 기업이 수익창출활동을 하기 위한 기초자금(자본)에 해당한다. 또한, 기업은 자금을 투자한 주주 등에게 원금을 상환할 의무는 없지만 이익이 보고된다면 이익을 분배(배당)하게 된다. 주주 등으로부터 투자를 받은 것 외에 추가로 자금이 필요하다면, 기업은 외부 금융기관에서 차입을 통해 자금을 조달할 수도 있다(부채). 이를 차입금이라 부르며, 차입을 통해 조달한 자금은 상환해야 하는 시점에 따라 단기부채(1년 이내에 만기 도래)와 장기부채(1년 후에 만기 도래)로 구분할 수 있다. 차입금은 약정된 시점 또는 만기에 원금과 이자를 상환해야 하는 의무가 있다. 기업은 자본과 부채를 통해 조달한 자금을 이용하여 사업목적에 따른 수익창출활동을 위해 사용하게 된다(수익). 이렇게 벌어들인 수익은 누군가에게 상환할 의무가 없이 온전히 기업에 귀속되며, 향후 이익을 계산하여 자본에 가산한다. 다만, 우리에게 경제적으로 여유가 생기면 부모님께 보상을 해 드리듯, 기업은 벌어들인 이익(벌어들인 수익이 아니다. 자세한 내용은 뒤에서 설명한다)의 일부를 투자자인 주주에게 배분하게 된다(배당).

이렇게 조달한 자금을 기업은 영업활동(즉, 수익을 창출하기 위해)을 하기 위해 사용한다. 일반적으로 급여, 여비교통비, 광고선전비 등과 같은 지출은 효과가 단기간(1년 이내)에 모두 실현되어 그 지출에 대한 역할이 소멸되어 '비용'으로 인식하게 되며, 기계장치, 건물, 특허권 등을 취득하기 위한 지출은 장기간(1년 초과)에 걸쳐 수익창출을 위해 사용되기 때문에 '자산'으로 인식하게 된다.

지금까지 우리는 수입과 지출이라는 발에서 출발하여 다섯 개의 새로운 용어를 알게 되었다. 부채, 자본, 수익, 비용, 자산이 그것이다. 회계를 배우면서 알아야 할 용어 중 가장 기본적인 다섯 가지이며, 앞으로 나오는 계정들은

---

7) 투자자는 기업에 자금을 투자하고, 기업은 투자자인 주주에게 주식을 발행하여 교부하게 된다.

반드시 이 다섯 가지 중 어느 하나의 소속이 된다.

종합해 보면, 모든 거래에서 발생하는 계정들은 그 뜻과 이 다섯 가지 중 어디 소속인가를 꼭 기억해야 한다. 즉, 수입과 지출을 체계적으로 정리·기록하기 위해서 이들을 다섯 가지(부채, 자본, 수익, 비용, 자산)로 나누어 기록하는 것이 사회적 합의라는 사실을 이해했다. 모든 수입·지출을 야기하는 거래는 이 다섯 가지 범주에서 측정되어 회계의 궁극적인 목표인 재무제표(재무상태표와 포괄손익계산서 등)의 제 위치에 정확히 기록됨으로써 회계처리가 완료되는 것이다.

기업의 재무제표가 투명하게 공시된다면 자본시장에 참여하는 수많은 투자자들에게 판단의 근거로 작용하면서 자본시장의 균형을 잡아 줄 수 있다. 즉, 수백억원, 수천억원의 돈이 오가는 회사들 중에서 미래 가능성이 많은 회사를 어떻게 구분해서 알 수 있을까? 실제로, 회계기준에 따라 체계적으로 측정된 재무제표를 분석함으로써 이를 알 수 있다.

6. 사회적 약속에 따라 측정, 계산, 요약한 것이 회계정보

대학을 졸업하면 대부분의 학생들은 기업에 취직을 한다. 개인이 운영하는 작은 가게 같은 곳에 취업을 할 수도 있지만, 작은 가게라 하더라도 매출이 많아지면 기업으로 커질 수 있다. 위에서 언급한 수입과 지출에 대한 내용은 기업에서 훨씬 더 복잡해지고, 더 이상 머릿속의 기억만으로는 정리가 어렵고 반드시 기록을 필요로 하게 된다.

흔히, 회계는 단순한 돈 계산이라고 착각하는 경우가 있는데, 진정한 회계(會計)의 뜻은 '계산하여 산출된 계정들을 모은다'는 뜻이며, 소규모의 기업이라면 암산으로도 가능할 수 있지만, 큰 상거래를 반복적으로 수행하는 집단, 즉 기업들의 수많은 거래는 체계적으로 모아 정보화시켜야 할 필요가 있다. 이런 규모의 기업이라면 주인도 자신들의 매출이 얼마인지, 순재산이 얼마인지 쉽게 알기 어렵기 때문이다.

기업들은 엄청난 양의 회사 내외의 활동들을 벌이게 되고 이러한 상황들을 제대로 계산하여 모아야 할 필요성이 있기 때문에 회계가 필요하다. 여기서 회계가 필요한 가장 중요한 이유는 이렇게 집계한 정보를 각 기업들이 숨기고 있다면, 자본주의 경제사회가 지금처럼 발전할 수 없었을 것이라는 점이다. 각 기업들이 자신들의 재산상태나 성과를 공개하고 정당하게 평가를 받고 투자를 유치했기 때문에 자본주의 경제가 지난 1세기 이상을 거치면서 발전해 온 것이다. 기업에 대한 평가는 공개된 회계정보를 통하여 1차적으로 이루어지는데, 기업들의 회계정보 사이에 통일성이 없다면 더 이상 정보로서의 가치가 없기 때문에 회계기준이 필요하다.

회계기준은 누구나 받아들일 수 있는 논리성과 합리성을 가져야 한다. 지금까지 선배 회계학자들의 경험과 연구를 통해 가장 합리적인 규칙이라고 정해진 내용들이 현재 회계학에서 받아들여져 있는 내용(K-IFRS)이고, 그것을 알아야 한다. 한마디로, 회계는 기업에서 일어나는 일들을 합리적으로 요약정리하는 회계기준(K-IFRS)을 배우는 것이라고 할 수 있다. 그런데 기업에서 일어나는 일은 그 수와 종류가 너무나도 많으므로, 각각의 경우에 적용되는 회계처리의 방법을 하나씩 단계적으로 공부해야 한다.

그렇다면 단순히 기업에 대한 모든 항목을 측정하여 숫자로 나타낸다면 모든 것이 해결될 것인가? 만일, 사람들의 머릿속에 모든 그림이 한 번에 그려질 수 있다면 측정의 결과를 숫자로 표현해 놓기만 하면 된다. 그러나 이 자료가 기업의 전체를 보기 위한 '정보'로서의 가치를 가지려면 이를 논리적이며 체계적으로 요약하여 정리할 필요가 있다. 기업과 관련하여 재산 및 수입·지출의 건수와 내역은 너무 많아 개개인이 기억할 수도 없을뿐더러 있는 그대로 컴퓨터에 입력한다 해도 그 내용을 다시 세세히 살펴보기에 너무 내용이 방대하다. 따라서 측정된 '계정'과 '금액'을 같은 계정끼리, 혹은 유사한 계정끼리 모아 일목요연한 표로 나타내는 절차가 있어야 우리는 회계자료를 통하여 유용한 정보를 얻을 수 있다.

한미디로, 회계를 통하여 얻고자 하는 것은 기업에 대한 유용한 징보이다. 일단 측정된 숫자에 약속된 이름(계정)을 붙이는 것이 첫 번째 절차가 될 것이며, 다음으로 '정보'로서의 가치를 갖도록 체계적으로 모으는 절차가 필요하다. 이러한 과정을 한지로 히면 모은다는 의미의 회(會)가 된다. 일딘, 여기까지의 절차가 수행되어야 진정한 의미의 '측정'이 완료되었다고 할 수 있을 것이다.

제 2 절 재무제표에 대한 이해

1. 경영학과 회계학의 관계

앞에서 회계학에 대한 얘기를 했고, 회계학의 근원은 경제학이라는 얘기도 했다. 그렇다면, 경영학과 회계학의 관계는 어떠한가? 경영학 역시 경제학으로부터 비롯되어 20세기에 걸쳐 대형화되는 기업들에 필요한 내용들을 대상으로 연구가 이루어진 학문이다. 즉, 경제학의 주요 관심사였던 인간의 생산과 소비의 균형을 연구하다 보면, 그 안에는 '기업'이라는 큰 조직이 있고, 이들 기업에서 일어나는 모든 일들이 한눈에 파악되기 힘들기 때문에 이들을 체계적으로 연구할 필요성이 생긴 것이다.

기업은 이윤극대화를 목표로 하는 조직이며 사회적 책임을 갖고 있는 이해집단이다. 이 조직에서는 상당히 많은 일들이 일어나는데, 이는 '눈에 보이지 않는' 꽤 복잡한 양상을 띤다. 이러한 일들을 효율적으로 처리해야 기업의 성과가 개선될 것이고 이러한 부분을 이론화시킨 학문의 분야가 경영학이다. 즉, 경영학은 기업과 관련하여 필요한 것들에 관한 내용을 체계적으로 정리해 놓은 학문이며, 기업과 관련하여 필요한 것들 중에 대표적인 것은 마케팅관리(판매), 인적자원 및 조직관리(인간관리), 생산관리(제조), 재무관리(자금관리) 등이 있다.

그런데 기업이 벌이는 이러한 활동들은 규모가 커서 글로만 표현하는 것은 거의 불가능하며, 수입지출 등의 세부내역을 측정하여 기록하는 회계가 기업에 반드시 필요하게 된다. 왜냐하면, 기업에서 일어나는 일을 글로 표현한다면 수백 장, 수만 장에도 다 표현하기 힘든데, 약속된 회계규칙대로 한다면 단 몇 장으로 표현이 가능하기 때문이다. 이것이 경영학의 분야에서 회계학이 해야 하는 역할이다.

2. 기업의 사회적 책임과 회계의 역할

이러한 기업활동의 표현이 꼭 필요하지 않다고 생각하는 사람들도 있을 것이다. 자기 기업은 알아서 할 테니까 간섭하지 말라고 생각할 수도 있을 것이다. 그러나 사회공동체에서 일정규모 이상의 기업에는 사회적 책임을 부여하고 있다. 그 기업이 잘못되었을 경우 일어나는 파장이 사회에 물의를 빚기 때문이다. 한마디로, 회계는 기업 스스로를 위한 것이 아니고 경제사회의 질서를 위하여 기업이 공시해야 하는 의무이다.

일정규모 이상의 기업들은 매년 재무제표를 보고해야 하는 의무를 갖는다. 재무제표에서 중요한 두 가지 중 하나가 현재의 재산상태를 나타내는 재무상태표이며, 다른 하나가 일정기간의 영업성과를 나타내는 포괄손익계산서(기타포괄손익이 없는 경우 손익계산서로 구분 보고가능)[8]이다.

재무제표 작성의무가 없는 일부 기업의 경우도, 세무상이나 기타의 목적 때문에 재무제표를 회계기준에 따라 작성하는 것이 일반적이다. 재무제표가 제대로 작성되어 있지 않은 경우 세법상 불이익을 받을 수 있으며, 금융기관과의 거래에서도 불이익을 받을 수 있다. 자본주의의 중요한 구성원인 기업들은 틀림없이 대주주들의 사유재산이지만, 적어도 그 기업이 내부적으로 사회적 책임을 다하고 있는가(사회적 물의를 야기할 만한 일이 없는가)에 대한 정보를 재무제표를 통하여 공시해야 할 의무가 있다. 사회가 있음으로써 그들 기업이 있을 수 있기 때문이다.

이러한 재무제표 공시를 할 때, 자신만이 알아볼 수 있도록 공시해서는 안 되며, 사회적 규칙대로(즉, 회계기준대로) 공시를 해야 한다. 그런데 규칙 및 법규 등은 그것을 아는 사람과 모르는 사람의 차이가 매우 크다. 즉, 적당히 아는 척할 수가 없다는 것이다. 회계도 적당히 아는 척할 수 없는 것이기 때문에 그 구조를 정확히 파악하며 공부하는 것이 중요하다.

---

8) K-IFRS에 따르면, 해당 기간에 인식한 모든 수익과 비용 항목은 (1) 단일 포괄손익계산서 또는 (2) 두 개의 보고서 : 당기순손익의 구성요소를 표시하는 보고서와 당기순손익에서 시작하여 기타포괄손익의 구성요소를 표시하는 보고서(포괄손익계산서) 등 두 가지 방식 중 하나로 표시한다고 규정하고 있다.

3. 자본시장에서 재무제표는 중요한 1차적 자료

만일 재무제표를 만드는 작업이 기업이 사회적 책임을 다하기 위하여 보고해야 하는 단순한 의무에 불과하다면, 경영학에 관심을 갖는 학생들이 모두 회계학을 깊이 공부해야 할 필요는 없다. 회사 내의 누군가가 이 일을 전담하고 다른 사람들은 이것을 몰라도 될 것이다.

그러나 작성되어 공표된 재무제표는 향후 자금조달을 하거나, 기업의 목적을 위한 여러 종류의 협상에서 근거자료로 사용된다. 기업에 자금이 흐르지 않는다면 그 기업은 멈추게 되며, 대부분의 경우 아무리 우량한 기업이라 할지라도 순수하게 회사 내부자금만으로 운영되기는 어렵기 때문에, 금융기관 등과의 관계는 중요하다. 그리고 그 관계에서 협상의 가장 기본이 되는 자료가 재무제표이다.

작은 기업의 형태로 계속 운영될 수도 있지만, 일반적으로는 사업을 확장하는 시점이 있고, 이때에는 주식발행 또는 은행차입 등 외부자금조달을 해야 한다. 기업규모가 더욱 커지면 보다 원활히 자금을 조달하기 위하여 한국거래소에 등록시키고 싶어진다. 자금을 제공하는 투자자들은 자금조달을 원하는 기업의 최근 수년간의 영업실적 혹은 몇 개월간의 기업경영실적 등을 알고 나서야 돈을 빌려주거나 출자를 할 것이다. 이때 재무제표를 보고 그 기업의 건강상태, 즉 신용도를 파악할 수 있다.

따라서 기업의 경영자는 회사를 위해서 회계기준이 허용한 범위 내에서 재무제표상에 기업의 영업실적 등이 가장 매력적으로 표현될 수 있도록 신경을 쓰려고 노력한다.

이렇듯, 기업에서 가장 중요한 일 중의 하나인 자금조달 등을 수행하기 위해서는 '재무제표가 작성되는 과정'과 '작성된 재무제표의 의미'에 대해서 제대로 파악하는 능력을 키워야 한다. 회계처리의 순환과정 및 규칙 등을 충분히 이해한다면, 어떻게 회계자료를 작성해야 회사에 가장 도움이 될 것인가를 느낄 수 있을 것이기 때문이다. 한마디로, 회계자료는 기업에서 발생하는 많은 일들을 숫자로 표현한 일종의 기업의 언어라고 할 수 있으며, 자본시장 속에서 이러한 언어에 근거하여 자금이 오고 가게 된다.

4. 소결론 : 자본시장과 재무제표의 역할

회계학 및 경영학 공부를 할 때에는 '돈'이라는 것에 대한 기존의 관념을 바꾸어야 한다. 일상생활에서는, '돈'이라는 것이 필요하기는 하지만, '돈'만을 추구하는 사람을 경시하는 경향이 있다. 그러나 기업의 목표는 이윤극대화이고, 자금이 기업의 몸속에 계속적으로 흐르도록 해야 한다.

일상생활에서는 어려운 사람들을 도우며 살아야 하지만, 기업에는 인격과 존엄성이라는 것이 없기 때문에 자본시장에서는 부실화의 징후가 보이는 기업으로는 더 이상 자금이 가지 않도록 하고 있다. 새로운 가치를 창출할 수 있는 우량기업으로 자금이 모이도록 해야 한다는 것이다. 한마디로, 자본시장에 있는 자금을 쓰려는 기업은 많은데 자금은 부족하므로, 가장 가치 있게 사용할 수 있는 기업에 자본시장의 자금이 배분되어야 한다는 것이다. 즉, 향후

참고 | 자본시장

모든 인간이 목표를 갖고 삶을 살아가듯이 기업경영자에게도 대기업, 우량기업이 되겠다는 목표가 있을 것이다. 그 목표를 향해 가는 첫 단계 중 하나가 한국거래소 내의 코스닥에 등록하는 것일 수 있다. 코스닥에 등록되었다는 것은 그 기업이 자본조달을 쉽게 할 수 있다는 의미와 더불어, 안정된 기반을 구축했다는 의미도 된다. 한 단계 앞서 나갈 수 있다는 의미와 함께 대주주에게 많은 부를 가능하게 해줄 수도 있는 중요한 사건이기도 하다.

자본시장이라는 개념은 매우 넓은 개념이지만, 자본시장을 구성하는 여러 시장들 중 우리나라에서 가장 중요한 한국거래소를 우선 알아야 한다. 이 시장에 진입하려면(즉, 이 시장에서 자금조달을 하고 싶다면) 미래 전망이 밝은 기업인지에 대한 사전심사를 받아야 한다. 시장 참여의 자격요건 등을 심사할 때, 회계자료를 근거로 하게 된다. 즉, 한국거래소에서 자금조달을 할 수 있기 위해서는 우선 회원이 되어야 하는데, 회원가입은 엄격한 심사에 의하여 미래 전망이 양호한 기업이라는 점이 부가되어야 한다. 미래 전망이 불투명한 기업에 투자가 이루어진다면 투자자들은 큰 손해를 입게 될 것이기 때문이다. 이러한 심사 등에서 각 기업은 회계자료를 어떻게 작성해 왔느냐에 따라 향후 자금스케줄과 관련된 운명에 커다란 영향을 받게 된다.

창업 후 수년간 기업의 기반을 마련하여 코스닥에 등록하고, 여기서 조달한 대규모 자금으로 기업의 2차 도약의 발판을 마련하는 등의 과정을 거쳐 대기업이 된다. 국내에서는 삼성전자, 카카오, 네이버, 하이브, SM엔터테인먼트, 한글과 컴퓨터 등이 이러한 과정을 거쳐 주목받는 기업으로 성장하였으며, 세계적으로는 구글, 마이크로소프트, 테슬라, 엔비디아 등이 나스닥 등을 통하여 역시 이러한 과정을 거쳐 성장했다. 즉, 자금조달과 성장과정에서 자신의 회사가 정당한 평가를 받는 데 있어서 자본시장에서의 평가는 매우 중요하며, 회계자료는 그 기본적인 자료의 역할을 한다.

투자한 돈에 비해 가장 이익을 많이 낼 수 있는 기업에 돈을 배분시켜 주어야 사회 전체적으로 부가 극대화되고, 일자리를 많이 창출할 수 있다는 것이다. 이 기능을 자본시장이 사회적 합의에 의한 규칙과 시장원리(수요와 공급)에 의하여 담당하게 되는데, 이때 가장 기본이 되는 자료가 재무제표이다.

그렇다면 회계기준대로 작성하지 않고 자신만의 방식대로 작성하면 잘못되는가? 혼자서 존재하는 인간이 있을 수 없듯이 기업도 혼자서 존재할 수 없다. 인간이 사회 속에서 생활하려면, 질서를 지키고 사회의 편의시설을 이용하기도 한다. 기업 역시 경제사회와 유기적인 관계를 갖게 마련이다. 세금도 내야 하고, 금융기관으로부터 자금조달도 해야 할 것이고, 시장에서 거래상대방과의 관계도 생각해야 하는 등 기업이 혼자 존재한다는 것은 불가능하다. 수산시장, 청과류시장처럼 주식시장, 채권시장도 물건을 팔고 사는 시장으로서 존재한다. 은행에 예금하고 대출하는 것도 자본시장의 부분이다. 이러한 자본시장이 운영되려면 여러 규칙이 존재하는데, 그 규칙들 중 하나가 기업의 성과를 잘 요약하여 통일된 회계기준대로 재무제표를 작성하는 것이다(시장참여자를 오도하지 않도록). 그런데 경제가 순환하다 보면 신뢰성 없는 재무제표가 시장참여자들을 오도시키는 경우가 나타난다. 이런 경우 회계기준은 더욱 강화되어 경제를 유지시키려는 경향을 보이게 된다. 미국에서는 1929년 대공황 이후 회계기준이 강화되었고, 국내에서도 1997년 IMF외환위기 이후 회계기준이 지속적으로 강화되어 왔다. 그리고 2011년부터는 IFRS를 우리나라의 회계기준으로 받아들이게 되었다.

제3절 재무제표의 기본구성 및 종류

1. 재무제표는 어떻게 구성되는가?

앞에서는 재무제표를 작성해야 한다는 사실과 그 중요성에 대한 언급을 했다. 이제 구체적으로 이들 재무제표가 어떻게 구성되어 있고, 재무제표 작성을 위하여 무엇을 해야 하는가에 대하여 다음 상황을 가정해 본다.

① 김동양 씨는 20×1년 1월 (주)동양이라는 회사를 만들어 프로그램 개발사업을 하려 한다. 일단, 5,000만원을 회사에 납입하고 대가로 회사로부터 주식을 받았다(현재 회사에는 현금 5,000만원이 입금되었고, 주식을 이만큼 발행했다는 기록이 필요함).
② 프로그램 개발을 위하여 컴퓨터(비품)를 사려고 하는데, 컴퓨터의 가격이 6,000만원이어서 일단, 2,000만원을 은행에서 단기로 차입하였다(현재 회사에는 현금 7,000만원이 있고, 은행에서 차입한 기록이 필요함).
③ 6,000만원짜리 컴퓨터(비품)를 현금을 지급하고 구매했다(현재 회사에는 현금 1,000만원과 컴퓨터 6,000만원이 등록되어야 할 것임).
④ 이러한 자금조달 및 투자 활동을 기반으로 하여 소프트웨어를 개발하여 1억원의 현금을 받고 판매하였다(1억원의 수익(매출)을 실현하면서 현금을 수령하였다는 기록이 필요함). 매출을 올리는 과정에서 사무실 임차료 4,000만원이 발생하여 현금으로 지급하였고, 직원의 급여 4,000만원도 발생하였으나, 아직 지급하지 못하였다(따라서 지금까지 이익은 2,000만원으로 기록되어야 함). 2,000만원의 이익에 대하여 법인세 400만원을 납세하도록 통지를 받았고 이를 현금으로 납부하였다(최종적으로 1,600만원이 순이익으로 기록되어야 함).

* 이러한 거래들의 결과로, 회사에는 현금 6,600만원이 남고, 컴퓨터 6,000만원, 차입금에 대한 기록 2,000만원, 주식을 통한 자금조달 기록 5,000만원, 그리고 직원에게 아직 지급하지 못한 급여 4,000만원에 대한 기록과 매출활동에서 결론적으로 1,600만원을 이익으로 남겼다는 기록이 있어야 한다[재무상태표]. 그리고 도대체 이익 1,600만원은 어떻게 생긴 것인가에 대하여 다시 정리할 필요가 있다. 1억원의 매출과 임차료 4,000만원, 급여 4,000만원, 세금 400만원에 대한 기록이 별도로 제공되어야 한다[포괄손익계산서].

이와 같은 사례는 기업에서 발생가능한 가장 기본적인 상황들이라 할 수 있고, 이를 기반으로 재무제표를 작성해 본다. 일단, 가장 중요하게 생각해야 하는 것은 재무제표를 기업의 입장에서 작성한다는 것이다. 김동양 씨는 (주)동양에 투자를 했으니 주주일 뿐이고, 재무제표는 (주)동양에 대해서 작성된다는 의미이다.

위 거래들은 간단한 거래였음에도 불구하고 여러 줄의 글로 표현하여 정리가 잘 되지 않고 산만하다. 예를 들어, 빌린 돈이 얼마인지를 알고 싶으면 처음부터 차근차근 읽어서 2,000만원을 은행에서 빌렸다는 것을 알아낼 수밖에 없다. 만일, 이 기업이 1년간 수많은 거래를 하여 이런 식의 자료가 수백 장이 되어 버린다면, 차입금뿐 아니라 알고자 하는 내용이 어디 있는지를 찾기 더욱 어려워진다. 결과를 먼저 밝힌다면, 위의 활동들을 회계적인 방법에 따라 나타낸 재무제표는 다음과 같다.

재무상태표

(주)동양 20×1년 12월 31일 현재 (단위 : 원)

차변	금액	대변	금액
현 금	66,000,000	미지급비용	40,000,000
비 품	60,000,000	단기차입금	20,000,000
		자 본 금	50,000,000
		이익잉여금	16,000,000
자산합계	126,000,000	부채및자본합계	126,000,000

포괄손익계산서

(주)동양 20×1년 1월 1일부터 12월 31일까지 (단위 : 원)

매 출	100,000,000
−)급 여	40,000,000
−)임 차 료	40,000,000
−)법인세비용	4,000,000
당기순이익	16,000,000

위 사례는 간단한 경우였으므로, 암산에 의하여 재무상태표와 포괄손익계산서를 작성하는 것이 가능하다. 하지만 거래의 수가 많아져 중간계산과정을 기록해 두고 이를 재무상태표와 포괄손익계산서로 옮기는 것이 더 합리적일 것이다. 이때 중간계산과정에 해당하는 절차를 분개라고 한다. 위 거래들의 중간계산과정으로 분개를 했다면 다음과 같이 정리된다. 이때 자본금, 단기차입금, 매출 등 각 계정의 명칭은 이전에 서술했던 상황을 한 단어로 나타내기 위하여 약속된 것이므로 최소한 이들 계정이 어떠한 뜻인지는 암기해 두어야 할 것이다.

	차변	금액	대변	금액
①	(차) 현 금	50,000,000	(대) 자 본 금	50,000,000
②	(차) 현 금	20,000,000	(대) 단기차입금	20,000,000
③	(차) 비 품	60,000,000	(대) 현 금	60,000,000
④	(차) 현 금	100,000,000	(대) 매 출	100,000,000

(차) 임 차 료	40,000,000	(대) 현 금	40,000,000
(차) 급 여	40,000,000	(대) 미지급비용	40,000,000
(차) 법인세비용	4,000,000	(대) 현 금	4,000,000

재무상태표와 포괄손익계산서를 자세히 들여다보면, 현금, 자본금 및 이익잉여금은 매우 중요한 부분이라는 느낌이 들 것이다. 즉, 현금의 잔액이 기초와 기말에 어떤 요인들에 의하여 변화되었는가에 대하여 알고 싶을 수 있다. 이에 대하여 더 자세히 기록해 놓은 것이 현금흐름표이다. 또한, 자본금 및 이익잉여금 등이 기초와 기말에 어떠한 요인들에 의하여 변화했는가에 대하여 자세히 기록해 놓은 것이 자본변동표, 포괄손익계산서이다.

회계학에서 공부해야 할 내용의 90% 이상은 재무상태표와 포괄손익계산서에 대한 것이지만, 회계기준상 4대 재무제표는 엄연히 재무상태표, 포괄손익계산서, 현금흐름표, 자본변동표 등 네 가지이다. 즉, 기업에서 일어난 일들을 이러한 네 가지 양식에 맞추어 기록하여 보고하는 것이 회계처리과정에서 해야 할 일들이다.

2. 회계 관련 추가 분야들

회계는 여러 목적으로 이용될 수 있다. 단기적으로 회계자료는 보고의 의무를 충족시키기 위하여, 그리고 세무상의 목적으로 이용될 수 있다. 또한, 장기적으로는 기업 내부에서 원가, 관리회계나 회계정보시스템 등을 통하여 경영활동에 도움을 줄 수도 있다.

가장 기본적으로, 보고의 목적을 위해 재무상태표와 포괄손익계산서의 원리를 중심으로 회계기준을 공부하는 분야를 재무회계라고 한다. 이로부터 파생되어 두 가지의 중요한 회계영역이 생기게 된다.

① 세무회계 : 기업이 실현한 이익에 대한 세금(법인세)은 어떻게 산출되는가? 포괄손익계산서에 나타난 회사의 이익에 법인세법에서 정한 세율을 곱하여 법인세 금액을 산출한다면 별 문제가 없겠는가? 사실상 회계이익은 가장 믿을 만한 이익측정치라 할 수 있으나, 조세정책

적 목적에서도 그러한가? 아니라면, 포괄손익계산서에 나타난 이익과 법인세 산출근거가 되는 '과세표준' 사이에는 차이가 있을 수 있다. 이러한 차이를 조정하는 내용들을 다루는 분야가 세무회계 분야, 특히 법인세회계의 영역이 된다.

② 원가회계 및 관리회계 : 회사에서 발생하는 비용 및 원가 등을 효율적으로 관리할 수 있도록 관련 회계자료를 심층적으로 분석하고, 이를 경영관리 목적으로 사용하는 사례 및 방법을 다루는 분야가 원가회계 및 관리회계의 분야이다. 구체적으로, 사업부에 대한 평가, 구매할 것인가 혹은 자가제작할 것인가 등의 의사결정 문제 등이 포괄적으로 이들 분야에 포함된다.

이와 같이, 회계의 분야는 재무회계, 세무회계, 원가회계 및 관리회계 등 세 가지 주요 분야와 기타 분야(회계감사, 회계정보시스템 등)로 구성된다. 이 중 재무회계는 회계원리, 중급회계, 고급회계로 나누는 것이 일반화되어 있다. 회계원리에서 배운 내용을 다시 상기하면서 거기에 더 깊이 살을 붙이는 것이 중급회계라고 보면 된다. 중급회계에서는 회계원리에서 다루지 않았던 부분을 새로이 몇 가지 다루게 되며, 재무회계의 주요 내용을 거의 학습하게 된다. 고급회계에서는 중급회계의 내용에서도 다루어지지 않은 합병회계, 지분법회계, 연결재무제표, 외화환산회계, 파생상품회계 등의 영역이 포함된다. 특히, 연결재무제표는 최근 그 필요성이 커져 반드시 알아야 할 중요한 주제가 되었다. 연결재무제표는 1990년대 초반 이후 계속 있어 왔지만, 2011년 IFRS 채택 이후에는 주 재무제표로서 그 역할이 더 확대되었기 때문이다.

본서의 구성상, 제2장과 제3장에서 나올 재무제표의 순환과정을 이해하는 것은 회계원리 전체를 놓고 볼 때 가장 기본이 되는 내용이다. 회계라는 새로운 언어를 배우는 데 있어서 기본구조를 이해하지 못하고 암기 위주로 공부를 진행하려 한다면, 제4장 이후에서 나오는 주제들을 이해하는 데 상당한 어려움을 겪게 될 것이다. 외국어를 공부할 때, 문장의 구조를 모르고 단어만 외는 것과 다를 바 없는 것이다.

관심을 가지고 꾸준히 공부한다면 쉽게 접근할 수 있는 것이 회계이다. 가장 중요한 것은, 기업경영에 있어서 자신의 선택과 관계없이 모든 기업이 회계와 관련된 지식에 의해 상당한 영향을 받게 된다는 사실을 기억해야 한다는 것이다. 회계의 원리를 아는 사람과 모르는 사람의 차이는 명백하게 나타나게 된다. 따라서 자신을 남들과 차별화시키는 수단으로서 회계공부를 하는 것이, 당장은 귀찮고 어려울 수 있으나 장기적으로 자신에 대한 투자라는 것을 제1장을 마치면서 생각해 볼 필요가 있다.

연습문제

1 구체적 측정을 주요 대상으로 하는가의 여부에 따라 회계학과 경제학은 차이가 있다. 이에 근거하여 회계학이 필요한 이유를 설명하라.

2 회계학을 학습해야 하는 이유는 무엇인가? 제한된 자원을 배분하는 역할을 하는 자본시장이 발달될수록 회계학의 중요성은 커지겠는가?

3 회계학에서 공부해야 할 분야에 대하여 간략하게 설명하라.

4 재무제표를 구성하는 다섯 가지 묶음은 무엇인가? 그리고 4대 재무제표에 포함되는 것에는 어떠한 것들이 있는가?

5 [OX문제]

(1) IFRS는 국제회계기준을 의미하며, GAAP는 세법에 의하여 규정되는 회계를 의미한다.

(2) 4대 필수 재무제표는 재무상태표, 포괄손익계산서, 현금흐름표, 자본변동표를 뜻하며, 이 외에 이익잉여금처분계산서 등은 필수적으로 공시될 필요가 없어 현재 사용되고 있지 않다.

CHAPTER 2

재무제표

제 1 절 재무상태표와 포괄손익계산서의 개요
제 2 절 재무상태표의 주요 계정들
제 3 절 포괄손익계산서의 주요 계정들
제 4 절 자산, 부채, 자본의 의미와 역할
제 5 절 현금흐름표와 자본변동표, 연결재무제표

개 요

제1장에서 회계에 첫걸음을 내딛기 위한 내용들을 학습하며 배경지식을 습득했으나, 이것만으로는 회계가 해야 할 일을 실제로 수행하는 것이 아니다. 제2장에서는 구체적으로 회계에서 무엇을 해야 하는가를 알고 계산하는 방법을 학습할 것이다. 회계의 궁극적인 목표는 기업에서 일어난 거래를 계정과 금액으로 바꾸어 재무상태표와 포괄손익계산서에 정확히 기록하는 것이다.

우선, 어떤 거래에서 어떤 계정을 사용하는지 기본적으로 익히고 이들이 재무상태표와 포괄손익계산서의 어디에 기록되어야 하는가를 알아야 한다. 어떤 언어를 구사하기 위하여 그 언어에서 사용되는 기본적 단어와 문법을 알아야 하는 것과 같은 이치이다. 물론, 실제 언어에 비하여 기업의 언어인 회계에서 알아야 하는 단어, 즉 계정의 수는 한정적이다. 대신, 이 계정들이 서로 어떻게 대응되어 재무제표의 어디에 표현되는가의 논리구조를 파악하는 데 노력을 기울여야 한다. 이와 관련하여, 제2장에서는 재무상태표와 포괄손익계산서의 전반적인 원리 및 계정들에 대하여 검토한다.

제 1 절 재무상태표와 포괄손익계산서의 개요

제1장에서 서술된 바와 같이, 회계를 학습함에 있어서 우리가 목표로 삼는 가장 중요한 것은 4개의 재무제표를 만드는 것이다. 그리고 4개의 재무제표 중 가장 많은 내용을 공부해야 하는 2개의 재무제표가 재무상태표[1)]와 포괄손익계산서이다.

포괄손익계산서는 과거에 단순하게 '손익계산서'라고 쓰이던 명칭이다. 현재 공식명칭은 포괄손익계산서이지만, 기타포괄손익을 포함하지 않은 경우에는 '손익계산서'라고 간단히 표현하기도 한다. 즉, 자주 발생하지는 않는 기타포괄손익이 0이라면 '손익계산서'라고 쓰여도 무방한 것이다.

그렇다면 재무상태표와 포괄손익계산서는 어떠한 내용들을 포함하고 있는가? 회계는 기업에서 일어나는 많은 일들을 기록한다고 했고, 기록의 결과물이 재무상태표와 포괄손익계산서이다.

기업에서 일어나는 일의 결과물은 크게 둘로 나누어 정의할 수 있다. 기업이 물건을 산다면 재산이 늘어나는 것이고, 물건을 팔면서 이득을 남긴다면 수익을 올린 것이다. 즉, 기업의 모든 활동의 결과물을 간단히 요약하면, '지금 가진 것'이 얼마인가와 '최근에 얼마나 이익을 올렸는가'라는 두 가지 잣대로 나타날 수 있다.

기업의 '재산상태'와 '최근의 영업성과'가 해당 기업활동의 결과물로서 가장 중요하며 우리가 기업에 대해 필요로 하는 정보의 거의 모든 것을 포함하고 있다고 할 수 있다. 우선, '재산상태'에는 현재 보유한 총재산과 상환해야 하는 빚, 그리고 총재산에서 빚을 차감한 순재산이 얼마나 되는가를 포함해야 한다. 다음으로는 최근의 영업성과, 즉 이익을 검토할 때 그 이익을 실현하기 위하여 비용이 얼마나 발생했는가에 대한 정보도 역시 필요하다.

이러한 재산상태와 영업성과를 일상적인 언어로 표현한다면 매우 많은 양의 문장으로 표현될 것이고, 한눈에 일목요연하게 보이기 어렵다. 즉, 말로

1) 과거에는 '대차대조표(Balance Sheet)'라는 명칭을 오랫동안 사용해 왔었으나, 지금은 IFRS를 K-IFRS로 직역하는 과정에서 '재무상태표(Statement of Financial Position)'라는 명칭으로 대체되어 사용된다.

만 표현한다면 유용한 정보라고 할 수 없을 것이다. 이들 정보를 회계적으로 표현한 것이 바로 재무상태표(재무상태)와 포괄손익계산서(영업성과)이다.

재무상태표의 왼쪽에는 기업이 보유하고 있는 가치 있는 모든 것들을 나타내는 '자산'이 있다. 자산이란 '재산'이라는 용어와 유사한 의미로 사용되는 회계용어이다. 중요한 것은, 회계기준에서 이러한 내용에 대하여 '자산'이라고 정의했고, 재무상태표 중 왼쪽에 이들을 나타내도록 예시했기 때문에 반드시 우리는 기업이 보유하고 있는 가치 있는 모든 것들을 '자산'이라는 용어로서 재무상태표의 왼쪽에 모아서 기록해야 한다는 것이다. 다음으로 회계기준에 의해서 타인으로부터 조달한 자금을 포함하여 무언가를 해주어야 하는 의무인 '부채'와 회사의 자기자본으로서 조달된 자금인 '자본'이 재무상태표의 오른쪽에 기록되어야 한다.

포괄손익계산서에는 기업이 일정기간 동안 벌어들였음이 인정되는 '수익' 항목과 이러한 수익을 올리기 위하여 사용된 급여, 임차료, 이자비용 등의 '비용' 항목이 있다. 이러한 수익과 비용의 차액이 '당기순이익'이고, 이 내용을 정해진 양식에 따라 작성하면 포괄손익계산서가 완성된다.[2] 당기순이익 금액은 순수하게 기업 자체적으로 벌어들여 조달된 수입이므로 결산시점에 재무상태표의 자본에 '이익잉여금'이라는 항목으로 가산된다.

자산, 부채, 자본, 수익, 비용은 각각 재무상태표와 포괄손익계산서의 각자의 자리에 위치하게 된다. 즉, 회계적으로 표현가능한 모든 활동은 '분개'의 과정을 거쳐 자산, 부채, 자본, 수익, 비용 중 하나에 소속되는 계정(매출, 현금, 급여 등)을 탄생시키며, 이들이 재무상태표와 포괄손익계산서의 미리 정해진 위치에서 집계된다. 그렇게 되면, 우리는 자산과 부채 및 자본이 얼마인지, 수익과 비용이 각각 얼마여서 그 차액인 당기순이익이 계산됐는지를 알게 된다. 그리고 당기순이익은 재무상태표의 이익잉여금에 가산되면서 일단 회계처리가 마무리된다. 일정기간 동안 벌어들인 순이익 금액은 결국 회사의 자본이 되므로 재무상태표에 그 금액을 가산시켜 표현해야 하는 것이다.

2) 과거에는 포괄손익계산서를 재무상태표처럼 오른쪽과 왼쪽으로 나누어 오른쪽에 수익, 왼쪽에 비용을 표시했던 적도 있으나, 현재 대부분의 포괄손익계산서는 위에서 아래로 매출관련 수익과 비용, 영업관련 수익과 비용, 영업외 관련 수익과 비용의 순서로 차례로 보고하여 당기순이익을 산출하는 양식을 사용하고 있다. 당기순이익 아래 기타포괄손익을 더하고 차감하면 총포괄이익이 되는데 여기에 영향을 미치는 거래는 자주 발생하지는 않는다.

제 2 절 재무상태표의 주요 계정들

기본적으로 재무상태표는 특정시점의 재산상태를 나타내는 표이다. 그렇기 때문에 '재무상태표'라는 제목 아래 '특정시점 현재'라는 의미의 표시가 있어야 한다. 예를 들어, '20×1년 12월 31일 현재'라는 표시의 의미는 20×1년 12월 31일 현재 재산상태가 다음의 표에 있는 내용과 같다는 것이다. '특정시점의 재산상태'라는 것은 곧 회사 창업 이래 수년간 누적되어 온 결과 현재 재산상태가 그렇다는 것이다.

포괄손익계산서와 같이 언제부터 언제까지의 기간의 성과를 나타내는 것이 아니다. 즉, 올해 새로 생긴 자산, 부채, 자본이 얼마인가만을 나타내는 것이 아니라, 과거부터 누적되어 현재 상태에 얼마의 자산, 부채, 자본이 있는가를 나타내는 것이다. 또한, 보고하는 회사의 회사명과 보고되는 수치의 화폐단위가 표시되어야 한다. 그리고 결과로서 재무상태표 왼쪽에 나타나는 자산합계는 오른쪽에 나타나는 부채 및 자본 합계와 반드시 일치해야 한다.[3)]

다음 재무상태표 예시가 재무상태표에 나타나야 할 모든 계정을 표시하고 있지는 않지만, 회계원리 수준에서 다루는 주요 계정을 상당히 보여주고 있다. 예를 들어, 기업이 가지고 있는 Ⅱ. 비유동자산 중 2. 유형자산에는 토지, 건물, 기계장치뿐 아니라 울타리와 같은 자산을 의미하는 '구축물'이라는 계정도 있을 수 있지만, 자주 사용되는 계정이 아니므로 사용빈도가 높은 계정들인 토지, 건물, 기계장치 등만 주로 예시해 본 것이다.

---

3) 이제부터 회계의 절차를 공부하면서 자산합계와 부채 및 자본 합계가 일치할 수밖에 없는 이유를 공부하게 된다. 두 항목이 일치해야 한다고 단순암기를 하는 것보다 두 항목이 일치할 수밖에 없는 이유를 곰곰이 생각해 보는 자세가 필요하다.

재무상태표(예시)

(주)동양 　　　　20×1년 12월 31일 현재 　　　　(단위 : 원)

〈자 산〉			〈부 채〉		
Ⅰ. 유동자산			Ⅰ. 유동부채		
1. 현 금		**100,000**	1. 매 입 채 무		**10,000**
2. FVPL금융자산		**20,000**	2. 단기차입금		**10,000**
3. 매 출 채 권	10,000		3. 미지급비용		**10,000**
(손실충당금)	(1,000)	**9,000**	4. 선 수 수 익		**10,000**
4. 미 수 수 익		**10,000**	Ⅱ. 비유동부채		
5. 선 급 비 용		**30,000**	1. 사 채	10,000	
6. 재 고 자 산		**30,000**	(사채할인발행차금)	(1,000)	**9,000**
1) 상 품		10,000	2. 장기차입금		**10,000**
2) 제 품		10,000	3. 제품보증충당부채		**17,000**
3) 재공품		5,000	〈자 본〉		
4) 원재료		5,000	Ⅰ. 자본금		
Ⅱ. 비유동자산			1. 보통주자본금		**100,000**
1. FVOCI금융자산		**20,000**	2. 우선주자본금		**10,000**
2. 유 형 자 산		**27,000**	Ⅱ. 자본잉여금		
1) 토 지		10,000	1. 주식발행초과금		**30,000**
2) 건 물	10,000		Ⅲ. 이익잉여금		
(감가상각누계액)	(1,000)	9,000	1. 이익준비금 및 법정적립금		**10,000**
3) 기계장치	5,000		2. 임의적립금		**10,000**
(감가상각누계액)	(1,000)	4,000	3. 미처분이익잉여금		**10,000**
4) 비 품	5,000		Ⅳ. 자본조정		
(감가상각누계액)	(1,000)	4,000	1. 주식할인발행차금		**(10,000)**
3. 무 형 자 산		**10,000**	Ⅴ. 기타포괄손익누계액		
1) 특허권		5,000	1. FVOCI금융자산평가이익		**10,000**
2) 개발비		5,000	2. 재평가잉여금		**10,000**
자산합계		**256,000**	부채및자본합계		**256,000**

(주) 위 예시에서는 자주 언급되는 필수적인 계정만 예시했으며, 회계학습의 수준이 깊어지면, 회사에서 발생하는 특수한 상황을 반영하는 새로운 계정들이 나타날 것이다. 새로운 계정들이 제시될 때마다 재무제표상 위치가 어디인가를 반드시 알아야 한다. 재무상태표는 2년 치를 비교형식으로 작성해야 하나, 여기서는 1년 치만을 예시했다. K-IFRS에 따르면 영업순환주기가 명확하지 않은 경우 유동자산과 비유동자산, 유동부채와 비유동부채의 구분을 하지 않고 단순한 유동성 순서에 따라 나열할 수 있다.

1. 자산에 포함되는 계정들의 의미

재무상태표의 왼쪽에는 자산들이 모여 있다. 가치가 소멸되지 않고 미래에 기업활동을 함에 있어서 유용하게 쓰일 수 있는 것들을 회계에서는 '자산'으로 정의한다. 자산 중 유동자산에는 정상적이라면 1년 이내에 현금화가 가능한 현금, 매출채권, 재고자산 등이 있으며 비유동자산에는 정상적인 경우 1년 이후에 현금화가 가능한 것들이 있다. 예를 들어, 토지 같은 경우 아직 가치가 소멸되지 않고 미래에 기업활동을 함에 있어서 유용하게 쓰일 수 있지만, 현금화가 되려면 정상적으로 1년 이후에나 가능하므로 비유동자산으로 분류된다. 이 말은 당장 매각하는 것이 불가능한 것은 아니지만, 일반적으로 기업들이 토지를 보유하고 있다면 적어도 1년 이상의 기간 동안 보유하면서 회사의 업무에 사용하겠다는 의도를 가질 가능성이 높다는 것이다. 건물, 기계장치 등도 비슷한 경우이며, 이러한 자산들은 비유동자산으로 분류된다.

주식이나 채권 등 가치 변동이 있는 금융자산이라면 이를 FVPL금융자산(또는 당기손익-공정가치측정금융자산)으로 분류하며, 물건을 매출했는데 외상으로 거래가 이루어졌다면 돈 받을 권리를 나타내는 매출채권[4]으로 분류한다. 예를 들어, 매출채권은 외상으로 이루어진 매출에 대한 돈 받을 권리를 말하므로 '자산'으로 분류되며, 실제 기업에서는 이러한 종류의 거래가 무척 많이 이루어진다.

예를 들어, A기업으로의 매출을 통하여 4,000원의 매출채권이 생겼고, B기업과의 거래에서 4,000원, C기업과의 거래에서 4,000원의 매출채권이 생겼다면 최종적으로 재무상태표의 자산 중 유동자산 아래 매출채권에는 12,000원이라고 기록되어야 한다. 그리고 만일 이들 중 2,000원이 현금으로 회수되었다면 매출채권은 다시 10,000원으로 조정되어 기록된다.[5]

---

4) 매출채권은 외상매출금의 상위개념으로 회계기준에서 규정하고 있으므로 가능하면 외상매출금이라는 표현 대신 매출채권이라는 표현을 쓰는 것이 좋다. IFRS에서는 매출채권보다는 수취채권이라는 명칭이 사용되기도 하나, 매출채권이라는 용어가 더 보편적으로 사용된다.

5) 후에 구체적으로 공부하겠지만, 이 경우 다음과 같이 분개가 된다.

(차) 매 출 채 권	4,000	(대) 매 출	4,000
(차) 매 출 채 권	4,000	(대) 매 출	4,000
(차) 매 출 채 권	4,000	(대) 매 출	4,000
(차) 현 금	2,000	(대) 매 출 채 권	2,000

용역의 대가 혹은 이자로서 돈을 받기로 했는데 아직 수금되지 않았다면 이는 미수수익(혹은 미수이자수익)이라는 계정으로 보고하고 자산으로 분류한다(돈 받을 권리가 있으므로 자산임). 또한, 현금을 지급했으나 아직 그 혜택을 받지 못한 상태라면 선급비용이라는 계정으로 보고하고 역시 자산으로 분류한다(이미 지급한 대가를 사용할 권리가 있으므로 자산임). 즉, 3개월 치 사무실 빌리는 값으로 30,000원을 선불로 주었다면 지금 시점에서는 아직 소멸되지 않고 미래 기업활동에 유용하게 쓰일 수 있는 권리 30,000원을 기업이 보유하고 있는 것이며, 이때 '선급비용'이라는 계정이 생기는 것이다. 그리고 재무상태표에 기록할 때에는 '자산' 중 '선급비용' 혹은 구체적으로 '선급임차료'라는 계정명칭을 사용한다.

재고자산의 정의는 '판매를 위하여 가지고 있는 물건'이다. 재고자산 중 상품은 다른 회사가 만든 제품을 사와서 이윤을 붙여 최종소비자 등에게 재판매하는 물건을 의미한다. 제품은 당해 기업이 직접 제조하여 판매 직전의 상태에 있는 완성품이며, 재공품은 현재 제조과정중인 중간재적인 물건을 말한다. 원재료는 말 그대로 제조를 위하여 사온 원자재 등을 의미한다. 이들의 공통점은 아직 소멸되지 않은 가치를 가지고 있으며, 머지않은 미래에 새로운 가치를 창출할 수 있는 잠재력을 가진 것들이라는 점이다. 즉, '유동자산'의 요건을 가지고 있다.

비유동자산은 현금화시키는 데 1년을 초과하여 소요될 가능성이 높은 자산들로 기계장치, 토지, 건물 등 기업의 영업활동에 사용하기 위하여 구입하거나 제작한(판매를 위한 재고자산과 구별됨) 기자재를 나타내는 '유형자산', 기업의 영업활동에 사용되나 물리적 형태가 없는 특허권 등의 '무형자산'이 모두 '비유동자산'에 포함된다. 즉, 대부분의 유형자산과 무형자산은 자산 자체를 판매의 목적으로 하는 것이 아니라 오랜 기간에 걸쳐 영업을 위하여 사용할 것으로 전제되는 자산들을 의미한다.

따라서 건물이나 기계장치와 같은 유형자산의 경우 시간이 지남에 따라 가치가 감소하게 될 텐데, 이 부분을 감가상각누계액이라 하여 재무상태표에 별도로 표시해 준다.[6] 즉, 원래 5,000원인 기계장치가 있고 기계장치를 사용

6) 동시에 포괄손익계산서에는 감가상각비라는 비용계정이 발생한다. 단, 재무상태표가 누적개념이므로 감가상각누계액 수치는 수년간 감가상각액이 합산된 것이며, 포괄손익계산서의 감가상각비는 1년간 발생한 수치만을 제시한다.

하여 수익창출에 기여한 부분이 1,000원만큼이라면 이러한 정보를 모두 반영하여 재무상태표에 이 기계장치의 장부가치가 4,000원이라는 내용을 기록하는 것이다.

2. 부채에 포함되는 계정들의 의미

자산이 소멸되지 않고 미래에 가치 있는 것들로 정의되는 반면, 재무상태표 오른쪽에 나타나는 부채는 '소멸되지 않은 의무'를 포함하여 타인으로부터 조달한 자금에 대한 정보를 포함하고 있다. 부채 아래에 위치하는 자본은 자기자본으로 조달한 자금에 대한 정보를 나타낸다.

즉, 부채는 미래에 갚아야 하는 의무이다. 갚을 것이 현금일 수도 있고, 일을 해줌으로써 의무를 벗어날 수도 있다. 은행에서 자금을 차입했다면 그만큼 이자비용과 원금을 상환하여 의무를 다할 수도 있고, 만일 일을 해주기로 하고 현금을 먼저 받았다면 일을 해줄 의무가 있는 상태에서 일정기간 동안 일을 해줌으로써 의무를 벗어날 수 있다.

앞서 예시되었던 재무상태표 중 부채 부분만 다시 써보면 다음과 같다.

〈부 채〉		
Ⅰ. 유동부채		
1. 매 입 채 무		10,000
2. 단기차입금		10,000
3. 미지급비용		10,000
4. 선 수 수 익		10,000
Ⅱ. 비유동부채		
1. 사 채	10,000	
(사채할인발행차금)	(1,000)	9,000
2. 장기차입금		10,000
3. 제품보증충당부채		17,000
부채합계		76,000

자산과 마찬가지로 1년 이내에 의무를 이행해야 하는 부채를 '유동부채'로, 1년 이후에 의무를 이행해야 하는 부채를 '비유동부채'로 구분한다. '유

동부채' 중 '매입채무'는 재고자산 등을 매입해 올 때 발생하는 외상거래로 인한 채무이다.[7] 단기차입금은 금융기관으로부터 1년 이내에 갚기로 하고 빌린 돈을 의미한다. 미지급비용은 비용이 발생하였으나 상호합의하에 일정 기간 후에 지급하기로 한 경우 사용한다. 예를 들어, 종업원에게 급여를 주어야 하는데 급여일이 되지 않아 아직 지급하지 않은 때나 단기차입금에 대한 '이자비용' 등을 약정한 시점에 주어야 하지만 계약상 일정기간 후에 지급하기로 하고 아직 미지급 상태일 때 의무를 의미하는 계정으로 사용된다. 결국 미지급비용 역시 단기간 내에 현금으로 갚아주어야 하는 의무로 유동부채에 포함되는 계정이다.

선수수익은 아직 일은 해주지 않았는데 돈부터 먼저 선금으로 받은 경우 발생하는 계정이다. 현금을 먼저 받고 일을 해주어야 할 의무가 존재하며, 일정기간 안에 일을 해줌으로써 의무가 면제된다. 즉, 일을 해주게 되면 재무상태표의 부채에서 차감된다. 미지급비용과 선수수익은 모두 1년 이내에 현금을 갚거나 혹은 일을 해줌으로써 부채가 탕감될 것이 전제되고 있으므로 유동부채가 된다.

반면에 1년을 초과하는 기간에 걸쳐 갚게 될 부채로 정의되는 비유동부채의 대표적 계정으로는 사채 또는 장기차입금이 있다. 사채할인발행차금계정은 사채의 발행과정에서 발생하는 조정금액을 표현하고 있는 것인데, 이 계정은 '부채의 차감계정'이라 하여 부채 바로 밑에 보고한다. 즉, 부채합계를 차감하는 역할을 하면서 부채합계에 영향을 준다. 사채와 장기차입금은 장기간에 걸쳐 돈을 갚아야 하는 의무를 나타내는 계정이라는 공통점이 있다.

한편, 제품보증충당부채는 언제일지 모르는 판매 제품의 A/S요청에 대하여 완충시키는 의미의 충당부채를 현재의 비용과 함께 기록하는 것이다. 제품보증의 상황은 매출이 일어난 해와 다음 해에 나타날 가능성이 높지만, 회계의 대원칙인 수익·비용대응의 원칙에 따르면 수익과 그에 따른 비용은 최대한 같은 해의 포괄손익계산서에 기록되도록 해야 한다. 즉, 당해 연도에 발생한 매출과 이로부터 발생한 제품보증비는 같은 해의 포괄손익계산서에 수익과 비용으로 대응되어야 한다. 제품보증비의 현금지출이 다음 해에 이루

7) 매입채무는 외상매입금 및 지급어음 계정을 포함하는 개념이므로 매입채무계정을 사용하는 것이 더 바람직하다.

어지더라도, 향후에 지출될 비용에 대한 현재 의무로서 제품보증충당부채를 설정하면 되는 것이다. 제품보증충당부채는 일반적으로 1년 이상에 걸친 부채이므로 비유동부채로 분류된다.

자산과 부채에 대해서 K-IFRS는 유동성배열법을 규정하고 있다. 즉, 유동성대로 순서를 정하여 재무상태표를 나타낸다는 것이다. 일반적으로는, 유동자산이 비유동자산보다 위쪽에, 그리고 유동부채가 비유동부채보다 위쪽에 위치한다. 그런데 유동성을 오름차순으로 할 것인지 내림차순으로 할 것인지에 대한 규정이 없기 때문에, 일부 국가에서는 유동성이 적은 항목부터 위에서 아래로 배열하는 방식을 사용하고 있으며 우리나라에서 최초로 K-IFRS를 적용하는 기업들 중 비유동자산부터 재무상태표의 제일 앞을 구성한 기업들도 있었다.

3. 자본에 포함되는 계정들의 의미

K-IFRS는 자본의 분류에 대하여 자본금과 적립금으로 나눈다고만 포괄적으로 언급하고 있다. 각 나라별로 상법 규정이 다르기 때문에, 나라별 특수성을 인정하기 위한 배려라 할 수 있다. 예를 들어, 우리나라는 액면가제도가 일반화되어 있어서 발행주식의 액면가에 발행주식수를 곱한 금액만큼을 자본금계정으로, 이를 초과하는 금액을 주식발행초과금으로 하여 자본잉여금으로 분류하지만, 무액면주식이 일반화되어 있는 나라들도 다수 존재한다. 따라서 실무적으로는 기존 관행대로 자본금은 자본금과 자본잉여금, 자본조정으로, 손익누적액은 이익잉여금 및 기타포괄손익누계액으로 분류하는 것이 일반적이다.

자본의 대부분은 기업이 발행한 주식이나 벌어들인 이익과 관련되는 계정들이다. 자본의 가장 큰 특징은 회사가 청산을 하기 전까지 원금을 갚을 의무는 없다는 것이다. 다만, 기업이 발행한 주식과 관련하여 이익이 발생할 경우 배당을 주어야 한다는 면에서 자금의 사용에 대한 의무는 있다고 할 수 있다. 즉, 부채로 타인자본을 조달했을 때에는 이익이 발생하든 아니든 이자비용을 지불하고 만기가 되면 원금도 갚아야 하지만, 주식을 발행하여(자본금으로) 회사의 자기자본을 조달했을 때에는 이익이 발생할 경우 주주총회에서 정하는 적정한 수준의 배당을 지급해야 한다.

여기서 생각해 볼 사항이 있다. 이자비용은 수익에서 차감되는 비용에 해당하는 반면, 배당은 확정된 이익(즉, 모든 비용을 고려한 후 금액)에서 일정 부분을 주주들에게 돌려주는 것이므로 회계상 비용이 아니다. 포괄손익계산서는 당기에 발생한 수익에서 비용을 차감하여 순이익을 제시하는 표이고, 재무상태표는 현재의 재산상태, 즉 배당 줄 것을 다 주고 난 후 재산상태가 어떠한지를 나타내 주는 표이다. 즉, 이자비용에 대한 내용을 반영한 포괄손익계산서의 당기순이익 금액이 재무상태표의 이익잉여금으로 옮겨가는 반면, 배당에 대한 내용은 포괄손익계산서에 반영되지 않고 재무상태표의 이익잉여금에서 바로 차감된다. 그리고 배당이 얼마였는지에 대한 구체적인 내역은 자본변동표에 나타난다. 궁극적으로 재무상태표의 이익잉여금에는 이자비용과 배당을 모두 차감한 후의 금액이 나타나지만, 중간과정에서 어느 재무제표에 이들이 차감되는 정보가 나타나는지가 정보로서의 가치를 갖게 된다.

예시된 재무상태표의 자본부분을 다시 자세히 보면 다음과 같다.

〈자 본〉	
Ⅰ. 자본금	
1. 보통주자본금	100,000
2. 우선주자본금	10,000
Ⅱ. 자본잉여금	
1. 주식발행초과금	30,000
Ⅲ. 이익잉여금	
1. 이익준비금 및 법정적립금	10,000
2. 임의적립금	10,000
3. 미처분이익잉여금	10,000
Ⅳ. 자본조정	
1. 주식할인발행차금	(10,000)
V. 기타포괄손익누계액	
1. FVOCI금융자산평가이익	10,000
2. 재평가잉여금	10,000
자본합계	180,000

자본에 포함되는 계정 중 제일 앞에 나오는 계정은 '자본금'이다. 자본금은 발행된 주식의 기준이 되는 가격, 즉 액면가에 발행주식수를 곱한 금액이다. 자본금을 보면 이 회사가 주식을 얼마나 발행했는가를 알 수 있다. 자본금이 경쟁기업보다 적다면 아직 자본시장에서 주식발행을 통하여 자금을 조달할 여력이 많다는 뜻이며 자본금이 상대적으로 많다면 앞으로 주식발행을 통하여 자금을 조달할 여력이 많지 않다는 의미가 될 수 있다. 금융시장에서는 주식을 통한 자금조달이 보편적인 자금조달수단이므로, 각 기업에 대한 평가는 자본금의 크기에 따라 달라질 수 있다.

자본잉여금과 이익잉여금은 각각 자본거래에서 생긴 이익누계액 및 영업거래에서 생긴 이익누계액을 나타낸다. 예를 들어 액면가 10,000원짜리 주식이 인기가 있다 보면 20,000원에 발행될 수가 있는데, 이때 액면가 10,000원은 자본금이고 나머지 초과분 10,000원은 자본거래에서 생긴 이익으로 분류한다. 즉, '자본잉여금' 중 '주식발행초과금'이라는 계정으로 표현된다.

반면에 매출을 올리고 각종 비용을 공제한 후 발생하는 당기순이익은 기업이 1년간 벌어들인 이익 금액인데, 이 금액 중 배당을 제외한 금액이 재무상태표의 이익잉여금에 누적된다. 사실 기업에서 가장 중요한 수치는 1년간 영업의 결과로 얼마나 이익을 올렸는가를 나타내는 당기순이익이므로 이를 포괄손익계산서에 자세히 나타내는 것이다. 포괄손익계산서의 결과물인 당기순이익 수치가 포괄손익계산서의 마감과 함께 이익잉여금에 가산(이로써 포괄손익계산서는 다시 '0'이 되어 새 회계연도의 발생분을 모으게 됨)되고 이 중 일부를 배당으로 주주들에게 지급하며 나머지는 적립되거나 미처분이익잉여금 상태(이후 연도에 배당이든 적립이든 처분가능한 상태. 일단 적립되면 별도의 절차 없이 배당할 수 없음)로 남게 된다. 이 외에 자본조정과 기타포괄손익누계액은 후에 서술된다.

제 3 절 포괄손익계산서의 주요 계정들

포괄손익계산서는 일정기간 동안의 기업의 경영성과를 보여주는 표이다. 따라서 '포괄손익계산서'라는 제목 아래 일정기간을 나타내는 표시를 해야 한다. 예를 들어, '20×1년 1월 1일부터 12월 31일까지'라고 표시되어 있다면, 이는 해당 포괄손익계산서에 20×1년 1월 1일부터 12월 31일까지의 기간 동안 벌어들인 수익과 이 수익을 벌어들이기 위하여 사용한 비용이 얼마인지에 대한 내용이 담겨 있다는 것을 의미한다. 또한, 재무상태표와 마찬가지로 '포괄손익계산서'라는 명칭과 보고기간 외에 보고하는 회사의 회사명, 보고되는 수치의 화폐단위를 표시해야 한다.

현대 회계는 발생주의 회계를 근간으로 하고 있어서 비록 현금을 며칠 후에 받게 되더라도(기본적으로 신용이 있다는 전제를 하고 있기 때문에) 판매가 이루어지기만 했다면 일단 수익(또는 매출)으로 기록한다.

일반적으로 수익의 큰 부분을 담당하며 기업의 주 사업으로부터 유입되는 수익을 매출이라 한다. 이 외에 영업과 관련 없는 수익은 이자수익, 배당금수익 등의 계정으로 별도 기록한다. 즉, 상품이나 제품의 판매가 이루어지면 수익(매출)에 해당되어 포괄손익계산서에 '수익'으로 계상하고(즉, 당기순이익 산출을 위해 가산하고), 만일 대금을 외상으로 처리했다면 재무상태표의 자산에 '현금' 대신 '매출채권' 계정이 발생한다. 매출채권은 단기간 내에 현금화될 것으로 믿어지며, 당연히 미래에 현금으로 회수할 권리가 있는 것에 해당하므로 재무상태표의 자산에 속할 자격이 있다.

매출채권 중 일부 현금을 회수하지 못하는 경우 '손실충당금'(또는 대손충당금)이라는 차감계정을 설정하거나 매출채권 자체의 감소를 통해 재무상태표의 자산총액이 감소하는 동시에 포괄손익계산서에는 회사의 손실금액만큼을 '손상차손'(또는 대손상각비)이라는 비용계정을 인식하여 당기순이익을 차감한다. 당기순이익은 이익잉여금으로 대체되므로 이렇게 하여 재무상태표의 오른쪽(대변)과 왼쪽(차변)의 금액은 여전히 일치하게 된다.

비용의 경우에도 비록 현금지급이 이루어지지 않았다 하더라도 오늘 날짜로 급여를 주어야 하는 의무가 생겼다면, 급여라는 비용을 포괄손익계산서에 계산해 주는 동시에 재무상태표에는 '미지급비용'이라는 부채계정이 나타나야 한다. 왜냐하면 시간경과에 따라 급여는 발생했으므로 포괄손익계산서에서 지금 비용으로 인식하고 이에 대한 현금지급이 얼마 후에 이루어지면 그때 현금계정을 감소시키면서 동시에 부채를 감소시키면 된다.[8)]

포괄손익계산서는 '수익에서 비용을 차감하여 이익이 얼마다'라는 내용을 보여주는 재무제표이다. 우선, 포괄손익계산서는 '매출'이라는 수익계정부터 시작한다. 포괄손익계산서 전체적으로 매출 외에 기타 수익그룹이 있으며, 비용도 매출원가와 다른 비용들로 나뉜다. 사이사이에 중간계산과정을 나타내는 매출총이익, 영업이익, 법인세비용차감전순이익 등을 기억해야 한다. 이들은 중간계산과정을 나타내는 것이며, 급여, 이자비용, 매출처럼 개별적인 거래발생 사실을 나타내는 계정은 아니다.

포괄손익계산서를 위에서 아래로 다시 한번 검토해 보면, 우선 매출은 판매된 물건의 금액을 나타낸다. 외상으로 판매했거나 대금을 현금으로 받는 경우 포괄손익계산서에는 매출(또는 매출액)이라는 명칭으로 제일 첫 줄에 기록된다. 그리고 매출액과 같은 금액이 재무상태표에 매출채권이나 현금의 명칭으로 나타난다. 매출을 위한 물건 생산에 들어간 원가 혹은 매출을 위해 외부에서 완성품을 구입했다면 생산·구입에 사용된 비용이 매출원가이다. 매출에서 매출원가를 차감해 준 중간결과가 매출총이익이며 포괄손익계산서의 셋째 줄에 위치한다. 매출총이익은 기업이 주된 사업과 관련하여 재화나 용역을 판매하며 벌어들인 이익이 얼마인지를 의미한다.

다음으로 '급여, 임차료' 등 영업과 관련된 비용으로 '판매비 및 일반관리비'에 포함된다. 기업이 관리 및 영업 활동을 위한 사무실을 빌려 그 비용을 지급한다면 이는 '임차료'라는 비용으로 인식된다. '감가상각비'와 '무형자산상각비'는 기계장치, 건물, 특허권 등의 자산이 수익창출을 위해 희생된 만큼 비용으로 인식되는 계정인데, 이들 모두 관리비에 포함되는 계정들이다. 이렇게 하여 매출총이익에서 영업과 관련되는 판매비 및 일반관리비를 차감하면 다시 중간결과인 '영업이익'이 제시된다. 영업이익은 주된 사업과 관련하여 영업활동을 통해 벌어들인 이익이 얼마인지를 보여주는 지표이다.

그 다음 '영업이익'에서 '이자수익', '배당금수익', '유형자산처분이익' 등

8) '(차) 미지급비용 ××× (대) 현 금 ×××'와 같은 분개가 이루어진다.

영업과 관련되지 않는 기타수익(영업외수익)을 더해주고 '이자비용', '유형자산처분손실', '재고자산감모손실' 등 영업과 관련되지 않는 기타비용(영업외비용)을 차감하면 '법인세차감전순이익'이 중간결과로 나타난다.

영업과 관련되지 않는 이자수익 등의 기타수익은 포괄손익계산서 내에서 '매출'과는 구분하여 별도의 수익으로 기록되어야 한다. 즉, 회사활동중에 발생한 이익이므로 포괄손익계산서에 포함되기는 하지만 주된 영업으로부터의 수익(=매출)이 아니므로 영업이익 아래에서 가산하는 것이다.

영업과 관련되지 않는 비용은 판매된 물건의 원가를 나타내는 매출원가가 될 수도 없고 판매나 관리 상황에서 발생한 관리비로 구분될 수도 없지만, 넓게 보면 영업과 함께 이루어지다가 발생된 비용이라 '영업이익' 아래 기타비용으로 분류하여 표시한다. 이렇게 하여 매출총이익에서 판매비 및 일반관리비를 차감하여 영업이익이 산출되며, 여기서 다시 기타수익을 더하고 기타비용을 차감하여 산출된 계정이 법인세비용차감전순이익이다.

법인세비용차감전순이익에서 법인세비용을 차감하면 실질적인 회사의 1년간 순이익이라고 할 수 있는 당기순이익이 된다. 여기에서 예외적으로 발생할 수 있는 중단영업손익까지 가감한 잔액이 포괄손익계산서 가장 아래쪽에 위치하는 당기순이익이 된다. 포괄손익계산서는 결국 매출부터 시작하여 수익을 더하고 비용을 차감해 당기순이익의 구성을 나타내 주는 정보라고 할 수 있다. 다만, 여러 비용계정을 체계적으로 분류함으로써, 수익과 비용의 성격에 따라 중간단계에 있는 유용한 정보를 한눈에 파악할 수 있게 되어 정보의 유용성을 높일 수 있다. 그리고 예시에 있었듯이 기타포괄손익을 당기순이익 아래 표현하게 되면 포괄손익계산서의 전형적인 형태가 된다.

1년간의 영업실적을 나타내는 포괄손익계산서와 달리 재무상태표는 특정시점의 재산상태에 대한 내용을 제시했었다. 즉, 1년 중 어느 한 시점, 예를 들어 12월 31일 현재 이 회사의 재산상태가 자금을 이런 식으로 조달해서 이런 식으로 운용하는 상태라는 내용이 포함되어 있다. 따라서 재무상태표를 이해할 때 가장 중요한 것은 '수년간 누적되어 온 수치'가 재무상태표에 반영되어 있다는 것이다. 반면, 포괄손익계산서는 '1년 동안 이러이러한 과정을 거쳐서 이만큼의 순이익을 올렸다'라는 내용의 정보가 나타난다. 따라서 올해 1월 1일부터 12월 31일까지의 매출이 얼마였고, 당기순이익이 얼마였다는 사실이 올해 포괄손익계산서(1월 1일부터 12월 31일까지)에 나타난 후 내년

포괄손익계산서(예시)

(주)동양 20×1년 1월 1일부터 12월 31일까지 (단위 : 원)

+) 매출		**300,000**
−) 매출원가		**(200,000)**
=) 매출총이익		**100,000**
−) 판매비 및 일반관리비		(60,000)
1. 급 여	**(10,000)**	
2. 제품보증비	**(10,000)**	
3. 임 차 료	**(10,000)**	
4. 감가상각비	**(10,000)**	
5. 손상차손(대손상각비)	**(20,000)**	
=) 영업이익		40,000
+) 기타수익		20,000
1. 유형자산처분이익	**20,000**	
−) 기타비용		(30,000)
1. 재고자산감모손실	**(10,000)**	
2. 유형자산처분손실	**(20,000)**	
+) 금융수익		10,000
1. 이 자 수 익	**10,000**	
−) 금융비용		(10,000)
1. 이 자 비 용	**(10,000)**	
=) 법인세비용차감전순이익		30,000
−) 법인세비용		(10,000)
=) 계속영업이익		**20,000**
−) 중단영업손익(세후)		0
=) 당기순이익		**20,000**
−) 기타포괄손익		**(10,000)**
=) 총포괄이익		10,000
주당(당기)순이익		200

주1) 위 표는 주요 항목만 예시한 것이다. 기타포괄손익을 가감하여 총포괄이익이 표시되는 형태는 완전한 형태의 포괄손익계산서 모습이다. 다만, 예제에서는 기타포괄손익이 발생하지 않는 경우가 많고, 이런 경우 손익계산서라고 불러도 무방하다.

2) 매출총이익, 영업이익, 법인세비용차감전순이익, 계속영업이익, 당기순이익, 총포괄이익은 중간계산결과 및 최종계산결과일 뿐, 그 자체가 거래로부터 발생한 계정이 아니다. 회계를 학습함에 있어서는 거래의 결과로 나타난 수익 또는 비용 항목을 기억하는 것이 중요하다. 판매비 및 일반관리비, 기타수익(또는 영업외수익), 기타비용(또는 영업외비용) 등 일부 용어는 예전 회계기준에서 규정했던 항목들이며 K-IFRS에 언급되어 있지는 않다. 다만, 실무적으로 이 계정명칭을 계속 사용해도 무방하다.

3) 주당순이익은 당기순이익을 발행주식수(100주로 가정)로 나눈 것으로, 포괄손익계산서의 당기순이익 아래에 별도 표시되며, 이러한 표현방식을 '주기'라 한다.

포괄손익계산서에는 내년 1월 1일부터 12월 31일까지의 매출과 당기순이익 등이 0부터 새로 시작하여 1년간의 성과를 제시하게 된다.

그리고 마지막으로 포괄손익계산서에 기록되는 내용, 예를 들어 '이 기업이 1년간 얼마만큼의 물건을 팔아서, 얼마의 비용이 들어 최종적으로 얼마의 이익이 발생했다는' 내용의 결과물인 '당기순이익(배당 제외)'을 재무상태표의 오른쪽 아랫부분에 있는 '이익잉여금'에 가산시켜 줌으로써 재무상태표와 포괄손익계산서 모두가 완성되는 것이며, 바로 이 당기순이익과 이익잉여금이 재무상태표와 포괄손익계산서를 연결시켜 주는 통로가 된다.

제 4 절 자산, 부채, 자본의 의미와 역할

1. 재무상태표에서 자산, 부채 및 자본의 위치

이제 재무상태표의 구조를 조금 더 깊이 검토해 본다. 재무상태표는 회사의 가장 기본이 될 수 있는 재산상태(크게 보면, 자금조달원천과 자금운용내역에 대한 정보)를 나타내는 요약된 정보이다. 재무상태표의 오른쪽(부채 및 자본)[9]은 '기업이 자금을 어떻게 조달하고 있는가'에 대한 내용과 '기업이 미래에 제공해야 하는 의무'에 대한 사항을 나타내고 있다.

여기서 왜 서로 관계도 없을 것 같은 두 가지 내용(부채와 자본)이 같은 쪽에 기록되는가라는 질문을 할 수 있을 것이다. 이들은 기업이 자금을 조달했다는 측면에서 공통점을 가지고 있다. 즉, 조달한 돈이 남의 돈이라면 미래에 이를 갚아야 되며 동시에 이자도 주어야 한다. 조달한 돈이 자기 돈(정

9) 일반적으로 회계처리과정에서 재무상태표 왼쪽에 자산, 오른쪽에 부채 및 자본을 나타낸다. 다만, 최종 보고할 때 각 항목들의 2년 치를 비교형식으로 작성해야 하므로, 오른쪽의 부채 및 자본을 자산의 아래에 보고한다. 즉, 자산은 재무상태표의 왼쪽, 부채 및 자본은 오른쪽에 표시하는 것이 일반적이나, 공표할 때는 자산이 재무상태표의 위쪽, 부채 및 자본은 아래쪽에 위치한다.

확히 회사의 돈)이라 하더라도 투자자에게 이익을 분배해 주어야 한다. 누구한테 조달했는가의 차이 때문에 부채와 자본으로 구분표시하지만, 재무상태표의 오른쪽은 자금조달원천에 대한 정보를 위치시키기로 사회적 합의가 이루어져 있는 것이다. 이로써 오른쪽에는 기업이 어떻게 자금을 조달했는가에 대한 정보, 다시 말하면 미래에 기업이 어떠한 의무를 부담해야 하는가에 대한 정보를 제공한다.

재무상태표의 왼쪽(자산)에는 '기업이 조달된 자금을 어떻게 사용하고 있는가'에 대한 내용 혹은 '기업이 미래에 쓸 수 있는 권리'에 대한 내용이 있다. 여기에서도 '왜 자금의 사용과 권리를 동일시하는가'라는 문제 제기가 있을 수 있다. 자금운용내역의 대표적인 형태 중 하나로, 사용되기 전의 자금인 '현금'이 있다. 조달된 자금을 현금이라는 형태로 보유하고 있다는 뜻이다. 아마도 이 현금은 사업목적을 위해 사용할 건물, 토지 등과 교환하여 운용될 것이다.

예를 들어, IT기업이나 벤처기업 등에 주로 존재하는 '특허권'이라는 것은 어떻게 회계처리해야 하는가? 특허권을 만들기 위해 여러 형태의 돈이 투입되었을 것이다. 그리고 그 결과 미래에 배타적으로 그 기술을 사용할 수 있는 권리를 정부로부터 획득하게 된다. 이러한 이유로 특허권은 그 기업의 자금운용형태 중 하나가 되는 것이다. 따라서 이러한 권리 등도 모두 재무상태표의 왼쪽을 구성하는 것이다.

조금 더 정확히 말하면, 자금의 사용내역 중 권리가 소멸되지 않은 부분이 바로 재무상태표의 왼쪽에 기록된다. 자금을 사용하여 권리가 소멸되었다면, 더 이상 여기 기록되어서는 안 되고 포괄손익계산서에 비용 항목으로 기록되어야 하는 것이다. 지출의 두 가지 경우였던 자산과 비용(태블릿PC와 식사 사례 참고)의 차이는 재무제표 기록에서 이렇게 차이가 나게 된다.

결론적으로 오른쪽에 나타나 있는 조달된 자금을 어떻게 사용하고 있는가가 왼쪽에 기록된다. 즉, 재무상태표의 오른쪽에는 그 기업이 조달한 자금의 원천(보다 깊이 생각해 보면, 미래의 의무)이 나타나고, 왼쪽에 자금을 사용한 내역(소멸되지 않았다면, 미래의 권리)이 나타나는 것이다.

만일, 자기자본(자본금)으로 5,000만원을 조달했고, 은행에서 2,000만원을 단기차입(부채)했다면, 재무상태표의 오른쪽에 자금의 사용내역으로 자기자본(자본금)과 타인자본(단기차입금)이 각각 5,000만원, 2,000만원으로 나타나는 것이다. 그런데 여기서 이 내용은 한 번만 기록되고 있는 것이 아니다. 두 번의 자금조달로부터 생긴 결과물은 7,000만원의 현금이다. 동시에 재무상태표의 왼쪽에는 현금 7,000만원이 당연히 기록되어야 한다.

그 다음, 이 현금 7,000만원을 가지고 6,000만원어치 컴퓨터를 구입했고 1,000만원은 아직 사용되지 않고 현금으로 남아 있다면, 현금이라는 자금의 사용내역(미래에 자금을 사용할 수 있으므로 권리가 살아 있음)과 컴퓨터라는 형태의 자금사용내역(미래에 컴퓨터를 계속하여 사용할 것이고 따라서 미래의 가치가 살아 있으므로 자산임)이 각각 1,000만원, 6,000만원으로 기록되며 이들은 모두 재무상태표의 왼쪽, 즉 자산에 해당된다. 다시 말해서, 현금과 컴퓨터 모두 미래에 더 사용할 잠재력이 있다. 즉, 이들의 역할이 아직 끝나지 않았기 때문에 자산에 기록될 수 있는 것이다.

2. 자산, 부채, 자본의 의미와 역할

이제 이 설명을 구체적인 회계용어를 사용하여 다시 검토해 보자. 흔히 재무상태표의 왼쪽을 '차변', 오른쪽을 '대변'이라 부른다. 차변에는 자금의 사용내역 및 권리들이 있다. 이를 회계용어로 '자산'이라 한다. '재산'이 아니고, '자산'이라고 하는 이유는 유형의 것만이 아니라 무형의 권리 등도 포함한 포괄적인 의미를 부여하기 위한 이유도 있다.

대변에는 자금의 조달원천이 나타나는데, 크게 자금의 조달원천은 두 가지이다. 즉, 회사 소유의 돈과 회사가 빌려온 돈이다. 회사가 빌려온 돈을 회계용어로 '부채'라 하고, 누군가가 회사에 투자를 하고 회사의 주인이 되는 과정에서 회사 소유가 된 자금을 '자본'이라고 부른다. 자본에는 주식을 발행해서 조달한 자본금, 자본거래에서 벌어들인 이익을 나타내는 자본잉여금과 영업을 통해 벌어들인 이익의 누적치를 나타내는 이익잉여금 등이 있다. 특히, 이익잉여금은 포괄손익계산서와 연결되는 중요한 개념으로서 자본의 구성요소에 포함된다는 사실을 꼭 기억해야 한다.

자본금에 대해서 다시 한번 상기할 필요가 있다. 은행차입금은 원금과 이자를 갚으면 되는 것이지만, 주식발행은 그러한 거래와는 다르다. 즉, 회사는 주식을 발행하여 그로부터 들어온 돈은 완전히 회삿돈이 되었으므로 갚을 의무가 없다. 그리고 회사에 돈을 지불한 주주들은 주주총회를 통하여 회사의 경영에 일부 참여할 수 있으며 이익이 발생했을 때 지분율에 의거하여 배당을 받을 권리를 갖는다. 투자한 돈에 대해서 회사에 지불요청을 할 수가 없다.

위의 예에서 회사 소유의 돈은 5,000만원이고, 이 자금을 투자한 투자자들은 회사의 주인일 뿐이다. 즉, 투자한 돈은 더 이상 자신들의 돈이 아니고 회사의 돈이며, 대신 자신들은 투자 대가로 회사에 대한 영향력을 행사할 수 있게 된다. 이들을 '주주'라고 하며, 이들은 주주총회에서 의결권을 행사할 수 있고, 회사의 성과가 좋다면 높은 배당을 받을 수도 있다. 만약 원금을 회수하고 싶다면 이 회사의 주주가 되고 싶은 다른 투자자를 찾아 주식을 넘기면 된다. 회사는 청산을 하기 전까지는 주주들에게 자본금을 환급할 필요가 없다. 재무상태표 대변의 '자본'에 '자본금' 5,000만원이 기록되어 있다면, '이 회사가 주식을 발행하여 조달한 자금이 5,000만원이며, 앞으로 이익이 나면 현재 주주들에게 주주총회에서 정한 비율만큼 배당을 주면 되는구나'라고 생각하면 된다.

참고 | 주식발행시장과 주식유통시장

시장(주식발행시장)에서 물건(주식)을 파는 쪽은 기업이고, 사는 쪽은 투자자(개인이나 금융기관)들이다. 기업은 주식을 발행하여 주식을 증서로 주면서 필요한 자금을 공급받는다. 그리고 상법에 의하여 기업은 주식발행을 통하여 조달된 자금을 갚을 의무가 없다.

반대로 투자자들은 여유자금을 투자하고 주식이라는 권리(유가증권)를 사는 것이다. 그런데 투자자 입장에서 이러한 주식이라는 종잇조각(유가증권)에 투자를 한다면 매우 불안할 수 있다. 틀림없이 그 증서에는 회사명이 나타나고 어느 정도 신용을 갖고 있겠지만, 이 증서가 현금은 아니기 때문에, 이것으로 먹을 것과 입을 것을 살 수는 없다. 애초에 투자를 한 이유는 이 주식을 보유함으로써 미래에 좀 더 많은 배당수익 등을 올리고 싶어서였을 것이다. 그러나 사람의 생각은 언제나 변하게 마련이고, 주식을 산 지 1주일쯤 있다가 현금이 필요하다면?

만일, 아무 때나 주식을 현금화할 수 없다면, 그리고 그런 사실을 투자자들이 미리부터 알았다면, 애초에 주식에 투자를 하지 않거나 굉장히 신중하게 주식을 매수할 것이므로 주가는 현재 시장에서 형성되는 가격보다 현저히 낮을 것이다. 주식시장을 통하여 자금을 조달하려는 기업에게도 타격이 될 것이나. 불안한 것을 좋아하는 사람은 거의 없다. 이와 같은 상황에서는 자본시장 중 주식발행시장에 자금이 모이지 않게 되고, 기업들은 자본시장을 통해 자금을 조달할 수 없게 된다. 경제의 규모는 그만큼 줄어들 것이고, 그 경제사회는 가난하게 될 것이다. 어떻게 하면 이 문제가 해결될 수 있을까?

투자자들이 주식에 투자를 했다가도 언제든지 자신의 투자자금을 현금화시킬 수 있다면(적어도 그런 제도적 장치가 되어 있다면), 보다 많은 자금이 자본시장으로 모일 수 있다. 최초 발행된 주식의 대금은 기업 입장에서는 갚을 필요가 없지만, 대신 기업이 발행한 주식이라는 증서가 시장에서 거래된다면 이러한 문제가 해결될 수 있다. 즉, 주식 등이 투자자들간에 유통될 수 있는 활성화된 주식유통시장이 존재한다는 전제하에서 기업과 최초의 투자자 사이에 주식이 거래되는 발행시장은 제 역할을 보다 충실히 할 수 있게 될 것이다.

일반적으로 일컬어지는 주식시장이라고 하는 곳은 거의 대부분 바로 주식유통시장이다. 그리고 우리가 신뢰하는 주가라는 것은 대부분 이 주식유통시장에서 정해진 가격이다. 물론, 애초에 발행시장에서 처음으로 정해졌던 가격(상장시 공모가 등)이 있지만, 자유롭게 거래가 이루어지는 그 순간부터 이 유통시장에서 수시로 가격이 변동하게 된다. 마치 컴퓨터부품시장에서 RAM이나 SDD 가격이 변하는 것과 같은 원리이다.

정리해 보면, 발행시장에서는 주식을 발행하는 기업과 최초의 투자자(일반적으로 증권사나 공모주를 받는 사람, 우리사주조합 등) 사이에 거래가 이루어진다. 이 주식을 산 사람들이나 기관들은 일정시기 후에 자유롭게 이 주식을 팔고 싶은데, 그것은 우리가 흔히 말하는 주식시장(즉, 유통시장)에서 투자자들 사이에 이루어진다. 많은 사람들이 모이면 서로 판단이 다르고 거래가 이루어지게 마련이며 시장에서 이러한 거래가 이루어진다. 또한, 유통시장에서 형성되는 가격(주가)을 기준으로 하여, 그 기업에 새로운 투자자금이 필요할 때 새로운 주식을 발행할 수 있다. 이것을 유상증자라고 하며, 기존의 주식들과 함께 역시 유통시장에서 거래가 된다. 이러한 순환과정이 이루어지다 보면, 보다 많은 자금이 자본시장으로 나와 경제를 활성화시키는 역할을 하게 된다.

'주식시장은 폐지되어야 한다'라고 주장하는 사람들이 있다. 주가가 하락국면일 때 빚을 얻어 투자를 하다가 큰 손실을 보고 자살하는 투자자들이나 좌절하는 사람들을 보면, 이러한 말이 나올 수 있고 타당한 측면도 있다. 그러나 그렇다고 하여 주식시장을 없앨 수는 없다. 희소한 자원을 배분하는 역할을 주식시장이 해주기 때문이다. 즉, 경제를 활성화시킨다는 대전제하에 자본주의라는 제도가 만들어낸 주식시장제도는 여러 가지 부작용에도 불구하고 적어도 자본주의 사회에서는 그 필요성을 인정받고 있는 것이다.

자본시장의 규칙 중 하나가 직접금융시장에서는 기업과 투자자 사이의 직접거래를 인정한 것이고, 이에 따른 위험은 모두 투자자가 부담하도록 한다는 것이다. 이러한 위험이 싫은 사람은 간접금융시장(부실화되지 않을 것 같은 은행 등)에 투자를 하여 더 적은 위험과 더 적은 수익률을 받으라는 선택의 여지가 늘 존재하고 있고, 다수의 사람들은 이러한 방법을 택한다.

이 과정에서 기업이 돈을 갚지 못하고 부실화되면, 사실상 그 돈은 이미 거의 없어진 것이 된다(그동안 사용되었거나 유형자산 형태로 있더라도 그 현실적인 가치가 투입자금에 비해 현저히 떨어진다. 또한 일자리가 없어지면서 국민 전체의 소득수준도 떨어질 것이다). 그러면 은행도 조금씩 부실화되고 국민경제에 어둠이 드리워질 것이다.

한마디로, 주식시장에서는 기업(주식)의 신용도에 대해서 투자자 본인의 책임하에 투자를 하므로 위험이 있지만 높은 수익률을 기대할 수 있다. 은행에 예금할 경우에는 그 기업의 신용도를 따질 필요가 없다. 이 경우, 적은 위험과 그에 따른 적은 수익률에 만족해야 한다.

제 5 절 현금흐름표와 자본변동표, 연결재무제표

회계기준에서 필수적으로 요구하는 재무제표는 재무상태표, 포괄손익계산서, 현금흐름표, 자본변동표 등 4개이다. 물론, 재무상태표와 포괄손익계산서가 가장 중요하며 공부해야 할 내용의 대부분을 차지하기 때문에 현금흐름표와 자본변동표에 대한 구체적인 것은 이 책의 후반부에서 다루게 된다.[10] 여기서는 현금흐름표와 자본변동표가 어떤 내용을 포함하고 있는지에 대하여 간단히 검토한다.

1. 현금흐름표의 개요

현금흐름표는 일정기간에 발생한 현금흐름[11]을 활동별로 분류하여 현금 유입과 유출이 얼마나 이루어졌는가를 제시하는 표이다. 포괄손익계산서상 순이익은 일정기간에 발생한 발생주의 회계이익의 구성요소를 나타내는 것이므로 이익이 발생하여도 현금이 유입되지 않는 경우가 있다.

따라서 포괄손익계산서만으로 그 기업의 건전성을 파악하기가 어렵기 때문에, 현금흐름표의 공시를 의무화하고 있다. 즉, 일정기간의 이익에 대한 자료인 포괄손익계산서와 일정기간의 현금의 증감에 대한 자료인 현금흐름표를 동시에 이용한다면, 재무제표이용자가 훨씬 유용한 정보를 얻을 수 있게 된다.

포괄손익계산서가 매출총이익과 당기순이익 등의 구분을 하면서 정보의 유용성을 높이는 것처럼, 현금흐름표는 1년간 현금의 증감을 '영업활동 현금흐름', '투자활동 현금흐름', '재무활동 현금흐름' 등 3개로 나누어 정보의 유

10) 또한 회계기준에서 요구하는 4개의 필수 재무제표 이외에 각종 명세서 등 회사가 자발적으로 여러 형태의 재무제표를 공시하기도 한다. 그중 '제조원가명세서'는 그 정보유용성이 매우 크므로 그 구조에 대한 파악이 중요하다. 매출원가를 다루는 장에서 이에 대한 내용이 언급되고 있다.

11) 현금흐름이란 현금및현금성자산의 유입과 유출을 의미한다.

용성을 높여주고 있다. 현금흐름표 제일 아랫줄에는 현금의 증감내역에 대한 정보가 나타나며, 이것이 전기 재무상태표와 당기 재무상태표의 현금의 차이와 일치한다면 정확히 작성된 현금흐름표라고 할 수 있다. 현금흐름표는 다음의 표와 같은 양식으로 구성된다.

현금흐름표(간접법)

(주)동양 20×1년 1월 1일부터 12월 31일까지 (단위 : 천원)

Ⅰ. 영업활동 현금흐름		**10,000**
법인세차감전순이익	10,000	
가감 :		
이자수익	(10,000)	
배당금수익	(10,000)	
이자비용	10,000	
감가상각비	10,000	
유형자산처분이익	(10,000)	
매출채권 증가	(10,000)	
재고자산 감소	10,000	
매입채무 증가	10,000	
영업에서 창출된 현금	10,000	
이자수취	10,000	
배당금수취	10,000	
이자지급	(10,000)	
법인세납부	(10,000)	
Ⅱ. 투자활동 현금흐름		**(4,000)**
유형자산의 처분	4,000	
유형자산의 취득	(7,000)	
무형자산의 취득	(3,000)	
기타 투자활동으로 인한 현금유출입액	2,000	
Ⅲ. 재무활동 현금흐름		**1,000**
유상증자	3,000	
장기차입금의 차입	10,000	
사채 및 장기차입금의 상환	(12,000)	
Ⅳ. 현금의 증가		**7,000**
Ⅴ. 기초현금		**3,000**
Ⅵ. 기말현금		**10,000**

2. 자본변동표의 개요

자본변동표는 재무상태표의 자본부분에 나타나는 내용들이 1년간 어떤 이유에 의하여 얼마나 변동하였는가에 대한 정보를 제공한다. 재무상태표의 자본부분은 자본금, 자본잉여금, 이익잉여금, 자본조정, 기타포괄손익누계액 등 5개의 중간항목으로 분류된다. 재무상태표에는 이들 5개 항목의 기말잔액(다음 해의 기초잔액과 같음)만이 제시되어 있고, 다음 해의 재무상태표를 보면 1년간 이들 5개 항목의 총액이 얼마나 늘었는지 줄었는지는 알 수 있지만 무엇 때문에 증가했는지는 알 수 없다. 자본변동표는 이러한 내용을 구체적으로 기록함으로써, 1년간 자본부분의 5개 항목이 증감한 이유를 알 수 있다.

예를 들어 자본금의 경우 전년말(올해초와 같다고 보면 됨)보다 올해말에 증가했다면, 주식이 더 발행되었다는 의미이다. 만일 이 회사가 기중에 유상증자(새롭게 주식을 발행하는 것) 및 자기주식(회사가 발행한 주식을 스스로 취득하는 것)을 취득하고, FVOCI금융자산평가이익이 발생했다면, 자본변동표에는 다음과 같은 내용이 나타난다.

자본변동표

(주)동양　　20×1년 1월 1일부터 12월 31일까지　　(단위 : 천원)

구 분	자본금	자본잉여금	자본조정	기타포괄손익누계액	이익잉여금	총 계
20×1.1.1	10,000	10,000	10,000	10,000	10,000	50,000
전기분배당					(1,000)	(1,000)
유상증사	10,000	5,000				15,000
당기순이익					5,000	5,000
자기주식취득			(5,000)			(5,000)
FVOCI금융자산평가이익				5,000		5,000
20×1.12.31	20,000	15,000	5,000	15,000	14,000	69,000

참고 | 이익잉여금처분계산서

자본변동표에는 이익잉여금 중 배당으로 지출된 내용, 당기순이익에 의하여 새로이 가산된 내용 등이 포함되지만, 용도별로 적립되는 것에 대한 자세한 내용이 없다. 즉, 재무상태표의 이익잉여금은 법정적립금, 임의적립금, 미처분이익잉여금으로 나뉘는데, 이러한 이익잉여금만의 변동상황을 나타내 주는 표가 이익잉여금처분계산서이다.

과거에는 이익잉여금처분계산서가 자본변동표 대신 4대 재무제표 중 하나였으나, 자본변동표가 이를 대체했으며 이익잉여금처분계산서는 보조자료가 되었다. 하지만 중요한 성과지표인 이익잉여금의 변동상황에 대한 내용을 검토할 수 있다는 점에서 이익잉여금처분계산서는 여전히 정보유용성이 있다.

이익잉여금처분계산서의 구성항목은 다음과 같다.

① 기초미처분이익잉여금 : 전기 이익잉여금처분계산서 마지막 항목인 차기이월미처분이익잉여금으로부터 이월된 금액에 당기순이익을 더한 금액

② 임의적립금이입액 : 미처분이익잉여금이 부족하여 충분한 배당을 하기 곤란한 경우 적립해 두었던 임의적립금으로 보충하는 경우 그 금액

③ 이익잉여금처분액 : 주주총회에서 결의되어 법정적립금, 임의적립금 및 배당금 등으로 처분된 금액

④ 차기이월미처분이익잉여금 : 처분전 이익잉여금과 임의적립금이입액의 합계액에서 이익잉여금처분액을 차감한 금액

이익잉여금처분계산서의 예는 다음과 같다.

이익잉여금처분계산서

20×1년 1월 1일~20×1년 12월 31일

(주)동양 처분확정일 : 20×2년 3월 15일 (단위 : 천원)

Ⅰ. 미처분이익잉여금		
1. 전기미처분이익잉여금	200,000	
2. 당기순이익	100,000	300,000
Ⅱ. 임의적립금이입액		50,000
Ⅲ. 이익잉여금처분액		
1. 이익준비금	5,000	
2. 배 당 금	50,000	(55,000)
Ⅳ. 차기이월미처분이익잉여금		295,000

3. 연결재무제표

필수적으로 공시해야 하는 4개의 재무제표와는 별도로 연결재무제표 작성의무 기준에 해당되는 기업은 연결재무제표 역시 필수적으로 공시해야 한다. 연결재무제표는 두 회사 이상의 재무제표를 하나로 합하여 공시하는 재무제표이다. 따라서 2개 이상의 재무상태표, 포괄손익계산서, 현금흐름표, 자본변동표 등을 하나의 연결재무상태표, 연결포괄손익계산서, 연결현금흐름표, 연결자본변동표 등으로 합쳐 적절한 가감을 통하여 조정을 한 후 공시해야 한다. 모든 회사가 연결재무제표를 작성할 필요는 없고, 회계기준에서 정한 조건에 해당되는 기업들만 연결재무제표를 작성한다. 연결재무제표를 작성해야 하는 이유는 별도재무제표와는 별도로 기업이 상호 소유관계에 있을 때, 두 회사를 하나의 회사로 보고 두 회사 사이의 상호거래, 상호지분투자 등 중복된 요인들을 제거한 정보의 유용성이 매우 커졌기 때문이다.

미국의 SEC(한국의 금융감독원과 유사하나, 준사법권을 가지고 있어 권한이 큼)는 1933년 증권법에 'Regulation S-X의 Article 4(Rules Relation to Consolidated and Combined Statements)'를 포함시킴으로써 처음 연결재무제표에 관한 규칙을 제정했다. 1959년의 ARB No. 51, 1971년의 APB Opinion No. 18, 1987년의 FASB SFAS No. 94를 통해 금융업을 포함한 모든 종속회사의 연결재무제표 작성을 의무화하는 등 연결재무제표에 대한 기준을 강화해 왔다. 무엇보다도 미국에서는 연결재무제표가 주 재무제표로서 별도재무제표보다 더 우선시되어 왔다는 사실이다. 우리나라도 K-IFRS에서 연결재무제표가 별도재무제표에 앞선 주 재무제표로 공시되도록 규정하고 있다.

연습문제

1 포괄손익계산서에는 여러 종류의 이익이 표현되어 있다. 자금력이 뛰어나지만 기술력은 부족한 외국인 투자자가 투자를 위하여 어떤 한국 기업의 포괄손익계산서를 살펴본다면, 매출총이익과 당기순이익 중 어느 항목을 더 중점적으로 분석하겠는가? 그 이유는?

2 (주)동양은행이 (주)서양기업에 자금을 단기로 빌려주려 한다. 자금회수가능성 여부와 관련하여 평가한다면, (주)서양기업의 재무상태표에서 유동자산, 비유동자산, 유동부채, 비유동부채 중 어느 순서로 비중을 두고 판단을 하겠는가? 그 이유는?

3 어떤 회사의 기말 회계자료를 보니 포괄손익계산서 관련항목으로 다음 자료가 전부였다고 한다. 질문에 답하라.

매 출	600원	매 출 원 가	100원	급 여	100원
이 자 비 용	100원	법인세비용	100원		

(물음 1) 포괄손익계산서에 보고될 매출총이익은 얼마인가?
(물음 2) 포괄손익계산서에 보고될 법인세비용차감전순이익은 얼마인가?
(물음 3) 포괄손익계산서에 보고될 당기순이익은 얼마인가?

4 20×1년과 20×2년의 매출액은 각각 2,000원과 3,000원이다. 매년 50%만이 판매한 해에 회수되고 나머지 50%는 다음 해에 회수된다고 하자. 즉, 20×1년의 매출액 중 반은 20×1년에, 나머지 반은 20×2년에 회수되며, 20×2년의 매출액 중 반은 20×2년에, 나머지 반은 20×3년에 회수된다고 가정할 때, 다음 질문에 답하라.

(물음 1) 20×1년말 재무상태표에 보고될 매출채권 잔액은?
(물음 2) 20×2년말 재무상태표에 보고될 매출채권 잔액은?

5 다음은 어느 회사의 재무상태표와 포괄손익계산서에 있는 자료 전부이다. 빈칸에 알맞은 숫자를 채워 넣어라. (단, 배당은 없었음을 가정한다)

	A회사	B회사	C회사
1월 1일 자산	1,000원	1,600원	(　　)
1월 1일 부채	500원	(　　)	1,000원
기중 추가출자(유상증자)	500원	700원	500원
기중의 총수익	500원	300원	500원
기중의 총비용	100원	100원	0원
12월 31일 자산	(　　)	2,500원	3,000원
12월 31일 부채	700원	500원	1,000원

6 다음 자료가 전부라고 가정하고 물음에 맞게 답하라.

현 금	500원	매입채무	100원	매출채권	200원
기계장치	200원	장기차입금	200원	매 출	500원
매출원가	100원	급 여	200원	자 본 금	400원

(물음 1) 당기순이익은 얼마인가?
(물음 2) 이익잉여금은 얼마인가?
(물음 3) 자본합계는 얼마인가?
(물음 4) 유동부채는 얼마인가?
(물음 5) 비유동부채는 얼마인가?
(물음 6) 부채합계는 얼마인가?
(물음 7) 유동자산은 얼마인가?
(물음 8) 비유동자산은 얼마인가?
(물음 9) 자산합계는 얼마인가?

7 다음 질문에 답하라.

(물음 1) 매출액 10,000원, 매출총이익 4,000원이라면 매출원가는 얼마인가?
(물음 2) 매출액 10,000원, 매출원가 1,000원, 기타비용 1,000원, 법인세비용 1,000원이면 당기순이익은 얼마인가?
(물음 3) 매출총이익 1,000원, 기타수익 1,000원, 기타비용은 얼마인지 모르고 법인세비용 500원, 당기순이익 1,000원이었다. 이 자료가 전부라면 기타비용은 얼마인가?

8 [OX문제]

(1) 회계란 기업에서 발생하는 많은 사건을 회사 경영자가 정한 기준에 따라 재무상태표와 포괄손익계산서로 옮기는 절차를 포함한다.

(2) 거래가 발생하면 원인과 결과에 해당하는 2개 이상의 계정이 생기고, 최종잔액을 계산한 후 이를 재무상태표와 포괄손익계산서로 옮기는 것이 회계의 주요 절차이다.

(3) 이익잉여금은 회사 설립 후 당기순이익의 누적치에서 법인세비용을 차감한 잔액이다.

(4) 현금, 토지, 기계장치는 모두 비유동자산 항목이다.

(5) 부채가 10,000원이고, 유동부채가 4,000원이면 비유동부채는 6,000원이다.

(6) 회계가 존재하는 목적 중 하나가 정보로서 제공되기 위함인데, 이에 따라 자본시장에서의 여러 종류의 협상에서 회계자료가 근거자료로 사용된다.

(7) 매입채무와 제품보증충당부채는 비유동부채 항목이다.

(8) 재무상태표만으로는 1년간 현금 증감의 원인과 구체적인 내역을 알 수 없어 현금흐름표가 필요하다.

(9) 급여는 포괄손익계산서에 비용으로 보고되지만, 미지급비용은 재무상태표에 부채로 보고된다.

(10) 20×1년 설립된 A사의 20×1년 매출이 10,000원, 매출원가가 5,000원, 급여가 1,000원이고, 법인세비용이 500원이었다. A사의 20×1년 법인세차감전순이익은 4,000원이며, 20×1년말 이익잉여금 역시 4,000원이다.

CHAPTER 3

재무제표 작성을 위한 분개 및 수정분개

개 요

제2장에서 '회계'란 재무상태표와 포괄손익계산서 등을 회계기준에 의거하여 정확히 작성하는 것이라는 설명을 했다. 기본적으로 기업에서 발생한 회계적 거래를 재무상태표와 포괄손익계산서에 정확히 옮길 수만 있다면 회계의 90% 이상 완성된다고 해도 과언이 아니다. 재무상태표와 포괄손익계산서를 완성시키는 것이 회계의 최종 목표이기는 하지만, 수많은 거래들을 모두 암산으로 재무상태표와 포괄손익계산서로 옮길 수는 없다. 마치 긴 수학문제를 풀 때, 모든 것을 암산으로 처리하고 답만 정확히 나타내기는 힘든 것처럼, 회계에서도 이와 같이 재무상태표와 포괄손익계산서를 작성하기 위한 중간계산과정이 필요하다. 제3장에서 이러한 중간계산과정(분개)에 대하여 살펴보고 재무제표를 완성하는 예제들을 풀어볼 것이다.

제 1 절 분개는 원인과 결과의 관점에서 접근

1. 복식부기와 단식부기

재무상태표와 포괄손익계산서를 설명하면서 각 위치의 계정들에 대하여 검토했다. 도대체 이러한 계정들이 어디로부터 온 것인가? 회계상 거래가 있으면 이를 계정과 금액으로 바꾸어 재무제표의 제 위치로 하여 회계정보가 만들어지며, 이때 회계상 거래를 어떤 규칙하에서 각 계정과 금액으로 바꾸는 방법과 각 계정과 금액을 재무상태표와 포괄손익계산서로 이동하는 과정에서 주의해야 할 점을 알아야 한다. 여기서 '회계상 거래'라는 것은 앞서 살펴본 자산, 부채, 자본, 수익, 비용 항목에 변화가 있는 거래를 의미한다. 예를 들어, 회사가 신규 거래처와 상품의 납품 계약을 맺었다고 가정하자. 거래처와 계약을 맺었다는 점에서 보면 거래가 맞지만, 회계적으로 보면 계약을 맺은 사실만으로는 자산, 부채, 자본, 수익, 비용에 변화가 없기에 거래에 해당하지 않는다. 반대로 1개월 뒤 상품을 납품하기로 계약하고 계약금 1,000,000원을 받았다면, 상품을 아직 공급하지 않았어도 현금이 1,000,000원 증가(자산증가)하고, 계약금을 수령하여 미래에 상품을 납품할 의무가 발생했다는 의미로 선수금 1,000,000원이 증가(부채증가)하게 되므로 회계상 거래에 해당한다.

기업에는 수많은 회계상 거래가 발생한다. 이들 회계상 거래를 건별로 계정과 금액으로 변화시켜야 한다. 이렇게 하여 만들어진 계정과 금액이 재무상태표와 포괄손익계산서에 정렬된다. 거래를 계정과 금액으로 변형시킬 때에는 반드시 적어도 2개의 계정이 짝을 이루어 생성된다. 다음 절차로 짝을 지어 만들어진 계정은 재무상태표와 포괄손익계산서에 옮겨지며, 이때 원래의 짝과는 관계없이 각자 위치되어야 할 곳에(자산은 재무상태표의 왼쪽에, 비용은 포괄손익계산서의 적절한 위치에) 기록되어야 한다.

재무상태표와 포괄손익계산서 양식에 포함된 계정들은 기업에서 발생할 수 있는 여러 사건과 관련하여 약속된 의미를 가지고 있다. 그리고 어떤 거래가 있었을 때, 이들 계정 중 거래내용에 적합한 계정을 적어도 2개 선택하여 각각 오른쪽과 왼쪽에 금액과 함께 기록하는 중간계산과정이 나타나는데,

이를 '분개'라 한다. 그리고 생성된 계정들을 재무상태표와 포괄손익계산서의 정해진 위치에 옮김으로써 재무상태표와 포괄손익계산서가 완성된다.

만일, 매일 10,000원어치의 물건을 현금을 받고 판매한다고 할 때, 이 거래의 영향으로 포괄손익계산서 제일 첫 줄에 매출 10,000원이라는 정보가 제공되며, 유입된 10,000원의 현금은 재무상태표의 자산 중 제일 첫 줄에 기록된다. 하지만 이러한 거래가 많아질 경우를 대비하여, 이 거래의 중간계산과정으로 다음과 같은 기록을 하는데, 이것이 '분개'이다.

(차) 현　　금　　10,000　　(대) 매　　출　　10,000

(분개는 언제나 왼쪽과 오른쪽으로 나뉘는 형태로 이루어지는데, 왼쪽을 차변 또는 (차)로 표현하고, 오른쪽을 대변 또는 (대)로 표현한다)

회계와 관계없이 이와 같은 사건들을 기록할 수 있는 가장 간단한 방법으로는, '가계부' 같은 노트를 구해 현금의 출납을 정리하는 방법이 있다. 아마도 가계부에는 '현금유입 10,000원(매출)'과 같은 식으로 표현할 것이다. 현금유입에 대한 정보와 그것이 매출로부터 비롯되었다는 사실을 한 단어로 표현해야 하기 때문이다. 즉, 원인과 결과가 한 단어, 즉 현금유입 10,000원이라는 말로만 기록된다. 예를 들어, 현금의 수입과 지출을 가계부처럼 기록한다면(이를 단식부기라고 할 수 있다) 다음과 같을 것이다.

가계부 예시(단식부기)

현금수입	5,000만원(자본금)
현금수입	2,000만원(단기차입금)
현금지출	1,000만원(금융자산 투자)
현금지출	6,000만원(기계장치 구입)

항목들이 많지 않다면 이와 같은 단식부기(가계부)가 보기에 불편하지 않을 수 있다. 그러나 기업에서의 거래가 수백 가지로 늘어난다면 이와 같은 단식부기방법으로는 많아지는 정보의 양을 감당할 수 없고, 도무지 어느 정도까지 요약을 해야 할지 알 수 없으며, 결론적으로 하나의 표를 보면서 거래의 연관성(원인과 결과 등)을 찾기 어려워진다. 즉, 단식부기의 원리로는

기업의 상황을 모두 표현하는 정보를 산출하는 데 한계가 있으며, '정보로서의 가치'를 지닐 수 없다.

실제 기업에서 사용되고 있는 '500여년 동안 사용되고 있는 사회적 관습'은 한 사건을 두 번 기록하도록 체계가 짜여 있다. 주로 원인과 결과의 관점에서 두 번 기록하는 것이다. 발생한 거래를 분개할 때 나타나는 2개의 계정은 상당한 관련성을 갖게 된다는 점을 파악한다면 회계의 이러한 구조에 대한 이해가 쉬울 것이다.

회계를 공부할 때, 한 사건을 두 번 기록(즉, 2개의 계정으로 기록)한다는 것은 예외 없는 규칙이므로 반드시 이를 염두에 두고 이런 각도에서 모든 내용을 살펴보는 것이 습관화되어야 한다. 기본적으로 재무제표는 정보로서의 가치를 가져야 하는데, 가계부의 형식만으로는 제한된 정보밖에 얻을 수 없기 때문이다. 즉, 요약되어 있으면서도 조금 더 자세한 정보를 얻을 수 있는 규칙을 생각해야 했던 것이다. 가계부가 현금의 출납만을 기록하는 데 반해 재무제표에서는 어떤 거래가 있으면 이를 서로 다른 관점에서 두 번 기록한다. 이렇게 함으로써 보다 유용한 정보를 생산하는 것이다. 두 번 기록한다는 의미에서 지금 사용되고 있는 회계의 원리를 '복식부기'라고 한다.

복식부기의 원리는 이탈리아 베니스의 상인들이 사용한 이후 산업혁명을 거쳐 자본주의 발달과 함께 발전을 거듭해 오늘날 모든 자본주의 국가들이 사용하고 있는 방법이다. 15~16세기에는 무역 등을 통한 상품매매거래 정도에 대한 회계적인 기록이 복식부기의 형태로 이루어졌기 때문에 간단한 정보만이 제공되었다.

그러나 산업혁명을 거치면서 대규모 설비에 대한 회계처리, 이들의 감가상각에 대한 회계처리 등이 필요해지면서 회계는 발전하였다. 20세기에 석유 등 천연자원을 사용한 제품들이 만들어지면서 무형자산에 대한 회계처리도 필요해졌고, 20세기 후반부터는 금융자산, 금융부채에 대한 정확한 회계처리에 대한 요구가 커지면서 회계기준이 강화되어 왔다. 현재 복식부기의 원리는 전 세계가 거의 동일하게 사용하는 기업의 언어가 되었으며, IFRS 체제가 되면서 회계기준도 통일성을 유지하는 환경이 되었다.

지금 당장이라도 이러한 회계처리방법보다 더 나은 방법이 나타난다면, 우리나라뿐 아니라 세계 각국의 회계제도가 그 방법으로 바뀔 가능성도 있을 것이다. 그러나 현행 회계제도는 사회적 관습(conventional wisdom)으로 오랜 세월에 걸쳐 형성된 것이기 때문에, 확실히 지금보다 더 나은 방법이 생겼다는 확신이 있기 전에는 지금의 방법이 그대로 사용될 가능성이 높다. IFRS 체제라 하더라도 세부적인 회계원칙은 나라마다 약간씩 다를 수 있고, 시간이 흐르면 IFRS 역시 개정되면서 바뀔 수 있으나, 복식부기라는 큰 원리는 앞으로도 수십년간 지속될 전망이다.

정리해 보면, 기업과 관련된 상당히 많은 자료(모든 자료는 아니고)를 요약된 형식으로 정보화하는 것이 회계이며, 현재 세계 각국들이 택하고 있는 주류의 회계처리방법은 복식부기제도이다. 복식부기제도는 자체 수정능력과 논리성을 갖춘 회계제도(크게 보면 원인과 결과에 대한 두 가지 사항이 나타나 있음 : 하나의 논리를 형성함)로서 체계화된 회계시스템이 갖추어야 할 기본요건을 가지고 있다. 사회학자 막스 베버는 복식부기제도를 '인류가 발명한 제도 중에서 가장 뛰어난 발명품 중의 하나'라고 격찬한 바 있을 정도이다. 같은 사건을 두 가지 관점에서 기록하는 것은 불필요한 일로 보일 수도 있겠지만, 두 번 기록함으로써 충실한 정보가 제공될 수 있다는 점을 신중히 생각해 보면서 회계공부를 시작할 필요가 있다.

2. 분개의 의의

투자자들이 5,000원을 출자했고 기업이 이에 대한 대가로 주식을 발행한 거래가 있는 경우, 회계처리절차의 첫 단계는 '분개'이다. 틀림없이 기업에는 이 거래로 인하여 '현금'이라는 자산의 증가와 '자본금'이라는 자본의 증가가 야기된다. '자본금' 5,000원이라 함은 회사가 5,000원만큼 주식을 발행했다는 의미이며, 그 결과로 현금 5,000원이 기업으로 유입되었다는 거래를 다음과 같이 분개로 표현할 수 있다(차변과 대변을 나누는 작업).[1)]

(차) 현　　금　　5,000　　(대) 자 본 금　　5,000

1) 편의상 (차), (대)를 표시하지 않고 가운데에 '/'로 나타내기도 한다. 분개는 중간계산과정에 불과하므로 표현 양식은 둘 중 어떤 것을 사용해도 된다.

'분개'라는 것은 그 자체로서 회계적인 의미가 완성된 것이 아니다. 다만, 재무상태표와 포괄손익계산서를 작성하는 중간과정으로서 가장 편리하다고 인정되는 방법일 뿐이다. 위 거래의 경우 투자자들이 현금 5,000원을 기업이 발행한 주식을 사는 데 사용했고, 기업은 차변에 현금, 대변에 자본금으로 분개를 하였다면, 우리는 그러한 모습을 보고 '아! 이 회사에 누군가가 현금 5,000원을 주고 그 대가로 회사는 주식(그 회사의 주인임을 나타내는)을 그 사람들에게 주었겠구나'라고 인식할 것이다. 이렇듯 한 사건은 반드시 2개의 짝지어진 계정으로 이루어진다. 다만 그 다음 단계에서 이들 현금 및 자본금 계정은 각각 다른 분개에 나타나는 계정 중 같은 이름의 계정과 상계된 후에 순액이 재무상태표나 포괄손익계산서의 자기 자리를 찾아가게 된다. 즉, 사건이나 거래가 있어 짝지어질 때에는 여러 가지 조합이 가능하지만, 그 다음 각 계정별로 상계 후 재무상태표나 포괄손익계산서로 옮길 때에는 원래의 짝과 상관없이 재무상태표와 포괄손익계산서의 제 위치를 찾아서 기록한다는 것이다. 위와 같이 분개하여 재무상태표로 옮긴다면, 재무상태표는 일단 다음과 같다.

재무상태표

(주)동양 　　20×1년 12월 31일 현재 　　(단위 : 원)

Ⅰ. 자　산		Ⅱ. 부　채	0
1. 현　　금	5,000	Ⅲ. 자　본	
		1. 자 본 금	5,000
자산합계	5,000	부채및자본합계	5,000

만일, 거래의 수가 위와 같이 1개뿐이라면, 분개를 하지 않아도 상관없을 것이다. 주식발행거래를 암산으로 처리하여 재무상태표에 위와 같이 옮기기만 하면 최종적인 목적인 재무제표가 완성되기 때문이다. 그러나 거래의 수가 많아지면 이렇게 바로 옮길 경우 실수도 많아질 것이고, 재무상태표나 포괄손익계산서로 옮기는 동안 혼돈이 생길 수도 있을 것이다. 따라서 모든 거래를 위와 같이 차변과 대변으로 나누는 분개를 해 준 다음, 이를 종합하여 재무상태표와 포괄손익계산서로 옮겨주는 작업이 필요하다.

3. 분개의 원리

분개과정에서 왼쪽에 현금이 나타났다는 것은 자산이 증가했다는 의미이며, 오른쪽에 자본금이 나타났다는 것은 자본이 증가했다는 의미이다. 여기서 생각해야 할 것은 '선악의 문제'가 아니며 '균형의 문제'이다. 기업에서 일어난 일을 균형 있게 표현하는 것이 분개 및 재무상태표와 포괄손익계산서 작성의 본질이다. 균형 있게 표현했더니 재산상태가 재무상태표와 같았고, 영업성과가 포괄손익계산서와 같다는 것을 보여주는 것이 회계를 하는 사람들의 첫 번째 임무이다. 이때, 왼쪽(차변)이 무조건 (+)이고 오른쪽(대변)이 무조건 (−)라는 사고는 버려야 한다. 왼쪽은 '현금'과 같은 자산이 (+)로 나타나는 곳이고, 오른쪽은 자본금과 같은 자본이 (+)로 나타나는 곳이다. 이렇게 균형을 이룬 것이다.

그런데 회계를 처음 배울 때 혼돈스러운 것 중 하나가 오른쪽은 자본이 (+)로 나타나는 곳이라고 해놓고 오른쪽에 현금과 같은 자산이 (−)로 나타나기도 한다는 것이다. 물론, 5~6개의 칸을 마련해 두고, 각자의 영역(즉, 자산의 증가, 자산의 감소, 자본의 증가, 자본의 감소, 부채의 증가… 등)을 여러 칸에 나누어 표시할 수도 있겠으나, 500여년 된 회계처리의 사회적 관습은 지금부터 우리가 얘기하는 방법이 가장 합리적이라는 사실을 증명해왔고, 현재 대부분의 나라는 이러한 방식을 택하고 있다.

어쨌든 분개에서 오른쪽에 '현금'이라는 자산이 나타날 수도 있다. 이는 '자산의 감소'를 의미하는 것이다. 물론, 왼쪽에 '자본금'이 나타난다면 이는 자본금이 감소한 것이다. 즉, 주식발행거래를 분개했는데 알고 보니 이게 오류라서 이 분개를 취소해야 한다고 하자. 그렇다면 위의 분개를 다음과 같이 거꾸로 돌려놓아야 한다.

(차) 자 본 금	5,000	(대) 현 금	5,000

첫 분개에서 왼쪽에 생겼던 현금이 오른쪽에 나타났으니 서로 상계되어 순액은 '0'이 되는 것이고 자본금도 오른쪽에 있어야 할 것이 왼쪽에 나타났으니 상계되어 순액은 '0'이 된다. 만일 주식발행을 통하여 조달된 현금으로 '기계장치'를 구매했다면, 분개는 다음과 같다.

(차) 현　　금	5,000	(대) 자 본 금	5,000
(차) 기 계 장 치	5,000	(대) 현　　금	5,000

정리해 보면, 5,000원어치 주식을 발행하여 현금을 조달했고, 그 돈으로 기계장치를 샀다는 얘기이다. 결과가 어떻게 되었는가? 지금 기업의 수중에는 현금은 '0'이 되었을 것이고, 대신 5,000원짜리 기계장치가 생겼다. 그런데 5,000원어치 주식을 발행했다는 사실은 (주식을 소각하거나 취소하기 전에는) 여전히 유효하므로 기록되어 있어야 하고 나중에 이익이라도 생기면 주주들에게 배당을 해주어야 한다.

이러한 내용이 위와 같이 분개가 된 것이다. 즉, 현금이 왼쪽에 (+)5,000원만큼 되어 있다가 오른쪽으로 (−)5,000원 되었고, 기계장치라는 자산이 왼쪽에 (+)5,000원 되어 있으며, 자본금은 원래 자기 자리인 오른쪽에 (+)5,000원인 상태로 존재한다. 이를 재무상태표로 옮기면 다음과 같다.

재무상태표

(주)동양　　20×1년 12월 31일 현재　　(단위 : 원)

Ⅰ. 자　산		Ⅱ. 부　채	0
1. 기 계 장 치	5,000	Ⅲ. 자　본	
		1. 자 본 금	5,000
자산합계	5,000	부채및자본합계	5,000

이제 회계에서 왜 분개를 하며, 분개의 결과가 재무상태표 등과 어떠한 관계에 있는가를 이해할 수 있을 것이다. 다시 한 번 오른쪽과 왼쪽에 대하여 생각해 보자. 여전히 일관적이지 않다고 생각할 수 있을 것이다. 그러나 분개는 중간계산과정이며 여기서 중요한 것은 분개의 규칙이 그렇다는 것이다. 즉, 자산에 해당되는 계정은 증가했을 때 왼쪽에 나타나기로 약속한 것이고 감소했을 때 오른쪽에 나타나기로 한 것이다. 반대로 자본에 해당되는 계정은 증가했을 때 오른쪽에 나타나기로 약속한 것이다. 최종결과물인 재무상태표라는 것이 왼쪽에 자산, 오른쪽에 부채와 자본이 위치하기 때문에 분개에서도 그렇게 약속을 한 것이다.

'현금'계정이 차변과 대변 양쪽을 오가며 나타나는 경우를 보았겠지만, 재무상태표에 이들을 옮길 때에는 왼쪽과 오른쪽을 상계한 최종결과 금액만을 재무상태표의 제자리에 옮겨 적는다. 분개에서 자산계정이 오른쪽에 나타난다는 것은 자산계정을 재무상태표에서 오른쪽에 기록하겠다는 의미가 아니다. 단순히 분개과정에서 자산계정이 잠시만 오른쪽에 나타날 뿐이다. 분개의 과정이 끝나서 상계정리가 된 상태에서는 재무상태표에 자산이라고 분류된 계정은 절대로 오른쪽에는 나타나지 않을 것이다. 증가한 만큼이 왼쪽에 기록되어 있고 그중에 일부가 감소하면 오른쪽에 분개를 잠시 해두는 것이기 때문에 오른쪽의 금액이 더 클 수는 없다.

따라서 궁극적으로 재무상태표로 옮길 때에는 현금의 왼쪽 항목을 다 더하고 오른쪽에 기록된 현금(현금이 지출되었다는 뜻일 것)을 차감해 보면 잔액은 왼쪽에 남을 수밖에 없으며 재무상태표의 왼쪽에 현금이 기록된다. 재무상태표라는 최종의 표에 '현금'이라는 자산계정이 오른쪽에 기록되는 일은 절대로 없게 된다.

다음 거래가 단기간에 갚기로 하고 은행에서 2,000원을 차입한 거래였다면, 다음의 세 번째와 같은 분개가 추가된다.

(차) 현　　금	5,000	(대) 자 본 금	5,000
(차) 기 계 장 치	5,000	(대) 현　　금	5,000
(차) 현　　금	2,000	(대) 단기차입금	2,000

세 번째 분개에서 '현금'이라는 '자산'에 속하는 계정이 왼쪽에 나타났으므로 현금 2,000원이 증가했는데, 오른쪽에 '단기차입금'이라는 '부채'에 속하는 계정이 나타난 점으로 미루어 이 자금의 조달원천이 은행에서 '단기로 자금을 차입한 것'이라는 의미가 된다. 앞서 언급한 바와 같이 부채도 자금조달의 한 방법이다. 자본이 주식으로 자금을 조달하여 원금을 갚아야 할 의무가 없는 데 반해, 부채는 빌린 돈이기 때문에 갚아야 할 의무가 있다는 차이점이 있다.

일반적으로 기업 입장에서는 부채보다 자본을 선호할 것이다. 그러나 회계원리를 배우는 입장에서 중요한 것은 근본적으로 이들이 모두 자금조달원천이며 무엇이 선호되는가가 아니라 재무상태표와 포괄손익계산서를 작성함에 있어서 회계기준에 맞게 제 위치에 기록되는 규칙을 알아야 한다는 것이다. 은행에서 차입을 했든 주식발행으로 자금을 조달했든 둘 다 자금조달이라는 공통점이 있기 때문에 이들의 증가는 분개를 함에 있어서 오른쪽에 나타나고 재무상태표를 작성할 때에는 오른쪽 부채와 자본의 영역에서 위와 아래에 각각 기록된다. 다시 말하지만, 회계의 규칙이 그러한 것이며 오른쪽과 왼쪽은 어느 쪽이 좋고 나쁜 선악의 판단문제가 아니다. 있는 그대로 정확히 규칙대로 기록하는 것이 일단은 중요하다.

단기차입 거래를 반영한다면 재무상태표는 다음과 같이 달라진다.

재무상태표

(주)동양 20×1년 12월 31일 현재 (단위 : 원)

Ⅰ. 자 산		Ⅱ. 부 채	
1. 현 금	2,000	1. 단기차입금	2,000
2. 기 계 장 치	5,000	Ⅲ. 자 본	
		1. 자 본 금	5,000
자산합계	7,000	부채및자본합계	7,000

(주) 엄밀히 따지면, 현금은 유동자산, 기계장치는 비유동자산으로 구분하여 표시해야 한다. 여기서는 세분화된 분류는 생략하고 있다.

이 재무상태표를 보고 사람들은 다음과 같이 생각할 것이다. '은행에서 단기(1년 이내)에 갚기로 약속한 차입금, 그리고 주식을 발행하여 자기자본으로 조달한 금액이 각각 2,000원과 5,000원씩이구나. 그런데 자본조달을 하고 그 결과 기계장치 5,000원을 사고 현금이라는 형태로 그대로 운용되고 있는 자산이 2,000원이구나.'

이제 2,000원의 현금 중 1,000원을 타 회사의 주식을 사는 데 투자하였다고 한다면, 다음과 같은 분개와 함께 재무상태표도 변화될 것이다.

(차) FVPL금융자산 1,000 (대) 현 금 1,000

재무상태표

(주)동양 20×1년 12월 31일 현재 (단위 : 원)

Ⅰ. 자 산		Ⅱ. 부 채	
1. 현 금	1,000	1. 단기차입금	2,000
2. FVPL금융자산	1,000	Ⅲ. 자 본	
3. 기 계 장 치	5,000	1. 자 본 금	5,000
자산합계	7,000	부채및자본합계	7,000

(주) 기계장치로 표현된 계정은 일반적으로 판매목적이 아니므로 유형자산으로 분류된다. 즉, 비유동자산 중 유형자산의 세부항목인 기계장치가 5,000원이라는 의미이다.

여기서 현금계정은 5,000원(자본금)과 2,000원(단기차입금)이 유입되고, 5,000원(기계장치 구입)과 1,000원(FVPL금융자산 취득)이 유출되어 최종잔액이 1,000원이 되었다. 전통적인 수작업 계산방식에 따르면, 이러한 집계과정에서 실수를 하지 않기 위하여 T계정을 사용하여 다음과 같이 집계를 한 후 최종잔액인 1,000원을 재무상태표의 자산 제일 윗줄에 옮겼었다. 그러나 최근에는 이러한 작업은 전산프로그램이 도와주고, 공부를 위한 예제 등에서는 계산기로 바로 잔액을 계산하여 재무상태표로 옮기기 때문에 각 계정마다 T계정을 하나씩 그릴 필요는 없어 보인다.

현 금

자 본 금	5,000	기 계 장 치	5,000
단기차입금	2,000	FVPL금융자산	1,000
잔액	1,000		

종합해 보면, 위 재무상태표를 본 정보이용자들은 이 회사가 '차입금과 자본금을 2 : 5의 비율로 하여 자금을 조달했고, 그 돈으로 FVPL금융자산과 기계장치에 투자하여 막 사업을 시작하려는 상태이구나'라고 생각할 수 있을 것이다. 더 응용해서 자금조달 상태를 보면, 자기자본으로 조달한 자금이 많으므로 자금조달이 비교적 건전한 회사이지만, 사업을 시작하려는 상태이므로 아직 사업성과에 대한 평가는 유보하는 것이 정당할 것이다.

4. 분개의 유형

분개의 결과로 발생하는 계정들은 다섯 가지로 구분된다. 즉, 자산, 부채, 자본, 수익, 비용 중 하나로 계정이 분개로부터 발생한다. 그리고 각 계정의 제 위치는 자산과 비용이 차변, 부채, 자본, 수익이 대변이고, 그 반대 위치로 분개될 때, 그 계정이 감소된다는 의미가 된다.

(차) 자산의 증가	×××	(대) 부채의 증가	×××
(차) 비용의 발생	×××	(대) 자본의 증가	×××
(차) 부채의 감소	×××	(대) 수익의 발생	×××
(차) 자본의 감소	×××	(대) 자산의 감소	×××

구체적으로 이들 분개의 발생 사례는 다음과 같다.

(차) 현　　금(자산증가)	300	(대) 단기차입금(부채증가)	100
		자 본 금(자본증가)	100
		매　　출(수익발생)	100
(차) 급　　여(비용발생)	50	(대) 현　　금(자산감소)	100
단기차입금(부채감소)	50		

(이렇게 하여, 재무상태표의 자산에 현금 100원, 부채 50원, 자본 100원, 포괄손익계산서에 수익 100원, 비용 50원이 제 위치에 보고되면 당기순이익 50원)

이와 같이 차변에 네 가지, 대변에 네 가지의 계정이 발생할 수 있는데, 이들 각각의 조합을 계산하면 총 16가지 유형의 분개가 가능하게 된다. 즉, 차변의 네 가지 경우와 대변의 네 가지 경우가 각각 매칭되어 16가지 유형의 분개의 예를 들어 보면 다음과 같다.

번호	차 변	대 변	분개사례
1	자산의 증가	부채의 증가	현금 100 / 단기차입금 100
2	자산의 증가	자본의 증가	현금 100 / 자본금 100
3	자산의 증가	수익의 발생	현금 100 / 매출 100
4	자산의 증가	자산의 감소	기계장치 100 / 현금 100
5	비용의 발생	부채의 증가	급여 100 / 미지급비용 100
6	비용의 발생	자본의 증가	발생사례 거의 없음
7	비용의 발생	수익의 발생	발생사례 거의 없음[이자비용 100 / 이자수익 100]
8	비용의 발생	자산의 감소	급여 100 / 현금 100
9	부채의 감소	부채의 증가	발생사례 거의 없음[단기차입금 100 / 장기차입금 100]
10	부채의 감소	자본의 증가	발생사례 거의 없음[단기차입금 100 / 자본금 100]
11	부채의 감소	수익의 발생	선수수익 100 / 매출 100
12	부채의 감소	자산의 감소	단기차입금 100 / 현금 100
13	자본의 감소	부채의 증가	배당지급의 사례[이익잉여금 100 / 미지급배당금 100]
14	자본의 감소	자본의 증가	가끔 발생[주식발행초과금 100 / 자본금 100]
15	자본의 감소	수익의 발생	발생사례 거의 없음
16	자본의 감소	자산의 감소	가끔 발생[이익잉여금 100 / 현금 100]

(주) 4번의 기계장치는 1년 이상 사용하기 위해 보유하는 가치 있는 것이므로 자산의 증가에 해당됨. 11번의 선수수익은 미리 현금을 받았으나 무엇인가를 해주어야 하는 부채로 분류되었던 것이 수익으로 실현되면서 부채감소가 되는 사례임.

제 2 절 회계에서 수익과 비용의 인식

1. 분개에서 수익계정 및 비용계정의 발생

우리는 앞서 자산의 (+)금액은 차변에, 부채와 자본은 대변에서 (+)라는 사실을 알았다. 이제 '수익'계정과 '비용'계정에 대하여 검토한다.

우선, 수익에서 비용을 차감한다면 이 금액이 순이익의 개념이며 포괄손익계산서에 당기순이익으로 나타난다는 사실을 상기하자. 그리고 이 금액은 궁극적으로 재무상태표의 이익잉여금에 가산되는데, 이익잉여금은 재무상태표의 자본항목에 속한다. 즉, 기업이 스스로 자기자본으로 조달한 자금 중에 가장 양질의 자금이다. 실제로 영업을 해서 벌어들인 것이 이익잉여금으로 모여 있기 때문이다.

여기서 문제를 단순화시킨다면 수익에서 비용을 차감한 금액은 자본(이익잉여금)이 된다. 그렇다면 분개할 때 수익에서 비용을 차감한 금액이 (+)라면 재무상태표의 오른쪽에 나타나야 한다는 논리가 된다. 따라서 분개를 함에 있어서도 '수익'계정이 (+)될 경우에는 오른쪽에, '비용'계정이 (+)될 때에는 왼쪽에 나타나게 된다. 그런데 수익과 비용은 각각 기업을 평가하는 데 매우 중요한 정보이므로 상계해서 이익수치만 이익잉여금에 반영하면 정보로서의 가치가 떨어지므로 일일이 그 내용을 밝혀주어야 한다. 예를 들어, 비용이 급여로 인한 것인지, 이자비용으로 인한 것인지, 법인세비용으로 인한 것인지 등을 밝혀주어야 한다.

이러한 이유 때문에 분개를 할 때 수익계정과 비용계정에 속하는 계정들이 자본계정과 별도로 존재한다. 그리고 이들 수익계정과 비용계정들이 포괄손익계산서의 각각의 제 위치로 옮겨져 가산, 차감되면 포괄손익계산서에는 수익계정과 비용계정이 모두 나타나되 결과물로서 당기순이익(또는 당기순손실)이 산출되는 구조가 된다. 그리고 이 금액이 마감(결산)과 함께 재무상태표의 이익잉여금(당기순손실인 경우에는 금액을 괄호로 묶어 (−)임을 표시)으로 옮겨가 자본부분을 늘려주는 것이다. 이렇게 벌어들인 이익잉여금은 동시에 현금, 매출채권 등의 자산을 늘리게 되는 경우가 대부분인데, 이들을 다시 투자하여 수익을 올리는 순환구조가 기업에서 지속적으로 이루어지게 되는 것이다.

2. 당기순이익과 이익잉여금의 관계

수익의 정의는 사실상 자기자본으로 양질의 자금을 조달한 것이나 다름없다. 그리고 비용은 수익을 올리는 과정에서 희생해야 하는 현금 등의 자산 등을 포함한다. 희생해야 하는 자산이라는 것의 의미는 사용되어 권리가 소멸되었다는 의미이다.

종업원에게 월급으로 현금 100만원을 주었다면, 이 금액은 기업 입장에서 어떠한 의미를 갖는가? 일단 월급을 준다는 의미로 '급여'라는 계정이 사용된다. 당연히 현금이 지출되었으므로 대변에 '현금'이 기록되어야 한다. 그렇다면 차변에 '급여'라는 계정이 기록되어야 균형을 이룰 것이다. 즉, '급여'라는 비용계정으로 '포괄손익계산서'의 제 위치에서 차감될 것이고, 재무상태표에서는 100만원이라는 현금이 감소했다는 정보가 나타난다. 이렇게 되면 재무상태표 차변에서 현금이라는 자산이 100만원 감소했고, 재무상태표 대변에는 이익잉여금이 100만원만큼 감소한다. 왜냐하면, 포괄손익계산서에서 비용이 100만원 발생했다면, 당기순이익은 100만원 감소했을 것이고 그것이 그대로 이익잉여금의 100만원 감소로 이어지는 것이다.

이런 식으로 포괄손익계산서에서 가산하고(예컨대 매출) 차감하여(급여 등) 남은 잔액이 당기순이익이라는 이름으로 포괄손익계산서의 가장 밑줄에 기록된다. 이것은 결국 재무상태표 자본의 한 구성항목이 된다(사업을 해서 번 것이므로 새로운 자금조달이 되는 것이다). 예를 들어, 매출로 현금이 1억원 들어왔다가 각종 비용으로 현금이 8,000만원 지출되었다면, 재무상태표의 왼쪽에 현금은 2,000만원 증가해야 맞다. 그런데 재무상태표는 언제나 균형을 이루어야 하므로 재무상태표의 오른쪽에는 무엇이 들어가는가를 생각해 보아야 한다. 1억원의 매출에 급여 등의 비용이 8,000만원이므로 포괄손익계산서에는 이 내용들과 함께 당기순이익이 2,000만원 기록되며 재무상태표의 오른쪽에 이 내용이 이익잉여금 위치로 옮겨 와서 기록된다. 즉, 왜 재무상태표 왼쪽에 현금 2,000만원이 증가했는지의 이유에 대하여 재무상태표 오른쪽에 이익잉여금 2,000만원이 증가했다는 사실이 이를 설명해 주고 있는 것이다. 그리고 그 의미는 포괄손익계산서의 당기순이익이 2,000만원 발생했다는 의미가 되며, 그 세부적인 내용인 현금 매출 1억원과 현금 지급된 비용 8,000만원이라는 사실은 포괄손익계산서를 통해 뒷받침되는 정보로서의 역할을 한다. 이 자금 2,000만원은 빌려온 것도 아니고, 주식을 발행한 것도 아니다. 순수하게 영업을 통해서 벌어들인 것(즉 조달된 것)이다. 기업 입장에서는 가장 훌륭한 자금조달원천을 나타내고 있다고 할 수 있다. 그런데 재무상태표는 특정시점 현재의 재산상태를 나타내는 것이므로 1년마다 새로이 시작하는 것이 아니고 설립 이래 누적액이 보고되고 있다. 따라서 다음 해에 다시 당기순이익이 3,000만원 발생하였다면, 다음 해 결산일의 이익잉여금은 전년도의 2,000만원에 다음 해에 새로 발생한 3,000만원을 가산하여 5,000만원으로 보고될 것이다. 그리고 만일, 주주총회에서 주주들에게 배당을 결의했다면 이는 이익잉여금에서 차감되어야 한다. 배당이란 이익이 확정된 후 이익금 중 일부를 주주에게 주는 것이므로 포괄손익계산서의 비용으로 보고되어서는 안 된다. 즉, 이익잉여금은 매년 당기순이익만큼 가산되면서 누적되고, 주주들에게 배당으로 처분한 금액만큼 감소한다는 사실을 알게 되었다면, 이제 회계학을 학습할 기본이 되었다고 할 수 있다.

다시 한 번 상기해야 할 내용은, 수익은 넓게 보면 자본의 일종이므로(당기순이익에 포함되어 있는 수익은 결국 이익잉여금으로 대체되어 자본을 증가시킬 것이므로) 분개시 대변에 자기 위치를 갖는 것이 충분히 이해되어야 한다. 마찬가지로 비용은 결국 자본을 감소시키는 것이기 때문에 분개시 차변에 위치해야 한다. 수익을 창출시키기 위해 희생된 비용이므로 수익에서 차감되는 것이며, 분개에서 차변에 오는 것이 당연하다. 차변으로 정리된 각종 비용항목들은 궁극적으로 포괄손익계산서를 만들 때 매출원가, 관리비, 기타비용, 법인세비용 등의 위치에서 각각 차감항목이 된다.

가장 중요한 것은 수익과 비용의 궁극적 위치는 포괄손익계산서라는 것이다. 따라서 매출, 급여 등의 계정이 재무상태표에 나타나면 이것은 아직도 회계를 모른다는 의미가 된다. 우리는 회계기준에서 정한 규칙대로 공부를 하는 것이고, 이에 따르면 수익과 비용에 속하는 매출, 급여, 이자비용 등의 명칭들은 포괄손익계산서에 제대로 나타나고 재무상태표에는 포괄손익계산서의 결과물인 당기순이익만 이익잉여금이란 명칭으로 가산된다.

3. 비용과 자산의 차이

현금이 사용되었지만 권리가 소멸된 것이 아닌 경우 재무상태표에 '자산'으로 표시된다. 예를 들어, 현금을 준 이유가 기계장치를 사기 위한 것이었다면, '현금'이라는 '자산'의 감소와 '기계장치'라는 자산의 증가가 재무상태표에 나타난다. 기계장치는 그 효익이 몇 년간 지속될 것(즉, 장기간에 걸쳐 수익창출에 기여)이므로 비용이 아니라 자산이다. 반면, '급여'는 수행한 일에 대한 대가가 후불로 지급된다고 가정하면 이미 사용되어 미래에 더 이상의 가치가 없으므로 포괄손익계산서의 '비용'으로 간주된다. 급여라는 비용 자체가 가치가 없다는 것이 아니라 이미 과거에 다 잘 사용해서 가치가 소멸되었다는 것이다.

그런데 자산과 비용의 공통점 중 하나가, 분개할 때 둘 다 차변으로 기록된다는 점이다. 자산과 비용의 공통점은 '무언가 가치 있는 것들을 사용하고 있거나 이미 사용이 완료되었다는 것'이다. 현금 형태로 사용하고 있거나(보유하고 있거나), 기계장치 형태로 사용하고 있다면 아직 사용중이고 미래에 수익창출활동에 사용하기 위한 가치가 있으므로 이들 계정은 재무상태표의 '자산'으로 옮겨가야 하며, '급여'의 형태로 이미 사용이 완료(즉, 이미 수익창출활동에 기여)되었기에 포괄손익계산서의 '비용'으로 위치되어야 한다는 것이다.

반면, 자산과 비용의 차이점은 '현재 사용되고 있느냐 아니면 이미 사용되어 그 가치가 없어졌느냐'이다. 예를 들어, 대변으로 기록되는 부채, 자본, 수익 계정의 유사성은 자본이 어떤 방식으로 조달되고 있느냐에 대한 정보를 제공한다는 것이다. 차이점은 남에게서 빌려온 것이 부채이고, 주식을 발행하는 등 주주와의 거래를 통해서 기업이 자기자본으로 조달한 것이 자본이라는 것이다. 그리고 영업을 잘해서 번 것은 자본계정에 포함되지만, 이는 중요한 정보이므로 특별히 포괄손익계산서에 별도로 당기순이익으로 나타낸 다음 재무상태표의 자본 중 이익잉여금계정에 반영한다. 즉, 자금조달의 원천에 따라 대변항목들의 계정명칭이 달라지는 것이다.

차변으로 돌아가서, '비용'의 정의를 다시 검토해 보자. 상식적으로 생각해서 돈을 쓰면 현금이 없어지므로 재산을 사용해서 없어진 것으로 인식하곤 한다. 그러나 회계의 관점에서는 현금을 사용하면 그 대가로 가치가 반드시 없어지는 것은 아니다. 즉, 현금을 써서 기계장치를 샀다면, 현금의 가치가 없어진 것이 아니고 '현금'이라는 '자산'이 '기계장치'라는 새로운 자산으로 바꾸어진 것이며, 이 기계장치의 가치는 수년에 걸쳐 소멸된다.

따라서 '비용'을 낭비라고 생각하면 안 된다. 그해의 '수익'을 창출하기 위하여 자금이 사용되었는데, 그 역할을 다했기 때문에 '비용'으로 포괄손익계산서에 기록하는 것이다. 즉, 재무상태표의 '자산'은 '자금이 사용되었으나 권리 등이 살아 있는 것'이고, 반면에 포괄손익계산서의 '비용'은 '자금을 사용해서 얻은 권리 등이 소멸된 것'이며, 미래에 더 이상의 효익을 줄 수 없는 상태가 된 것(미래의 수익을 올리는 데 더 이상 기여를 할 수 없는 것)이다. 즉, 소멸된 비용에 대한 반대급부로 생긴 것이 포괄손익계산서의 '매출' 등 수익이므로 '비용'이란 자기 역할을 다하고 수명을 다한 것으로 정의되어야 한다.

만일, 현금을 주고 기계장치를 샀다면 다음 첫 번째와 같은 분개가 이루어지며, 빌린 돈에 대한 이자를 갚기 위해 현금을 주었다면 다음의 두 번째 분개와 같이 된다.

(차) 기 계 장 치	1,000	(대) 현	금	1,000
(차) 이 자 비 용	1,000	(대) 현	금	1,000

재무상태표에서 현금 1,000원만큼이 감소되는 것은 양쪽 모두 공통적이고, 단지 그 이유가 기계장치라는 '새로운 자산을 구매하기 위함인가' 아니면 '비용을 지급하기 위하여 사용되었는가'의 차이가 있을 뿐이다. 여기서 기계장치는 영원히 자산으로 남지는 못할 것이다. 기계장치를 사용하면 미래 사용할 자산의 가치가 감소할 수밖에 없으며, 이때는 다음과 같이 감가상각비계정을 통하여 비용을 인식하면서 해당 금액만큼 기계장치의 장부금액을 감소시키는 분개를 해준다. 다만, 기계장치라는 자산계정을 직접 차감하는 대신, 자산의 차감계정인 감가상각누계액_기계장치계정을 사용하여 자산을 감소시키는 회계처리를 한다.

(차) 감가상각비	1,000	(대) 기 계 장 치	1,000(×)
(차) 감가상각비	1,000	(대) 감가상각누계액_기계장치	1,000(○)

'기계장치'는 앞으로 몇 년간 회사에 효익을 줄 것이기 때문에 포괄손익계산서의 비용이 아니라 재무상태표의 자산이고 재무상태표의 왼쪽에 위치한다. 그렇다면 '이자비용'은 어떠한가? 분개에서는 왼쪽에 나타났지만, 재무상태표가 아니고 포괄손익계산서에서 (−)의 역할을 하게 된다. 궁극적으로 자본을 (−)시킬 것이다. 위의 첫 번째 분개에서는 현금이라는 자산을 ( )시키고, 기계장치라는 자산을 (+)시킴으로써 재무상태표의 차변과 대변 합계는 여전히 일치한다. 그렇다면 이자비용의 경우 재무상태표는 어떻게 균형을 맞추는가? 현금이라는 자산이 (−)되고, 이자비용은 포괄손익계산서에서 (−)의 역할을 통하여 궁극적으로 자본의 이익잉여금을 (−)시킨다. 즉, 재무상태

표의 차변과 대변이 함께 (−)되었으므로 역시 재무상태표의 차변과 대변은 균형을 이룬다.

기계장치와 이자비용은 모두 분개시 차변에 나타나지만, 그 성격이 어떻게 다르며 우리의 궁극적인 목표인 재무상태표와 포괄손익계산서 작성에 있어서 어떤 역할을 하는지에 대한 설명이 어느 정도 되었다. 즉, 기계장치는 소멸되지 않은 가치를 가지고 재무상태표로 이동할 운명을 갖고 있는 것이며, 이자비용은 더 이상의 가치가 없이 올해 그 수명을 다한 것이므로 포괄손익계산서의 비용으로 이동할 운명을 갖고 있는 것이다.

결산이 끝나고 재무상태표는 여전히 과거의 누적된 수치들을 그대로 가지고 다음 해를 시작한다. 즉, 다음 해에 재산상태에 변동이 있으면 기존의 수치 위에 가산하거나 차감하게 된다. 그러나 포괄손익계산서는 최종결과물인 당기순이익을 이익잉여금에 가산했기 때문에, 다음 해가 되면 다시 0원으로부터 시작된다. 즉, 재무상태표는 자산, 부채, 자본의 누적치를 나타내야 하므로 올해의 기록에 내년의 기록이 더해져 누적치로 나타나게 된다는 것이다. 앞서 제시되었던 재무상태표와 포괄손익계산서의 양식을 잘 살펴보면, 재무상태표는 예컨대 '20×1년 12월 31일 현재'라고 되어 있으며, 포괄손익계산서는 '20×1년 1월 1일부터 20×1년 12월 31일까지'라고 되어 있는 이유를 다시 한 번 상기해 보아야 할 것이다.

4. 소결론 : 계정의 위치, 최종적인 계정잔액의 위치

앞으로 회계를 공부하다 보면, 현금, 단기차입금, 매출, 선급임차료, 기계장치, 자본금 등 수십 가지의 계정들이 나오게 된다. 그리고 이 계정들은 회계기준에 의해 각각 자산, 부채, 자본, 수익, 비용 중 하나에 속하게 된다. 그리고 자산, 비용에 속하는 항목의 증가사항은 분개시에 차변에(감소한 금액은 대변에), 부채, 자본, 수익에 속하는 항목의 증가사항은 분개시에 대변에(감소한 금액은 차변에) 나타난다.

다시 말하지만, 수익과 비용은 결국 자본이 될 것이기 때문에 당연히 수익의 증가는 대변에, 비용의 증가는 차변에 나타나게 된다. 그 다음, 분개한 계정들을 항목별로 모아 재무상태표나 포괄손익계산서에 옮기는 과정에서,

자산을 나타내는 항목의 잔액을 모으다 보면 반드시 차변 잔액이 남든지 아니면 0이 되든지 하게 된다.

예컨대, 현금이 1,000원 증가했다가 1,500원 감소할 수는 없는 일이다. 1,000원 증가했다가 500원 감소할 경우 재무상태표의 현금란에는 500원이 기록된다. 1,000원 증가했다가 1,000원 감소하면 재무상태표의 현금란은 공란이 된다. 그러나 1,000원 증가했다가 1,500원 감소하는 경우는 있을 수 없기 때문에 재무상태표의 대변에는 현금이라는 항목이 나타날 수 없는 것이다. 같은 논리로 부채계정 과목은 반드시 대변에 잔액이 남는다. 1,000원 차입했다가 1,500원 갚는 경우란 있을 수 없기 때문이다.

그러므로 회계공부를 하면서 새로운 계정이 나타나면, 그것이 자산인지, 부채인지 등을 우선 외우고 그 다음 과정을 이해하는 것이 중요하다. 다음 종합예제에서 재무제표의 작성원리에 대한 보다 구체적인 사례를 통해 회계의 논리구조를 이해하도록 한다.

종합예제 3-1

다음은 20×1년 1월 1일에 설립된 (주)동양의 20×1회계연도중에 발생한 거래들이다. 12월 31일의 재무제표를 작성하라. (단, 수정분개는 하지 않아도 된다)

〈거래〉

1. (주)동양은 20×1년 1월 1일에 주식을 발행하고 15,000원을 현금으로 수령하였다.
2. 기계장치 구입대금을 조달하기 위하여 20×1년 12월 1일 은행으로부터 10,000원을 3년간 차입하였다(차입금에 대한 이자는 없다고 가정한다).
3. 20×1년 12월 31일에 기계장치를 4,500원에 현금구입하였다.
4. 사무실 임차계약을 체결하고 3개월분 임차료 7,200원을 20×1년 12월 1일 현금지불하였다.
5. 20×1년 12월 5일 신촌(주)로부터 고객에게 판매하기 위한 상품 500개를 개당 20원에 외상으로 구입하였다.
6. 20×1년 12월 10일 상품 200개를 마포(주)에 개당 50원으로 외상판매하였다.
7. 20×1년 12월 20일 마포(주)로부터 매출채권 10,000원을 회수하였다.
8. 20×1년 12월 22일 매입채무 중 4,000원을 지급하였다.
9. 12월 1일부터 12월 31일까지의 직원급여 1,850원을 20×1년 12월 31일 현금지불하였다.

해답

1.~3.

(차) 현　　금	15,000	(대) 자 본 금(자본)	15,000
(차) 현　　금	10,000	(대) 장기차입금(부채)	10,000
(차) 기 계 장 치(자산)	4,500	(대) 현　　금	4,500

재무상태표

(주)동양　　20×1년 12월 31일 현재　　(단위 : 원)

현　　금	20,500	장기차입금	10,000
기 계 장 치	4,500	자 본 금	15,000
자산합계	25,000	부채및자본합계	25,000

(주) 여기서, 차변은 자산항목들이고, 대변의 장기차입금은 부채에 속하는 계정이며, 자본금은 자본에 속하는 계정이다.

4.~5. 거래 4.에 따라 선급임차료라는 권리(3개월간 사무실을 사용할 권리)를 나타내는 자산항목이 새로 생긴다. 반면, 현금 7,200원이 없어졌으므로, 현금은 13,300원으로 줄어든다. 거래 5.에 따라 상품 10,000원(이를 보통 재고자산이라 한다)어치가 생겼는데, 그에 따른 매입채무(미래에 돈을 갚아야 되는 의무)가 동시에 발생한다.

(차) 선급임차료(자산)	7,200	(대) 현　　금	7,200
(차) 재 고 자 산	10,000	(대) 매 입 채 무	10,000

재무상태표

(주)동양　　20×1년 12월 31일 현재　　(단위 : 원)

현　　금	13,300	매 입 채 무	10,000
선급임차료	7,200	장기차입금	10,000
재 고 자 산	10,000	자 본 금	15,000
기 계 장 치	4,500		
자산합계	35,000	부채및자본합계	35,000

6. 가지고 있던 재고자산(상품) 500개 중에서 200개를 10,000원에 팔았으니, 재고자산은 300개만 남아 있다. 즉, 6,000원이 남을 것이다. 4,000원만큼의 자산이 없어지는 대가로 이 회사는 10,000원의 수익, 즉 매출을 올린 것이다.

20원짜리 200개를 개당 50원에 팔았으므로, 6,000원의 이익을 내고 있다. 그런데 외상으로 판매했으므로 현금은 늘어나지 않았고, 매출채권이라는 계정이 10,000원 늘어났다.

(차) 매 출 채 권	10,000	(대) 매　　출(수익)	10,000
(차) 매 출 원 가(비용)	4,000	(대) 재 고 자 산	4,000

재무상태표

(주)동양 20×1년 12월 31일 현재 (단위 : 원)

현 금	13,300	매 입 채 무	10,000
선급임차료	7,200	장기차입금	10,000
매 출 채 권	10,000	자 본 금	15,000
재 고 자 산	6,000	이익잉여금*	6,000
기 계 장 치	4,500		
자산합계	41,000	부채및자본합계	41,000

* 여기서 이익잉여금은 포괄손익계산서의 당기순이익이 반영된 것이다.

포괄손익계산서

(주)동양 20×1년 1월 1일부터 12월 31일까지 (단위 : 원)

매 출	10,000*
−)매출원가	(4,000)**
매출총이익	6,000
당기순이익	6,000

* 200개×50원 ** 200개×20원

7. 10,000원이었던 매출채권이 모두 회수되었다. 차변의 매출채권 10,000원이 없어지면서, 현금이 10,000원이 늘어났을 것이다. 수익과 비용의 거래가 없었으므로 포괄손익계산서는 변함이 없다.

(차) 현 금 10,000 (대) 매 출 채 권 10,000

재무상태표

(주)동양 20×1년 12월 31일 현재 (단위 : 원)

현 금	23,300	매 입 채 무	10,000
선급임차료	7,200	장기차입금	10,000
재 고 자 산	6,000	자 본 금	15,000
기 계 장 치	4,500	이익잉여금	6,000
자산합계	41,000	부채및자본합계	41,000

포괄손익계산서

(주)동양 20×1년 1월 1일부터 12월 31일까지 (단위 : 원)

매 출	10,000*
−)매출원가	(4,000)**
매출총이익	6,000
당기순이익	6,000

* 200개×50원 ** 200개×20원

8. 이 기업이 가지고 있던 매입채무 중 4,000원을 지급하였으므로, 대변에 있던 매입채무는 4,000원만큼 줄어들 것이다. 그러면서, 동시에 차변의 현금도 19,300원으로 4,000원만큼 줄어들 것이다. 수익과 비용의 거래가 없었으므로 포괄손익계산서는 변함이 없다.

(차) 매 입 채 무 4,000 (대) 현 금 4,000

재무상태표

(주)동양 20×1년 12월 31일 현재 (단위 : 원)

현 금	19,300	매 입 채 무	6,000
선급임차료	7,200	장기차입금	10,000
재 고 자 산	6,000	자 본 금	15,000
기 계 장 치	4,500	이익잉여금	6,000
합 계	37,000	합 계	37,000

포괄손익계산서

(주)동양 20×1년 1월 1일부터 12월 31일까지 (단위 : 원)

매 출	10,000
−)매출원가	(4,000)
매출총이익	6,000
당기순이익	6,000

9. 급여가 1,850원 발생하였다. 이에 따라 현금이 17,450원으로 줄어들었다. 급여는 종업원이 일한 기간에 발생하는데, 기간이 흘러 수익에 기여가 끝난 상태이며, 더 이상의 회사의 권리가 있지 않고 역할이 끝났으므로 포괄손익계산서의 비용이 된다.

(차) 급 여 1,850 (대) 현 금 1,850

한편, 포괄손익계산서의 결과치인 당기순이익은 사업을 해서 번 돈이기 때문에 재무상태표의 대변에 이익잉여금이라는 자금조달의 형태로 기록된다. 즉, 자기자본이 그만큼 늘어난 것이다. 자기자본에는 주식발행을 통해 조달한 자금 외에 바로 이러한 이익잉여금도 포함된다.

재무상태표

(주)동양 20×1년 12월 31일 현재 (단위 : 원)

현 금	17,450	매 입 채 무	6,000
선급임차료	7,200	장기차입금	10,000
재 고 자 산	6,000	자 본 금	15,000
기 계 장 치	4,500	이익잉여금	4,150
자산합계	35,150	부채및자본합계	35,150

포괄손익계산서

(주)동양	20×1년 1월 1일부터 12월 31일까지	(단위 : 원)
매 출		10,000
−)매출원가		(4,000)
매출총이익		6,000
−)급여		(1,850)
당기순이익		4,150

제 3 절 수정분개와 재무제표의 완성

위 종합예제에서 분개하고 작성된 재무제표(재무상태표와 포괄손익계산서)는 최종적으로 완성된 것은 아니다. 예제 풀이과정에서 회계처리된 대부분 사항들의 공통점은 모두 눈에 보이는 거래들이라는 점이다. 특정일에 거래가 있으면, 이것을 분개해 놓고 이를 재무상태표나 포괄손익계산서로 옮기는 전형적인 회계처리과정이었다. 그런데 거래가 이루어지고 이를 분개한 다음 재무제표로 옮기는 절차만으로는 해결될 수 없는 경우가 있는데, 이러한 사항들을 추가적으로 분개해 주는 것을 수정분개라 한다.

이러한 상황은, 회계기준이 1년에 한 번씩 재무제표를 보고하도록 규정하고 있기 때문에 발생한다. 회계기간중에 발생된 거래 중의 일부는 시간이 경과됨에 따라 계속적으로 기업의 자산, 부채, 수익, 혹은 비용의 변화를 초래시킨다. 한 거래의 결과로 인하여 후속상황이 계속 발생하는 것이다. 이를 매번 회계처리하는 것이 쉽지 않은 경우가 있는데, 이는 컴퓨터가 발달되더라도 마찬가지일 수 있다. 그래서 후속거래의 누적적 영향을 회계연도말 결산시점에 일괄하여 한꺼번에 수정하여 기록해야 한다.

이러한 수정분개의 유형은 네 가지가 있다. 이 네 가지에 대해서 이해를 한다면, 일단 기초적인 수준에서의 재무제표 작성원리는 모두 이해했다고 할 수 있다.

첫 번째, 선급비용의 예가 있다.

앞에서 끝난 예제는 아직 미완성이다. 수정분개해야 할 사항 중 재무제표에 반영되지 않은 항목이 있었기 때문이다. 선급임차료 중 1/3만큼을 올해 재무상태표와 포괄손익계산서에 반영해야 한다. 앞의 사례에서 12월 1일에 3개월 치의 임차료를 주고 건물을 사용하기 시작했을 때, 12월 1일에 이루어진 분개는 다음과 같았다.

(차) 선급임차료 7,200 (대) 현 금 7,200

여기서 '선급임차료'는 앞으로 3개월간 건물을 사용할 수 있는 권리, 즉 자산항목이다. 그 대가로 현금을 주었다(자산의 감소). 즉, 자산의 증가와 자산의 감소가 연결되는 대체거래이다. 그런데 건물을 사용함으로써 무엇을 하겠다는 것인가? 기업은 수익을 올리기 위해서 건물을 사용한다. 그렇다면 그러한 수익을 올리기 위해 건물을 사용하는 순간부터 시간이 흐름에 따라 수익에 상응하는 비용(물론 비용이 수익보다 약간 적어야 이익이 발생할 것이다)이 발생하는 것이다. 12월 2일, 3일이 되면서 빌린 건물 사용에 따른 '임차료'라는 비용이 발생하게 되고, 3개월이 다 되면 이 분개는 다음과 같이 달라져야 한다.

(차) 임 차 료(비용) 7,200 (대) 선급임차료(자산) 7,200

즉, 선급임차료라는 권리는 소멸하고, 임차료라는 비용이 발생한 것이다. 그리고 이 거래와는 별도로 임차료보다는 많을 것으로 기대되는 매출이 발생했다면 이 기업은 다소의 이익을 남기게 된다.

결국, 선급임차료라는 것은 3개월간의 권리(자산)이고 회계상으로도 3개월간 잠깐 나타났다가 없어지는 경우가 많다.

즉, 다음과 같은 거래가 있었던 것과 다를 바 없는 것이다.

(차) 임 차 료 7,200 (대) 현 금 7,200

그런데 문제는 사용기간중에 결산일이 포함되어 있는 경우이다. 이 기업의 회계연도가 12월로 종료된다면 3개월이 다 가기 전인 12월 31일에 이들 내용이 재무제표에 보고되어야 한다. 이때에는 3개월 중 1개월 치만 사용이 되었을 시기이다. 12월말을 결산기로 정했다면, 1년에 한 번 그때까지의 재산상태와 영업성과를 기록해야 하므로 3개월이 지나기 전이지만 수정분개가 다음과 같이 이루어지는 것이다.

(차) 임 차 료	2,400	(대) 선급임차료	2,400

재무상태표에서는 현금 7,200원이 감소했을 것이고, 선급임차료는 4,800원만 증가했을 것이다. 그리고 포괄손익계산서에 비용으로 2,400원의 임차료가 기록된다. 즉, 1/3은 포괄손익계산서의 비용으로, 2/3는 재무상태표의 자산으로 기록되어야 한다.

참고로 말하면, 뒤에서 배울 유형자산의 감가상각비 계상의 원리도 이러한 선급거래의 경우와 사실상 내용이 같다. 여기서 중요한 이론적 내용은, 연말 현재 자산을 사용한 부분은 그 기간 동안의 수익에 대응시켜야 한다는 것이다. 이는 현대 회계의 근간인 수익·비용대응의 원칙을 지키기 위한 것이다.

앞에서 다룬 [종합예제 3-1]에 이러한 수정분개를 반영한다면, 당기순이익과 이익잉여금이 각각 2,400원씩 줄어들어 4,150원에서 1,750원으로 감소할 것이고, 재무상태표 자산 중 선급임차료는 2,400원이 줄어들어 7,200원에서 4,800원으로 감소할 것이다. 결과적으로 자산합계와 부채및자본합계도 각각 35,150원에서 32,750원으로 감소한다.

수정분개 반영 후 재무상태표와 포괄손익계산서는 다음과 같다.

재무상태표

(주)동양　　20×1년 12월 31일 현재　　(단위 : 원)

현 금	17,450	매 입 채 무	6,000
선급임차료	**4,800**	장기차입금	10,000
재 고 자 산	6,000	자 본 금	15,000
기 계 장 치	4,500	이익잉여금	**1,750**
자산합계	**32,750**	부채및자본합계	**32,750**

포괄손익계산서

(주)동양	20×1년 1월 1일부터 12월 31일까지	(단위 : 원)
매 출		10,000
−)매출원가		(4,000)
매출총이익		6,000
−)급여		(1,850)
−)임차료		**(2,400)**
당기순이익		**1,750**

그리고 연말 현재 남아 있는 선급임차료 4,800원은 계약상 다음 해 2월까지 모두 비용화될 것이다. 즉, 다음 해 2월 28일에 다음과 같은 분개가 발생할 것이다.

(차) 임 차 료 4,800 (대) 선급임차료 4,800

이로써, 다음 해에는 재무상태표 자산에 선급임차료가 0이 될 것이고, 다음 해에 새로 시작하는 포괄손익계산서에 임차료라는 비용이 4,800원 발생할 것이다. 재무상태표는 누적상태를 나타내므로 위 연말 재무상태표에서 선급임차료만 0이 되는 변화가 있겠지만, 포괄손익계산서는 다음 해에 새로 시작된 사항만 보고되어야 한다. 따라서 임차료 외에 새로운 매출 등 아무것도 발생하지 않은 상태라면 임차료만 보고되는 포괄손익계산서를 작성한다.

재무상태표

(주)동양	20×2년 2월 28일 현재		(단위 : 원)
현 금	17,450	매 입 채 무	6,000
선급임차료	**0**	장기차입금	10,000
재 고 자 산	6,000	자 본 금	15,000
기 계 장 치	4,500	**이익잉여금**	**(3,050)**
자산합계	**27,950**	부채및자본합계	**27,950**

포괄손익계산서

(주)동양	20×2년 1월 1일부터 2월 28일까지	(단위 : 원)
매　출		0
－)매출원가		(0)
매출총이익		0
－)급여		(0)
－)임차료		**(4,800)**
당기순이익		**(4,800)**

(주) 20×2년에 새로 발생한 매출, 급여 등의 비용이 없고, 시간의 흐름에 따라 인식해야 하는 임차료 4,800원이 유일한 비용이므로, 당기순이익은 (－)4,800원이 된다. 이익잉여금은 당기순이익의 누적치라고 했으므로, 전년도 이익의 누적치인 1,750원과 다음해 (－)4,800원을 누적하여 (－)3,050원이 된다.

수정분개의 두 번째 유형으로는, 선수수익과 관련된 거래가 있다.

만일, 20×1년 12월 1일부터 2월 28일까지 앞으로 3개월 동안 이 기업의 주 사업인 용역을 제공해 주기로 하고 60,000원의 현금을 먼저 받았다고 하자. 매월 20,000원씩의 용역에 대한 대가를 선불로 받은 것이다. 그러나 12월 1일 현재에는 아직 아무런 용역을 제공해 준 바가 없다. 따라서 분개에는 수익을 올린 내용이 포함되어서는 안 된다.

즉, 현금이라는 자산과 선수수익이라는 부채(3개월간 용역을 제공해야 하는 의무가 발생했으므로)가 계상되어야 한다.

(차) 현　　금　　60,000　　(대) 선 수 수 익　　60,000

그러나 12월 31일의 시점에서 본다면 엄연히 1개월간의 수익이 발생(1개월간 의무를 이행하였으므로)한 것이다. 이때에는 1개월 치에 해당하는 수익을 반영하여 다음과 같은 분개가 이루어져야 한다.

(차) 선 수 수 익　　20,000　　(대) 매　　출　　20,000

그리고 2월 28일에 나머지 분개가 이루어진다.

(차) 선 수 수 익　　40,000　　(대) 매　　출　　40,000

즉, 20×1년 재무상태표에는 현금 60,000원이 증가하며, 선수수익이라는 부채가 40,000원, 포괄손익계산서에 매출 20,000원이 계상된다. 그리고 20×2년에 선수수익 40,000원이 없어지면서 매출 40,000원이 포괄손익계산서에 나타나게 된다. 만일 이 거래가 8월 1일부터 10월 31일까지의 3개월간 거래였다면 이러한 절차가 필요 없이 아래와 같은 분개만 있으면 되었을 것이다.

(차) 현 금	60,000	(대) 매 출	60,000

세 번째 유형으로, 이미 수익은 계속 실현되고 있는데 현금을 나중에 받는 미수수익 유형의 수정분개가 있다.

예를 들어, 12월 1일에 여유자금 2,000,000원을 3개월간 외부에 빌려주고, 3개월 이자 60,000원은 2월 28일에 받기로 했다고 하자. 12월 1일에는 자금대여를 해주는 분개 외에는 회계상으로 아무 일도 일어나지 않았다. 즉, 다음과 같이 단기대여금을 나타내는 분개만이 이루어질 뿐 이자에 대한 처리는 하지 않는다.

(차) 단기대여금(자산)	2,000,000	(대) 현 금	2,000,000

왜냐하면 아직 이자로서 현금을 받은 적도 없고 시간이 흐르지 않았으므로 이자를 통한 수익이 창출되지 않았기 때문이다. 즉, 이자와 관련된 회계적 사건은 아무것도 없었던 것이다. 그러나 12월 31일에는 1개월이라는 시간이 흘렀기 때문에 만일 이자에 대한 대가로 현금을 받지 못했다 하더라도 그때까지의 수익을 인식하는 다음과 같은 분개가 있어야 한다.

(차) 미수수익(자산)	20,000	(대) 이자수익(수익)	20,000

그리고 다음 해 2월 28일에 현금 60,000원 전체를 받을 것이다. 그러면 다음과 같은 분개가 이루어져야 한다.

(차) 현 금	60,000	(대) 이 자 수 익	40,000
		미 수 수 익	20,000

마지막 네 번째로 미지급비용 유형을 살펴본다.

12월 1일에 3개월간 1,000,000원의 단기차입금을 빌렸다고 하자. 12월 1일에는 단기차입금 차입과 관련하여 다음과 같은 분개가 있다.

(차) 현 금	1,000,000	(대) 단기차입금	1,000,000

즉, 12월 1일에는 위와 같이 단기차입금을 나타내는 분개만이 이루어질 뿐 이자에 대한 회계처리는 하지 않는다.

이에 대한 이자는 3개월간 30,000원이라고 하고, 2월 28일에 지급하기로 했다고 하자. 12월 31일까지의 이자해당액은 10,000원이므로, 역시 수정분개가 필요하다.

(차) 이자비용(비용)	10,000	(대) 미지급비용(부채)	10,000

10,000원의 비용인식과 향후 현금지불해야 하는 현재의 의무, 즉 부채로 '미지급비용'이 계상된 것이다. 내년 2월 28일에 가서는 부채가 해소될 것이고 다음과 같은 분개가 이루어진다.

(차) 미지급비용	10,000	(대) 현 금	30,000
이 자 비 용	20,000		

수정분개에 관한 사항은 회계원리에서 가장 이해하기 까다로운 개념일 수 있다. 그러나 이는 정확한 정보를 위한 사회적 합의이며, 이를 제대로 이해해야만 재무상태표와 포괄손익계산서의 원리를 보다 구체적으로 이해할 수 있게 된다. 제4장부터는 구체적으로 재무상태표와 포괄손익계산서의 세부항목별로 보다 구체적인 회계처리 규칙에 대하여 설명한다.

참고 | 총계정원장과 전기

총계정원장(또는 원장)이란 각 계정별로 거래내역을 정리한 장부를 의미한다. 기업은 거래내용을 분석하여 분개장에 분개를 하며, 이 분개내용을 바탕으로 총계정원장의 각 계정별로 옮겨 기록하게 된다. 이때 분개장에 기록된 내용을 총계정원장으로 옮겨 작성하는 절차를 전기라 한다.

전기와 총계정원장에 대해 사례를 통해 살펴보자. 3월 20일 상품 5,000원을 외상으로 판매한 경우 다음과 같이 분개를 할 것이다.

(차) 매 출 채 권	5,000	(대) 매 출	5,000

매출채권

1/1	전기이월	1,000			
3/20	매 출	5,000			
			12/31	차기이월	6,000

매 출

			3/20	매출채권	5,000

분개장에서 총계정원장으로 전기하는 절차는 다음과 같다.

분개내용을 확인하여 차변 계정은 차변에, 대변 계정은 대변에 옮겨 적는다. 위 사례에서 분개장에는 차변에 매출채권, 대변에 매출로 기록되어 있다. 분개내용을 바탕으로 전기를 할 때 매출채권계정의 차변과 매출계정의 대변에 해당 거래내용을 옮겨 기록한다.

총계정원장에 거래내용을 작성할 때에는 거래날짜, 계정과목, 거래금액을 기록하게 되며, 이때 주의할 점은 계정과목란에는 상대 계정과목을 작성한다는 것이다. 즉, 매출채권계정에는 매출이라는 계정을 기록하고, 매출계정에는 매출채권이라는 계정을 기록한다. 이를 통해 총계정원장의 매출채권계정이나 매출계정만 보고도 해당 거래가 언제, 어떤 거래가 발생한 것인지 알 수 있게 된다. 즉, 매출채권계정만 보고도 3월 20일에 외상으로 물건(재고자산)을 5,000원에 판매했다는 내용을 알 수 있는 것이다.

이 절차를 거래가 있을 때마다 반복하며, 총계장원장을 이용하여 계정별 거래내역과 잔액을 파악하기가 쉽다. 다만, 과거에는 거래에 대하여 분개 후 총계정원장으로 직접 전기하는 과정을 반복했으나, 최근에는 전산회계프로그램을 이용하여 분개만으로도 자동적으로 전기가 이루어져 전기의 중요성은 과거에 비해 많이 감소하였다.

참고 | 시산표와 정산표

시산표란 분개가 이루어진 후 이를 재무상태표와 포괄손익계산서의 양식으로 옮기기 전에 일단 차변, 대변만 나누어 하나의 긴 표로 모아 정리한 것이다. 분개에서 바로 재무상태표와 포괄손익계산서로 옮기다가 실수할 수 있으므로 일정한 표에 한 번 정리한 후 이를 재무상태표와 포괄손익계산서로 옮기면 실수의 확률이 줄어든다는 것이다.

수정분개 후 이런 식으로 차변과 대변만으로 나누어 모아 정리한 표를 **수정후시산표**라 한다. 그리고 시산표, 수정분개 사항, 수정후시산표, 포괄손익계산서, 재무상태표를 모두 하나의 표에 크게 보여주는 표를 **정산표**라 한다.

종합예제의 수정후시산표는 다음과 같다.

수정후시산표

(주)동양 20×1년 12월 31일 (단위 : 원)

계 정	차 변	대 변
현 금	17,450	
선급임차료	4,800	
재고자산	6,000	
기계장치	4,500	
매입채무		6,000
장기차입금		10,000
자 본 금		15,000
매 출		10,000
매출원가	4,000	
급 여	1,850	
임 차 료	2,400	
총 계	41,000	41,000

(주) 여기서 매출 등 수익계정과 급여, 임차료 등 비용계정이 각각의 금액으로 표현되기 때문에 이익잉여금을 기록하면 이중계상된다. 즉, 수정후시산표에서는 이익잉여금이 나타나지 않으며 이를 재무상태표와 포괄손익계산서로 옮길 때 수익과 비용 항목이 이익잉여금에 반영된다.

시산표, 수정후시산표, 정산표는 단지 실수를 방지하기 위하여 중간정리를 한 번 더 하는 표에 불과하기 때문에 그 중요성은 낮다. 최근 회계프로그램이 많이 개발되어 이러한 중간계산 과정을 직접 수행할 필요가 없기 때문이다. 다만, 재무상태표와 포괄손익계산서는 최종결과물이기 때문에 스스로 합계하는 연습이 필요하다.

연습문제

1 다음은 분개의 유형에 대한 내용이다. 빈칸을 채워라.

차 변	대 변
자산의 (　　)	자산의 (　　)
부채의 (　　)	부채의 (　　)
자본의 (　　)	자본의 (　　)
비용의 발생	수익의 발생

2 다음을 분개하라.

(물음 1) 일을 해주기로 하고 현금 1,000원을 선불로 받았다.
(물음 2) 이미 사용한 임차료 1,000원을 아직 현금으로 지불하지 않고 있다.
(물음 3) 연간 급여로 현금 1,000원을 선불로 주고 사장을 새로 고용하였다.
(물음 4) 은행으로부터 현금 10,000원을 3년간 차입하였다.
(물음 5) 고객에게 판매하기 위한 상품 200개를 개당 10원에 외상구입하였다.

3 다음 자료가 전부라고 가정하고 물음에 답하라. (단, 이 회사는 거래가 발생할 때마다 분개해서 재무제표로 옮기는 중간결산을 한다고 가정한다)

- 1월 1일 : 1대당 100원에 10대의 컴퓨터를 판매목적으로 외상구매하였다.
- 2월 1일 : 구매한 컴퓨터 중 5대를 1대당 200원에 판매하고 총 판매대금 중 절반만 현금으로 수령하였다.
- 3월 1일 : 새로이 5대의 컴퓨터를 1대당 100원씩에 현금구매했는데, 이 컴퓨터는 앞으로 3년간 사무실에서 사원용으로 사용되고 폐기될 예정이다.

(물음 1) 1월 31일 현재 재무상태표를 만든다고 가정할 때 자산합계는?
(물음 2) 2월 28일 현재 재무상태표를 만든다고 가정할 때 재고자산은?
(물음 3) 1월 1일~2월 28일까지의 포괄손익계산서를 만든다고 가정할 때 매출총이익은?
(물음 4) 3월 1일 현재 재무제표를 만든다고 가정할 때 자산합계는?

4 A사는 20×1년 7월 1일 설립되었고, 12월 결산법인이다. 다음 자료를 고려하여 분개와 수정분개를 하고, 재무제표에 대한 다음 물음에 답하라.

- 20×1년 7월 1일에 주식을 발행하고 3,000원을 현금수령하였다. 또한, 1년간 단기차입금 2,000원을 빌리고, 이에 대한 1년 치 이자는 만기인 20×2년 6월 30일에 한 번에 200원을 지급하기로 하였다. 20×2년 6월 30일에 원금과 이자를 모두 지급하였다.
- 20×1년 12월 1일 향후 3개월 치 사무실 임차료 300원을 현금으로 지급하고 건물을 사용하기 시작하였다. 20×2년 2월 28일까지 사무실을 사용하였다.
- 20×1년 11월 1일부터 4개월간 용역(주 사업)을 제공하기로 하고 현금 400원을 미리 받았고, 4개월간 용역을 모두 잘 마쳤다.
- 20×1년 11월 1일부터 4개월간 용역(주 사업은 아님)을 제공하기로 하고 대금은 일이 모두 끝난 후에 400원을 후불로 받기로 하였다. 4개월 후 용역제공을 정상적으로 마쳤고, 현금 400원을 지급받았다.

(물음 1) 20×1년 포괄손익계산서에 나타날 당기순이익은?
(물음 2) 20×1년 12월 31일 결산일 현재 자산총액은?
(물음 3) 20×2년 포괄손익계산서에 나타날 당기순이익은?
(물음 4) 20×2년 12월 31일 결산일 현재 이익잉여금은?

5 20×1년 1월 1일 현재 현금 6,000원과 자본금 5,000원, 이익잉여금 1,000원만 가지고 있던 (주)동양에서 20×1년중 발생한 거래는 다음이 전부라고 가정하고 물음에 답하라.

- 20×1년 7월 1일에 1년간 단기차입금 2,000원을 빌리고, 이에 대한 1년 치 이자는 만기에 한 번 600원을 지급하기로 하였다. 만기에 이자와 원금을 지급하였다.
- 20×1년 11월 1일 3개월 치 임차료 600원을 선불로 주고 건물을 사용하기 시작하였고 3개월간 정상적으로 사용하였다.
- 20×1년 12월 1일부터 4개월간 용역을 제공해 주기로 하고 현금 400원을 미리 받았고 4개월 후 용역을 정상적으로 마쳤다.
- 20×1년 12월 1일부터 4개월간 용역을 제공해 주기로 하고 4,000원을 4개월 뒤에 받기로 하였고, 4개월 후 정상적으로 현금을 수취하였다.

(물음 1) 20×1년 12월 31일 결산일 현재 미수수익은?
(물음 2) 20×1년 12월 31일 결산일 현재 이익잉여금은? (단, 배당은 없었다)
(물음 3) 20×2년 1월 1일~6월 30일의 당기순이익은?
(물음 4) 20×2년 6월 30일 현재 이익잉여금은? (단, 배당은 없었다)

6 다음 자료를 이용하여 20×2년중 필요한 분개를 하라. 그리고 20×2년도의 재무상태표와 포괄손익계산서를 작성하라. (단, 이 회사는 12월 결산이라고 가정한다)

- 20×1년 12월말 현재 재무상태표계정 잔액들은 다음과 같다.

현금	5,000원	매출채권	4,000원	토지	3,000원
상품	2,000원	매입채무	3,000원	장기차입금	7,000원
자본금	3,000원	이익잉여금	1,000원		

- 20×2년중 발생한 거래는 다음과 같다.
  1) 보유 상품 전부를 3,000원에 판매하였으나 아직 대금을 지급받지 못하였다.
  2) 매입채무 중 1,000원을 현금지급하였다.
  3) 급여 500원이 발생하였으나 지급하지 못하였다.

7 다음 사항을 분개하고, 필요하다면 수정분개를 하라. 그리고 재무제표 양식에 이들 분개의 내용을 옮겨 20×1년의 포괄손익계산서와 재무상태표를 완성하라.

- 20×1년 1월 1일 주식을 발행하여 10,000원을 현금으로 수령하였다.
- 같은 해 11월 1일 사무실 임차계약을 체결하고 4개월분 임차료 4,000원을 지급하였다.
- 같은 해 11월 15일 고객판매용 상품 100개를 개당 10원에 외상으로 구입하였다.
- 같은 해 11월 20일 외상매입대금 중 총 500원을 현금지급하였다.
- 같은 해 11월 30일 보유하던 상품 중 50개를 개당 30원에 외상판매하였다.
- 같은 해 12월 1일 2개월 동안 주 사업인 용역을 제공해 주기로 하고 2,000원을 먼저 받았다.

8 다음 사항을 분개하고, 필요하다면 수정분개를 하라. 그리고 재무제표 양식에 이들 분개의 내용을 옮겨 20×1년의 포괄손익계산서와 재무상태표를 완성하라.

- 20×1년 1월 1일 주식을 발행하여 20,000원을 현금으로 수령하였다.
- 같은 해 11월 15일 고객판매용 상품 100개를 개당 50원에 외상구입하였다.
- 같은 해 11월 30일 보유한 상품 100개 전부를 개당 100원에 외상판매하였다.
- 같은 해 12월 1일 2개월간 주 사업 관련 용역을 제공하기로 하고 현금 2,000원을 받았다.

9 다음은 20×1년 1월 1일에 설립된 (주)경영의 20×1년중 발생한 거래들이다(결산일은 12월 31일). 필요한 분개를 모두 하고, 20×1년과 20×2년에 작성되어야 할 재무상태표와 포괄손익계산서를 작성하라(수정분개사항이 반영되어야 함).

(가) 1월 1일 주식을 발행하여 30,000원을 현금으로 수령하였다.
(나) 20×1년 11월 15일 은행에서 60,000원을 2개월간 차입하였으며, 이 차입금에 대한 이자는 매월 15일에 600원씩 지급된다. 즉, 12월 15일에 1차지급 600원이 이루어졌으며, 1월 15일에 2차지급 600원이 이루어지면서 차입금 원금 60,000원도 상환하였다. (주의 : 결산일은 12월 31일이므로 이때 수정분개가 필요함)
(다) 20×1년 12월 1일부터 3개월간 용역(주 사업임)을 제공해 주기로 하고 30,000원의 현금을 미리 받았다. 3개월 후 용역은 정상적으로 제공, 마무리되었다.
(라) 컴퓨터 50대를 대당 100원에 판매목적으로 외상매입하였고, 창고로 사용하려는 목적으로 토지 10,000원을 외상으로 매입하였다.
(마) 판매목적으로 매입한 컴퓨터 50대 전부를 대당 200원에 현금판매하였다.
(바) (라)에서 있었던 외상대금 전부를 현금으로 지급하였다.

10 20×1년초 현재 재무상태표에 현금 100,000원, 재고자산 50,000원, 토지 50,000원, 매입채무 30,000원, 자본금 100,000원, 이익잉여금 70,000원이 있었고, 20×1년과 20×2년 중 발생한 거래는 다음과 같다.

(1) 20×1년 9월 1일 2년 후 갚기로 하고 20,000원을 은행으로부터 차입하였다. 이에 대한 이자비용은 1년에 1,200원씩이며, 이자지급은 1년에 한 번 8월 31일에 이루어진다. 즉, 20×2년 8월 31일과 20×3년 8월 31일에 이자지급이 이루어졌고, 20×3년 8월 31일 차입금을 모두 상환하였다.
(2) 20×1년 11월 1일 사무실을 임차하여 1년간 사용하기로 하고, 임차료대금 6,000원을 선불로 지급하였다. 20×2년 10월 31일까지 사무실을 정상적으로 사용했고 임차계약기간이 만료되었다.
(3) 20×1년 11월 1일 A사에게 향후 1년간 용역(주 사업임)을 제공해 주기로 하고, 대금 120,000원은 1년 후 후불로 지급받기로 하였다. 20×2년 10월 31일 용역제공은 정상적으로 종료되었고 대금 전부를 현금으로 받았다.

20×1년부터 20×3년까지 필요한 모든 분개(수정분개 포함)를 연도별로 하고, 이 분개를 반영하였을 때, 20×1년 1월 1일~12월 31일 포괄손익계산서의 당기순이익은 (　　　)이며, 20×1년말 현재 재무상태표의 자산합계는 (　　　), 부채합계는 (　　　)이다. 또한, 20×2년 1월 1일~12월 31일 포괄손익계산서상 당기순이익은 (　　　)이며, 20×2년말 현재 재무상태표의 부채합계는 (　　　), 자본합계는 (　　　)이다.

11 [OX문제]

(1) 자산과 비용의 공통점 중에는 수익창출을 위하여 지출된다는 점이 있고, 차이점 중에는 자산은 역할이 영원히 지속되고 비용은 당기에 그 역할이 끝난다는 점이 있다.

(2) 설립 후 3년째인 회사의 재무상태표상 이익잉여금 수치가 250원이고, 이 회사의 지난 3년간 당기순이익이 매년 100원씩 3년간 총 300원이었다면, 3년간 법인세비용이 총 50원 발생한 것이라 할 수 있다.

(3) 분개 자체가 회계의 목적은 아니지만 모든 것을 암산할 수 없으므로 회계의 궁극적 목적인 재무상태표와 포괄손익계산서 작성을 위한 중간과정으로서 필요하다.

(4) 특정시점 현재 자산과 부채 및 자본에 대한 정보를 제공하는 재무제표는 포괄손익계산서이다.

(5) 당기순이익은 재무상태표의 이익잉여금에 가산되며, 이익잉여금은 자본항목에 속한다.

PART

Ⅱ

재무제표의 작성 Ⅰ
(영업흐름 관련 회계처리)

CHAPTER 4

재고자산

제 1 절 재고자산 매입 및 판매
제 2 절 재고자산, 매출 관련 개념 정리
제 3 절 재고자산의 평가
제 4 절 재고자산감모손실과 재고자산평가손실
제 5 절 제조원가명세서

개 요

제4장부터는 각론으로 들어가 재무상태표와 포괄손익계산서의 주요 계정들을 중심으로 발생하는 회계처리에 대하여 살펴본다. 먼저 판매를 목적으로 보유하는 재고자산흐름에 따른 회계처리를 살펴본 다음, 회사의 매출활동에서 발생한 매출채권 관련 회계처리에 대하여 검토한다. 또한, 이러한 영업활동을 위하여 필요한 설비, 기계장치, 무형의 권리 등에 대한 회계처리는 어떻게 해야 할 것인가를 검토한다. 제4, 5, 6장에 걸쳐 영업활동과 관련하여 이러한 내용이 다루어질 것이다.

제4장에서는 재고자산 관련 주요 회계처리를 검토한다. 일반적으로, 대부분의 기업들은 기본적인 영업활동을 위해, 일단 주 사업과 관련된 물건을 매입한 다음 판매함으로써 이윤을 남기는 활동을 수행한다. 이 과정에서 판매를 위해 물건을 구입하는 경우도 있고, 기업 내 공장에서 판매를 위하여 물건을 제조하는 경우도 있다. 판매를 위하여 보유하게 되는 물건들은 모두 재고자산으로 분류되며, 재고자산은 가까운 미래에 매출원가로 대체될 가능성이 높다. 창고에 쌓여 있는 재고자산의 수량이 눈으로 파악할 수 있을 정도의 수준을 넘어선다면 수시로 판매되는 재고자산들의 단가가 얼마이었는가에 대한 판단에 따라 당해 연도에 보고되는 매출원가 금액이 달라질 수 있다. 또한 보유과정에서 시가하락 및 파손에 따른 손실도 고려해야 한다. 이러한 각각의 상황에 대한 회계처리가 제4장에서 주로 다루어진다.

제 1 절 재고자산 매입 및 판매

1. 재고자산의 매입

기업의 가장 기본적인 활동은 물건을 판매하여 이윤을 산출하는 것이다. 이렇게 산출된 이윤은 궁극적으로 종업원과 주주들에게 배분된다. 이때 판매를 목적으로 보유하는 물건들을 회계적으로는 '재고자산'이라 한다. 본장에서는 재고자산 관련 회계처리를 다룬다.

우선 ① 다른 회사가 만든 재고자산(상품)을 매입하여 매입가격보다 높은 가격에 판매할 때의 회계처리를 검토하고, 본장의 뒷부분에서는 ② 재고자산(원재료)을 매입하여 제조한 재고자산(제품)을 매출할 때의 회계처리에 대하여 추가적으로 살펴본다.

백화점, 유통업체 등은 완성품인 재고자산(상품)을 매입해서 유통경로상에서 서비스를 제공하고 그 대가로 이윤을 가산하여 다른 회사 혹은 소비자에게 재고자산(상품)을 판매하며, 제조업체인 경우 스스로 원재료를 사서 재고자산(제품)을 만들어 판매한다.

재고자산은 회사의 주 사업과 관련된 자산(팔아서 이익을 내기 위해 보유하는 자산)이다. 예를 들어, 휴대전화를 구매하여 이윤을 붙여 판매하는 회사에서 판매용 휴대전화는 재고자산에 해당한다.

10,000원에 구입한 재고자산을 12,000원에 판매하였다면 해당 매출거래에 대해 다음과 같은 분개를 하여 포괄손익계산서 첫 줄과 둘째 줄에 매출 12,000원과 매출원가 10,000원을 보고한다.

(차) 현　　금	12,000	(대) 매　　출	12,000
(차) 매 출 원 가	10,000	(대) 재 고 자 산	10,000

즉, 기업의 주 사업에서 비용(매출원가)과 수익(매출)이 발생했으므로, 이들을 상계하지 않고 각각 분개를 한 후 포괄손익계산서에도 각각을 별도로 표시한다. 매출과 매출원가 정보는 기업의 주 사업과 관련하여 발생한 회계

적 수치이므로 중요한 정보이고, 이러한 정보가 포괄손익계산서에 포함될 경우 공표되는 회계정보의 유용성은 높아진다.

한편, 기업이 영업활동을 하는 데는 재고자산 외에 사용하기 위하여 보유하는 기계장치 등이 필요하다. 이와 같이, 판매목적이 아니고 사용하기 위하여 구매하는 기계장치, 토지, 건물 등은 '유형자산'이라 하여 전술한 재고자산(팔기 위해 보유하고 있는 것)과 회계처리에서 약간 차이가 있다. 유형자산은 수년간 장기적으로 매출에 꾸준히 기여를 하며 비용화될 것이고, 그 자체를 판매하려는 목적으로 보유하는 것은 아니다. 여기서 한 가지 더 고려할 점은 동일한 자산이더라도 보유목적에 따라 재고자산으로 분류될 수도 있고, 다른 자산으로 분류될 수도 있다는 것이다. 즉, 판매용 휴대전화는 재고자산으로 분류하지만, 업무용 휴대전화는 비품이라는 유형자산으로 분류되는 것이다.

한편, 주의해야 할 재고자산 매입과 관련된 회계처리는 현금매입 혹은 외상매입 여부이다. 재고자산(상품) 10,000원을 구매했는데, 6,000원은 현금으로 지급했으며 4,000원은 외상으로 하기로 했다면 분개는 다음과 같다.

(차) 재 고 자 산(상품)	10,000	(대)	현 금	6,000
			매 입 채 무	4,000

'매입채무'계정은 일반적 상거래(재고자산을 사는 거래 등)에서 발생되며, '외상매입금'과 '지급어음' 계정의 상위계정이면서 같은 의미로 정의된다. 실무적으로는 '외상매입금'이라는 계정명칭을 사용하기도 하지만, 본 교재에서는 '매입채무'라는 명칭을 주로 사용한다. 한편, 일반적 상거래 이외의 거래(유형자산을 사는 거래 등)에서 발생하는 채무는 '매입채무' 대신 '미지급금'계정을 사용해야 한다. '미지급금'계정은 '미지급비용'계정과도 차이가 있는데, '미지급비용'은 발생된 비용(물건대금이 아니라 이자비용 같은 것) 중에 지급되지 아니한 채무들을 포함한다.[1)]

---

1) 유동부채의 대표적인 예로는, 매입채무(외상매입금 및 지급어음) 및 단기차입금이 있으며, 유형자산 거래 등 일반적 상거래 이외에서 발생한 채무로 미지급금이 있다. 또한, 비유동부채 중 1년(혹은 정상영업주기) 내에 만기일이 도래하는 부분은 유동부채로 재분류해야 한다. 이와 같이 비유동부채가 유동부채로 재분류된 것을 유동성장기부채라고 한다. 다만, 1년 내에

'매입채무', '미지급금', '미지급비용'은 일반적으로 짧은 기간 내에 돈을 갚아야 하는 의무이기 때문에 재무상태표에 '유동부채'로 계상되며, 깊이 생각해 보면 이들도 단기차입금처럼 일종의 자금조달에 속한다는 것을 알 수 있다. 왜냐하면, 현금지급을 미룬 상태에서 물건을 가져와 사용한다는 것은 거래상대방으로부터 매우 단기적으로 자금을 빌려 그 돈으로 그들에게 물건을 사온 것과 같은 결과이기 때문이다.

2. 재고자산의 판매

재무상태표에 보고되는 '재고자산'은 아직 판매되지 않고 보유중이라는 의미이고, 판매가 된다면 판매된 금액만큼의 재고자산이 소멸되면서 포괄손익계산서에 '매출원가'라는 비용으로 대체된다. 즉, 판매되기 전에는 미래의 가치가 살아 있으므로 '재고자산'이라는 명칭으로 재무상태표의 '자산'계정에 포함되었으나, 판매가 되면 더 이상 기업이 보유하지 않게 되었으므로 당연히 '재고자산'은 '자산'계정에서 삭제되고(판매되고 현재 없으므로), 그만큼 올해 소모되었다는 뜻으로 '비용'을 계상하는 것이다. 한 거래가 원인과 결과로 표현된 셈이다.

'재고자산'은 재무상태표의 왼쪽 '자산'항목에서 감소하며, 판매과정에서 '매출'을 위하여 소모된 비용이라는 뜻에서 '매출원가'라는 명칭이 붙은 비용항목으로 포괄손익계산서의 두 번째 줄에 나타난다. 이는 당기순이익의 감소를 의미하며 궁극적으로 재무상태표의 오른쪽 '이익잉여금'을 감소시키는 결과를 낳게 된다. 이와 같이 재무상태표는 왼쪽과 오른쪽에 같은 금액이 감소되어 다시 균형을 이룬다.

정상적인 경우라면 판매시점에서 매입원가에 이윤을 붙여서 팔았으므로 매출액이 매출원가보다 금액이 클 것이다. 만일, 매입한 10,000원의 재고자산(상품) 중 질반을 7,000원의 현금을 받고 판매했다면, 분개는 나음과 같이 두 줄로 이루어진다.

만기가 도래할 것으로 기대되는 비유동부채라 하더라도 유동자산의 사용이나 유동부채의 발생을 통하여 상환될 것으로 예상되는 것만 유동성장기부채로 재분류한다.

(차) 현　　금	7,000	(대) 매　　출	7,000
(차) 매 출 원 가	5,000	(대) 재 고 자 산(상품)	5,000

재고자산(상품) 중 나머지 절반인 5,000원은 여전히 재무상태표의 '재고자산'에 남아 있으며, 판매된 5,000원의 재고자산은 기업의 창고에서 사라졌으므로 분개의 오른쪽 '대변'에 기록된다. 5,000원만큼이 희생되어 7,000원의 매출이 실현되었으므로 사라진 재고자산에 대응되는 계정이 비용인 매출원가가 되어야 한다. 즉, 원인과 결과를 따져본다면, 재고자산이라는 자산이 없어짐으로써 매출원가라는 비용이 발생한 것이다. 그리고 그 비용을 들인 희생의 대가로 7,000원의 매출이 실현되었고, 7,000원의 현금이 생긴 것이다.

위 분개를 다음과 같이 세 계정만으로 처리하는 방법(회계기준에서 인정하지 않음)으로 하면 간단할 것이라는 생각을 해 볼 수 있을 것이다.

(차) 현　　금	7,000	(대) 매출순이익	2,000(×)
		재 고 자 산(상품)	5,000

하지만 이 경우 포괄손익계산서상 중요한 정보가 생략된다는 문제점이 발생한다. 위 분개처럼 처리했을 때, 정보이용자가 재무상태표 없이 포괄손익계산서만으로는 이 기업이 5,000원짜리를 7,000원에 팔았는지 아니면 20,000원짜리를 22,000원에 팔았는지를 알 수 없다. 재무상태표나 포괄손익계산서는 적정한 수준의 정보공시를 해야 하며, 임의대로 상계를 한다면 정보의 유용성이 감소한다.

총액 얼마에 판매했고, 그것의 원가가 얼마인가라는 정보는 각각이 중요하기 때문에 '매출'과 '매출원가'를 별도로 구분하여 분개하고 이를 포괄손익계산서의 첫째 줄과 둘째 줄에 표시한다.

포괄손익계산서

20×1년 1월 1일부터 12월 31일까지

매　출	7,000
−)매출원가	(5,000)
매출총이익	2,000
당기순이익	**2,000**

매출시점에서 판매된 자산의 대가로 현금을 수령할 수도 있지만 외상으로 매출이 이루어질 수도 있다. 위의 분개에서 단지 차변에 현금 7,000원 대신 매출채권 7,000원이라고만 바꾸어 주면, 물건은 팔렸지만 현금을 아직 수령하지 않았다는 의미가 된다. 즉, 수익은 발생한 것이고 포괄손익계산서에 반영된다. 하지만 재무상태표의 자산에는 현금 대신 매출채권(돈 받을 권리이므로 자산)이 나타나고 자산합계에는 변화가 없다.

(차) 매 출 채 권	7,000	(대) 매 출	7,000
(차) 매 출 원 가	5,000	(대) 재 고 자 산(상품)	5,000

3. 매출원가와 재고자산의 관계

재무제표 전체를 이해하는 데 있어서 몇 가지 중요한 부분 중 하나가 매출원가와 재고자산의 관계이다.

매출원가는 매출을 위하여 소멸된 재고자산(상품)의 원가를 나타내는 계정이다. 상기업은 상품을 구입하여 소비자에게 판매하는 것을 정상적인 영업활동으로 하고 있으므로 매출원가는 일정기간 동안 판매한 상품의 취득원가 합이 된다. 기업에서 재고자산 거래는 가장 빈번히 발생되는 거래이고, 여러 판매망을 통해 동시다발적으로 이루어지고 있기 때문에 판매시점마다 즉시 판매한 상품의 원가를 일일이 추적하여 계산하는 것이 실무적으로 어려울 수 있다. 또한 재고자산의 단위당 원가도 매입시점별로 각기 다른 것이 일반적이다. 따라서 효율성을 추구하기 위하여 다음과 같이 일괄적으로 매출원가를 계산할 수도 있다.

매출원가(상기업)＝기초상품재고액＋당기상품매입액－기말상품재고액

'기초에 존재하던 상품'에 '당기에 매입한 상품'을 더하면 이는 현재 '판매가능상품'이 된다. 이 중 판매되지 않고 '기말에 남아 있는 상품' 금액은 조사를 통하여 파악가능하다. 판매가능상품(기초상품재고＋당기상품매입액)에서 기말에 남아 있는 재고자산을 차감하여 산출된 금액은 당기중에 팔린 금

액이고 '매출원가'가 된다.

예를 들어, 기초 재무상태표에 1,000원의 재고자산(상품)과 1,000원의 매입채무(부채)가 있었고, 당기에 10,000원의 새 재고자산(상품)을 외상으로 매입했다. 기말에 실사 결과 기말재고(상품)가 2,000원이었고, 현금매출 18,000원이 발생했을 때 분개는 다음과 같다.

〈상품매입시〉(기초재고 1,000원을 더해 판매가능상품은 11,000원)

(차) 재 고 자 산(상품)	10,000	(대) 매 입 채 무	10,000

〈상품매출시〉

(차) 현 금	18,000	(대) 매 출	18,000

〈기말결산시〉(실지재고조사법에 따라 기말재고가 2,000원임을 파악)

(차) 매 출 원 가[2]	9,000	(대) 재 고 자 산	9,000

기초재고가 1,000원이 있었고 10,000원을 신규 매입했는데, 9,000원어치가 팔렸으므로 재무상태표상의 기말재고자산은 2,000원이 된다. 재무상태표상 현금은 18,000원만큼 증가(18,000원 현금유입이 있었으므로)하고 부채인 매입채무는 10,000원만큼 증가(10,000원 외상매입하였으므로)한 금액으로 표시된다. 포괄손익계산서에는 매출 18,000원, 매출원가 9,000원이 기록됨으로써 매출총이익이 9,000원이 되고, 다른 거래가 없었다면 당기순이익이 9,000원이 되어 재무상태표의 이익잉여금을 9,000원만큼 증가시킨다. 이 사례를 반영한 최종 재무제표(기초 재무상태표, 기말 재무상태표, 1년간 포괄손익계산서)는 다음과 같다.

재무상태표

20×1년 1월 1일 현재

Ⅰ. 자 산		Ⅱ. 부 채	
재 고 자 산	1,000	매 입 채 무	1,000
		Ⅲ. 자 본	
		…	…
자산합계	1,000	부채및자본합계	1,000

2) 매출원가 대신 '매입'이라는 별도의 계정과목을 쓰고 나중에 정산하는 방식으로 분개하는 방법도 실무적으로 사용되지만, 결과는 같아지므로 본서에서는 일관성 있게 위와 같은 분개로 설명한다. 또한, 위에 설명한 방법으로 분개하는 방법이 가장 간단하고 명료하다.

재무상태표

20×1년 12월 31일 현재

Ⅰ. 자 산		Ⅱ. 부 채	
현 금	18,000	매 입 채 무	11,000
재 고 자 산	2,000	Ⅲ. 자 본	
		이익잉여금	9,000
자산합계	20,000	부채및자본합계	20,000

포괄손익계산서

20×1년 1월 1일~12월 31일

매출액	18,000
－)매출원가	(9,000)
＝)매출총이익	9,000
당기순이익	9,000

제 2 절 재고자산, 매출 관련 개념 정리

1. 재고자산의 의의

(1) 재고자산의 의의

재고자산이란 판매를 위한 상품, 제품 혹은 제품의 생산을 위한 원재료, 재공품(제조공정중에 있는 물건) 등의 형태로 존재하는 자산을 말한다. 제조업체의 경우, 재고자산이 총자산에서 차지하는 비중이 매우 높으며, 재고자산은 기업의 수된 영업활동에서 수익을 창출하는 자산이므로 재고자산의 회계처리에 대한 이해가 중요하다.

재고자산으로 분류되기 위해서는 기업의 정상적인 영업활동과 관련되어 있으면서 판매를 목적으로 보유해야 한다. 이 외에 제조과정에 투입될 원재료 또는 재공품(완성되지 않은 제품) 등이 재고자산으로 분류된다. 재고자산은 일반적으로 1년 이내에 판매를 통해 현금으로 전환되므로 유동자산으로 분류된다. 또한, 재고자산이 되기 위해서는 소유권이 있어야 한다. 타회사의 상품을 대신 판매(수탁판매)해 주기 위하여 보관하고 있는 것은 소유권이 없기 때문에 재고자산이 아니고, 반대로 본사 상품이 타사에 보관되어 있더라도 본사에 소유권이 있을 경우에는 재고자산으로 보고해야 한다.

(2) 상품과 제품의 차이

기업의 영업활동은 크게 상품매매활동과 제품제조활동 두 가지로 구분된다. 상품매매활동은 외부로부터 완성품(상품)을 매입하여 추가적인 가공과정 없이 원형 그대로 다시 판매하는 활동을 말한다. 도소매업, 백화점업, 유통업 등의 재고자산은 대부분 상품이다. 제품제조활동은 외부로부터 원재료를 매입하여 가공과정을 거쳐 완성품(제품)으로 만든 후 판매하는 활동을 말한다. 공장에서 제품을 제조하는 제조업체들이 주로 이에 해당되며, 이러한 회사의 재무상태표에는 원재료, 재공품, 제품 등의 재고자산이 구분되어 보고된다.

한편, 정상적인 영업활동이 무엇이고 보유목적이 무엇인지에 따라 동일 자산이라 할지라도 회계상으로는 다르게 구분될 수 있다. 예를 들어, 건물은 일반적으로 사용하기 위한 자산이므로 유형자산으로 구분되나 건설회사에서는 넓은 의미의 재고자산으로 구분될 수 있다. 하지만 토지매매업을 하는 회사가 보유하는 토지는 재고자산으로 분류된다.

2. 매출 및 당기매입액에 포함되는 범위

(1) 매출에누리, 매출환입, 매출할인

일정기간 동안의 매매활동과 관련된 거래는 포괄손익계산서에 매출과 매출원가로 구분하여 보고된다.

그런데 판매금액을 포괄손익계산서에 '매출'로 보고할 때 몇 가지 고려해야 할 것이 있다. '매출'은 정상적인 영업활동에서 달성한 수익이지만, 판매된 재고자산 총액을 모두 수령하지 못하는 경우가 있다(품질하자, 대금수령

조건에 따른 할인 등의 이유로). 이때 해당 금액을 '총매출액'에서 직접 차감해 주며, 이러한 차감을 한 후의 금액을 '순매출액'으로 하여 이 금액을 포괄손익계산서에 '매출'로 계상한다.

순매출액＝총매출액－매출에누리－매출환입－매출할인

'매출에누리'란 판매된 상품에 파손이나 결함이 있어 회수금액을 감소시켜 주는 것이다. 파손 등으로 인하여 정상적인 판매가격을 다 받을 수 없었을 것이지만 판매시점에서 이를 몰랐고, 구매자가 후에 판매가격의 감액을 요청하여 판매자가 받아들인 경우에 가격을 감소시켜 주는 것이다.

그러나 만약 그 파손이나 결함의 정도가 심각한 것이라면 구매자는 가격을 감액시켜 달라는 요구 대신 물품을 아예 반품해 줄 것을 요구할 것이다. 이와 같이 완전히 반품되는 경우 그 금액은 '매출환입'이 된다.

판매 이후에 '매출에누리'나 '매출환입'이 발생했을 때, 외상판매의 경우 매출채권을 감소시키고, 현금판매의 경우 현금을 반환해 준다. 기중 분개시에는 '매출에누리' 또는 '매출환입'으로 구분하였더라도 기말 포괄손익계산서를 작성하는 시점에서 이 금액을 차감한 순액을 포괄손익계산서상 매출로 기록한다. 따라서 이들 계정은 개념상 이해만 하면 되고, 이 금액을 차감한 '순매출액'만으로 분개하여 이를 최종 포괄손익계산서에 '매출'로 보고하면 된다.

한편, 상품을 외상으로 판매하면서 판매대금을 조기에 회수하기 위하여 매출할인 조건을 부여하는 경우가 있는데, 이를 '매출할인'이라 한다. 상품의 구매자가 판매대금을 조기에 현금으로 지급하는 경우 회수금액을 감소시켜 주는 것이다. 매출할인이 발생한 만큼은 현금을 회수하지 못하여 수익이 발생했다고 볼 수 없으므로 역시 기말 포괄손익계산서 작성시 총매출액에서 그만큼 차감한 금액을 '매출'로 보고한다.

(2) 매입에누리, 매입환출, 매입할인

매출원가의 구성항목 중 하나인 '당기상품매입액'은 다음과 같이 계산한다.

당기상품매입액＝당기총매입액－매입에누리 및 매입환출－매입할인

'매입에누리' 및 '매입환출'은 매입한 물건에 하자가 있을 경우 대금을 깎아주거나 반품해 주는 것을 의미하며, '매입할인'은 매입한 상품에 대한 외상대금의 조기상환으로 인하여 사후적으로 가격을 할인해 주는 것이다. 즉, '매입에누리'와 '매입환출', '매입할인'을 당기총매입액에서 직접 차감한 잔액이 당기상품매입액이 되고, 기초재고자산에 이 금액을 더하고 기말재고자산을 차감하여 매출원가가 산출된다. 따라서 포괄손익계산서를 포함한 재무제표 어디에도 매입에누리, 매입환출, 매입할인 계정이 나타나지는 않으며 이들을 반영한 금액이 포괄손익계산서 '매출원가'에 보고되는 것이다.

3. 매출(수익)과 선수수익 및 선수수익과 선수금, 예수금의 차이

선수수익은 용역을 제공하기로 약속하고 받은 수익 중에서 차기 이후에 속하는 금액으로 정의된다. 예를 들어 무엇인가 일을 해주기로 하고 현금을 먼저 받았을 때 '선수수익'이 부채에 보고되고, 이후 일정시간이 흐르면 선수수익이 매출 혹은 용역수익으로 대체된다. 회사의 주 사업으로 인한 수익이라면 '매출'계정을 사용하고, 수익이지만 주 사업으로 인한 경우가 아니라면 '용역수익'계정으로 하되 포괄손익계산서에 수익으로 반영된다.

〈현금수령시〉

(차) 현 금	10,000	(대) 선 수 수 익	10,000

〈일을 해준 후〉

(차) 선 수 수 익	10,000	(대) 매 출 (또는 용역수익)	10,000

용역거래가 아니더라도 선수수익은 발생할 수 있다. 임대료, 이자수익 등을 미리 받은 경우 이 중 차기 이후에 귀속되는 금액(즉, 이행해야 하는 의무가 남아 있는 부분)은 선수수익으로 재무상태표에 부채로 보고하며 이후 시간의 흐름에 따라 당기에 귀속되어야 하는 부분만큼을 포괄손익계산서에 수익으로 반영한다. 여유 사무실을 임대하는 경우 발생하는 수익을 예로 들어보면 다음과 같다.

〈1년간의 임대료 10,000원을 7월 1일에 현금수령시〉

(차) 현　　금　10,000　(대) 선수수익　10,000

〈12월 31일 결산시점 분개〉

(차) 선수수익　5,000　(대) 임대료수익　5,000

〈다음 해 6월 30일 분개〉

(차) 선수수익　5,000　(대) 임대료수익　5,000

재무상태표

20×1년 12월 31일 현재

Ⅰ. 자　산	10,000	Ⅱ. 부　채	
현　　금		선수수익	5,000
		Ⅲ. 자　본	
		이익잉여금	5,000
자산합계	10,000	부채및자본합계	10,000

포괄손익계산서

20×1년 1월 1일~12월 31일

매출액	0
－)매출원가	(0)
＋)임대료수익	5,000
당기순이익	5,000

한편, 선수금은 먼저 현금을 수령하였지만 이후에 수익으로 대체되지는 않고 유형자산이나 무형자산 등을 제공함으로써 의무가 해소되는 경우에 사용되는 부채계정이다. 실무에서 선수금과 선수수익이 혼용돼서 쓰이는 경우도 있으나, 엄격하게 분류한다면 수익항목과 관련되어 현금을 먼저 받은 경우 선수수익계정을 사용하고, 수익이 아닌 특정자산을 매각하기로 하고 현금을 먼저 받은 경우 선수금계정을 사용해야 한다.

〈현금수령시〉(추후 토지를 양도하기로 하고 먼저 현금을 받음)

(차) 현　　금　10,000　(대) 선 수 금　10,000

〈토지 양도 시점〉

(차) 선 수 금　10,000　(대) 토　　지　10,000

예수금은 기업이 일시적으로 보유하는 예수액으로 부채이다. 물건을 인도하기로 하고 대금을 미리 받은 것은 선수금이지만, 급여를 지급하면서 원천징수한 소득세 등은 예수금이 된다. 기업은 종업원에게 급여를 지급할 때, 대략적인 소득세만큼을 원천징수했다가 가까운 시간 내에 국세청에 납부해야 하는데, 이때 원천징수한 금액이 소득세예수금이 된다.

예수금은 거래가 완료되거나 의무를 수행하면 반환해야 할 보증금 등을 포함한다. 종업원으로부터 원천징수한 소득세예수금 외에, 거래처로부터 받은 부가세예수금도 포함되며, 세입자로부터 받은 전세금, 공사입찰담보금, 하자보수보증금 등의 보증금이 모두 예수금계정으로 부채에 보고되어야 한다. 예를 들어, 종업원에게 급여로 20,000원을 주었는데, 이 중 2,000원을 원천징수했다면, 분개는 다음과 같다. 즉, 급여는 포괄손익계산서에 비용으로, 소득세예수금은 재무상태표에 부채로 보고된다.

(차) 급 여	20,000	(대) 현 금	18,000
		소득세예수금	2,000

또한, 거래처에 100,000원의 매출을 하고 부가가치세 매출세액으로 10,000원을 받았다면(매출원가는 무시함), 회계처리는 다음과 같다.

(차) 현 금	110,000	(대) 매 출	100,000
		부가세예수금	10,000

재무상태표

20×1년 12월 31일 현재

Ⅰ. 자 산	92,000	Ⅱ. 부 채	
현 금		부가세예수금	10,000
		소득세예수금	2,000
		Ⅲ. 자 본	
		이익잉여금	80,000
자산합계	92,000	부채및자본합계	92,000

포괄손익계산서
20×1년 1월 1일~12월 31일

매출액	100,000
−)매출원가	(0)
−)급여	(20,000)
당기순이익	80,000

이후 소득세예수금과 부가세예수금을 모두 납부완료하였다면 다음과 같은 분개를 한다.

(차) 소득세예수금	2,000	(대) 현 금	12,000
부가세예수금	10,000		

제 3 절 재고자산의 평가

1. 재고자산의 취득원가

앞서 언급한 대로 재고자산을 매입할 때의 분개는 간단하다. 차변에 재고자산, 대변에 현금(혹은 대금을 추후 지급하기로 하였다면 매입채무)의 형태가 될 것이어서 그리 어려워 보이지 않는다. 다만, 재고자산, 유형자산 등과 관련된 분개에서 중요한 것 중 하나가 '취득원가' 금액을 결정하는 일이다.

재고자산의 가격은 해당 재고자산이 거래되는 시장에서 일정금액으로 정해져 있겠지만, 재고자산 매입과정에서 발생한 '기타 경비' 또는 '부대비용' 등을 포함한 금액을 '재고자산'으로 볼 것인지 아니면 '재고자산' 가격만큼만 자산으로 처리하고 기타 부대비용 등은 포괄손익계산서에 비용으로 처리할 것인지를 결정해야 한다.

예를 들어, 재고자산의 취득과 관련된 운송비용 등이 대표적 부대비용이라 할 수 있는데, 재고자산의 취득이나 생산 과정에 수반되어 발생한 경우에는 재고자산의 매입원가에 포함시킨다. 반면, 재고자산의 매입이나 생산 완료 후 단순한 위치 변경에 소요되는 운반비용 등의 경우는 재고자산 취득과 직접 관계가 있다고 할 수 없기 때문에 비용(포괄손익계산서의 비용)으로 처리한다. 즉, 재고자산 10,000원짜리를 구입하되 이를 회사 창고까지 운송하는 과정에서 발생한 운송비 1,000원이 있었다면, 재무상태표에 보고되는 재고자산은 11,000원이 된다. 하지만 창고에 도착한 이후 단순한 위치 변경을 위하여 추가로 500원의 운반비가 발생되었다면, 재무상태표에 보고되는 재고자산은 그대로 11,000원이고, 포괄손익계산서에 운반비 500원이 별도로 비용으로 보고된다.

2. 판매가능상품, 기말재고자산과 매출원가의 관계

보유하던 재고자산이 팔리면 재무상태표에 있던 재고자산은 감소하고, 포괄손익계산서의 매출원가가 해당 금액만큼 발생한다. 재고자산이 판매되지 않았다면 기말 재무상태표의 재고자산에 그대로 남아 있을 것이므로, 판매된 재고자산과 판매되지 않은 재고자산 금액의 구분이 회계처리에서 중요하다. 즉, 판매가능상품액(기초상품재고액+당기매입액) 중에서 팔린 만큼은 매출원가로, 안 팔린 부분이 기말재고자산으로 남게 되는 회계처리가 이루어지므로, 제대로 배분이 이루어지지 않을 경우 두 개의 계정금액에서 모두 오류가 생겨 재무상태표와 포괄손익계산서 모두가 왜곡된 정보를 제공하게 된다.

재고자산의 수량이 몇 개 되지 않는다면 정확한 수치를 계산하는 데 큰 문제가 될 여지가 적으나, 일반적으로 기업에서는 매우 큰 수량의 재고자산이 수시로 거래되는 것이 일반적이다. 따라서 서로 단가가 다른 재고자산 중 어느 것이 판매되었는가를 추정하는 방식에 따라 매출원가와 기말재고자산의 금액이 영향을 받을 수 있다.

재고자산과 매출원가 사이에는 다음과 같은 관계가 성립한다.

기초재고자산(상품) 잔액＋당기상품매입액＝기말재고자산(상품) 잔액＋매출원가

즉, 판매가능상품(기초재고자산＋당기상품매입액)은 변동의 여지 없이 일정

금액이 될 것이므로, 기말재고자산(상품) 잔액이 얼마로 결정되느냐에 따라 매출원가가 다르게 된다. 기말재고자산(상품) 잔액을 결정하는 기본적인 논리는 다음과 같다.

기말재고자산(상품) 잔액 = 기말상품수량 × 기말재고자산(상품) 단위당 가격

여기서 기말재고자산(상품) 잔액을 결정하려면, ① 수량결정과정과 ② 단위당 원가결정과정을 거쳐야 한다.

3. 수량결정방법

기말재고자산(상품)의 수량을 결정하는 방법은 이론적으로 계속기록법과 실지재고조사법의 두 가지가 있다. 이들은 어느 하나를 택해야 하는 강제사항은 아니지만, 재무제표를 공시할 때 어느 방법을 사용했는가를 밝히고 이후 일관성 있는 회계처리를 하면 된다.

(1) 계속기록법

이 방법은 재고자산의 매입과 매출이 발생할 때마다 그때그때 매입수량과 판매수량을 계속적으로 기록하는 방법이다. 이렇게 하여 기말에 남은 장부상 재고자산 잔량을 기말재고수량으로 결정하게 되며, 이를 식으로 나타내면 다음과 같다.

기초재고수량 + 당기매입수량 − 당기판매수량 = 기말재고수량

계속기록법하에서는 당기매입수량과 당기판매수량을 계속하여 기록하므로 항상 장부상 재고자산 잔량을 파악할 수 있다. 그러나 이 방법은 재고자산의 거래가 빈번한 경우 관리에 소요되는 노력이 과도하다는 단점이 있다.

(2) 실지재고조사법

이 방법은 재고자산의 매입시에만 매입수량을 기록하며 판매시에는 판매수량을 기록하지 않고 있다가, 결산일에 재고자산을 실제로 조사하여 실지재고보유수량을 파악하고 이를 기말재고수량으로 결정하여 자동적으로 당기판매수량이 산출되도록 하는 방법이다. 즉, 다음과 같이 하여 당기판매수량을 결정한다.

기초재고수량＋당기매입수량－기말재고수량＝당기판매수량

실지재고조사법은 결산일에 실사를 통하여 재고잔량을 파악하는 방법이다. 따라서 판매가능수량에서 실지재고보유수량을 차감한 나머지 수량은 모두 판매된 것으로 본다. 실지재고조사법은 상대적으로 간편하다는 장점이 있으나, 기중 파손, 분실 등으로 인한 재고감소를 파악하기 어렵다는 단점이 있다. 현재 계속기록법과 실지재고조사법은 보완적으로 사용된다. 한 방법만을 사용하는 기업도 있으나, 여러 기업들이 실지재고조사를 수행하기 전에 계속기록법에 따라 작성한 재고잔량을 기말재고수량으로 파악하고 나서 실지재고조사를 통해 창고에 존재하는 재고수량을 비교함으로써 재고자산의 파손여부 등을 나타내는 감모수량도 확인하고 있다.

판매수량＝기초재고수량＋당기매입수량－기말재고수량－재고감모수량

4. 원가결정방법

재고자산의 취득원가는 시장에서 거래되는 시점마다 다를 수 있다. 어느 시점에 매입한 재고자산이 먼저 판매되었는가에 따라 매출원가가 달라질 수 있고, 매출원가의 변동에 따라 기말에 남은 재고자산의 금액도 달라진다.

즉, 매입시점에 따라 재고자산의 취득원가는 여러 금액으로 존재하는데, 이 중 어느 금액의 재고자산이 판매되었고, 어느 금액의 재고자산이 기말재고자산으로 남는가를 배분하는 절차가 필요하다.

이러한 문제를 해결하기 위하여 원가흐름의 가정을 이용한다. 재고자산

의 수량흐름과는 관계없이 원가의 흐름을 임의적으로 가정하는 것이다. 원가흐름에 대한 가정으로 개별법, 선입선출법, 평균법 등 세 가지 방법이 사용[3]되며, 이 중 평균법은 계속기록법의 관점을 적용하는 이동평균법과 실지재고조사법의 관점을 적용하는 총평균법으로 다시 나뉘어 사실상 총 네 가지 방법이 사용된다.

(1) 개별법

개별법이란 가장 상식적인 재고자산 원가결정방법이다. 재고자산을 개별적으로 식별하여 매입가격별로 판매된 것과 기말재고로 남은 것을 구별하여 가격을 결정한다. 실제 물량의 흐름과 원가흐름이 정확히 일치하기 때문에 수익·비용의 대응이 가장 잘 이루어지는 방법이지만 실무적으로 너무 번거롭기 때문에 귀금속 등과 같은 고가품이나 거래가 빈번하지 않은 항목에 제한적으로 사용될 뿐이다. 이러한 개별법은 계속기록법의 관점을 갖거나 실지재고조사법의 관점을 갖거나 동일한 결과를 산출한다.

K-IFRS에 의하면, 상호교환될 수 없는 재고자산 항목의 원가와 특정 프로젝트별로 생산되고 분리되는 재화 또는 용역의 원가는 개별법을 사용하여 결정하도록 하고 있다. 상호교환 가능한 대량의 재고자산 항목에 개별법을 적용하는 경우 손익을 자의적으로 조정할 수 있기 때문에 후술하는 선입선출법이나 평균법을 사용하도록 하고 있다.

예제 4-1

(주)동양의 다음 재고자산에 관한 자료를 이용하여 물음에 답하라.

일 자	매 입	판 매	누적잔량
12월 1일	100개×40원	–	100개
12월 10일	800개×50원	–	900개
12월 20일	–	600개	300개
12월 25일	100개×45원	–	400개
12월 30일	–	200개	200개

3) K-IFRS에서 후입선출법은 인정되지 않는다.

기말재고자산 200개의 잔량이 개별법에 따라 12월 1일 매입분 중 100개, 12월 25일 매입분 중 100개로 구성되어 있다는 사실을 파악했다. 개별법을 적용하여 12월 31일 현재 기말재고자산과 12월의 매출원가를 계산하여 제시하라.

해답

판매가능원가 : 100개×40원+800개×50원+100개×45원=48,500원

기말재고자산 : 8,500원

구입일자	수 량	단위원가	총원가
12월 1일	100	40	4,000
12월 25일	100	45	4,500
기말재고	200	–	8,500

매출원가=판매가능원가－기말재고=48,500원－8,500원=40,000원

(2) 선입선출법

선입선출법(First-in, First-out : FIFO)이란 재고자산의 실제 물량흐름과는 관계없이 재고자산의 취득순서에 따라 재고자산이 판매된다고 가정하면서 매출원가와 기말재고자산을 구하는 방법이다. 일반적인 재고자산 물량의 흐름과 비슷한 과정을 회계처리에 반영한다는 장점이 있다. 계속기록법과 실지재고조사법 어느 관점에서 적용하더라도 결과인 매출원가와 기말재고자산의 금액은 정확히 일치한다.

예제 4-2

다음 자료와 같이 700개를 매입하고 400개를 판매하였다. 선입선출법하에서의 기말재고자산과 매출원가를 계산하라.

	매 입			판 매			누적수량 및 총원가		
일 자	수량	단가	총원가	수량	단가	총원가	수량	단가	총원가
12월 1일	100	40	4,000	–	–	–	100	40	4,000
12월 10일	400	50	20,000	–	–	–	100	40	4,000
							400	50	20,000

12월 20일	–	–	–	100	40	4,000	300	50	15,000
				100	50	5,000			
12월 25일	200	60	12,000	–	–	–	300	50	15,000
							200	60	12,000
12월 30일	–	–	–	200	50	10,000	100	50	5,000
							200	60	12,000

해답

기말재고자산=100개×50원+200개×60원=17,000원
매출원가=4,000원+5,000원+10,000원=19,000원
기말재고자산과 매출원가의 합=36,000원

(3) 평균법

평균법(Average Method)은 매입한 재고자산의 단가를 평균하여 매출원가를 계산하는 방법이다. 계속기록법의 관점에 근거한 이동평균법과 실지재고조사법의 관점에 근거한 총평균법의 두 방법이 모두 인정되며, 각 방법에 따라 기말재고자산과 매출원가의 금액이 차이가 있다.

① 이동평균법 : 매입단가가 서로 다른 재고자산을 구입할 때마다 보유 중인 재고자산에 가산하여 평균단가를 계속하여 다시 계산한다. 이렇게 계산된 평균단가를 판매되는 재고자산의 단가로 하여 매출원가를 계산하는 방법이다.

② 총평균법 : 일정기간의 재고자산 원가를 단 한 번 평균하여 평균단가를 구하는 방식이다. 즉 1년 동안 누적된 판매가능상품의 원가를 연말 현재 판매가능상품의 수량으로 나누어 총평균단가를 연말에 한 번 구하고, 이 평균단가를 이용하여 1년간 매출원가와 기말재고자산을 산출하는 방법이다. 총평균단가를 기말시점에서만 계산할 수 있으므로 기중에는 재고자산의 원가를 파악할 수 없다는 단점이 있다.

예제 4-3

다음 자료를 이용하여, 개별법, 선입선출법, 평균법 각각에 대하여 계속기록법과 실지재고조사법의 관점에서 매출원가와 기말재고자산을 구하고 필요한 분개를 하라. 단, 개별법을 사용할 때, 기말재고 100개의 내역은 60원짜리 40개, 70원짜리 40개, 80원짜리 20개로 구성되어 있다고 가정하며, 매출은 모두 현금거래였다.

일 자	거 래	수 량	단위당 가격	판매가능상품액	총수익
12월 1일	기초재고	100개	60	6,000	–
12월 5일	매입	100개	70	7,000	–
12월 10일	판매	(50)개	(100)	–	5,000
12월 15일	매입	100개	80	8,000	–
12월 20일	판매	(150)개	(100)	–	15,000
12월 31일	기말재고	100개	–	21,000	20,000

해답

1) 개별법(실사법)

기말재고 총액은 2,400+2,800+1,600=6,800원이다. 그렇다면, 21,000원 중 6,800원이 기말재고이므로, 14,200원이 매출원가(60원짜리 60개, 70원짜리 60개, 80원짜리 80개가 팔렸을 것)가 된다. 분개는 다음과 같다.

(차) 현 금	20,000	(대) 매 출	20,000
(차) 매 출 원 가	14,200	(대) 재 고 자 산	14,200

(재무상태표에 재고자산 6,800원, 포괄손익계산서에 매출원가 14,200원)

2) 개별법(계속기록법)

계속기록법으로 하더라도, 기말재고로 남은 것들은 위에서처럼 60원짜리 40개, 70원짜리 40개, 80원짜리 20개가 된다. 기말재고 총액은 실지재고조사법에서처럼 2,400+2,800+1,600=6,800원이 된다. 마찬가지로, 21,000원 중 6,800원이 기말재고이므로, 14,200원이 매출원가(60원짜리 60개, 70원짜리 60개, 80원짜리 80개가 팔렸을 것)가 된다. 분개는 다음과 같다.

(차) 현 금	20,000	(대) 매 출	20,000
(차) 매 출 원 가	14,200	(대) 재 고 자 산	14,200

(재무상태표에 재고자산 6,800원, 포괄손익계산서에 매출원가 14,200원)

3) 총평균법(실사법)

1년에 한 번 재고실사를 해서 평균원가를 산정한다.

판매가능상품액/판매가능총수량=21,000원/300개=70원(개당)

즉, 단위당 평균원가는 70원이다. 기말재고가 100개이므로, 70원×100개=7,000원. 따라서 21,000−7,000=14,000원에서 매출원가는 14,000원이 된다.

(차) 현 금	20,000	(대) 매 출	20,000
(차) 매 출 원 가	14,000	(대) 재 고 자 산	14,000

(재무상태표에 재고자산 7,000원, 포괄손익계산서에 매출원가 14,000원)

4) 이동평균법(계속기록법)

일 자	거 래	수 량	단위당 가격	판매가능재고
12월 1일	기초재고	100개	60	6,000원(=100×60)
12월 5일	매입	100개	70	13,000원(=200×65)
12월 10일	판매	(50)개	(100)	9,750원(=150×65)
12월 15일	매입	100개	80	17,750원(=250×71)
12월 20일	판매	(150)개	(100)	7,100원(=100×71)
12월 31일	기말재고	100개		

이동평균법에서는 매 거래마다 평균원가를 산정해서 매출원가를 산출해야 한다. 즉, 12월 10일 판매될 때에는 50개×65원=3,250원만큼이 5,000원의 가격에 판매되었다. 최종적으로 12월 31일 기말재고는 100개×71원=7,100원이므로, 총원가 21,000원에서 7,100원을 차감하면 매출원가는 13,900원이 된다. 분개는 다음과 같다.

(차) 현 금	20,000	(대) 매 출	20,000
(차) 매 출 원 가	13,900	(대) 재 고 자 산	13,900

(재무상태표에 재고자산 7,100원, 포괄손익계산서에 매출원가 13,900원)

5) 선입선출법(실사법)

1년에 한 번 재고실사를 하되, 최근 구입재고분 100개가 기말재고원가를 구성하고, 이전 구입분 200개가 매출원가를 구성한다. 따라서 100개×80원=8,000원이 기말재고이며, 21,000−8,000=13,000원이 매출원가가 된다. 분개는 다음과 같다.

(차) 현 금	20,000	(대) 매 출	20,000
(차) 매 출 원 가	13,000	(대) 재 고 자 산	13,000

(재무상태표에 재고자산 8,000원, 포괄손익계산서에 매출원가 13,000원)

6) 선입선출법(계속기록법)

매 거래마다 기록을 하지만, 먼저 들어온 재고가 먼저 판매된다고 하면, 결론적으로 선입선출법(실사법)과 결과가 같아진다. 분개는 다음과 같다.

(차) 현 금	20,000	(대) 매 출	20,000
(차) 매 출 원 가	13,000	(대) 재 고 자 산	13,000

(재무상태표에 재고자산 8,000원, 포괄손익계산서에 매출원가 13,000원)

(4) 각 방법들의 비교

개별법은 실제 물량의 흐름을 추적하는 방법이므로 가장 정확한 원가배분방법이라고 할 수 있으나 종류가 많고 거래가 빈번한 경우에는 현실적으로 개별법을 적용하는 것은 거의 불가능하다. 따라서 재고자산 원가배분에 있어 인위적인 원가흐름의 가정을 도입한 것이 선입선출법 및 평균법이다.

선입선출법과 평균법은 실제 물량의 흐름과는 관계없이 인위적으로 원가흐름을 가정한 것이므로 각 방법에 의한 기말재고자산의 원가는 다르다. 이때, 물가변동에 따라 일정한 패턴이 발생한다.

물가가 계속 상승한다고 가정할 경우, 단가가 비싼 최근 매입제품이 기말재고를 구성하는 선입선출법의 기말재고자산은 평균법에 의한 기말재고자산보다 높다. 즉, 물가가 지속적으로 상승하여 뒤에 구매한 재고자산의 원가가 이전에 구입한 재고자산의 원가보다 상대적으로 높다고 가정할 경우에 한해서 평균법의 기말재고자산보다 선입선출법에 의해 계산된 기말재고자산 금액이 높게 된다. 만일, 물가가 하락하여 뒤에 구매한 재고자산의 원가가 상대적으로 낮은 예외의 상황이라면 결과는 반대가 되며, 물가가 일정하다면 두 방법의 평가금액은 같게 된다. 물가가 상승할 경우의 기말재고자산과 매출원가의 크기를 세 가지 재고자산 평가방법에 따라 비교해 보면 다음과 같다.

기말재고자산의 크기 : 총평균법 < 이동평균법 < 선입선출법

반면, 매출원가는 '기초재고액+당기상품매입액−기말재고액'으로 계산된다. 따라서 기말재고액이 클수록 매출원가는 작아지고 기말재고액이 작을수록 매출원가는 커진다. 즉, 기말재고액과 매출원가는 반비례 관계에 있는데, 물가가 상승한다고 가정할 경우 매출원가는 다음의 순서로 결정된다.

매출원가의 크기 : 총평균법 > 이동평균법 > 선입선출법

매출원가가 클수록 매출총이익은 작아지고 매출원가가 작을수록 매출총이익은 커진다. 기말재고액과 매출원가가 반비례하고 매출원가와 매출총이익이 반비례함을 고려하면, 기말재고액과 매출총이익은 비례관계에 있음을 알 수 있다.

매출총이익의 크기 : 총평균법 < 이동평균법 < 선입선출법

포괄손익계산서 매출원가의 관점에서 볼 때에는 총평균법이 최근 가격으로 평가되므로 현실을 더 잘 반영한다고 할 수 있다. 그러나 재무상태표의 재고자산 금액은 선입선출법의 경우에 최근 유입된 재고자산이 재무상태표 가액으로 표시되어 있으므로 현실을 더 잘 반영한다고 할 수 있다.

5. 기타 원가결정방법

재고자산 실사의 목적은 장부상 재고자산의 정확성을 검증하기 위한 것인데, 비용과 시간이 많이 소요되는 특수한 경우에는, 실사를 하지 않고 추정에 의하여 재고자산을 평가하는 예외적인 방법이 인정되고 있다. 이와 같이 특수하게 재고자산을 추정하는 방법 중 매출총이익률법과 매출가격환원법(소매재고법)을 검토한다.

이러한 예외적인 재고자산 추정방법은 ① 세밀한 회계처리의 생략이 허용되는 분기/반기 재무제표 작성시, ② 화재, 자연재해, 도난 등으로 재고자산에 관한 장부가 손상되었을 때, ③ 회사의 업종이나 취급하는 재고자산의 특성상 합리적이라고 인정되는 경우에 제한적으로 인정된다.

(1) 매출총이익률법

[매출액－매출원가＝매출총이익]이므로 매출액에 '1－매출총이익률', 즉 매출원가율을 곱하여 매출원가를 추정하고 이 매출원가를 판매가능재고자산액으로부터 차감하여 기말재고액을 추정하는 방법이다.

매출총이익률이 합리적으로 추정될 수 있고 안정적이라면 이 방법을 이용할 수 있다. 그러나 과거의 매출총이익률은 변화되기 쉽다는 문제점이 있다. 또한, 파손, 도난 등과 같은 감모손실을 파악하기 어렵다는 단점이 있다.

예제 4-4

(주)동양백화점의 20×1년 기초재고는 1,000원이고 당기매입액은 8,000원이다. 연간 매출액은 10,000원이며 과거자료로부터 구한 매출총이익률은 40%인데 금년도에 이와 유사한 매출총이익률을 낼 수 있을 것이라고 본다. 매출총이익률법을 이용하여 매출원가와 기말재고액을 추정하라.

해답

기초재고액(원가)	1,000
당기매입액(원가)	8,000
판매가능재고액(원가)	9,000
매 출 액	10,000
차감 : 매출총이익(매출액 × 40%)	4,000

→ 추정매출원가 6,000원

→ 추정기말재고액 3,000원(=9,000−6,000)

(2) 매출가격환원법

회사가 종사하는 업종 혹은 취급상품에 따라 재고자산평가에 적합한 방법이 다를 수 있다. 금, 은, 피아노, 밍크코트 등과 같은 소량고가품을 취급하는 경우에는 개별법이 가장 적합하고, 일반적인 경우에는 평균법, 선입선출법 등을 이용하여 평가하는 것이 합리적이다.

그런데 백화점, 슈퍼마켓 등과 같이 다양하고 값싼 제품을 대량으로 취급하는 경우 제품의 원가를 앞에서처럼 일일이 측정하는 것이 쉽지 않다. 이들 업종에서는 수시로 원가를 파악하는 것이 어렵지만, 대신 매년의 판매 패턴이 일정하며 이에 따른 원가율의 관계도 일정하다는 특징이 있다. 이 관계를 이용하여 재고자산평가를 하는 경우가 합리적이라고 판단되는 경우 매출가격환원법을 적용하여 매출원가와 기말재고자산을 산출한다.

우선, 기초재고액과 당기매입원가, 판매가격 정보를 가지고 이들로부터 측정된 ① 판매가능재고액의 원가와 매가의 비율을 계산한다. 이것이 여기서 사용될 원가율이다.

그 다음, ② 매출가격으로 측정된 판매가능재고자산에서 매출액을 차감하여 매출가격으로 측정된 기말재고자산을 산출한다.

마지막으로, ③ 매출가격으로 측정된 기말재고자산에 원가율을 곱하면 원가로 측정된 기말재고자산이 산출된다. 이로부터 '판매가능재고자산(원가)－기말재고자산(원가)＝매출원가'를 구할 수 있다.

- 원가율＝판매가능재고자산(원가)÷판매가능재고자산(매출가격)
- 판매가능재고자산(매출가격)－매출액＝기말재고자산(매출가격)
- 기말재고자산(원가)＝기말재고자산(매출가격)×원가율
- 매출원가＝판매가능재고자산(원가)－기말재고자산(원가)

즉, 매출가격환원법에서는 '판매가능재고액(매출가격)－매출액(매출가격)＝기말재고자산(매출가격)'의 공식을 이용하여 먼저 매출가격으로 측정된 기말재고자산을 구하고, 여기에 원가율을 곱하여 기말재고자산의 원가를 추정하고, 이로부터 매출원가를 얻을 수 있다.

업종의 특수성 때문에 수많은 종류의 재고자산을 취급하는 대규모 소매점의 경우 기본적인 원가배분절차의 정확한 적용이 어려운 현실을 감안하여(유통업 등에서) 매출가격환원법이 주로 적용된다.

예제 4-5

(주)동양의 재고자산에 관한 다음의 자료를 이용하여 매출가격환원법에 의한 기말재고자산을 추정하라. 즉, 판매가능자산의 매가는 아는데 원가를 모르는 상황하에서 추정에 의한 매출원가를 계산하라.

	기초재고	당기매입	당기매출
원 가	5,000	30,000	－
매출가격	10,000	40,000	38,000

해답

	원 가	소매가(판매가)
기초재고자산	5,000	10,000
딩 기 매 입	30,000	40,000
판매가능자산	35,000	50,000
매 출 액	－	38,000
기말재고자산(매출가격)	－	12,000
기말재고자산(원가)	8,400	－
매 출 원 가	26,600	－

기초재고자산, 당기매입, 판매가능자산의 원가와 매가를 알 수 있다. 다만, 판매하고 남은 것의 원가(기말재고자산의 원가) 및 판매된 것의 원가(매출원가)를 알 수 없고, 원가와 매가의 관계를 이용하여 이들을 추정한다.

우선, 판매가능자산의 원가와 매가의 관계에서 원가율=35,000원/50,000원=0.7(70%)임을 알 수 있다. 다음, 기말재고자산의 매출가격에 이 원가율을 곱하면 기말재고자산의 원가를 12,000원×0.7=8,400원과 같이 구할 수 있다.

마지막으로, 매출된 부분의 원가[=판매가능자산(원가) 35,000원−기말재고자산(원가) 8,400원=26,600원]인 매출원가가 산출된다. 포괄손익계산서에 기록할 내용을 정리해 보면, 매출액이 38,000원이었고 매출원가가 26,600원이므로 매출총이익은 11,400원이 된다.

제 4 절 재고자산감모손실과 재고자산평가손실

재고자산의 기말평가액은 '수량×단가=금액'이라는 과정을 통하여 산출된다. 도난, 파손 등 수량의 감소로 인한 재고자산의 감소를 '재고자산감모손실'이라 하고, 단가 하락으로 인한 재고자산의 감소를 '재고자산평가손실'이라고 한다. 재고자산의 기말평가에 있어서, 우선 수량이 감소한 것이 없는지 살펴보고 다음에 단가조정과정을 수행한다. 이때 재고자산감모손실은 '정상감모손실(재고자산의 보관과정에서 정상적으로 발생하는 것)'과 '비정상감모손실'로 구분되는데, 전자는 원가성이 있는 것으로 간주하여 매출원가계정에 가산시키고, 후자는 원가성이 없는 것으로 간주하여 그대로 재고자산감모손실계정으로 하여 비용으로 처리한다. 정상과 비정상을 구분하지 않고 포괄적으로 이러한 손실을 매출원가에 포함시켜야 한다는 주장도 있지만 비정상감모손실을 매출원가와 별도로 비용으로 분류하는 것이 포괄손익계산서의 구성상의 취지에 어긋나지 않을 것이다.

취득원가와 시가(공정가)를 비교하여 낮은 금액으로 평가하는 것을 회계적으로 저가법이라 한다. 재고자산에는 저가법을 적용한다. 논리적으로는 시가대로 평가하여 취득원가보다 높아지거나 낮아지는 경우 모두 재무제표에 반영해야 할 것이다(공정가치법). 즉, 저가법을 적용하는 것은 논리적 일관성은 결여되어 있으나 회계관습 중의 하나인 '보수주의'에 충실한 회계처리로 인정되고 있다.

재고자산의 시가가 원가 이하로 하락하여 발생한 '재고자산평가손실'이 발생했을 경우, 재고자산의 취득원가에서 차감하는 형식으로 기재한다. 분개할 때, 차변에는 '매출원가'의 금액을 증가시키며 대변에는 '재고자산평가충당금'의 계정과목을 설정한 후, 재무상태표에는 '재고자산'에서 '재고자산평가충당금'을 차감하는 형식으로 보고한다. 다음 주제에서 다룰 '매출채권'과 '손실충당금', 유형자산과 '감가상각누계액'이 이와 같은 형식으로 재무상태표에 보고된다.

예를 들어, 기초에 재고자산 10,000원과 자본금 10,000원이 있었고, 기말에 10,000원이었던 재고자산의 시가가 9,000원으로 하락했다고 하자. 이때의 분개는 다음과 같다.

(차) 매 출 원 가 1,000 (대) 재고자산평가충당금 1,000
(재고자산평가손실)

이와 같은 분개를 통해 재고자산평가손실에 해당되는 금액은 포괄손익계산서의 매출원가로 가산되며, 재고자산평가충당금은 재무상태표의 재고자산에서 차감하는 형식으로 기재된다. 만일 20×1년에 평가손실이 발생하고, 이후 20×2년에 평가손실 금액이 회복되었을 경우, 차변에 재고자산평가충당금으로, 대변에 재고자산평가충당금환입(수익)으로 회계처리한다.

(차) 재고자산평가충당금 1,000 (대) 재고자산평가충당금환입 1,000

재무상태표

20×1년 12월 31일 현재

Ⅰ. 자 산		Ⅱ. 부 채	0
재 고 자 산	10,000	Ⅲ. 자 본	
재고자산평가충당금	(1,000)	자 본 금	10,000
		이익잉여금	(1,000)
자산합계	9,000	부채및자본합계	9,000

포괄손익계산서

20×1년 1월 1일~12월 31일

매출액	0
−)매출원가	(1,000)
당기순이익	(1,000)

재무상태표

20×2년 12월 31일 현재

Ⅰ. 자 산		Ⅱ. 부 채	0
재 고 자 산	10,000	Ⅲ. 자 본	
재고자산평가충당금	(0)	자 본 금	10,000
		이익잉여금	0
자산합계	10,000	부채및자본합계	10,000

포괄손익계산서

20×2년 1월 1일~12월 31일

매출액	0
−)매출원가	0
+)재고자산평가충당금환입	1,000
당기순이익	1,000

예제 4-6

20×1년의 다음 자료를 이용하여 물음에 답하라.

- 기초재고자산 100,000원(원가 : 1,000원/개)
- 당기재고자산매입 1,000,000원(원가 : 1,000원/개)
- 기말재고자산(장부상 재고 300개, 실지재고 200개)
- 시가(순실현가능가치) : 800원/개

〈요구사항〉

1) 장부상 기말재고자산, 실제 기말재고자산, 재고자산감모손실, 재고자산평가손실을 제시하라.
2) 재고자산감모손실의 원가성이 없다면 매출원가와 재고자산감모손실은 얼마가 되어야 하는가? 그리고 회계처리는 어떻게 하는가?

3) 재고자산감모손실의 원가성이 있다면 매출원가와 재고자산감모손실은 얼마가 되어야 하는가? 그리고 회계처리는 어떻게 하는가?

해답

1) 장부상 기말재고액＝300개×1,000＝300,000원
   실제 기말재고액＝200개×800＝160,000원
   감모손실＝감모수량×단위당 원가＝(300개－200개)×1,000＝100,000원
   평가손실＝재고수량×개당 평가손실액＝200개×(1,000－800)＝40,000원

2) 매출원가 : 100,000＋1,000,000－160,000－100,000＝840,000원
   (100,000＋1,000,000－160,000＝940,000원만큼이 비용화되었다는 의미인데, 이 중 840,000원이 매출원가이고 100,000원이 재고자산감모손실이다. 또는 100,000＋1,000,000－300,000＝800,000원이 매출원가인데, 평가손실 40,000원이 매출원가에 포함되므로 매출원가는 840,000원이라는 계산도 가능하다)
   ⇒ 기말재고상품 : 160,000원
   ⇒ 재고자산감모손실 : 100,000원(기타비용)
   ⇒ 재고자산평가손실 : 40,000원(매출원가)

(차)	매 출 원 가	800,000	(대)	재 고 자 산	800,000
(차)	재고자산감모손실	100,000	(대)	재 고 자 산	100,000
	매 출 원 가	40,000		재고자산평가충당금	40,000

재무상태표

20×1년 12월 31일 현재

Ⅰ. 자　산		Ⅱ. 부　채	…
재 고 자 산	200,000		
재고자산평가충당금	(40,000)	Ⅲ. 자　본	…
자산합계	160,000	부채및자본합계	…

포괄손익계산서

20×1년 1월 1일~12월 31일

매출액	0
－)매출원가	(840,000)
－)재고자산감모손실	(100,000)
당기순이익	(940,000)

3) 매출원가 : 800,000＋100,000(감모손실)＋40,000(평가손실)＝940,000원
   기말재고자산 : 160,000원

(차) 매 출 원 가	940,000	(대) 재 고 자 산	900,000
		재고자산평가충당금	40,000

재무상태표

20×1년 12월 31일 현재

Ⅰ. 자　산		Ⅱ. 부　채	…
재 고 자 산	200,000		
재고자산평가충당금	(40,000)	Ⅲ. 자　본	…
자산합계	160,000	부채및자본합계	…

포괄손익계산서

20×1년 1월 1일~12월 31일

매출액	0
−)매출원가	(940,000)
당기순이익	(940,000)

예제 4-7

다음 자료를 이용하여 물음에 답하라(재고자산은 모두 동일한 상품이라 가정함).

재무상태표

20×1년 1월 1일 현재

현　　금	2,000,000	자 본 금	2,200,000
재 고 자 산	200,000		
자산합계	2,200,000	부채및자본합계	2,200,000

- 20×1년중 당기상품매입액 1,000,000원(대금은 현금으로 지급하였다)
- 20×1년말 기말재고실사 결과 기말재고자산은 장부상 400개(원가 개당 1,000원), 실제 200개(시가 개당 900원)
- 20×1년중 상품매출액 1,200,000원(대금은 현금으로 받았다)

〈요구사항〉

1) 12월 31일의 기말재고액, 실제 기말재고액, 감모손실, 평가손실을 구하라.
2) 감모손실이 원가성이 없다면 매출원가는 얼마인가?
3) 감모손실이 원가성이 있다면 매출원가는 얼마인가?
4) 만일 시가가 1,100원이라면 회계처리는 어떻게 달라지는가?

해답

1) 장부상 기말재고액 400×1,000=400,000원, 실제 기말재고액 200×900=180,000원
감모손실 200×1,000=200,000원, 평가손실 200×(1,000−900)=20,000원

2) 〈원가성이 없는 경우〉
매출원가=200,000+1,000,000−400,000+20,000(재고자산평가손실)=820,000원
재고자산감모손실 : 200,000원
(즉, 800,000원의 매출원가에 20,000원의 평가손실은 매출원가에 포함되므로 200,000원은 재고자산감모손실이다. 따라서 1,020,000원의 총비용을 매출원가와 재고자산감모손실 중 어떤 항목의 비용으로 배분하느냐의 문제이다)

3) 〈원가성이 있는 경우〉
감모손실은 매출원가에 가산한다. 따라서 매출원가는 1,020,000원

4) 만일 시가가 1,100원이라면 모든 회계처리에서 매출원가에 가산된 평가손실 20,000원이 빠진다.

〈원가성이 있는 경우의 분개〉

(차) 재 고 자 산	1,000,000	(대) 현 금	1,000,000
(차) 현 금	1,200,000	(대) 매 출	1,200,000
(차) 매 출 원 가	1,020,000	(대) 재 고 자 산	1,000,000
		재고자산평가충당금	20,000

재무상태표

20×1년 12월 31일 현재

현 금	2,200,000	자 본 금	2,200,000
재 고 자 산	200,000	이익잉여금	180,000
재고자산평가충당금	(20,000)		
자산합계	2,380,000	부채및자본합계	2,380,000

포괄손익계산서

20×1년 1월 1일~12월 31일

매출액	1,200,000
−)매출원가	(1,020,000)
당기순이익	180,000

참고 | 관세환급금

재고자산감모손실이 원가성이 있는 경우 및 재고자산평가손실은 매출원가에 가산하는 것을 원칙으로 하고 있다. 참고로, 재고자산과 관련하여 매출원가에 가감되는 경우 하나를 더 살펴보도록 하자. 관세환급금은 원재료를 수입한 이후에 환급되는 것이 일반적이므로 관세가 환급되는 시기의 매출원가에서 차감하는 것이 옳다. 그 이유는, 원래 납부되었던 관세가 수입시점에 원재료의 매입원가에 부가되기 때문에 환급되는 관세환급금을 기타수익으로 처리하는 것은 합리적이라 할 수 없기 때문이다.

제 5 절 제조원가명세서

1. 제조원가명세서의 필요성

상기업이 아닌 제조기업이라면 재무상태표의 재고자산에 원재료, 재공품, 제품 등 여러 종류가 보고될 수 있다. 원재료를 구매하였으나, 가공이 전혀 되지 않았다면 재고자산 중 원재료계정으로 보고된다. 원재료는 가치가 있으므로 자산으로 분류되는 데 문제가 없다. 원재료를 가공하다가 결산일까지 완성되면 기말 재무상태표에는 '제품'으로 보고된다. 그러나 원재료를 가공하기 시작하였으나 결산일 현재 완성되지 못하였다면 '재공품'계정으로 기록되어야 한다. 원재료에서 일단 가공에 들어갔기 때문에 원재료계정이 소멸되고 재공품계정이 나타난 것이다. 물론, 완성이 된다면 제품이 되어야 했지만, 1% 가공상태부터 99% 가공상태까지의 형태로 남아 있는 재고자산을 재공품계정으로 보고하는 것이다.

앞에서는 상기업을 예로 들면서 매출원가 산출과 관련된 내용을 다루었지만, 회계를 공부하면서 제조기업의 매출원가 산출과정 역시 알아야 한다. 제조기업의 매출원가 산출을 위한 근거자료는 '제조원가명세서'에 나타난다. 회계기준에서 규정하고 있는 필수적인 4개의 재무제표에 들어가지는 않지만, 제조원가명세서의 정보로서의 가치는 매우 높다. 제조기업은 상기업에 비해 매출원가의 계산이 조금 복잡하지만, 제조원가명세서를 통해 차근차근 정리를 한다면 상기업의 매출원가 계산과 기본적인 논리는 같다. 제조원가명세서에는 제조과정에서 나타나는 원재료, 재공품, 제품 등 여러 종류의 재고자산의 흐름과 이들이 매출원가로 변환되는 과정에 대한 정보가 자세히 나타나게 된다.

2. 제조기업의 경영활동과정

제조기업의 활동은 구매, 제조, 판매 활동으로 이루어지며, 기본적인 영업순환과정은 원재료를 구입한 후 이를 추가가공하여 생산된 제품을 판매함으로써 이루어진다.

구매활동에서는 기업 외부로부터 제조에 필요한 각종 생산요소(원재료, 노동력, 생산설비 등)를 구입한다. 제조활동에서는 구입된 재화 및 용역을 결합하여 제품을 제조한다. 이 과정에서 회계적으로는 원재료계정, 재공품계정 등이 등장한다. 판매활동은 제조과정에서 완성된 제품을 외부에 판매하는 과정으로서 매출원가계정과 기초제품재고, 기말제품재고가 재무제표에 나타난다. 이 과정을 자세히 살펴보면, 제조기업의 경영을 위하여 투하된 자본은 다음의 그림에서 보는 바와 같이 처음에는 화폐의 형태이지만, 구매, 제조, 판매 과정을 거쳐 다시 화폐라는 형태로 복귀하게 된다(자본의 순환).

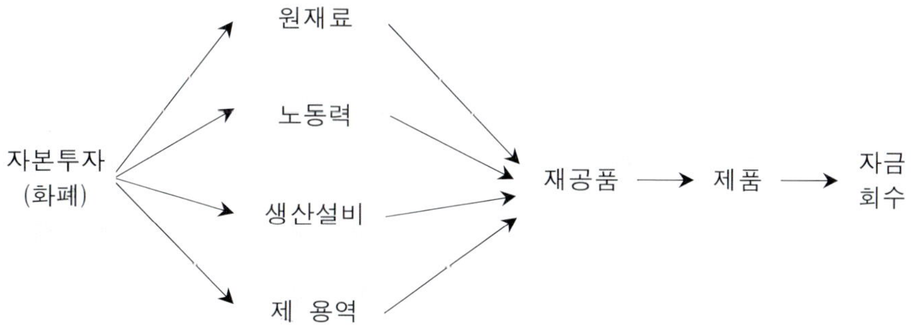

3. 제조기업의 원가흐름 및 집계

(1) 제조원가의 개념 및 흐름

제조원가는 일반적으로 직접재료비, 직접노무비 및 제조간접비 등 세 가지로 분류된다. 직접재료비란 제품을 생산하기 위하여 투입되는 재료비로서 특정 제품에 직접적으로 추적할 수 있는 원가를 포함한다. 직접노무비는 생산직 종업원에게 지불하는 노동의 대가로서 역시 특정제품에 직접적으로 추적할 수 있는 원가를 말한다. 한편, 제조간접비란 직접재료비와 직접노무비를 제외한 기타 제조원가이다.

제조과정에서 원재료(직접재료비)에 가공비(직접노무비와 제조간접비)를 투입하여 제품이 완성되는데, 제품생산과정에서 발생된 원가 중 아직 미완성이고 제조과정에 있는 부분은 재공품으로 집계된다. 재공품에 추가가공을 하여 완성된 제품 중 팔린 만큼이 매출원가가 되고 안 팔리고 남아 있는 부분은 기말제품재고자산이 된다.

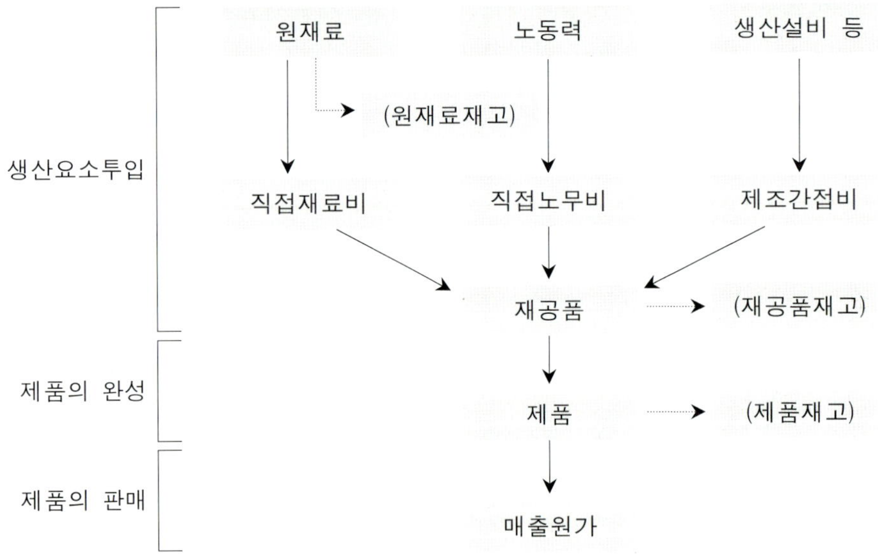

(2) 제조원가의 흐름과 회계처리

직접재료비는 특정제품에 귀속되는 원재료 금액으로 구성되며, 특정제품에의 추적가능성이 없는 원재료라면 간접재료비로 하여 제조간접비로 분류하고 여러 제품에 원가를 배분해야 한다. 즉, 원재료를 구입한 경우 재무상태표의 '재고자산' 중 '원재료'계정으로 분류되며, 제조활동에 사용한 경우에는 재공품(직접재료비)계정 및 제조간접비(간접재료비)계정으로 대체한다. 제조간접비계정은 임시계정으로 분류되어 제조원가명세서의 중간계산과정에서 발생하나, 이후 제조과정에서 각 제품들로 배분된다.

〈원재료의 구입시〉

(차) 원 재 료(자산)	10,000	(대) 현 금	5,000
		매입채무	5,000

〈원재료의 사용시〉

(차) 재 공 품(자산) (직접재료비)	6,000	(대) 원 재 료	10,000
제조간접비(임시) (간접재료비)	4,000		

직접노무비는 특정제품과 인과관계가 있는 생산직 근로자의 임금을 의미하며, 특정제품과 관련성이 적은 간접노무비는 제조간접비로 분류된다. 이때, 노무비계정을 이용하며 기말에 당기의 제조활동에 사용된 노무원가가 확정되면 이를 재공품계정 및 제조간접비계정으로 대체한다.

〈노무비 발생시〉

(노무비는 비용으로 확정된 것이 아니고 일단 재공품에 배분되어 궁극적으로 제품원가를 구성한 후 판매시에 매출원가에 포함된 형태로 비용화됨)

(차) 노 무 비(임시)	10,000	(대) 현 금	5,000
		미지급금	5,000

〈노무비 대체시〉

(차)	재 공 품(자산) (직접노무비)	6,000	(대) 노 무 비	10,000
	제조간접비(임시) (간접노무비)	4,000		

제조간접비에는 기계장치, 공장건물에 대한 감가상각비, 보험료, 수선유지비와 생산직 관리자 급료, 공장사무실 운영비, 공장소모품비 등이 있다. 이와 같이 발생한 제조간접비 역시 궁극적으로 재공품계정으로 대체되고, 제품이 완성된 후 판매될 때 매출원가에 포함된 형태로 비용화된다.

〈제조간접비의 발생〉

(차)	감가상각비	2,000	(대) 감가상각누계액	2,000
	수도광열비	2,000	현 금	5,000
	보 험 료	3,000	미지급비용	3,000
	수선유지비	3,000		

〈제조간접비의 집계〉

(차)	제조간접비	10,000	(대) 감가상각비	2,000
			수도광열비	2,000
			보 험 료	3,000
			수선유지비	3,000

〈제조간접비의 대체〉

(차)	재 공 품	18,000	(대) 제조간접비	10,000
			제조간접비 (간접재료비)	4,000
			제조간접비 (간접노무비)	4,000

다음, 전기로부터 이월된 재공품 보유액에 당기 발생된 제조원가를 합한 다음, 여기서 기말재공품 보유액을 차감하여 완성된 '제품'의 원가를 계산한다. 만일 기초재공품재고 금액과 기말재공품재고 금액이 일치하고, 완성된

제품 전부가 판매되었다면 다음과 같은 분개가 필요하다.

〈제품의 완성시〉

(차) 제 품	18,000	(대) 재 공 품*	18,000

* 그동안 발생한 직접재료비, 직접노무비, 제조간접비가 모두 포함된 계정임

〈판매한 제품의 원가〉

(차) 매 출 원 가	18,000	(대) 제 품	18,000

다시 말하지만, 원재료, 재공품과 제품은 모두 재고자산의 하위계정이다. 즉, 원재료, 재공품, 제품의 형태로 결산시점에 보유중이면 기말 재무상태표의 재고자산으로 분류되지만, 노무비, 제조간접비는 재공품이나 제품으로 대체되므로 노무비, 제조간접비의 명칭으로 기말재고자산에 남아 있을 수 없다. 즉, 노무비나 제조간접비는 기초 잔액, 기말 잔액의 개념이 있을 수 없으며, 당기 발생분이 재공품 또는 제품의 형태로 남게 된다.

(3) 제조원가명세서의 구성

상기업에서는 상품 취득원가가 재고자산 가액이고, 판매가 이루어지면 매출원가로 비용화되므로, 제조원가의 흐름을 회계처리하여 보여줄 필요는 없다. 즉, 상품만을 보유하고 있다가 회계기간말 현재 아직 판매되지 않은 상품을 재무상태표에 재고자산(상품)으로 보고하면 된다.

그러나 제조기업에서는 제품원가가 체계적으로 산정되는 과정을 보여주어 회계정보의 가치를 높여야 한다. 즉, 당기의 제품제조원가는 매출원가의 산정에 중요한 요소가 된다. 당기제품제조원가의 구체적 내역은 의사결정에 도움이 될 뿐 아니라 정확한 계산을 필요로 하므로 이에 대한 정보를 별도로 산정하여 당기제품제조원가에 대한 구체적 정보를 제시할 필요가 있다. 이를 나타낸 재무제표(4대 필수 재무제표는 아님)가 제조원가명세서이다.

일반적으로 상기업과 제조기업의 포괄손익계산서 양식은 다음과 같은 차이가 있다. 상기업의 경우 포괄손익계산서에 나타난 정보만으로 충분히 매출원가에 대한 정보를 제공하고 있다. 그러나 제조기업의 경우 포괄손익계산서에 나타나는 '당기제품제조원가'의 계산과정에 대한 추가적인 정보가 있다

면 정보의 가치가 높아진다. 즉, 제조원가명세서의 제일 밑줄에는 당기제품제조원가가 보고되는데, 이는 당기제품제조원가의 계산과정이 제조원가명세서에 나타나 있다는 의미가 되는 것이다.

포괄손익계산서 (상기업)	**포괄손익계산서** (제조기업)
매 출 액	매 출 액
매 출 원 가	매 출 원 가
기초상품재고액	기초제품재고액
+)당기상품매입액	+)당기제품제조원가
−)기말상품재고액	−)기말제품재고액

제조원가명세서
(제조기업)

1. 직접재료비	기초재료재고액 +)당기재료매입액 −)기말재료재고액
2. 직접노무비	
3. 제조간접비	간접재료원가 및 간접노무원가 기계장치수선유지비, 공장감가상각비 등
4. 당기총제조원가	(1+2+3)
5. 기초재공품원가	
6. (기말재공품원가)	
7. 당기제품제조원가	(4+5−6)

＊상기업에는 제조원가명세서가 없다.

즉, 제조원가명세서는 한 기간 동안 원재료를 가공하여 재공품을 거쳐 제품생산이 완료되는 과정을 통해 당기제품제조원가를 보고한다. 이때, 각 항목을 계산식으로 표현하면 다음과 같다.

- 직접재료비＝기초재료재고액＋당기재료매입액－기말재료재고액
- 당기총제조원가＝직접재료비＋직접노무비＋제조간접비
  (당기에 투입한 제조원가의 합계액으로서 제품의 완성여부와 관계없음)
- 당기제품제조원가＝기초재공품재고액＋당기총제조원가－기말재공품재고액

  ＊참고 : 가공비＝직접노무비＋제조간접비, 기초원가＝직접재료비＋직접노무비

엄밀히 말해, 제조원가명세서는 포괄손익계산서의(사실상 매출원가의) 부속명세서라 할 수 있다. 제조원가명세서의 최종 수치인 당기제품제조원가와 포괄손익계산서상의 매출원가 계산식에 포함된 당기제품제조원가는 당연히 일치한다. 즉, 매출원가를 계산하는 '기초제품재고액+당기제품제조원가－기말제품재고액'의 산식에서 당기제품제조원가의 금액은 제조원가명세서의 제일 밑줄의 금액과 일치해야 한다.

예제 4-8

20×1년도 당기제품제조원가와 판매가능한 제품원가를 계산하라.

구 분	20×1.1.1	당기매입/발생액	20×1.12.31
원재료(직접)	120,000	720,000	150,000
재 공 품	120,000	－	140,000
노무비(직접)	－	300,000	－
제조간접비	－	460,000	－
제 품	150,000	－	300,000
당기제품제조원가	판매가능 제품원가	당기제품제조원가	판매가능 제품원가

해답

〈제조원가명세서(20×1.1.1～20×1.12.31)〉

1. 직접재료비(120,000+720,000－150,000)	690,000
2. 직접노무비	300,000
3. 제조간접비	460,000
4. 당기총제조원가	1,450,000
5. 기초재공품재고액	120,000
6. 합계	1,570,000
7. 기말재공품재고액	(140,000)
8. 당기제품제조원가	1,430,000

〈포괄손익계산서의 매출원가부분〉

1. 기초제품재고액	150,000
2. 당기제품제조원가	1,430,000
3. 판매가능한 제품원가	1,580,000
4. 기말제품재고액	(300,000)
5. 매출원가	1,280,000

연습문제

1 [OX문제]

(1) 기말에 창고에 있는 재고자산을 실사하여 매출원가를 계산하고 있는 회사(상품만 존재)에서, 기초재고자산이 1,000원, 당기상품매입액 1,000원, 기말재고자산이 없었다면, 매출원가는 2,000원으로 보고된다. (단, 이 자료가 전부라고 가정한다)

(2) 매출에누리(하자로 인한 할인)와 매출환입(하자로 인한 반품), 매출할인(대금조기상환으로 할인)은 포괄손익계산서상 별도 비용으로 처리하지 않고 매출액에서 직접 차감하여 보고한다.

(3) 재고자산의 종류 중 상품은 판매목적으로 구입한 것, 제품은 판매목적으로 제조한 것이고, 재공품은 제품 제조를 위하여 구입한 원재료를 의미한다.

(4) 건물 등은 판매를 목적으로 취득하였더라도 재고자산으로 분류할 수 없으며, 항상 유형자산으로 분류한다.

(5) 후입선출법은 최근 매입한 상품이 먼저 판매되어 매출원가로 반영하는 방법으로, IFRS에서 불인정된다.

(6) 물가가 불변일 경우, 총평균법에 의한 매출원가와 이동평균법의 매출원가는 같다.

(7) 매출가격환원법을 사용할 때, 판매가능재고자산 원가가 40,000원이고 판매가능재고자산 매출가격이 50,000원이고, 실제 매출액이 40,000원이라면 포괄손익계산서에 보고되어야 할 추정매출원가는 30,000원이 된다.

2 틀린 표현이 있다면, 옳게 고쳐라.

(1) 매입에누리 항목은 구입한 물건의 하자로 인하여 값을 깎아줄 때 나타난다.

(2) 매출이 일어난 후, 소정기일 이내에 현금으로 갚아 할인받은 금액(매출할인)은 포괄손익계산서 비용이 된다.

(3) 매출환입은 판매한 물건의 하자로 인하여 값을 깎아준 경우에 나타난다.

(4) 매출에누리 항목은 판매한 물건의 하자로 인하여 전액 반품이 일어난 경우에 나타난다.

3 20×1년 1월 1일 재고자산 100개를 매입(개당 60원)했고, 3월 1일 동일한 재고자산 100개를 추가로 매입(개당 80원)했다. 4월 1일 이 중 100개를 판매했고, 5월 1일 동일한 재고자산 100개를 추가로 매입(개당 100원)했으며, 6월 1일 이 중 100개를 판매하였다. 20×1년 포괄손익계산서상 매출원가는 선입선출법일 때 (　　　), 이동평균법일 때 (　　　), 20×1년말 재무상태표상 재고자산은 총평균법일 때 (　　　)이다.

4 다음 자료를 이용하여 계속기록법/선입선출법하에서의 매출원가를 계산하라.

1월 1일 기초재고	200개(단위당 원가 100원)
2월 1일 판매	100개
3월 1일 매입	300개(단위당 원가 120원)
4월 1일 판매	200개
12월 1일 기말재고	200개

5 다음 자료를 이용하여 물음에 답하여라.

1월 1일 기초재고	100개(단위당 원가 1,000원)
2월 1일 매입	200개(단위당 원가 1,300원)
6월 1일 판매	200개
9월 1일 매입	300개(단위당 원가 1,500원)
10월 1일 판매	350개
12월31일 기말재고	50개

(물음 1) 선입선출법(실사법)에 따른 매출원가와 기말재고자산은 얼마인가?
(물음 2) 이동평균법에 따른 매출원가와 기말재고자산은 얼마인가?
(물음 3) 총평균법에 따른 매출원가와 기말재고자산은 얼마인가?

6 다음 물음에 답하라.

(물음 1) 재고자산 선입선출법 평가가 평균법에 의한 평가보다 언제나 당기순이익이 크거나 같다고 할 수 있겠는가?
(물음 2) 실사법에서, 기말재고실사시 실수로 1,000원짜리 재고자산을 두 번 세었다면 당기순이익이 과대평가될 것인가 아니면 과소평가될 것인가?
(물음 3) 개별법을 택하면 재고자산 수량이 많은 경우 일일이 다 검토하는 것이 불가능해서 비효율적이지만, 사실에 입각하여 재고자산평가가 이루어지므로 경영자의 기말재고액 조작가능성이 가장 적은 방법이라고 할 수 있는가?

7 다음 자료를 통해 1) 감모손실의 원가성이 없는 경우와 2) 감모손실의 원가성이 있는 경우, 필요한 분개를 하고 20×1년말 시점의 포괄손익계산서와 재무상태표를 작성하라. (단, 기초재고는 없다고 가정한다)

재무상태표

20×1년 1월 1일 현재

현 금	10,000	자 본 금	10,000
자산합계	10,000	부채및자본합계	10,000

- 20×1년 기중상품매입액 6,000원(600개, 개당 10원. 대금은 현금으로 지급)
- 20×1년 연말 장부상 기말상품재고액 : 300개, 개당 10원
- 20×1년 연말 실사결과 기말상품 실제 재고액 : 200개, 개당 10원
- 당기중 상품매출액 10,000원(대금은 현금으로 받았다)

8 [OX문제]

(1) 물가가 일정할 때, 선입선출법에 의한 매출원가가 이동평균법에 의한 매출원가보다 크다.

(2) 계속기록/선입선출법에 의한 매출원가보다 실사/선입선출법에 의한 매출원가가 크다.

(3) 정상적 재고자산감모손실과 공정가 하락에 의한 재고자산평가손실은 모두 매출원가가 된다.

(4) 개별법은 백화점, 슈퍼마켓 등 값싼 제품을 대량으로 취급하는 경우에 주로 사용하며, 매출가격환원법은 고가의 귀금속 등 소량의 비싼 제품을 취급하는 경우에 주로 사용한다.

(5) 재고자산감모손실이 비정상적으로 발생한 경우 분개의 오른쪽에 재고자산평가충당금이 나타난다.

9 다음 자료를 이용하여 물음에 답하라.

- 20×1년 1월 1일 기초재고 200개(단위당 원가 100원), 20×1년 2월 1일 판매 100개
- 20×1년 3월 1일 재고매입 300개(단위당 원가 160원), 20×1년 4월 1일 판매 100개
- 20×1년 12월 31일 기말재고 300개

(물음 1) 선입선출법에 의한 기말재고자산과 매출원가는 각각 얼마인가?

(물음 2) 총평균법에 의한 기말재고자산과 매출원가는 각각 얼마인가?

(물음 3) 이동평균법에 의한 기말재고자산과 매출원가는 각각 얼마인가?

10 매출원가는 얼마인가? (단, 기초 · 기말 재고는 없다)

매 출 액	10,000원	사무직원 급여	500원
본사 사무실 임차료	500원	직접노무비	1,000원
원재료의 구입	1,000원	공장설비 감가상각비	1,000원
공장 전력비	1,000원	본사설비 감가상각비	1,000원
유형자산처분손실	1,000원	법인세비용	1,000원

11 다음 자료를 이용하여 매출원가를 산출하라.

매 출	10,000원	사무직원 급여	500원
광 고 비	500원	직접노무비	1,000원
기초원재료재고	2,000원	당기원재료 구입	1,000원
기말원재료재고	1,000원	공장설비 감가상각비	1,000원
공장 전력비	1,000원	본사설비 감가상각비	1,000원
판매관련 이자비용	1,000원	법인세비용	1,000원
기초재공품재고	1,000원	기말재공품재고	2,000원
기초제품재고	2,000원	기말제품재고	2,000원

12 다음 자료를 통하여 이번 기의 제조원가명세서를 작성하고 매출원가를 구하라.

- 20×1년 10월 1일 원재료를 10,000원에 매입하였다.
- 20×1년 11월 1일 공장근로자의 노무비 2,000원을 현금지불하였다.
- 20×1년 11월 1일 공장 전력비 3,000원을 현금지불하였다.
- 20×1년 11월 1일 본사 전력비 4,000원을 현금지불하였다.

기타 참고자료는 다음과 같다.

- 원재료의 기초재고 5,000원, 기말재고 3,000원
- 재공품의 기초재고 6,000원, 기말재고 3,000원
- 제품의 기초재고 10,000원, 기말재고 5,000원

13 당기투입비용은 다음이 전부이다.

> (1) 공장에서 여러 제품에 관련되는 기계장치 감가상각비 3,000원
> (2) 여러 곳에 관여하는 생산감독자의 급여 2,000원
> (3) 판매부에서 사용하는 컴퓨터의 감가상각비 5,000원
> (4) 직접노무비 (?)원
> (5) 당기직접노무비 발생액은 가공원가(직접노무비+제조간접비)의 50%, 당기직접재료비는 기초원가(직접재료비+직접노무비)의 50%
> (6) 기초재료재고액과 기말재료재고액은 동일하며, 재공품 기초 및 기말 재고는 없다.

(물음 1) 직접노무비는?
(물음 2) 당기총제조원가는?
(물음 3) 당기제품제조원가는?
(물음 4) 원재료 당기매입액(구입액)은?
(물음 5) 매출원가가 20,000원이고 기말제품재고가 없었다면 기초제품재고는?
(물음 6) 매출액이 25,000원이었다면 당기순이익은?

14 다음 문장 중 맞고 틀림을 구분하고 틀린 표현은 그 이유를 제시하며 맞게 고쳐라.

> (1) 연간 총인건비가 얼마인지를 알려면, 제조원가명세서와 재무상태표를 살펴보면 된다.
> (2) 원재료, 재공품에 대한 정보는 포괄손익계산서에 나타난다.
> (3) 연간 총감가상각비는 재무상태표 감가상각누계액의 기초와 기말 증감액을 통해 알 수 있다.
> (4) 당해 연도 본사직원 급여와 공장직원 급여가 각각 100원씩 지급되었다고 하여 당해 연도 포괄손익계산서에 나타나는 비용이 반드시 200원이 되는 것은 아니다.
> (5) 원재료, 노무비, 제조간접비, 재공품에 대한 상세한 정보는 재무상태표에 모두 나타난다.

15 당기투입비용은 다음이 전부이다.

- 공장에서 공통적으로 사용되는 기계장치 감가상각비 4,000원
- 특정제품만 만드는 종업원의 급여 2,000원
- 당기원재료 구입액은 기초원가(직접재료비＋직접노무비)의 50%(단, 기초와 기말 원재료재고는 없다)
- 재공품 기초재고 2,000원, 기말재고 1,000원

(물음 1) 당기총제조원가는?

(물음 2) 당기제품제조원가는?

(물음 3) 매출액은 36,000원이고 매출총이익률은 50%이다. 기초제품재고가 15,000원이었다. 기말 재무상태표의 재고자산 부분을 적절히 제시해 보아라.

16 매출액 200,000원, 매출원가가 매출액의 40%이다. 기초제품재고액과 기말제품재고액은 동일하다. 제조원가명세서 작성시, 가장 밑줄에 들어갈 계정과목과 금액은?

CHAPTER 5

매출채권

개 요

매출이 발생하였으나, 아직 현금으로 지급받지 못한 경우 매출채권이라는 자산을 재무상태표에 보고한다. 이후 매출채권이 모두 정상적으로 회수된다면 매출채권은 소멸되고 현금이 증가하게 되지만, 보유하던 매출채권 중 일부가 회수되지 않는 경우가 발생한다면 매출채권 손상에 대한 회계처리를 해야 한다. 이때 판매시점과 매출채권의 손상시점이 서로 다른 결산기에 해당될 때, 회계학의 근간이라 할 수 있는 수익·비용대응의 원칙이 지켜지지 않아 당기순이익의 질이 하락할 수 있다. 이를 방지하기 위하여 매출채권 손상에 대한 회계처리를 제대로 학습하고 왜 그런 회계처리를 해야 하는지를 본장에서 소개한다. 또한, 매출채권을 정상회수시점까지 보유하지 않고 금융기관에 양도하여 현금을 미리 확보해야 할 경우도 있다. 이런 경우의 회계처리가 경우에 따라 어떻게 이루어지는지도 소개될 것이다. 제5장에서는 이들 두 주제를 집중적으로 검토한다.

제 1 절 매출채권의 의의 및 손상 회계처리

1. 매출채권의 정의

매출이 발생했을 때, 즉시 현금회수가 이루어지면 차변에 '현금', 대변에 '매출'의 분개가 이루어진다. 이로 인해 재무상태표에 자산(현금)이 증가하고 포괄손익계산서에 수익(매출)이 인식되며, 궁극적으로 재무상태표에 자본(이익잉여금)이 증가하는 회계처리가 이루어질 것이다.

하지만 일반적으로 매출거래가 외상으로 이루어지는 경우가 더 빈번하게 발생하며, 이때 차변에 '현금'이 아니고 '매출채권'이라는 자산이 대신 기록될 것이다.

매출채권은 돈을 받을 권리이기 때문에 당연히 재무상태표의 자산으로 기록되며, 특히 1년 내에 현금화될 가능성이 높다는 점 때문에 유동자산으로 분류된다. 회계기준에서 정하는 매출채권의 하위계정으로는 외상매출금과 받을어음이 포함되는데, 본서에서는 '매출채권'이란 계정명칭을 주로 사용하기로 한다.

한편, 매출채권과 유사한 계정으로 '미수수익'계정이 있다. 매출채권은 주로 상품이나 완제품 등을 판매하고 대금을 수령하지 못한 경우에 사용된다. 미수수익은 용역, 서비스를 제공하고 대금을 아직 수령하지 못한 경우나 매출이 아닌 이자수익 등의 거래에서 수익인식의 기간은 경과하였으나 아직 현금을 수령하지 못한 경우에 발생한다. 한편, 기업의 일상적인 영업활동과 관련되지 않은 토지, 유형자산 등의 거래에서 발생하는 미수채권의 경우 돈 받을 권리는 살아 있으므로 자산의 요건을 갖추었지만 수익과 관련된 채권이 아니므로 '미수수익'계정 대신 '미수금'계정으로 하여 분개하고 재무상태표 자산으로 보고한다.

매출채권을 포괄한 광범위한 개념으로 수취채권이란 계정명칭이 사용될 수도 있다. 1년 이내에 회수될 수취채권은 매출채권보다 상위개념으로 매출채권 외에 단기대여금, 기타 채권까지 포함하며 유동자산으로 보고된다. 계약상 1년을 초과하는 기간에 걸쳐 현금을 수령하게 될 경우, 장기매출채권,

장기수취채권, 장기대여금, 보증금 등의 계정과목으로 재무상태표의 비유동자산에 보고된다.

2. 매출채권의 손상에 대한 충당금설정법

기업이 보유하는 매출채권 중 일부는 늘 회수불능의 위험이 존재할 수 있다. 거래처가 파산할 수도 있고, 고객이 채무이행에 불성실할 수 있기 때문이다. 기업이 매출채권을 받을 수 없게 되었을 때 발생하는 손실을 손상이라 한다. 손상과 관련된 회계처리방법은 수익·비용대응의 원칙에 충실한 충당금설정법을 사용해야 한다.

충당금설정법에 따르면, 매출과 매출채권이 발생하는 연도에 미래에 매출채권에서 발생되리라고 예상되는 손상을 추정하여 '손상차손(또는 대손상각비)'을 인식해야 한다. '손상차손'은 포괄손익계산서에 결산기가 바뀌기 전 결산일에 비용으로 처리하고, 동일한 금액을 '손실충당금(또는 대손충당금)'으로 설정하여 재무상태표의 자산에 있는 매출채권에서 차감하는 형식으로 보고한다.[1)]

K-IFRS 이전의 회계기준에서는 재무상태표일 현재 기말매출채권 잔액의 일정비율을 손실충당금 잔액으로 설정하여 손상차손(대손상각비)을 추정하여 인식하도록 하였다. 그러나 K-IFRS에서는 기말매출채권 잔액의 일정비율이 아니라 '매출채권의 추정 미래 현금흐름의 현재가치에 기초하여 손실충당금 잔액을 설정'하도록 하고 있다. 즉, '결산일에 각 매출채권의 미래 현금흐름을 추정'하고 '매출채권 발생시점의 이자율로 할인한 매출채권의 현재가치와 매출채권 명목가액의 차액이 기말 재무상태표에 반영되는 손실충당금 기말잔액'이 된다.[2)] 실무적으로는 이러한 문구에 맞춰 복잡한 절차를 거쳐 손상차손(대손상각비)을 추정해야 하므로 어려운 업무가 될 수 있겠지만, 회계를 학습하는 동안에는 K-IFRS의 규정에 맞춰 '얼마'로 추정되었다고 문제에서 주어지므로 주어진 금액을 정확하게 회계처리하는 방법을 학습하면 된다.

1) 재고자산평가충당금을 재고자산에서 차감하는 형식으로 보고한 것과 같은 형식을 취한다.
2) 현재가치의 계산에 대한 내용은 사채의 회계처리 부분에서 설명한다.

충당금설정법은 수익·비용대응의 관점에서 논리적으로 우수한 방법이다. 손상이 얼마나 발생할지 적정하게 추정하기 쉽지 않고 손실충당금계정을 이용하는 회계처리가 다소 복잡하다는 단점이 있지만, 실제 손상이 발생할 때 비용을 인식한다면, 매출은 전년도에 인식되고 손상과 관련된 비용은 다음 해에 인식되어 수익과 비용이 서로 다른 해에 기록된다는 문제점을 피할 수 있다. 현대 회계의 근간인 '**수익·비용대응의 원칙**'을 지킬 수 있다. 아래에서 사례를 통하여 손상의 회계처리가 이루어지는 과정을 살펴본다.

3. 손상의 계상과 보고(사례)

20×1년말에 7,000원짜리 재고자산(제품)을 10,000원에 판매하였는데, 그 대금은 외상으로 하여 매출채권이 10,000원 발생했다. 이 매출채권의 미래 현금흐름의 현재가치를 추정한 결과, 매출채권의 현재가치가 9,900원으로 계산되었다고 한다면, 다음과 같은 분개가 필요하다.

(차) 매 출 채 권	10,000	(대) 매 출	10,000
(차) 매 출 원 가	7,000	(대) 재 고 자 산	7,000
(차) 손 상 차 손 (또는 대손상각비)	100	(대) 손실충당금	100

그리고 이러한 내용을 재무상태표와 포괄손익계산서에 반영하면, 다음과 같이 표현된다.

재무상태표

20×1년 12월 31일 현재

Ⅰ. 자 산			Ⅱ. 부 채	
1. 유 동 자 산			……	
매 출 채 권	10,000		Ⅲ. 자 본	
(손실충당금)	(100)	9,900	이익잉여금	2,900

포괄손익계산서

20×1년 1월 1일~12월 31일

매출액		10,000
−)매출원가		(7,000)
=)매출총이익		3,000
−)관리비 및 기타비용		(100)
1. 손상차손(또는 대손상각비)	100	
=)당기순이익		2,900

만일, 20×2년도에 6,000원짜리 재고자산을 더 취득하여 이를 8,000원에 판매하여 매출채권이 8,000원 더 발생함으로써 매출채권 누적액이 18,000원으로 증가했다. 이때, 다시 매출채권의 미래 현금흐름의 현재가치를 추정해 보았더니 17,820원으로 계산되었다. 여기서 주의해야 하는 부분은 20×2년 손상 관련 회계처리를 하기 전 손실충당금 잔액이 100원 있으므로, 180원(18,000원과 17,820원의 차이)이 아닌 80원만 추가로 설정하여 손실충당금 잔액을 180원으로 조정하면 된다는 것이다. 20×2년도에 해야 하는 추가적인 분개와 20×2년의 재무상태표 및 포괄손익계산서는 다음과 같게 된다.

(차) 매 출 채 권	8,000	(대) 매 출	8,000
(차) 매 출 원 가	6,000	(대) 재 고 자 산	6,000
(차) 손 상 차 손 (또는 대손상각비)	80	(대) 손실충당금	80

재무상태표

20×2년 12월 31일 현재

Ⅰ. 자 산			Ⅱ. 부 채	
1. 유 동 자 산			……	
매 출 채 권	18,000		Ⅲ. 자 본	
(손실충당금)	(180)	17,820	이익잉여금	4,820

포괄손익계산서

20×2년 1월 1일 ~ 12월 31일

매출액		8,000
−)매출원가		(6,000)
=)매출총이익		2,000
−)관리비 및 기타비용		(80)
1. 손상차손(또는 대손상각비)	80	
=)당기순이익		1,920

4. 손상의 확정

위의 예에서 만일, 20×3년 10월 1일에 실제로 손상 확정된 금액이 50원 있었다고 하자. 이때, 매출채권 총액 18,000원 중 50원을 제거하여, 17,950원이 매출채권 총액으로 기록되고 손실충당금 누적액도 130원이 된다. 매출채권의 순액(장부금액)은 17,820원으로 이전과 변함이 없다. 이미 손상이 될 것으로 생각한 범위 내에서 실제 손상이 이루어졌으므로 같은 금액의 매출채권과 손실충당금을 차감하는 회계처리를 해주면 된다. 분개는 다음과 같고, 재무상태표에는 매출채권 총액과 손실충당금 잔액이 같은 금액만큼씩 줄어든 것 외에 변함이 없다.

(차) 손실충당금 50 (대) 매 출 채 권 50

재무상태표

20×3년 10월 1일 현재

Ⅰ. 자 산			Ⅱ. 부 채	
1. 유 동 자 산			……	
매 출 채 권	17,950		Ⅲ. 자 본	
(손실충당금)	(130)	17,820	이익잉여금	4,820

20×3년 기말이 되어, 다시 이 매출채권의 미래 현금흐름의 현재가치를 추정해 보았더니 17,771원으로 계산되었다고 하면, 손실충당금 49원만큼이

더 쌓여 손실충당금 잔액은 179원이 되어야 한다.

(차) 손 상 차 손 (또는 대손상각비)	49	(대) 손실충당금	49

재무상태표

20×3년 12월 31일 현재

Ⅰ. 자 산			Ⅱ. 부 채	
1. 유 동 자 산			……	
매 출 채 권	17,950		Ⅲ. 자 본	
(손실충당금)	(179)	17,771	이익잉여금	4,771

포괄손익계산서

20×3년 1월 1일~12월 31일

매출액		0
−)매출원가		(0)
=)매출총이익		0
−)관리비 및 기타비용		(49)
1. 손상차손(또는 대손상각비)	49	
=)당기순이익		(49)

[20×4년 추가 상황1]

매출채권의 손상이 확정되는 경우, 손실충당금 잔액의 범위 내에서 손실충당금과 상계하고 손실충당금이 부족한 경우에는 그 부족액을 손상차손(또는 대손상각비)으로 처리한다. 즉, 만일 위의 예에서 손실충당금 잔액이 179원인 가운데 20×4년에 200원의 매출채권 손상이 실제로 확정되었다고 하자. 그렇다면 다음과 같은 분개가 이루어져야 한다.

(차) 손실충당금	179	(대) 매 출 채 권	200
손 상 차 손 (또는 대손상각비)	21		

[20×4년 추가 상황2]

위 추가 상황1과는 독립적으로 손실충당금 잔액이 179원 있는 상황에서, 20×4년에 매출채권 17,950원이 모두 현금으로 회수되었다고 하자. 그렇다면 손실충당금 잔액은 재조정되어야 한다. 이때에는 '손상차손환입(대손충당금환입)'이라는 '수익'계정을 이용한 회계처리가 이루어진다. 즉, 재무상태표에는 매출채권과 손실충당금이 모두 0이 되고, 포괄손익계산서에는 수익으로 '손상차손환입(대손충당금환입)'이 179원 계상된다.

(차) 현 금	17,950	(대) 매 출 채 권	17,950
(차) 손실충당금	179	(대) 손상차손환입 (또는 대손충당금환입)	179

재무상태표

20×4년 12월 31일 현재

Ⅰ. 자 산			Ⅱ. 부 채	
1. 유 동 자 산			……	
현 금	17,950		Ⅲ. 자 본	
매 출 채 권	0		이익잉여금	4,950 *[=4,771+179]*
(손실충당금)	(0)	0		

포괄손익계산서

20×4년 1월 1일~12월 31일

매출액		0
-)매출원가		(0)
=)매출총이익		0
-)관리비 및 기타비용		179
1. 손상차손환입(또는 대손충당금환입)	(179)	
=)당기순이익		179

예제 5-1

20×1년중 1,000,000원의 매출이 있었고(매출원가는 무시한다), 이 중 900,000원은 즉시 현금회수되었고, 100,000원이 매출채권으로 남았다(이전에는 매출채권 잔액이 없었다). 20×2년중에는 1,500,000원의 매출이 있었고, 1,300,000원이 현금으로 회수

되고 200,000원이 매출채권으로 처리되었다. 20×1년말에 매출채권의 미래 현금흐름의 현재가치를 추정해 보니, 현재 매출채권 잔액보다 1%가 적었으며, 20×2년에도 이 추정액이 당시 매출채권 잔액보다 1%가 적었다. 그런데 20×2년 6월에 실제 500원의 손상이 확정된 바 있다. 이 회사의 20×1년과 20×2년의 재무상태표와 포괄손익계산서를 작성하라. 단, 이 회사에는 20×1년 1월 1일 현금 1,000,000원과 자본금 1,000,000원이 있었다.

해답

〈20×1년 분개〉

(차)	현 금	900,000	(대) 매 출	1,000,000
	매 출 채 권	100,000		
(차)	손 상 차 손 (또는 대손상각비)	1,000	(대) 손실충당금	1,000

재무상태표

20×1년 12월 31일 현재

현 금	1,900,000	자 본 금	1,000,000
매 출 채 권	100,000	이익잉여금	999,000
손실충당금 (또는 대손충당금)	(1,000)		
자산합계	1,999,000	부채및자본합계	1,999,000

포괄손익계산서

20×1년 1월 1일~12월 31일

매출액	1,000,000
−)손상차손 (또는 대손상각비)	1,000
당기순이익	999,000

〈20×2년 분개〉

(차)	현 금	1,300,000	(대) 매 출	1,500,000
	매 출 채 권	200,000		
(차)	손실충당금	500	(대) 매 출 채 권	500

20×2년말에는 매출채권 잔액이 299,500원이 남는다. 이에 대해 1% 손실충당금 2,995원이 설정되어야 한다. 그런데 손실충당금 잔액이 500원이므로 신규설정액은 2,495원이 된다.

(차)	손 상 차 손 (또는 대손상각비)	2,495	(대) 손실충당금	2,495

재무상태표
20×2년 12월 31일 현재

현 금	3,200,000	자 본 금	1,000,000
매 출 채 권	299,500	이익잉여금	2,496,505
손실충당금	(2,995)		
자산합계	3,496,505	부채및자본합계	3,496,505

포괄손익계산서
20×2년 1월 1일~12월 31일

매출액	1,500,000
−)손상차손	2,495
(또는 대손상각비)	
당기순이익	1,497,505

5. 연령분석법에 의한 손상의 추정

손상의 추정방법 중 연령분석법은 회계기말의 매출채권 잔액을 기간경과일수에 따라 몇 개의 집단으로 분류하고 연령분석표를 작성한 다음 각각의 집단에 대하여 별도로 손실충당금의 금액을 설정하여 더하는 방법이다.

예제 5-2

(주)동양은 고객에게 일반적으로 30일을 신용기간으로 외상매출을 하고 있다. 20×1년말 현재 (주)동양의 매출채권 잔액 1,000,000원을 다음과 같이 연령그룹별로 분류하였고 미래 현금흐름의 현재가치와의 차이는 표시된 바와 같다. 연령분석법을 이용하여 손상과 관련된 회계처리를 하라. 단, (주)동양의 20×1년초 현재 손실충당금 잔액은 10,000원이었다.

연령구분	금 액	미래 현금흐름의 현재가치와 현재 매출채권 잔액의 차이
30일 이내	500,000원	1%
31~60일	300,000원	5%
61~90일	150,000원	10%
90일 초과	50,000원	20%

해답

1) 연령분석표 작성

연령구분	금 액	손상추정액	손실충당금설정필요액
30일 이내	500,000원	1%	5,000원
31~60일 이내	300,000원	5%	15,000원
61~90일 이내	150,000원	10%	15,000원
90일 초과	50,000원	20%	10,000원
계	1,000,000원		45,000원

2) 손상 회계처리

(차) 손 상 차 손 35,000 (대) 손실충당금 35,000*

(또는 대손상각비)

* 손상추산액 45,000원−손실충당금 잔액 10,000원=35,000원

제 2 절 매출채권의 할인 회계처리

매출채권은 금융기관에서 할인거래의 대상이 되곤 한다. 기업의 영업활동과정에서 매출채권이 발생했는데, 매출채권 만기일까지 현금회수를 기다린다면, 현금지급을 해야 하는 상황에 유연하게 대응하기 어려울 때가 있다.

매출채권을 보유하고 있는 기업은 만기일까지 기다리지 않고 은행 등 금융기관에 매출채권을 양도하고 만기에 받을 금액에서 이자비용(할인료)을 차감한 금액을 현금으로 바꾸는 경우가 있는데, 이를 매출채권의 할인이라고 한다. 즉, 매출채권을 만기일 이전에 금융기관에 양도하고 이자 및 수수료를 차감한 잔액을 현금화하는 것이다. 현금이 필요한 경우, 혹은 매출채권을 사내에서 효율적으로 관리하기 어려운 경우에 주로 이러한 할인을 선택한다.

매출채권을 양도받은 금융기관이 만기일에 매출채권 발행인으로부터 원리금을 회수하지 못하는 경우가 있을 수 있다. 기업과 금융기관 간 매출채권 할인거래가 발생하는 시점에, 추후 발생할 수 있는 매출채권 부실화에 대한 책임을 누가 부담하는가에 대한 명시적 결정이 이루어져야 한다. 즉, 추후

발생할 수 있는 매출채권 부실화에 대한 책임을 기업이 부담하는 경우와 금융기관이 부담하는 경우가 있을 수 있는데, 두 경우 회계처리가 달라진다.

매출채권을 할인하는 경우 채권에 대한 권리와 의무가 양도인과 분리되어 실질적으로 이전되는 경우(즉, 추후 위험을 금융기관이 부담)에 한하여 그 금액을 매출채권에서 직접 차감하고 그 이외의 경우(추후 위험을 기업이 부담)에는 매출채권을 담보제공(차입거래)한 것으로 보고 회계처리한다.

금융기관이 기업에 상환청구권을 행사할 수 없는 조건으로 매출채권을 넘겨받는 경우에는 모든 권리와 위험이 금융기관에 넘어가게 되므로 양도인(기업)은 매출채권을 재무상태표에서 삭제하고 매출채권 장부금액에서 현금수취액을 차감한 금액을 매출채권처분손실(매출채권의 할인 상황이므로 일반적으로 매출채권 장부금액보다 적은 현금을 수령하게 됨)로 인식하여 포괄손익계산서에 비용으로 보고한다.

반대로, 금융기관이 기업에 상환청구권을 행사할 수 있는 조건으로 매출채권을 넘겨받은 경우에는 기업의 매출채권에 대한 책임은 만기일까지 유지되므로 기업은 재무상태표에서 매출채권을 제거할 수 없다. 만기일에 금융기관이 매출채권으로부터 현금회수를 못하면 금융기관은 기업에 상환청구권을 행사할 수 있기 때문이다. 따라서 금융기관의 상환청구권이 있는 경우 기업(양도인)은 매출채권을 재무상태표에서 삭제하는 대신, 은행에서 현금을 차입한 것과 같이 회계처리한다. 만기일에 금융기관이 매출채권에 대한 현금회수를 완료했을 때, 기업은 매출채권을 재무상태표에서 제거할 수 있다.

예제 5-3

A사는 100원짜리 매출채권을 금융기관에 90원에 할인하였다. 1) 상환청구권이 없는 경우와 2) 상환청구권이 있는 경우 각각에 대하여 [1] 할인시점, [2] 매출채권이 정상적으로 회수된 시점, [3-1] 매출채권이 부도발생되었으나 아직 확정되지는 않은 시점, [3-2] 매출채권의 회수불능이 확정된 시점의 분개를 하라.

해답

구 분	1) 상환청구권이 없는 경우	2) 상환청구권이 있는 경우
[1] 할인시점	(차) 현 금 90 매출채권처분손실 10 (대) 매 출 채 권 100	(차) 현 금 90 이 자 비 용 10 (대) 단기차입금 100

[2] 정상회수 시점	분개 없음	(차) 현　　금　　100 　(대) 매 출 채 권　　100 (차) 단기차입금　　100 　(대) 현　　금　　100
[3-1] 부도발생 시점	분개 없음	(차) 부 도 어 음　　100 　(대) 매 출 채 권　　100 (차) 단기차입금　　100 　(대) 현　　금　　100
[3-2] 회수불능 확정시점	분개 없음	(차) 손 상 차 손　　100 　(대) 부 도 어 음　　100

(주) 상환청구권이 없는 경우, 매출채권처분손실 대신 이자비용 계정을 사용할 수도 있다. 상환청구권이 있는 경우, [3-1] 분개는 부도발생에 대한 책임을 지는 거래를 회계적으로 표현한 것이다. 매출채권을 부도어음(자산 중에 가장 나쁜 자산)으로 대체시키고, 단기차입금을 회사가 별도 현금으로 상환하여 책임을 지는 회계처리를 수행한 것이다.

실제로 채무불이행이 있으면 '부도어음'과 관련된 분개는 필요 없을 수 있다. 그러나 이론적으로 볼 때, 만기일의 채무불이행은 완전히 회수불능이라고 할 수 없으므로, 매출채권을 보유하고 있는 회사는 일단 이를 부도어음 계정으로 분류한다. 이 부도어음은 비유동자산 중 기타투자자산으로 분류되어 재무상태표에 공시된다. 최종적으로 회수불능 판정이 확정되면 부도어음을 재무상태표에서 제거하면서 손상차손을 인식한다(이때 손실충당금 잔액이 있으면 이를 부도어음과 상계처리해도 된다). 부도어음의 금액이 크거나 중요한 경우에는 그 내용과 사유를 주석으로 공시해야 한다.

예제 5-4

20×1년 1월 1일 현재 재무상태표에는 현금 5,000,000원과 자본금 5,000,000원이 있다. 20×1년 7월 1일 2,000,000원의 매출이 이루어졌고 모두 3개월짜리 매출채권으로 받았다. 이를 받자마자 금융기관에 할인하였는데, 이 중 1,000,000원은 A금융에 모든 책임을 넘기면서 800,000원을 받았고 나머지 1,000,000원은 B금융에 회수불능에 대한 책임을 회사측이 지기로 하며 900,000원에 넘겼다.

3개월 후인 10월 1일 A금융에 넘긴 매출채권 전부가 부도났으며 B금융에 넘긴 매출채권 중 절반이 회수되지 않고 나머지 절반은 회수되었다. 12월 1일 이들 부도난 채권의 회수불능상태가 확정되었다. 10월 31일 현재 중간 재무상태표와 포괄손익계산서, 12월 31일 재무상태표와 포괄손익계산서를 각각 제시하라(매출원가는 무시).

해답

〈20×1.7.1〉

(차)	매 출 채 권	2,000,000	(대) 매　　출	2,000,000
(차)	현　　금	800,000	(대) 매 출 채 권	1,000,000
	매출채권처분손실	200,000		
(차)	현　　금	900,000	(대) 단기차입금	1,000,000
	이 자 비 용	100,000		

〈20×1.10.1〉

(차)	부 도 어 음	500,000	(대) 매 출 채 권	1,000,000
	현　　금	500,000		
(차)	단기차입금	1,000,000	(대) 현　　금	1,000,000

재무상태표

20×1년 10월 31일 현재

현　　금	6,200,000	자 본 금	5,000,000
부 도 어 음	500,000	이익잉여금	1,700,000
자산합계	6,700,000	부채및자본합계	6,700,000

포괄손익계산서

20×1년 1월 1일～10월 31일

매출액	2,000,000
−)매출채권처분손실	200,000
−)이자비용	100,000
당기순이익	1,700,000

〈20×1.12.1〉

(차)	손 상 차 손	500,000	(대) 부 도 어 음	500,000
	(또는 대손상각비)			

재무상태표

20×1년 12월 31일 현재

현　　금	6,200,000	자 본 금	5,000,000
		이익잉여금	1,200,000
자산합계	6,200,000	부채및자본합계	6,200,000

포괄손익계산서

20×1년 1월 1일~12월 31일

매출액	2,000,000
−)손상차손 (또는 대손상각비)	500,000
−)매출채권처분손실	200,000
−)이자비용	100,000
당기순이익	1,200,000

연습문제

1 다음 분개를 하라.

(물음 1) 1,000원의 매출채권 중 500원이 회수불가능할 것으로 추정된다.

(물음 2) 회수불가능할 것으로 추정되었던 500원의 손상이 확정되었다.

(물음 3) 12월 1일에 2개월짜리 매출채권 10,000원을 받았다. 이자는 연리 12%로 계산하여 만기에 한 번 지급받기로 하였다. 12월 31일에 이루어질 분개는?

2 20×1년중 1,000,000원의 매출이 있었고, 20×2년중에는 1,500,000원의 매출이 있었다. 모든 매출은 외상으로 이루어졌고, 20×1년 이전에는 매출채권 잔액이 없었다. 미래 손상예상액을 현재가치로 환산한 결과 20×1년과 20×2년 모두 연말 매출채권 잔액의 2%에 해당하는 금액이 손상될 것으로 추정되었다. 그런데 20×2년 6월에 실제로 500원의 손상이 확정된 바 있다. 20×1년과 20×2년의 재무상태표와 포괄손익계산서를 작성하라. (단, 20×1년 1월 1일 현재 현금 1,000,000원과 자본금 1,000,000원이 있었다)

3 20×1년 1월 1일의 재무상태표에는 매출채권 1,000,000원과 손실충당금 100,000원, 자본금 900,000원이 있었다. 그리고 이 회사는 손상예상액을 현재가치로 환산한 결과 20×1년말 매출채권 잔액의 10%가 손상될 것으로 추정하고 손실충당금을 설정한다.

20×1년 3월 추가로 1,000,000원의 외상매출이 있었고, 20×2년 3월 1,500,000원의 외상매출이 있었다. 20×2년 6월에 실제로 100,000원의 손상이 확정되었으며, 20×2년 9월 나머지 모든 매출채권이 현금으로 회수되었다. 이 회사의 20×1년과 20×2년 필요한 분개를 모두 하고, 재무상태표와 포괄손익계산서를 각각 작성하라. (단, 연말에 필요한 충당금 설정 및 환입과 관련된 분개를 모두 할 것)

4 (주)동양은 고객에게 일반적으로 60일을 신용기간으로 외상매출을 하고 있다. 20×1년 12월 31일 현재 매출채권 잔액은 11,100,000원이며, 경과일수별로 회수가능성을 분석하면 다음과 같다. 연령분석법에 따라 손실충당금 설정액을 결정하는 경우 20×1년에 인식할 손상차손은 얼마인가? (단, 손실충당금의 기초잔액은 40,000원이다)

경과일수	매출채권	손상가능성
60일 이내	10,000,000원	1%
90일 이내	800,000원	5%
120일 이내	200,000원	10%
120일 초과	100,000원	20%

5 20×1년과 20×2년의 매출액(모두 외상매출)은 각각 4,000원과 6,000원이며, 매출원가는 각각 1,000원과 3,000원이었다. 매년 판매대금은 판매한 해에 50%가 현금으로 회수되고 나머지 50%는 다음 해가 되어야 현금으로 회수된다. 손상예상액을 현재가치로 환산한 결과 20×1년과 20×2년 말 시점에서 모두 매출채권 잔액의 10%에 해당하는 금액이 손상될 것으로 추정되었다.

(물음 1) 20×1년의 당기순이익은?
(물음 2) 20×2년의 당기순이익은?

6 (주)서양의 20×1년 1월 1일 현재 재무상태표 잔액은 현금 100,000원과 자본금 100,000원이 있었다. 8월 1일 10,000원의 매출(A사 5,000원, B사 5,000원)이 발생했는데, A사로부터는 3개월짜리 매출채권을, B사로부터는 6개월짜리 매출채권을 받았다. A사 매출채권 5,000원은 AA금융에 회수불능에 대한 책임을 금융사측에 넘기면서 4,000원에 할인하였고, B사 매출채권 5,000원은 BB금융에 회수불능에 대한 책임을 당 회사측이 지기로 하고 4,500원에 할인하였다. 연말 현재 AA금융에 넘긴 매출채권 중 2,000원이 부도발생하였으며, B금융에 넘긴 매출채권은 무사하다. 이 회사가 미래 매출채권으로부터의 현금흐름의 현재가치를 분석한 결과 연말 매출채권 잔액의 1%가 손상될 것으로 추정되었다. 필요한 분개를 하고 20×1년 재무상태표와 포괄손익계산서를 작성하라.

7 다음 자료를 이용하여 필요한 분개를 행하고, 이 자료가 전부라면 당기순이익은 얼마인가?

(1) 20,000원의 외상매출이 있었다(원가는 무시).
(2) 이 매출채권 중 10,000원을 A은행에 8,000원에 할인하였는데, 모든 책임은 A은행이 부담하는 계약이었다.
(3) 나머지 매출채권 10,000원짜리를 B은행에 9,000원에 할인하였는데, 상환에 따른 책임은 원래의 회사가 부담하는 계약이었다.
(4) 1달 후 A은행에 넘긴 매출채권과 B은행에 넘긴 매출채권 모두 부도발생하였다(다만, 부도발생 매출채권의 회수불능상태는 확정되지 않았다).

8 (주)동양은 20×1년도 1월 1일 설립되었고, 12월 결산법인이며 다음 거래가 전부였다.

(1) 20×1년 1월 1일 보통주(액면가 5,000원) 10주를 발행하고 현금 120,000원을 수령하였다.
(2) 20×1년 10월 1일 향후 2년간 청소용역(청소용역은 주 사업은 아니며 (수정분개 후에는) '기타수익'계정으로 하여 '수익'처리됨)을 제공해 주기로 하고, 대금 240,000원을 선불로 받았다. 20×3년 9월 30일까지 2년간 청소용역을 (24개월간 매월 균일하게 진행하여) 계약대로 정상적으로 완료하였다.
(3) 20×1년 11월 1일 상품 200개를 개당 100원에 외상으로 구매하였고, 20×1년 11월 30일 이 중 50개를 개당 300원에 외상매출하였으며, 20×2년 6월 30일 추가로 100개를 개당 400원에 외상매출하였다. 20×1년말 매출채권의 미래 현금흐름의 현재가치는 14,000원으로 합리적으로 추정되었다.
(4) 20×2년중 실제 손상 500원이 확정되었고, 매출채권 중 10,000원이 현금으로 회수되었다. 20×2년말 매출채권의 미래 현금흐름의 현재가치는 42,000원으로 합리적으로 추정되었다. 20×3년중 실제 손상 3,000원이 확정되었고, 나머지 매출채권은 모두 현금으로 회수되었다.

20×1년 1월 1일~12월 31일 포괄손익계산서의 당기순이익은 ([1])이며, 20×1년말 현재 재무상태표의 자산합계는 ([2]), 자본합계는 ([3])이다.
20×2년 1월 1일~12월 31일 포괄손익계산서상 당기순이익은 ([4])이며, 20×2년말 현재 재무상태표의 재고자산은 ([5]), 자산합계는 ([6]), 부채합계는 ([7])이다.
20×3년 1월 1일~12월 31일 포괄손익계산서상 당기순이익은 ([8])이며, 20×3년말 현재 재무상태표의 재고자산은 ([9]), 자산합계는 ([10])이다.

9 20×1년초 재무상태표에 현금 3,000,000원, 재고자산 200,000원(200개, 개당 1,000원), 자본금 3,200,000원이 있었다(재고자산은 모두 같은 종류이며, 감모손실은 원가성이 없다).

20×1년중 재고자산 1,000,000원(1,000개, 개당 1,000원)어치를 현금지급하고 매입하였다.

20×1년중 외상매출 1,500,000원이 발생했고, 이때 발생한 매출채권 전부에 대한 책임을 회사측이 부담하면서 금융기관에 할인하고 현금 1,300,000원을 받았다. 20×2년중 매출채권 회수기일이 도래해 1,300,000원이 현금회수되었고, 200,000원이 부도발생되어 회수불능상태가 법적으로까지 모두 확정되었다(손실충당금 기 설정액은 없었음).

20×1년말 재고자산 실사를 했더니, 장부상 400개가 있어야 하나(판매가능 재고자산에서 기말재고자산을 차감하여 매출원가를 파악함), 실제 300개만 존재했다. 또한, 남아 있는 재고자산의 공정가는 개당 700원으로 하락했다. 20×1년과 20×2년 분개를 하고, 재무제표를 제시하라.

10 [OX문제]

(1) 재고자산을 외상으로 판매한 경우 '매출채권'이라는 자산으로 기록되며, 1년 이내에 현금화될 가능성이 높기 때문에 유동자산으로 분류된다.

(2) 매출채권의 하위계정으로는 외상매출금과 미지급금이 있다.

(3) 기업이 매출채권을 받을 수 없게 되었을 때 발생하는 손실을 손상이라 한다.

(4) 충당금설정법에 따라 매출채권 손상차손을 인식하는 것은 수익 · 비용대응 관점에서 타당하다.

(5) 상환청구권이 없는 매출채권의 양도는 모든 권리와 위험이 양수인에게 있어 양수인이 정상적으로 채권을 회수하지 못하면 양수인은 양도인에게 상환청구권을 행사할 수 있다.

CHAPTER 6

유형자산 및 무형자산

개 요

기업들은 매입과 판매 등 영업활동을 효과적으로 하기 위해서 건물, 토지, 기계장치 등을 사용할 목적으로 유형자산을 새로 취득하기도 하고, 생산성을 향상시키기 위해 공장 등을 신규 건설하기도 한다. 이러한 유형자산들은 수년에 걸쳐 사용할 목적으로 취득한 것이므로 취득원가를 매년 수익창출에 기여한 부분을 어떻게 비용으로 처리할 것인가에 대한 회계적인 문제가 발생한다. 또한, 특허권 등 눈에 보이지 않지만 가치가 있고 미래에 지속적으로 사용할 목적인 무형자산을 개발하거나 취득할 수도 있다. 유/무형자산은 기업에서 적어도 1년 이상 사용되므로 재무상태표에 비유동자산으로 보고되며, 수년간에 걸쳐 내용연수 동안 비용화시키는 감가상각 또는 무형자산상각 회계처리를 해야 한다. 본장에서는 이러한 유형자산(건물, 기계장치, 토지 등)과 무형자산(특허권 등)에 대한 기본적인 회계처리, 상각, 처분의 회계처리 등을 다룬다.

제 1 절 유형자산 취득시 회계처리

1. 유형자산의 의의와 종류

유형자산이란 토지, 건물, 기계장치, 자동차(차량운반구) 등과 같이 1년을 초과하여 보유하면서 사용을 하고, 이를 통하여 매출활동 등에 간접적으로 기여하는 자산을 의미한다. 즉, 판매목적이 아니라 기업의 영업활동을 위하여 사용하려는 목적으로 장기간 보유하는 실물자산(무형자산도 비슷한 목적이지만 보이지 않는 무형이라는 점에서 차이가 있음)을 일컫는다. 유형자산의 특징은 다음과 같다.

첫째, 유형자산은 기업의 주된 영업활동에 '사용하기 위해' 취득한 자산이다. 판매목적으로 취득(또는 제조)한 것이 아니므로 재고자산과 차이가 나며, 사용함에 따라 소모되어 비용화된다는 측면에서 투자목적으로 취득하는 금융자산과도 구분된다.

둘째, 기업의 주된 영업활동에 사용하기 위해 취득한 자산 중에서도 물리적 실체가 있는 건물, 기계장치, 토지 등은 유형자산, 물리적 실체가 없는 특허권, 상표권 등의 자산은 무형자산으로 분류된다.

셋째, 장기간에 걸쳐 영업활동에 효익을 제공하며 미래 수익창출을 위한 잠재력을 지니고 있다. 장기간 영업활동에 사용됨으로써 미래의 기간에 걸쳐서 경제적 효익을 제공하면서 잠재력을 소모할 수 있는데, 이때 소모되는 만큼을 '감가상각비'라는 비용으로 인식한다.

이론적으로 보면, 감가상각 회계처리는 수익·비용대응의 원칙을 지키기 위해 이루어지는 회계절차 중 하나라고 할 수 있다. 매출과 직접 관련되는 매출원가는 아니지만 매출에 기여하기 위하여 간접적으로 기계장치를 사용했기 때문에 수익창출에 기여한 부분을 추정하여 기계장치의 원가를 비용으로 인식해야 할 것이다. 매기 발생하는 수익에 대응하는 만큼의 비용(감가상각비)을 기계장치의 수명(내용연수)에 걸쳐서 나누어 인식하여 포괄손익계산서에 반영하는 것이다. 즉, 유형자산의 경제적 효익은 수년간 지속됨에도 불구하고 취득원가를 취득연도에 전액 즉시 비용으로 회계처리하면 미래의 수익과 관련된 비용이 미리 인식되어 수익·비용이 적정하게 대응된다고 볼 수 없다. 수익과 비용을 적정하게 대응시키기 위해 유형자산의 취득원가를 자산으로 계상한 후 효익이 지속되는 기간 동안 매년 발생하는 수익에 대응하여 감가상각비로 비용화하는 과정을 거친다고 할 수 있다. 유형자산에 포함되는 대표적인 항목들은 다음과 같다.

① 토지 : 기업의 활동에 사용하는 대지, 임야, 전답 등
② 건물 : 건물과 기타 부속설비 등
③ 구축물 : 교량, 정원설비 및 토목설비 등
④ 기계장치 : 기계장치, 운송설비와 기타 부속설비 등
⑤ 차량운반구 : 철도차량, 자동차 등
⑥ 건설중인자산 : 건물 건설을 위한 재료비, 노무비, 제조간접비 등

유형자산의 회계처리와 관련하여, ① 유형자산 취득시 회계처리, ② 유형자산 보유기간 동안의 회계처리(감가상각비), ③ 유형자산 처분시 회계처리(유형자산처분손익 발생), ④ 유형자산 관련 기타 회계처리에 대하여 학습할 필요가 있다.

2. 유형자산 회계처리의 이론적 배경

유형자산의 취득원가는 해당 자산이 사용가능한 상태에 달할 때까지 소요되는 모든 지출액을 합하여 산출한다. 즉, 유형자산의 매입가액(또는 제조원가)뿐 아니라 이에 부가되는 운반비, 취득세, 설치비, 시운전비 등 해당 자산을 위하여 발생한 모든 취득부대비용을 가산하여 합계금액을 재무상태표에 해당 유형자산의 취득금액으로 보고한다. 유형자산도 미래에 실현될 가치가 없어진 것이 현재 확인(손상)된다면 해당 자산을 없애고 손실이 발생하는 분개를 한 후, 해당 손실은 포괄손익계산서에 모두 당기비용으로 처리해야 한다. 유형자산을 포함하여 유형자산 이외의 거래에서도, 어떤 상황에서 자산이 유

지되는 것으로 회계처리할 것인지, 아니면 즉시 비용으로 회계처리할 것인지를 판단하는 것이 매우 중요하다. 이러한 판단을 함에 있어서 적용되는 회계원칙은 우리가 강조해왔던 '수익·비용대응의 원칙' 외에 '중요성의 원칙'이 있다.

재무제표의 구성요소(자산, 비용)를 결정하는 데 있어서 취득원가가 소액이고 중요하지 않은 금액이라면 이를 미래로 이연시켜 매년의 수익에 대응시키는 노력을 들이는 것이 비효율적이다. 즉, 자산으로 처리하는 것보다 당기에 즉시 비용처리하는 것이 더 효율적이라는 의미에서 중요성의 원칙이 적용된다. 그러나 별도의 언급이 없는 경우에는 토지, 건물, 기계장치 등 어느 정도 규모가 있고 수년간 사용할 자산이라면 그 취득원가를 중요한 것으로 간주하여 비용이 아닌 유형자산으로 계상한 다음, 수년에 걸쳐 감가상각처리함으로써 수익·비용대응의 원칙과 중요성의 원칙을 모두 지키는 회계처리를 한다.

3. 유형자산 취득방법에 따른 취득원가 결정

(1) 외부구입

유형자산을 취득하는 가장 일반적인 방법으로는, 외부 업체로부터 취득한 물건에 대한 대가로 대금을 지급한 후 수수료 등의 취득부대비용을 추가로 지급하는 유형이 있다. 각종 수수료 등 취득부대비용은 자산의 원가에 가산하며, 만일 대금을 지급하지 못하였다면 대변에 미지급금이라는 부채계정이 나타나도록 분개한다.

예제 6-1

20×1년초에 설립된 (주)동양은 영업활동에 사용할 목적으로 유형자산을 취득하였다. 다음 회계처리를 하라.

1월 1일 : 사옥으로 사용할 건물을 현금 1,000,000원을 주고 취득하였다.
1월 15일 : 창고용지로 토지 980,000원, 매입수수료 5,000원과 취득세, 등록세로

2,000원 및 토지정지비용 13,000원을 지불하기로 하였으나 아직 대금을 지급하지는 못하였다.

2월 5일 : 1,840,000원의 기계장치(판매목적이 아님)를 구입하고 대금은 아직 지급하지 못하였으며, 설치비용과 시운전비용의 합 160,000원은 현금으로 지급하였다.

해답

〈1월 1일〉

(차) 건 물	1,000,000	(대) 현 금	1,000,000

〈1월 15일〉

(차) 토 지	1,000,000	(대) 미지급금	1,000,000

〈2월 5일〉

(차) 기계장치	2,000,000	(대) 미지급금	1,840,000
		현 금	160,000

(2) 자가건설

필요한 유형자산을 회사 스스로 자가제작 또는 자가건설하여 사용하는 경우도 있다. 사용할 목적의 건물을 자가건설한다고 할 때, 건물제작에 소요된 재료비, 노무비, 경비 등의 지출액을 합하여 유형자산 중 '건설중인자산'이라는 계정으로 처리했다가 완성시점에서 '건물'이라는 계정과목으로 대체하는 회계처리를 해야 한다. 제조원가명세서에서 다루었던 '재공품'에 해당하는 계정이 유형자산에서는 '건설중인자산'의 의미로 사용된다고 할 수 있다.

예제 6-2

20×1년 (주)동양은 사옥을 자가건설하기로 하고 공사비 2,000,000원을 지출하였다. 20×2년 공사비 4,000,000원을 추가지출하고 공사를 완료하였다. 회계처리를 하라.

해답

〈20×1년〉

(차) 건설중인자산	2,000,000	(대) 현 금	2,000,000

〈20×2년〉

(차) 건설중인자산	4,000,000	(대) 현 금	4,000,000
(차) 건 물	6,000,000	(대) 건설중인자산	6,000,000

이렇게 하여 20×1년 연말 재무상태표에는 '건설중인자산' 2,000,000원이 유형자산에 기록된다. 20×2년 12월 31일에는 이에 대한 지출 4,000,000원이 모두 이루어졌으므로 '건물'로 계정이 대체된다. 따라서 20×2년 12월 31일의 연말 재무상태표에는 '유형자산' 밑에 '건물' 6,000,000원이 계상되며, '건설중인자산'계정은 없어진다.

재무상태표

20×1년 12월 31일 현재

Ⅰ. 자 산		Ⅱ. 부 채
유 형 자 산		……
건설중인자산	2,000,000	Ⅲ. 자 본

재무상태표(건물로 대체 전)

20×2년 12월 31일 현재

Ⅰ. 자 산		Ⅱ. 부 채
유 형 자 산		……
건설중인자산	6,000,000	Ⅲ. 자 본

재무상태표(건물로 대체 후)

20×2년 12월 31일 현재

Ⅰ. 자 산		Ⅱ. 부 채
유 형 자 산		……
건 물	6,000,000	Ⅲ. 자 본
건설중인자산	0	

(3) 증여 또는 무상취득

기업운영을 하다 보면, 유형자산을 무상으로 증여받거나 취득하는 경우가 있을 수 있다. 이때 유형자산의 취득원가를 얼마로 할 것인가에 대한 문제가 있다. 신뢰할 만한 시장에서의 공정가치가 존재한다면 증여받은 유형자산의 취득원가는 증여받은 시점의 공정가치를 조사하여 이를 적용하는 것이 바람직할 것이다.

분개할 때, 차변에 증여받은 유형자산의 계정을 사용하여 공정가치를 취득원가로 기입하지만, 대변에 어떠한 계정과목이 생성되어야 하는가에 대한 생각이 갑자기 떠오르지 않을 수 있다. 현금(현금을 지급한 경우)이나 미지급금(대금을 아직 지급하지 않은 경우) 계정이 사용될 것 같은데, 무상으로 자산을 받았다면 현금이나 미지급금 계정을 사용할 수는 없을 것이다.

대가 없이 자산을 수령한 것이므로 별도의 조건부로 증여받은 것이 아니라면[1] 운 좋게 실현된 '수익'에 해당하는 계정이 나타나 포괄손익계산서에 (+)효과로(즉, 이익으로) 반영되어야 할 것이다. 분개의 대변에 기입될 계정명칭은 일반적으로 '자산수증이익'이 사용된다. 예를 들어, 건물을 증여받았는데, 공정가치가 10,000원이라면 분개는 다음과 같이 이루어진다.

(차) 건 물	10,000	(대) 자산수증이익 (기타수익)	10,000

4. 유형자산 취득의 특수한 경우

유형자산 취득의 특수한 경우 몇 가지를 검토할 필요가 있다. 실무적으로 자주 나타나는 경우는 아니라 하더라도, 이론적으로 의미가 있는 몇 가지 특수한 유형자산 관련 회계처리를 다뤄봄으로써 향후 발생가능한 애매한 상황에 대한 대처능력을 향상시킬 수 있다.

(1) 구축물계정

기업이 토지를 구입한 후 그 위에 도로포장공사나 하수공사 등을 하는 경우, 이러한 부속공사와 관련된 지출에 대해서도 회계처리를 해야 할 것이다. 이들 부속공사의 내용연수가 영구적인 경우에는 이들은 토지와 운명을 같이 하는 것으로 보아 토지의 원가로 포함하여 기록한다. 반대로 내용연수가 영구적이지 않다면, 울타리공사, 주차장공사 등은 토지와는 별도로 구축물계정

1) 조건이 포함된 증여라면 당해 연도에 바로 수익으로 처리할 수 없고, 해당 조건이 해소되는 시점에 가서 수익으로 처리하는 이연법을 적용해야 할 것이다.

으로 처리하고 내용연수에 걸쳐 감가상각을 해야 한다. 물론, 구축물계정도 유형자산에 속하지만, 계정과목 명칭을 토지에 포함할 것인가 별도로 사용할 것인가에 대해서 판단을 하는 것이다. 예를 들어, 토지를 구입하는 데 현금 1,000,000원을 지급했고, 영구적인 도로포장공사에 들어간 현금비용이 100,000원, 영구적이지 않은 울타리공사에 들어간 현금비용이 200,000원이었다면, 회계처리는 다음과 같다.

(차)	토 지	1,100,000	(대) 현 금	1,300,000
	구 축 물	200,000		

물론, 재무상태표의 유형자산에 토지 1,100,000원, 구축물 200,000원이 각각 보고되어야 한다.

(2) 구건물 철거비용

신축건물을 건설하기 위하여 새로 토지를 매입하였는데, 그 토지에 쓸모없는 구건물이 있다면(즉, 건물과 토지를 동시에 취득한 경우), 이를 철거하기 위한 비용이 발생한다. 이때 신규 구입한 토지의 취득원가에는 구건물 철거비용까지를 포함해야 한다. 쓸모없는 구건물이 있다면 토지를 사용하려는 의도대로 사용할 수 없기 때문에, 본래 사용목적에 적합한 상태에 이를 때까지 발생한 구건물 철거비용까지 포함한 금액이 토지의 취득원가가 되어야 하는 것이다.

그러나 기업 스스로 수년간 사용해 오던 구건물을 철거하고 신건물을 새로이 건설하는 경우에 구건물의 잔존가치(아직 감가상각되지 않고 남아 있는 장부금액)는 이미 재무상태표에 있던 건물이므로, 이를 제거하면서 소요된 비용은 유형자산처분손실(건물을 0원에 처분하고, 건물철거비용만큼 비용으로 인식)로 회계처리한다. 물론, 이때 새로 짓는 신건물과 관련된 지출은 '건설중인자산'계정으로 회계처리한다.

예제 6-3

20×1년 1월 1일 (주)동양은 잔존가치 100,000원만 남은 구건물을 철거하고 이 자리에 신사옥을 자가건설하기로 하였다. 구건물 철거비용 200,000원이 현금지출되었고, 신사옥 건설은 현금 1,000,000원을 들여 20×1년 12월 31일 현재 진행중이다.

한편, 20×1년 12월 31일 창고건설을 위하여 현금 2,000,000원을 지급하고 토지를 취득하였다. 그런데 이 토지에는 쓸모없는 구축물이 있어서 이를 철거하는 데 500,000원이 현금지출되었다. 필요한 분개를 하라.

해답

〈1월 1일〉

(차) 유형자산처분손실	300,000	(대)	건 물(구)	100,000
			현 금	200,000

〈12월 31일〉

(차) 건설중인자산	1,000,000	(대)	현 금	1,000,000
(차) 토 지	2,500,000	(대)	현 금	2,500,000

이렇게 하여 기말 재무상태표 자산부분에는 기존 보유중이던 건물(구)이 제거되고, 건설중인자산 1,000,000원과 토지 2,500,000원이 추가된다. 포괄손익계산서에는 유형자산처분손실 300,000원이 비용으로 보고된다.

(3) 보수 및 수리비

중고품인 기계장치 등을 매입한 경우나 신제품을 구입하였더라도 장기간 사용하다 보면 보수 및 수리를 하기 위한 지출이 적지 않게 발생할 수 있다. 이러한 지출이 기계장치 등 유형자산의 경제성을 증가시킨다면 자산의 원가에 가산(자본적 지출)한다. 만일 해당 지출이 기계장치의 경제성을 증가시키는 것이 아니고 단순히 현상유지하는 정도에 그친다면 이를 자산의 원가에 가산하지 않고 당기비용화(수익적 지출)한다.

예를 들어, 중고 기계장치를 500,000원에 취득했는데, 취득시점에 수선을 위하여 30,000원의 현금지출이 이루어졌다고 할 때, 이 수선으로 인하여 기계장치의 경제성이 증가되었다면 다음 ①과 같이 분개를 하고, 경제성을 유지시키는 정도에 그쳤다면 ②와 같이 분개를 한다. ①의 경우 재무상태표 자산에 기계장치 530,000원이 보고되며, ②의 경우 재무상태표 자산에 기계장치 500,000원, 포괄손익계산서에 비용으로 수선비 30,000원이 보고되어 해당 금액만큼 당기순이익을 감소시킨다. 이러한 회계처리는 기존 유형자산을 사용하던 경우에도 동일하게 적용된다.

① 경제성을 증가시키는 경우

(차) 기 계 장 치	530,000	(대) 현 금	530,000

② 경제성을 유지시키는 경우

(차) 기 계 장 치	500,000	(대) 현 금	530,000
수 선 비	30,000		

제 2 절 유형자산 취득 후 보유기간 동안의 회계처리(감가상각)

1. 감가상각비

토지를 제외한 건물, 기계장치 등의 유형자산은 사용에 의한 소모, 시간경과에 따른 퇴화, 진부화(컴퓨터 등) 등 수많은 원인에 따라 가치가 감소하여 결국 가치가 0에 근접하게 된다. 이러한 가치감소 부분, 즉 수익창출에 기여한 부분 만큼은 수익·비용대응의 원칙에 따라 회계기간말에 수정분개를 통하여 기간수익에 대응시켜야 한다. 즉, 유형자산의 취득원가를 수익을 창출하는 데 기여하는 기간에 걸쳐 합리적이고 체계적인 방법으로 비용화하는 것을 감가상각이라 하며, 이를 감가상각비라는 비용으로 인식한다.

이러한 수익과 비용의 대응이 필요한 이유는 재무제표가 1년에 한 번 공시되기 때문이다. 즉, 급여, 수선비 등 배년 포괄손익계산서의 비용으로 계상되는 계정은 비용이 발생하는 기간이 일반적으로 1년 이내이기 때문에 발생 즉시 비용처리를 통해 그 1년간 발생한 수익과 자동적으로 대응된다고 할 수 있다. 그러나 기계장치나 건물과 같은 자산의 경우 구입시점에서 완전히 소모되어 비용화될 때까지 3~10년 이상의 장기간이 소요된다. 만일, 구입 즉시 자산으로 기록하지 않고 비용처리를 한다면 '3년 이상의 기간 동안에 걸쳐 사용하고, 비용처리는 첫해에 모두 해버리는' 모순이 된다. 즉, 이 기계장치나 건물을 사용하여 달성하는 수익은 3년 이상에 걸쳐 이루어지는데 반해 비용은 첫해에 전부 이루어져 수익과 비용의 적절한 대응이 이루어지지 않고, 이로 인해 산출된 당기순이익은 해당 연도의 정확한 순이익 수치라고 할 수 없게 된다.

유형자산이 장기간에 걸쳐 사용되는 특성 때문에, 유형자산으로부터 비롯되는 비용을 기간별(매년)로 당기에 발생한 수익에 대응시키기 위한 감가상각 회계처리를 해야 한다. 감가상각 회계처리를 하기 위해서는 감가상각의 몇몇 결정요인을 알아야 하고, 그 다음 체계적이고 합리적인 배분을 해야 한다. 이하에서는 주로 사용되는 몇 가지 감가상각 회계처리방법과 그 사례들을 검토한다.

2. 감가상각의 결정요인

유형자산의 취득원가를 기간별로 배분하여 매년 수익에 대응시키기 위하여 당기에 계상될 감가상각비를 결정해야 하는데, 이를 위해서는 '감가상각 대상금액', '내용연수' 및 '감가상각방법' 등의 개념을 알아야 한다.

(1) 감가상각 대상금액

감가상각 대상금액이란 감가상각 회계처리를 수행할 때 기준이 되는 금액으로 비용화될 총금액을 의미한다. 취득원가에서 잔존가치를 차감한 금액이 내용연수에 걸쳐 비용화될 감가상각 대상금액이다.

감가상각 대상금액＝취득원가－잔존가치

잔존가치란 경제적 효익을 얻을 수 있는 내용연수가 종료되더라도 최소한의 처분가치를 갖는다고 보고 그 가치의 금액을 말하는 것이다. 예를 들어, 기계장치의 내용연수가 종료되어 더 이상 기계장치로서의 가치는 없지만, 고철로서 갖는 최소한의 추정된 가치를 잔존가치라 할 수 있다. 내용연수 종료시점에서의 추정처분가액에서 추정처분비용을 차감한 금액을 현재시점에서 추정하여 계산한다. 예를 들어, 기계장치를 현금 1,000,000원을 지급하고 구입했는데, 잔존가치가 100,000원이라면 다음과 같이 정의된다.

- 취득원가 1,000,000원
- 잔존가치 100,000원
- 감가상각 대상금액 900,000원(=1,000,000원−100,000원)

잔존가치를 계산하는 과정에서 처분가액과 처분비용은 내용연수 종료시점에서의 금액이므로 이를 취득시점에서 추정하면 주관적일 수 있다.[2] 그럼에도 불구하고 취득시점에서 최선을 다해 추정된 추정치를 사용하여 감가상각을 수행하여 수익·비용대응의 원칙을 지키는 회계처리를 해야 한다. 물론, 시간의 흐름에 따라 추정치의 변경이 있을 수 있으며, 변경하는 회계절차는 임의로 수행하면 안 되고, 회계기준의 절차에 따라 이루어져야 한다.

(2) 내용연수

내용연수는 해당 자산을 이용하여 경제적 효익을 얻을 수 있는 기간(즉, 수익을 창출하기 위해 사용할 것으로 예상되는 기간)을 의미한다. 이러한 내용연수 또한 잔존가치와 마찬가지로 추정치이므로 불확실하다. 다만, ① 자산의 물리적인 수명, ② 자산의 진부화 또는 부적합화와 같은 경제적 여건의 변동, ③ 자산 사용에 대한 법률 또는 계약 등 제한요소, ④ 유사한 유형자산에 대한 과거 사용경험 등을 종합적으로 고려하여 취득시점에 최선의 추정치를 결정하게 된다. 만일, 현금 1,000,000원을 지급하고 구입한 기계장치의 잔존가치가 100,000원이고 내용연수가 3년으로 추정되었다면, 900,000원을 3년간에 걸쳐 비용화한다는 의미가 된다.

---

2) 실무에서는 일반적으로, 세법의 규정에 따라 자산의 성격과 업종 등을 고려하여 객관적이고 합리적으로 잔존가치를 정하고 있다.

3. 주요 감가상각방법

감가상각방법이란 감가상각 대상금액을 내용연수 동안 체계적이고 합리적으로 배분하는 방법을 의미한다. 회계기준에서는 감가상각방법의 선택은 해당 유형자산에 내재되어 있는 미래경제적 효익의 예상 소비행태를 가장 잘 반영하는 방법에 따라 선택하고 예상 소비행태가 변하지 않는 한 매 회계기간에 일관성 있게 적용해야 한다고 규정하고 있다. 이에 부합되는 감가상각방법으로 일반적으로 인정되는 방법 중 대표적인 몇 가지를 언급하면 다음과 같다.

① 정액법
② 체감잔액법 : 정률법, 연수합계법
③ 생산량비례법

만일, 정액법이 이 외의 감가상각방법들(정률법, 연수합계법 등)보다 월등히 수익·비용대응의 원칙에 부합되는 방법이라면 회계기준은 이들만을 승인하고 이 방법대로만 감가상각 회계처리를 할 것을 강제했을 것이다. 그러나 어느 하나의 감가상각방법이 다른 방법보다 배타적인 우월성을 갖고 있다고 할 수 없기 때문에 여러 감가상각방법이 인정되는 것이고, 본장에서 소개되는 감가상각방법에 따른 회계처리는 모두 수행할 수 있어야 한다. 기업 입장에서 한번 정해진 감가상각방법은 특별한 이유가 없는 한 매년 일관성 있게 적용해야 하며, 수시로 방법을 변경하고자 할 경우 소급하여 재무제표를 작성해야 하는 불이익을 감수해야 할 수도 있다.

(1) 정액법

매년 동일한 금액을 상각하는 감가상각방법이 정액법이다. 즉, 감가상각 대상금액을 내용연수로 나누어 매년 균등하게 비용화함으로써 수익에 대응시키는 감가상각방법이 정액법이다. 이론적으로 정액법은 자산가치의 감소가 자산의 사용량에 의해 이루어진다기보다는 시간경과에 따른 진부화에 의한 것으로 보는 방법이다.

정액법에 의한 매년의 감가상각비는 다음과 같이 계산한다.

감가상각비 = (취득원가 − 잔존가치)/내용연수

예를 들어, 20×1년 1월초에 현금 1,000,000원을 들여 기계장치를 구입했는데, 잔존가치가 100,000원이었고, 내용연수가 3년이라면, 매년 300,000원(= (1,000,000 − 100,000)/3)씩 3년간 감가상각처리를 하고 최후연도에 100,000원의 잔존가치가 남는다는 것이다. 즉, 1,000,000원짜리 기계장치의 장부금액은 1년이 지나면 700,000원이 되고, 2년이 지나면 400,000원이 되며, 3년이 지나면 100,000원이 된다는 것이다. 이때 ①(직접법)과 같이 분개하면 안 되고 ②(간접법)와 같이 감가상각누계액이라는 계정을 사용해야 한다.

① (차)	감가상각비	300,000	(대) 기 계 장 치	300,000(×)
② (차)	감가상각비	300,000	(대) 감가상각누계액_기계장치	300,000(○)

즉, 당기에 배분될 감가상각 금액이 결정되면 이를 차변에 '감가상각비'로 처리한 후 대변에는 '감가상각누계액'계정을 해당 자산의 명칭을 붙여 분개를 한다. '감가상각비'는 포괄손익계산서에 포함되는 비용이며, '감가상각누계액_기계장치'는 재무상태표의 유형자산(여기서의 기계장치)에서 차감하는 '자산의 차감항목'이다.

이와 같이 하여, 재무상태표와 포괄손익계산서에는 다음과 같이 표현된다. 즉, 위 ①과 같이 분개한다면 기계장치 금액이 그대로 700,000원으로 표현되겠지만, 취득가격과 그동안의 감가상각누계액을 모두 표시해 주고 나서 순액을 보고하는 것이 일반적이다.

재무상태표

20×1년 12월 31일 현재

…		…	…	…
기 계 장 치	1,000,000	…		
감가상각누계액_기계장치	(300,000)	700,000	…	…
자산합계		…	부채및자본합계	…

포괄손익계산서

20×1년 1월 1일~12월 31일

…	…
−)감가상각비	(300,000)
…	…
당기순이익	…

정액법은 계산이 단순하여 적용하기 간편하다는 장점을 가지고 있지만, 시간경과만으로 매년 같은 금액의 비용을 수익에 대응시킨다는 가정은 그 근거가 취약하다는 단점을 지니고 있다.

예제 6-4

(주)동양은 20×1년 1월초에 기계장치를 구입하였다. 취득원가는 1,200,000원이었고, 기계장치의 내용연수는 4년이며 4년 후의 잔존가치는 200,000원으로 추정되었다. 정액법에 의하여 매년도 말 행해야 할 분개를 제시하고 매년도 말의 재무상태표와 포괄손익계산서를 제시하라.

해답

연 도	취득가액	감가상각비	감가상각누계액 잔액	장부금액
20×1.12	1,200,000원	250,000원	250,000원	950,000원
20×2.12	1,200,000원	250,000원	500,000원	700,000원
20×3.12	1,200,000원	250,000원	750,000원	450,000원
20×4.12	1,200,000원	250,000원	1,000,000원	200,000원

〈20×1.12〉

(차) 감가상각비 250,000 (대) 감가상각누계액_기계장치 250,000

재무상태표

20×1년 12월 31일 현재

…		…	…	…
기 계 장 치	1,200,000			
감가상각누계액_기계장치	(250,000)	950,000	…	…
자산합계		…	부채및자본합계	…

포괄손익계산서

20×1년 1월 1일~12월 31일

…	…
−)감가상각비	(250,000)
…	…
당기순이익	…

〈20×2.12〉

(차) 감가상각비 250,000 (대) 감가상각누계액_기계장치 250,000

재무상태표

20×2년 12월 31일 현재

…		…	…	…
기 계 장 치	1,200,000	…		
감가상각누계액_기계장치	(500,000)	700,000	…	…
자산합계		…	부채및자본합계	…

포괄손익계산서

20×2년 1월 1일~12월 31일

…	…
−)감가상각비	(250,000)
…	…
당기순이익	…

〈20×3.12〉

(차) 감가상각비 250,000 (대) 감가상각누계액_기계장치 250,000

재무상태표

20×3년 12월 31일 현재

…		…	…	…
기 계 장 치	1,200,000	…		
감가상각누계액_기계장치	(750,000)	450,000	…	…
자산합계		…	부채및자본합계	…

포괄손익계산서

20×3년 1월 1일~12월 31일

…	…
−)감가상각비	(250,000)
…	…
당기순이익	…

〈20×4.12〉

(차) 감가상각비 250,000 (대) 감가상각누계액_기계장치 250,000

재무상태표

20×4년 12월 31일 현재

…		…	…	…
기 계 장 치	1,200,000	…		
감가상각누계액_기계장치	(1,000,000)	200,000	…	…
자산합계		…	부채및자본합계	…

포괄손익계산서

20×4년 1월 1일~12월 31일

…	…
−)감가상각비	(250,000)
…	…
당기순이익	…

이렇게 하여 4년간 감가상각비의 누적액인 1,000,000원만큼이 감가상각누계액으로 쌓이게 되고, 마지막 연도에는 잔존가치 200,000원만 자산에 남게 된다.

(2) 정률법(체감잔액법 중 대표적 방법)

체감잔액법은 감가상각대상 자산을 취득한 후 초기연도에 감가상각비를 많이 계상하고, 기간이 경과할수록 상대적으로 감가상각비를 적게 계상하는 방법으로 정률법, 연수합계법 및 이중체감잔액법 등이 있다. 체감잔액법의 가장 대표적인 방법이 정률법이다. 체감잔액법은 취득 초기에 수익창출에 많이 기여한다고 보아 초기에 감가상각비를 많이 인식하고, 시간이 흐를수록 기여하는 부분이 감소함에 따라 감가상각비를 적게 계상한다. 즉, 정액법과 정률법을 비교하면, 취득 후 초기연도에는 정액법보다 정률법의 경우에 감가상각비가 크고 당기순이익이 작지만, 후기연도에는 정액법보다 정률법의 경우에 감가상각비가 작고 당기순이익이 커진다.

정률법은 유형자산의 장부금액에 일정한 상각률(정률)을 곱하여 매년도의 감가상각비를 계산하는 방법이다. 취득원가에 상각률을 곱한 금액이 첫해의 감가상각비가 되며, 이후부터는 취득원가에서 감가상각비가 누적된 금액

(즉, 감가상각누계액)을 제외한 장부금액에 다시 상각률을 곱하여 감가상각비를 산출한다. 이와 같이 감가상각비를 계산해 나가면 내용연수의 마지막 해 감가상각비를 계산한 후 잔존가치만 남아, 다른 감가상각방법으로 회계처리를 수행한 경우와 동일한 결과가 나타난다. 즉, 매년 인식되는 감가상각비는 다르지만, 내용연수 동안 인식한 감가상각비의 누적 합계액은 모든 감가상각 방법에서 동일하게 산출된다. 정액법은 내용연수 마지막 해 잔존가치가 남는 과정이 쉽게 눈에 보이지만, 정률법은 복잡한 계산 후 내용연수 마지막 해 잔존가치가 처음에 추정된 금액대로 남게 되는 상황이 이해하기 어려울 수 있다.

하지만 정률법에서 적용하는 상각률은 후술하는 바와 같이 잔존가치를 고려하여 산출된 상각률이기 때문에, 계산 실수가 없었다면 마지막 해 잔존가치가 취득시에 추정한 잔존가치만큼 남아야 한다.

정률법 계산에서 주의할 점은 취득원가(장부금액)에서 잔존가치를 차감한 후 상각률을 곱하면 안 되고, 취득원가(장부금액)에 직접 상각률을 곱하여 감가상각비를 계산해야 한다는 것이다. 주석에 나타나 있듯이, 상각률을 계산하는 과정에서 잔존가치가 이미 고려되었기 때문에 잔존가치를 차감하여 상각률을 곱하면 안 되는 것이다.

감가상각비 = (취득원가 − 감가상각누계액) × 상각률(정률)

* 정률[3] = $1-\sqrt[n]{(\text{잔존가치 / 취득원가})}$ (단, n은 내용연수)

3) 〈정률 산출근거〉 정률이 '$1-\sqrt[n]{(\text{잔존가치 / 취득원가})}$'로 정해지는 이유는 취득원가에서 정률 상각된 금액을 빼고, 이 금액에 다음 해의 상각액을 빼는 과정을 계속하면 최종금액은 잔존가치이기 때문이다. 즉, [취득원가 − 첫해 감가상각비 − 두 번째 해 감가상각비…마지막 해 감가상각비 = 잔존가치]라는 식으로부터 [취득원가 − 첫해 감가상각비 − 취득원가 − 취득원가 × 정률 − 취득원가 × (1 − 정률)]로 표시되고, 두 번째 해 감가상각비는 취득원가 × (1 − 정률) × 정률이며, 세 번째 해 감가상각비는 취득원가 × (1 − 정률) × 정률 × 정률이다. 이를 종합해 보면, 두 번째 해 말 자산가치는 [취득원가 × (1 − 정률)] − [취득원가 × (1 − 정률) × 정률] = [취득원가 × (1 − 정률) × (1 − 정률)]이고, 세 번째 해 말의 자산가치(잔존가치)는 [취득원가 × (1 − 정률)(1 − 정률)] − [취득원가 × (1 − 정률)(1 − 정률) × 정률] = [취득원가 × (1 − 정률)(1 − 정률)(1 − 정률)] = 취득원가 × $(1-\text{정률})^3$이다. 결론적으로, $(1-\text{정률})^3$ = 잔존가치/취득원가로부터 정률 = $1-\sqrt[n]{(\text{잔존가치 / 취득원가})}$가 도출된다.

예제 6-5

(주)동양에서는 20×1년 1월초 기계장치를 구입하였는데, 구입가는 8,000,000원이었다. 이 기계장치의 내용연수는 3년이며 3년 후의 잔존가치는 1,000,000원으로 추정되었다. 정률법에 의하여 매년도 감가상각비를 구하고 매년도 말의 분개를 행하라.

해답

상각률(정률) $= 1 - \sqrt[3]{1,000,000 / 8,000,000} = 50\%$

연 도	계산방법	감가상각비	감가상각누계액 잔액	장부금액
20×1	8,000,000원 × 0.50	4,000,000원	4,000,000원	4,000,000원
20×2	4,000,000원 × 0.50	2,000,000원	6,000,000원	2,000,000원
20×3	2,000,000원 × 0.50	1,000,000원	7,000,000원	1,000,000원

〈20×1년말〉

(차) 감가상각비 4,000,000 (대) 감가상각누계액_기계장치 4,000,000

(주) 재무상태표의 감가상각누계액_기계장치는 4,000,000원이 되어 있다.

재무상태표

20×1년 12월 31일 현재

…		…	…	…
기 계 장 치	8,000,000		…	
감가상각누계액_기계장치	(4,000,000)	4,000,000	…	…
자산합계		…	부채및자본합계	…

포괄손익계산서

20×1년 1월 1일~12월 31일

…	…
−)감가상각비	(4,000,000)
…	…
당기순이익	…

〈20×2년말〉

(차) 감가상각비 2,000,000 (대) 감가상각누계액_기계장치 2,000,000

(주) 재무상태표의 감가상각누계액_기계장치는 6,000,000원이 되어 있다.

재무상태표

20×2년 12월 31일 현재

…		…	…	…
기 계 장 치	8,000,000		…	
감가상각누계액_기계장치	(6,000,000)	2,000,000	…	…
자산합계		…	부채및자본합계	…

포괄손익계산서
20×2년 1월 1일~12월 31일

…	…
−)감가상각비	(2,000,000)
…	…
당기순이익	…

〈20×3년말〉

(차) 감가상각비 1,000,000 (대) 감가상각누계액_기계장치 1,000,000

(주) 재무상태표의 감가상각누계액_기계장치는 7,000,000원이 되어 있다.

재무상태표
20×3년 12월 31일 현재

…		…	…	…
기 계 장 치	8,000,000	…		
감가상각누계액_기계장치	(7,000,000)	1,000,000	…	…
자산합계		…	부채및자본합계	…

포괄손익계산서
20×3년 1월 1일~12월 31일

…	…
−)감가상각비	(1,000,000)
…	…
당기순이익	…

(3) 연수합계법

연수합계법은 정률법처럼 취득 후 초기연도에 감가상각비가 크게 계상되고 후기연도에 감가상각비가 적게 계상된다는 점에서 유사하다. 다만, 정률법의 계산이 복잡한 점을 단순화시키면서 계산을 비교적 간단하게 하도록 고안된 방법이다. 첫해에는 '마지막 연도/연수의 합'만큼 상각하고, 두 번째 해에는 '끝에서 둘째연도/연수의 합'을 상각하는 식으로 상각한다. 즉, 내용연수 3년이면, 첫해 3/(1+2+3)=1/2만큼을 상각하고, 두 번째 해 2/(1+2+3)=1/3만큼을, 세 번째 해 1/(1+2+3)=1/6만큼을 상각하는 것이 연수합계법이다.

예제 6-6

20×1년 1월초 600,000원에 취득한 기계장치가 있는데, 잔존가치는 없고, 내용연수는 3년이다. 연수합계법에 의하여 감가상각 관련 분개를 하라.

해답

첫해에는 3/(1+2+3)만큼 상각하고, 두 번째 해에는 2/(1+2+3)만큼, 세 번째 해에는 1/(1+2+3)만큼 상각하는 것이 연수합계법이다.

〈20×1년말〉

(차) 감가상각비 300,000 (대) 감가상각누계액_기계장치 300,000

재무상태표
20×1년 12월 31일 현재

…		…	…	…
기 계 장 치	600,000	…		
감가상각누계액_기계장치	(300,000)	300,000	…	…
자산합계		…	부채및자본합계	…

포괄손익계산서
20×1년 1월 1일~12월 31일

…	…
−)감가상각비	(300,000)
…	…
당기순이익	…

〈20×2년말〉

(차) 감가상각비 200,000 (대) 감가상각누계액_기계장치 200,000

재무상태표
20×2년 12월 31일 현재

…		…	…	…
기 계 장 치	600,000	…		
감가상각누계액_기계장치	(500,000)	100,000	…	…
자산합계		…	부채및자본합계	…

포괄손익계산서
20×2년 1월 1일~12월 31일

…	…
−)감가상각비	(200,000)
…	…
당기순이익	…

〈20×3년말〉

(차) 감가상각비 100,000 (대) 감가상각누계액_기계장치 100,000

재무상태표
20×3년 12월 31일 현재

…		…	…	…
기 계 장 치	600,000	…		
감가상각누계액_기계장치	(600,000)	0	…	…
자산합계		…	부채및자본합계	…

포괄손익계산서
20×3년 1월 1일~12월 31일

…	…
−)감가상각비	(100,000)
…	…
당기순이익	…

(4) 생산량비례법

감가상각이 시간의 경과보다는 사용량 또는 생산량에 따라 변화하는 것으로 보고, 해당 유형자산을 실제로 사용한 비율(산출량 또는 사용량 등을 이용할 수도 있음)에 비례하여 감가상각비 금액을 정하는 방법이다.

감가상각비＝(취득원가－잔존가치)×(당기생산량/추정총생산량)

예제 6-7

20×1년 1월초 1,100,000원에 취득한 기계장치가 있는데, 10,000번 부팅을 시키면 수명을 다한다. 수명을 다하면 부품 및 고철 값으로 100,000원을 받을 수 있다고 하자. 생산량비례법에 의하여 감가상각 관련 분개를 하라. 단, 첫해에 4,500번 부팅을 했고, 두 번째 해에 4,000번, 세 번째 해에 1,500번 부팅을 했다고 한다.

해답

〈20×1년말〉

(차) 감가상각비 450,000 (대) 감가상각누계액_기계장치 450,000

재무상태표

20×1년 12월 31일 현재

…		…	…	…
기 계 장 치	1,100,000	…		
감가상각누계액_기계장치	(450,000)	650,000	…	…
자산합계		…	부채및자본합계	…

포괄손익계산서

20×1년 1월 1일~12월 31일

…	…
−)감가상각비	(450,000)
…	…
당기순이익	…

〈20×2년말〉

(차) 감가상각비 400,000 (대) 감가상각누계액_기계장치 400,000

재무상태표

20×2년 12월 31일 현재

…		…	…	…
기 계 장 치	1,100,000	…		
감가상각누계액_기계장치	(850,000)	250,000	…	…
자산합계		…	부채및자본합계	…

포괄손익계산서

20×2년 1월 1일~12월 31일

…	…
−)감가상각비	(400,000)
…	…
당기순이익	…

〈20×3년말〉

(차) 감가상각비 150,000 (대) 감가상각누계액_기계장치 150,000

재무상태표

20×3년 12월 31일 현재

…		…	…	…
기 계 장 치	1,100,000	…		
감가상각누계액_기계장치	(1,000,000)	100,000	…	…
자산합계		…	부채및자본합계	…

포괄손익계산서

20×3년 1월 1일~12월 31일

…	…
−)감가상각비	(150,000)
…	…
당기순이익	…

이론적으로 볼 때, 생산량비례법은 추정생산량을 파악하기 쉬운 기계장치 등에 대해서는 가장 합리적인 감가상각방법일 수 있지만, 추정생산량 등을 알기 어려운 기계장치나 건물, 구축물, 비품 등 생산량과 무관한 유형자산에는 사용할 수 없다는 것이 단점이다.

4. 감가상각에 대하여 추가적으로 고려할 것들

이론적으로 감가상각은 단순히 자산의 가치가 감소하여(즉, 기계장치 등이 낡아서) 인식하는 자산의 평가과정만으로 설명하면 안 된다. 회계에서 감가상각제도를 채택하고 있는 이유는 자산의 취득원가를 경제적 효익이 발생하는 기간에 걸쳐 체계적이고 합리적인 방법으로 비용화시키는 원가배분을 하여 수익·비용의 합리적인 대응을 하기 위한 측면이 강하다.

일반적으로 각 회계기간의 결산시점에 수정분개를 통해 감가상각비를 일괄하여 회계처리한다. 처분시에는 처분시점까지의 감가상각을 먼저 인식한 후(예를 들어, 6월 30일 매각했다면, 연간 감가상각비의 절반을 회계처리한 후)

매각에 대한 회계처리를 한다.

당연히 감가상각비는 포괄손익계산서에 보고되는데, 이때 주의해야 할 점이 있다. 일반 관리목적으로 사용되는 유형자산(관리부서 또는 판매부서가 사용하는 건물, 비품 등)의 감가상각비는 포괄손익계산서의 관리비 중 '감가상각비'계정으로 보고된다. 하지만 제품을 제조하는 데 사용된 유형자산(공장건물, 공장의 기계장치 등)으로부터 발생한 감가상각비는 제조원가명세서에 제조간접비의 형태로 '당기제품제조원가'에 포함된다.[4] '당기제품제조원가'는 '매출원가'를 구성하는 항목이므로 포괄손익계산서에 나타나는 '매출원가'에는 제조과정에서 발생한 감가상각비가 포함되어 있다.

만일, '어떤 기업에서 1년간 발생한 감가상각비가 총 얼마인가'라는 질문을 받으면 포괄손익계산서의 '매출원가'에 포함되어 있는 감가상각비 금액(제조원가명세서에 나타나 있다)과 '관리비'에 포함되어 있는 감가상각비 금액을 더하여 답해야 한다. 포괄손익계산서에 감가상각비라는 명칭으로 보고되는 금액은 후자뿐이며, 전자는 매출원가 명칭으로만 보고되어 있으므로 이 중에 얼마가 감가상각비인지를 알려면, 제조원가명세서를 참고하여 감가상각비 해당액이 얼마인지 찾아내어야 한다.

또 하나 이론적으로 중요한 사항이 있다. 왜 토지는 보유기간 동안 감가상각비를 인식하지 않는가? 이는 토지의 효익이 영구적이기 때문이다. 건물, 기계장치 등은 언젠가는 그 수명이 다할 것이고, 수명 이내에서 수익에 대응시켜 비용화하는 것이지만, 토지는 수명이 무한대이므로 매년 수익에 대응시킬 비용의 액수는 무한히 작아져 0에 가깝다. 이것이 토지의 감가상각을 하지 않는 정확한 이유이다. '건설중인자산'도 감가상각을 수행하지 않는데, 그 이유는 아직 완성되지 않은 자산은 영업활동에 사용되지 않아 그 자산을 사용함으로써 대응시킬 수익이 발생하지 않기 때문이다.

4) 수익 · 비용대응의 원칙 관점에서 볼 때, 생산과정에서 발생한 비용(감가상각비 등)은 아직 수익창출에 기여하지 못한 상태이므로 제품원가에 가산되며, 제품이 판매되면서 매출원가(비용)로 인식된다.

제 3 절 유형자산 처분시 회계처리 및 기타 회계처리

1. 유형자산 처분

보유하던 유형자산을 처분할 때 장부금액(=취득원가−감가상각누계액)보다 높은 금액으로 처분한 경우에는 차액을 유형자산처분이익으로, 장부금액보다 낮은 금액으로 처분한 경우에는 차액을 유형자산처분손실로 인식한다. 유형자산의 처분은 정상적인 영업활동이 아니므로 이 거래에서 발생하는 유형자산처분이익은 매출액 등으로 계상하지 않고, 대신 포괄손익계산서의 기타수익으로, '유형자산처분손실'은 기타비용으로 보고한다.

유형자산을 기중에 처분한 경우 처분일까지는 해당 자산을 사용했으므로, 처분일까지의 감가상각비를 계산하여 이를 고려한 후 처분거래의 회계처리를 수행해야 한다.

예제 6-8

20×1년 1월 1일 (주)동양은 취득원가 3,000,000원, 내용연수 3년, 잔존가치 300,000원의 기계장치를 외상으로 취득하여 정액법으로 감가상각해 오던 중 20×2년 6월 30일에 1,500,000원에 처분하고 대금은 현금으로 수취하였다. 20×1년부터 20×2년에 걸쳐 수행해야 할 분개를 하고, 20×1년 12월 31일의 재무상태표와 20×2년 6월 30일의 재무상태표, 그리고 20×2년 1월 1일부터 6월 30일까지의 포괄손익계산서를 제시하라.

해답

〈20×1년 1월 1일〉

(차) 기 계 장 치	3,000,000	(대) 미 지 급 금	3,000,000

〈20×1년 12월 31일〉

(차) 감가상각비	900,000	(대) 감가상각누계액_기계장치	900,000

〈20×2년 6월 30일〉

(차) 감가상각비	450,000	(대) 감가상각누계액_기계장치	450,000
(차) 현 금	1,500,000	(대) 기 계 장 치	3,000,000
감가상각누계액_기계장치	1,350,000		
유형자산처분손실	150,000		

재무상태표

20×1년 12월 31일

기 계 장 치	3,000,000	미 지 급 금	3,000,000
감가상각누계액_기계장치	(900,000)	이익잉여금*	(900,000)
자산합계	2,100,000	부채및자본합계	2,100,000

* 여기서 이익잉여금은 포괄손익계산서의 당기순이익이 반영된 것이다.

재무상태표

20×2년 6월 30일

현 금	1,500,000	미 지 급 금	3,000,000
		이익잉여금*	(1,500,000)
자산합계	1,500,000	부채및자본합계	1,500,000

* 여기서 이익잉여금은 포괄손익계산서의 당기순이익이 반영된 것이다.

포괄손익계산서

20×2년 1월 1일~6월 30일

−)감가상각비	450,000
−)유형자산처분손실	150,000
당기순이익	(600,000)

예제 6-9

이전 연도부터 현금 2,000원과 자본금 2,000원을 가지고 있던 기업이 20×1년 1월 1일에 시가 1,200원의 기계장치를 현금구입하였다. 내용연수는 4년이고 잔존가치는 없으며 정액법 상각을 한다. 20×2년 12월 31일에 이 기계장치를 현금 700원에 매각하였다. 20×1년과 20×2년에 각각 500원씩의 현금매출이 있었다(매출원가는 무시하고 계산할 것). 필요한 분개를 모두 행하고, 20×1년말과 20×2년말의 재무상태표와 포괄손익계산서를 작성하라.

해답

〈20×1. 1. 1〉

(차) 기 계 장 치	1,200	(대) 현 금	1,200

〈20×1.12.31〉

(차) 감가상각비	300	(대) 감가상각누계액_기계장치	300
현 금	500	매 출	500

재무상태표
20×1년 12월 31일

현 금		1,300	자 본 금	2,000
기 계 장 치	1,200		이익잉여금*	200
감가상각누계액_기계장치	(300)	900	부채및자본합계	
자산합계		2,200		2,200

포괄손익계산서
20×1년 1월 1일~12월 31일

매 출	500
−)감가상각비	(300)
당기순이익	200

〈20×2.12.31〉

(차) 감가상각비	300	(대) 감가상각누계액_기계장치	300
감가상각누계액_기계장치	600	기 계 장 치	1,200
현 금	700	유형자산처분이익	100
현 금	500	매 출	500

재무상태표
20×2년 12월 31일

현 금	2,500	자 본 금	2,000
		이익잉여금	500
자산합계	2,500	부채및자본합계	2,500

포괄손익계산서
20×2년 1월 1일~12월 31일

매 출	500
−)감가상각비	(300)
유형자산처분이익	100
당기순이익	300

2. 유형자산 재평가

유형자산을 보유하던 중 유형자산의 공정가치가 변동되었을 때 기업이 재평가모형을 적용하기로 정했다면, 유형자산 재평가를 하여 평가손익을 인식한다. 만일, 재평가모형을 적용하고 있는 어떤 기업이 보유하는 100,000원짜리 토지의 가치가 120,000원으로 상승하였다는 확실한 증거가 있다면, 다음 (1)과 같이 분개하며, 만일 80,000원으로 하락한 증거가 확실하다면 다음 (2)와 같이 분개한다.

(1)	(차) 토　　지	20,000	(대) 재평가잉여금	20,000
(2)	(차) 재평가손실	20,000	(대) 토　　지	20,000

(1) 분개의 결과, 재무상태표 자산의 토지는 120,000원이 되며, 포괄손익계산서의 기타포괄손익에 20,000원의 재평가잉여금이 보고된다. 즉, 재평가잉여금은 회사의 포괄적인 이익임에는 틀림없으나 매년 반복적으로 발생하는 경상적 영업활동과 관련되어 발생한 이익이라고는 할 수 없으므로 기타포괄손익으로 분류한다. 당기의 영업활동과 관련된 수익과 비용을 대응시켜 산출된 당기순이익에 포함되어서는 안 된다.

반면 (2) 분개의 결과, 재무상태표 자산의 토지는 80,000원이 되며, 여기서 발생한 재평가손실은 재평가잉여금처럼 기타포괄손익으로 구분하여 보고하지 않고, 회계기준의 규정에 의하여 포괄손익계산서의 '비용'으로 인식[5]하여 매출총이익과 당기순이익 사이에 보고하여 당기순이익을 감소시킨다.

즉, 재평가잉여금은 포괄손익계산서의 기타포괄손익을 거쳐 재무상태표의 기타포괄손익누계액에 가산되며, 재평가손실은 포괄손익계산서의 당기순이익에 반영된 후 궁극적으로 이익잉여금을 감소시킨다.

---

5) 재평가잉여금이 기타포괄손익이 아닌 당기손익에 반영될 경우, 투자자 등 회계정보이용자들은 이러한 잉여금의 증가가 미래에도 지속될 것이라 잘못 판단할 위험성이 높은 반면, 재평가손실은 그러한 위험성이 상대적으로 적다고 판단되어 이러한 차별적인 회계처리가 이루어지도록 규정된 것으로 보인다.

(부분)재무상태표				포괄손익계산서	
〈자산〉		〈자본〉		당기순이익	0
토 지	120,000	이익잉여금	0		
		기타포괄손익누계액 (재평가잉여금)	20,000	기타포괄이익 (재평가잉여금)	20,000

(부분)재무상태표				포괄손익계산서	
〈자산〉		〈자본〉		재평가손실	(20,000)
토 지	80,000	이익잉여금	(20,000)	당기순이익	(20,000)
		기타포괄손익누계액	0	기타포괄이익	0

3. 국고보조금 등

유형자산을 취득하거나 건설 및 제조하는 데 있어서 외부로부터 보조금을 받는 경우가 있다. 대표적으로 국고보조금과 공사부담금 등이 있다. 국고보조금은 국가나 지방자치단체로부터 받은 보조금을, 공사부담금은 원가 중 일부를 실수요자에게 부담시키는 금액을 의미한다. 특별히 예외적인 경우를 제외하고는, 국고보조금이나 공사부담금이 발생한 경우 이를 유형자산에서 차감하는 형식으로 표시하고 내용연수에 걸쳐서 감가상각비와 상계하며 유형자산의 처분시 국고보조금이나 공사부담금 잔액을 유형자산의 처분손익과 상계하는 것이 일반적이다.

예제 6-10

(주)동양은 20×1년 1월 1일에 시가 2,000,000원의 공장건물을 구입하였다. 구입 직전 (주)동양은 정부로부터 국고보조금 800,000원을 받았고, 이에 회사 자금 1,200,000원을 합한 2,000,000원으로 건물을 구입하였다. 건물은 내용연수가 4년인데, 정액법으로 감가상각하며 잔존가치는 없다. 20×4년 1월 1일 현금 650,000원을 받고 이 건물을 처분하였다. 국고보조금 수령, 건물구입, 감가상각과 관련하여 20×1년 결산일의 분개를 하고 20×1년, 20×2년, 20×3년 말의 부분재무상태표를 제시하라. 또한, 20×4년 1월 1일 유형자산 매각시에 행할 분개를 하라.

해답

〈국고보조금 수령〉

(차)	현　　금	800,000	(대) 국고보조금 (건물의 차감계정)	800,000

〈건물구입〉

(차)	건　　물	2,000,000	(대) 현　　금	2,000,000

〈20×1.12.31〉

(차)	감가상각비	300,000	(대) 감가상각누계액_건물	500,000
	국고보조금(환입)	200,000		

20×1년, 20×2년, 20×3년 말의 재무상태표에는 건물에 대하여 다음과 같이 표현된다.

	20×1년	20×2년	20×3년
건　　물	2,000,000	2,000,000	2,000,000
(감가상각누계액)	(500,000)	(1,000,000)	(1,500,000)
(국고보조금)	(600,000)	(400,000)	(200,000)
	900,000	600,000	300,000

〈20×4. 1. 1〉

(차)	현　　금	650,000	(대) 건　　물	2,000,000
	감가상각누계액_건물	1,500,000	유형자산처분이익	350,000
	국고보조금	200,000		

제 4 절 무형자산의 회계처리

1. 무형자산의 의의

무형자산은 장기간에 걸쳐 사용하며 기업에 효익을 주는 자산이라는 점에서 유형자산과 유사하지만, 물리적 실체가 존재하지 않는 자산을 의미한다. 대표적 무형자산인 특허권(산업재산권)의 경우, 미래경제적 효익을 기대할 수 있고 독점적 이용권리를 법적으로 보장받으므로 자산으로 인식할 수 있으며 물리적 실체가 있지 않으므로 무형자산으로 분류된다.

무형자산의 예로는, 산업재산권(특허권, 실용신안권, 디자인권, 상표권), 영업권, 개발비, 광업권 등 전통적 무형자산들이 있으며, 최근에는 독점적 이용권리를 누릴 수 있는 '과학적 · 기술적 지식', '새로운 공정이나 시스템의 설계와 실행', '시장에 대한 지식과 상표' 등도 무형자산에 포함된다. 구체적으로, 컴퓨터소프트웨어, 라이선스, 지적재산권, 영화필름, 고객목록, 모기지관리용역권, 어업권, 수입할당량, 프랜차이즈, 고객이나 공급자와의 관계, 고객충성도, 시장점유율과 판매권 등도 가치를 측정할 수 있다면 무형자산으로 인식할 수 있을 것이다.

이들 중 일부는 추상적인 권리로서 화폐액으로 표시하는 데 많은 제약이 있다는 단점이 있지만, 측정가능한 객관적 상황만 확보된다면 무형자산을 인식하여 회계정보의 질을 높이도록 하는 것이 회계기준의 입장이다.

2. 무형자산의 평가 및 상각

무형자산의 취득원가는 해당 자산의 매입가액에 취득부대비용을 가산한 금액으로 한다. 자가개발한 무형자산의 취득원가는 미래의 경제적 효익을 합리적으로 추정할 수 있고 개발에 소요된 원가를 식별할 수 있을 때, 그 금액만큼을 해당 무형자산의 금액으로 하며 그렇지 못한 경우 일반적으로 기간비용처리한다.

일단 무형자산으로 인식을 하여 재무상태표에 보고되면, 이후 유형자산의 감가상각비처럼 수익 · 비용대응의 원칙을 지키기 위해 무형자산의 상각을 할 수 있다. 무형자산으로부터 얻게 될 미래의 경제적 효익 역시 유형자산의 경우처럼 시간의 흐름에 따라 감소할 수 있으므로 이를 수익 · 비용대응의 원칙에 따라 상각하는 것이다.

K-IFRS에 따르면, 내용연수가 유한한 무형자산은 상각하고, 내용연수가 비한정적인 무형자산(대표적으로 영업권이 있음)은 상각하지 않고 손상검사를 실시하며 필요하다면 손상차손을 비용으로 하여 포괄손익계산서에 인식한다. 내용연수가 유한한 무형자산은 사용가능한 시점부터 무형자산의 경제적 효익이 소비되는 행태를 반영하여, 상각대상금액을 내용연수 동안 체계적으

로 배분한다. 무형자산은 형태가 없어 내용연수가 경과되면 그 가치가 완전히 소멸되므로 잔존가치는 통상 0원으로 간주한다. 무형자산의 상각방법으로 정액법 또는 생산량비례법이 일반적으로 사용되고 체감잔액법은 거의 사용되지 않는다. 상각기간은 법률에서 정하는 내용연수와 실제 경제적 내용연수를 비교하여 보다 짧은 기간을 선택해야 한다.

연구비(순수목적의 연구활동에 의한 지출)는 기업과 사회에 가치 있는 일로 인하여 발생하는 지출이기는 하지만, 특정제품과 연관성을 추적하기 어려워 미래기간에 걸쳐 수익과 대응시키는 것이 어렵다. 따라서 연구비는 발생시점에 즉시 당기비용으로 처리한다.

개발비(특정제품 개발과 관련된 지출)는 특정제품과 연관성을 추적할 수 있는 지출로 구성된다. 이때는 개발비와 연관된 제품의 수익이 실현되는 회계연도부터 매기 균등액을 상각하고 관련된 제품의 수익 실현가능성이 희박한 경우에는 자산성이 없어진 것으로 보아 미상각 잔액을 전액 즉시 상각하여 그해의 당기비용으로 처리한다. 즉, 첫 연도부터 무조건 상각에 들어가는 것이 아니고 관련수익이 실현되는 해부터 상각에 들어간다. 이렇게 하여 수익·비용대응의 원칙을 지킨다. 그리고 내용연수 기간 중 기술진부화 등의 영향으로 관련수익의 실현가능성이 희박해져 손상의 징후가 있는 경우에는 해당 연도에 즉시 손상차손을 인식하여 당기비용으로 회계처리한다.

3. 영업권

영업권(goodwill)은 어떤 기업이 동종산업에 속한 경쟁기업에 비하여 정상 투자수익률 이상의 초과이윤을 획득할 수 있는 눈에 보이지 않는 잠재력(초과이윤 창출능력), 다시 말해 미래초과수익력을 현재의 화폐가치로 환산하여 표시한 것으로 정의된다. 영업권을 발생시키는 요인은 회사의 좋은 이미지, 우수한 경영진, 뛰어난 판매조직, 양호한 신용, 원만한 노사관계 등 타 기업에 비해 특별히 유리하다고 판단되는 사항들이 포함된다.

그러나 이러한 요인들을 화폐가치로 측정하는 것은 상당히 어려울 수밖에 없다. 회사의 좋은 이미지를 화폐가치로 정확히 측정한다는 것은 사실상 불가능하다. 영업권은 추상적이고 주관적 개념이기 때문에 이를 측정하는 데 있어서 상당한 제약이 있다. 따라서 K-IFRS는 합병이나 영업양수 등의 경우 또는 연결재무제표 작성시에 취득금액이 피인수기업 순자산의 공정가치를 초과한 부분을 영업권으로 인식한다. 즉, 자가창출한 영업권은 유상으로 취득한 것이 아니므로 아무리 회사의 좋은 이미지 등이 있다 하더라도 영업권으로 인식하지 않으며, 합병이나 연결재무제표의 회계처리에서만 영업권을 인식하도록 하고 있다.

영업권=인수합병 대가−피합병기업 또는 종속기업의 순자산 공정가치

이론상 영업권은 식별가능성이 없어 무형자산에 포함되는지에 대한 논란이 있어 왔고, 일부 영업권이 기타 비유동자산으로 분류되어야 한다는 주장이 있다. 그러나 영업권은 넓은 의미의 무형자산에 포함되는 것으로 보는 것이 일반적이다.

영업권의 존속기간은 비한정적이므로 매년 정액법 상각 등을 시행하면 안 되고, 매년 손상검사를 하고 손상차손이 발견될 경우 포괄손익계산서에 손상차손을 비용으로 인식한다. 일반적으로 손상차손이 인식된 이후 연도에 손상이 회복되면 손상된 범위 내에서 손상차손환입을 인식할 수 있다. 그러나 영업권의 경우에는 손상이 회복되었다 하더라도 일단 손상된 금액은 손상차손환입을 할 수 없다. 너무 추상적인 자산이므로 손상차손환입을 허용할 경우, 이를 통한 회계이익의 조작 우려가 있어 이를 방지하기 위함이다.

예제 6-11

P사는 S사를 합병하였는데, 합병 직전 P사의 재무상태표에는 현금 5,000,000원과 자본금 5,000,000원이 있었으며, S사의 재무상태표 관련 자료는 아래와 같다. 단, S사는 상각이 완료된 특허권이 있으며 이의 공정가치는 100,000원이다.

	장부금액	공정가치		장부금액	공정가치
FVPL금융자산	160,000	160,000	유 동 부 채	300,000	300,000
매 출 채 권	140,000	140,000	자 본 금	400,000	
재 고 자 산	100,000	200,000	이익잉여금	300,000	
유 형 자 산	600,000	800,000			
특 허 권	(미인식)	100,000			
자산총계	1,000,000	1,400,000	부채및자본총계	1,000,000	

P사가 S사에 합병대가로 지급한 현금은 2,000,000원이었다. P사가 기록할 영업권은 얼마인지 제시하고 합병 분개를 행한 후 합병 직후 재무상태표를 제시하라.

해답

합병대가 : 2,000,000원

순자산의 장부금액 : 자산의 장부금액－부채의 장부금액
＝1,000,000－300,000＝700,000원

순자산의 공정가치 : 자산의 공정가치－부채의 공정가치
＝160,000＋140,000＋200,000＋800,000＋100,000(이상 1,400,000)
－300,000＝1,100,000원

⇒ 영업권 2,000,000－1,100,000＝900,000원

(차)		(대)	
FVPL금융자산	160,000	현 금	2,000,000
매출채권	140,000	유동부채	300,000
재고자산	200,000		
유형자산	800,000		
특 허 권	100,000		
영 업 권	900,000		

합병으로 인하여 S사의 자본금은 의미가 없어졌으며 S사의 이익잉여금 등을 없애는 대신 S사의 주주들에게 현금을 지불한 것으로 보면 된다.

재무상태표(합병 직후)

현 금	3,000,000	유동부채	300,000
FVPL금융자산	160,000	자 본 금	5,000,000
매출채권	140,000		
재고자산	200,000		
유형자산	800,000		
특 허 권	100,000		
영 업 권	900,000		
자산합계	5,300,000	부채및자본합계	5,300,000

4. 개발비

개발비, 연구비, 경상개발비 등 3개의 계정과목은 서로 구분해야 한다. 일반적으로 신제품 또는 신기술 개발과 관련하여 발생한 비용(소프트웨어 개발 관련 비용 포함)으로 미래의 경제적 효익을 기대할 수 있을 경우 이를 개발비로

하여 무형자산에 기록한다. 회계기준(K-IFRS)에서는 다음의 사항을 모두 제시할 수 있는 경우에만 개발활동과 관련하여 발생한 비용을 무형자산으로 인식할 수 있다.

① 무형자산을 사용하거나 판매하기 위해 그 자산을 완성할 수 있는 기술적 실현가능성
② 무형자산을 완성하여 사용하거나 판매하려는 기업의 의도
③ 무형자산을 사용하거나 판매할 수 있는 기업의 능력
④ 무형자산이 미래경제적 효익을 창출하는 방법. 그중에서도 특히 무형자산의 산출물이나 무형자산 자체를 거래하는 시작이 존재함을 제시할 수 있거나 또는 무형자산을 내부적으로 사용할 것이라면 그 유용성을 제시할 수 있다.
⑤ 무형자산의 개발을 완료하고 그것을 판매하거나 사용하는 데 필요한 기술적, 재정적 자원 등의 입수가능성
⑥ 개발과정에서 발생한 무형자산 관련 지출을 신뢰성 있게 측정할 수 있는 기업의 능력

경상개발비는 개발에 소요된 비용이기는 하지만, 미래의 경제적 효익을 기대할 수 없는 경우에 사용하는 계정이다. 경상개발비는 자산으로 인식하지 않고 해당 연도에 즉시 포괄손익계산서의 비용으로 인식한다. 제조와 관련된 경상개발비는 제조원가(매출원가)로, 판매와 관련된 경상개발비는 관리비로 회계처리한다.

연구비는 새로운 과학적 지식을 발견하거나 기존 지식의 응용가능성을 모색하기 위하여 행하는 연구활동으로 인한 비용을 지칭하는데, 개발비에 비하여 미래경제적 효익의 발생가능성이 매우 불확실하기 때문에 발생 즉시 관리비 또는 기타비용 항목으로 비용화해야 한다. 신제품 및 신기술이 아닌 구제품에 대한 개량비용은 연구비 또는 경상개발비라는 계정으로 비용처리해야 하며, 신시장 개척 등과 관련된 연구활동비는 연구비로 역시 포괄손익계산서에 비용으로 보고한다.

5. 특허권 등 산업재산권

산업재산권이란 일정기간 독점적·배타적으로 이용할 수 있는 지식에 관한 권리로서 특허권·실용신안권·디자인권 및 상표권 등이 있다. 이들은 관계 법률에 의해 해당 기관에 등록함으로써 법적 권리를 획득한 경우에 한하여 재무상태표에 자산으로 계상할 수 있다. 산업재산권의 취득원가에는 취득에 소요된 원가뿐만 아니라 등록과 관련하여 발생하는 제반 부대원가를 포함시켜야 한다. 예를 들어, 특허출원 및 등록비용은 '선급비용'으로 계상한 후 특허권 취득시에 특허권계정에 가산한다.

산업재산권을 외부에서 취득했을 경우 시가에 근접한 금액이 산업재산권의 가액으로 반영되지만, 자가개발한 산업재산권의 경우 재무상태표에 저평가되어 계상된다는 회계처리상 단점이 존재한다. 세법에서 특허권, 실용신안권, 디자인권, 상표권의 존속기간을 정하고 있으며, 일반적으로 이러한 법정 내용연수를 고려하여 매기 정액법으로 상각하는 회계처리를 수행한다.

한편, 특허권을 일정기간 동안만 사용하기로 계약한 경우에는 무형자산으로 계상하지 않고 포괄손익계산서의 비용으로 처리할 수 있다. 특허권이 제품제조와 관련되면 상각시 제조원가에, 관리활동과 관련되면 상각시 기타비용으로 계상한다. 또한, 특허권과 관련된 소송비용은 특허권의 취득원가에 가산하되 패소한 소송비용은 비용으로 처리하며 이때에는 특허권도 제거해야 한다.

특허권이 더 이상 가치를 지니지 못하거나 소송에서 패소하여 특허권이 제거되는 경우에는 해당 금액을 전액 비용으로 처리한다. 만일, 승소했을 경우 소송비용은 특허권의 가액에 가산한다. 이러한 지출이 특허권의 가치를 확고하게 했기 때문에 특허권이라는 자산의 가치가 증가한 것으로 보는 것이다. 마지막으로, 취득 후 특허권의 가치를 증가시키기 위한 지출은 자본적 지출로 보아 특허권의 원가에 가산하지만, 원상회복이나 능률유지를 위한 지출은 수익적 지출로 보아 비용처리한다.

예제 6-12

다음은 20×1년 12월 31일에 발생한 상황이다. 물음에 답하라. (단, 이 회사는 기존에 현금 10,000원과 자본금 10,000원이 있었고, 모든 지출은 현금으로 거래되었다)

- 창업하면서 소요된 발기인의 보수, 설립등기비 등(창업비) 1,000원 소요
- 공정가치에 의한 순자산가액이 800원인 (주)동양을 1,300원에 인수
  ((주)동양의 순자산은 건물 1,000원과 장기차입금 200원이라 가정하고 회계처리함)
- 개업기간중 임직원의 급여, 광고선전비 각 200원씩 소요
- 신제품개발과 관련하여 소요된 개발비이지만, 미래의 경제적 효익을 기대할 수 없는 것에 소요된 금액(경상개발비) 400원
- 경상적으로 이루어지는 구제품에 대한 개량비용(경상개발비) 200원
- 자체적으로 연구하여 획득한 특허권에 소요된 금액 500원

〈요구사항〉

1) 20×1년말 재무상태표에 무형자산으로 기록될 금액과 포괄손익계산서에 비용으로 계상될 금액은?
2) 만일 무형자산의 상각기간을 5년으로 하고 정액법을 채택하였다면, 20×2년말의 재무상태표와 포괄손익계산서에는 어떤 내용이 있을까? (단, 영업권에서 손상차손 100원 발생)

해답

〈20×1년 분개〉

(차) 창 업 비	1,000	(대) 현 금	1,000
(차) 건 물((주)동양)	1,000	(대) 장기차입금((주)동양)	200
영 업 권	500	현 금	1,300
(차) 급 여	200	(대) 현 금	400
광고선전비	200		
(차) 경상개발비	600	(대) 현 금	600
(차) 산업재산권	500	(대) 현 금	500

〈20×2년 분개〉

(자) 손 상 차 손	100	(대) 영 업 권	100
(차) 무형자산상각비	100	(대) 산업재산권	100

1) 20×1년말의 무형자산 : 영업권 500원＋산업재산권 500원＝1,000원
   20×1년도의 비용 : 급여 200원, 광고선전비 200원, 경상개발비 600원(＝400＋200),
   창업비 1,000원 ⇒ 총 2,000원
2) 20×2년도 포괄손익계산서의 비용 중 무형자산상각비 100원, 손상차손 100원
   20×2년말 재무상태표의 무형자산 800원

재무상태표

20×1년 12월 31일

현 금		6,200	장기차입금	200
건 물		1,000	자 본 금	10,000
무 형 자 산		1,000	이익잉여금	(2,000)
1) 영 업 권	500			
2) 산업재산권	500			
자산합계		8,200	부채및자본합계	8,200

포괄손익계산서

20×1년 1월 1일~12월 31일

매 출	0
−)급 여	(200)
−)광고선전비	(200)
−)경상개발비	(600)
−)창 업 비	(1,000)
당기순이익	(2,000)

재무상태표

20×2년 12월 31일

현 금		6,200	장기차입금	200
건 물		1,000	자 본 금	10,000
무 형 자 산		800	이익잉여금	(2,200)
1) 영 업 권	400			
2) 산업재산권	400			
자산합계		8,000	부채및자본합계	8,000

포괄손익계산서

20×2년 1월 1일~12월 31일

매 출	−
−)손 상 차 손	(100)
−)무형자산상각비	(100)
당기순이익	(200)

6. 광업권

천연자원에 대한 채굴 권리 등은 광업권계정으로 하여 재무상태표의 무형자산에 보고한다. 광업권을 등록하면 독점적으로 채굴할 수 있는 권리를 얻게 되며, 내용연수 동안 생산량비례법 혹은 정액법을 사용하여 무형자산 상각을 한다. 천연자원 상각방법 중 가장 일반적으로 이용되는 방법은 생산량비례법이다. 생산량비례법의 단위당 상각비는 아래와 같이 구한다.

단위당 상각비=총원가(당해 연도 발생분)/총매장량

예제 6-13

(주)동양은 베트남유전탐사권을 1,000,000원에 현금취득하였고, 3곳에 대한 탐사를 한 결과, 그중 하나에서 유전이 발견되었다. 1곳마다 탐사원가로 3,000,000원의 현금이 소요되었으며, 추정매장량은 100,000배럴이다. 이 외에, 유전에서 사용되고 있는 기계장치의 취득원가가 600,000원이고 추정잔존가치는 60,000원이며 내용연수는 9년이다. 기계장치는 정액법으로 감가상각하고 천연자원은 생산량비례법으로 상각한다. 첫해에 5,000배럴을 채굴하여 판매하였다. 필요한 분개를 하고, 재무상태표에 나타나는 무형자산 금액은 얼마인지 제시하라.

해답

광업권=(1,000,000원+3,000,000원×3)=10,000,000원
단위당 무형자산상각비=10,000,000원/100,000배럴=100원/배럴

차변	금액	대변	금액
(차) 광 업 권	10,000,000	(대) 현 금	10,000,000
(차) 기 계 장 치	600,000	(대) 현 금	600,000
(차) 감가상각비	60,000	(대) 감가상각누계액_기계장치	60,000
* 540,000원/9년=60,000원			
(차) 무형자산상각비	500,000	(대) 광 업 권	500,000
* 5,000배럴×100원=500,000원			

이렇게 하여, 재무상태표의 무형자산에 광업권 9,500,000원이 남게 된다.

연습문제

1 물가가 지속적으로 상승하는 중에 동질적인 재고자산을 계속 매입하였고, 초기에 유형자산에 대한 설비투자를 했다. 다음 조합(재고자산평가－유형자산평가) 중 올해에 가장 낮은 당기순이익을 산출할 경우는?

① 선입선출법－정액법 ② 선입선출법－정률법
③ 평균법－정률법 ④ 평균법－정액법

2 다음 설명의 맞고 틀림을 구분하고 틀린 것은 맞게 고쳐라.

(1) 공정가 1,000원인 건물을 무상으로 증여받은 경우 건물은 1,000원으로 인식한다.
(2) 토지와 건설중인자산은 감가상각을 하지 않는다.
(3) 건물을 무상으로 증여받은 경우 공정가치를 알 수 없다면 보유하는 건물의 평균가를 적용하여 분개를 한다.

3 다음을 분개하라. (단, 모든 지출은 현금으로 이루어졌다고 가정한다)

(1) 보유하고 있는 기계장치 100원에 대한 올해 감가상각비는 20원이다.
(2) 건설회사에 1년간 공사대금으로 10,000원을 주었으나 건물이 완공되지는 않았다. 10,000원은 단기차입금으로 조달되었고 올해 발생한 이자비용 1,000원을 현금으로 지급하였다.

4 다음 자료를 이용하여 물음에 답하라.

20×1년 1월 1일 취득한 기계장치의 원가는 10,000원이고, 잔존가치는 1,000원이며, 내용연수는 3년(20×1년～20×3년)이다.

(물음 1) 정액법 사용시, 20×2년도의 포괄손익계산서상 감가상각비는?
(물음 2) 정액법 사용시, 20×2년도말의 재무상태표상 감가상각누계액_기계장치는?

5 다음 자료를 이용하여 물음에 답하라.

> 20×1년 1월 1일 취득한 기계장치의 원가는 9,000원, 잔존가치는 없으며 내용연수는 3년(20×1년~20×3년)이다. 이 자산을 20×3년 7월 1일에 3,000원에 판매하였다.

(물음 1) 정액법을 사용한다고 가정하고, 20×2년말의 감가상각누계액_기계장치는?

(물음 2) 정액법을 사용한다고 가정하고, 20×3년 처분시점의 유형자산처분이익은?

6 다음 자료를 이용하여 물음에 답하라.

> (주)동양은 20×1년 1월 1일 본사 사무실에서 사용할 목적으로 기계장치를 구입하였는데 구입가는 1,600,000원이었고, 내용연수는 4년, 잔존가치는 100,000원이었다. 또한, 기초에 재고자산 1,000원짜리 100개를 보유하고 있는 가운데, 당기에 1,000원짜리 1,000개를 매입했고, 기말상품재고가 장부상은 400개가 있어야 하지만, 실제로는 200개만 존재하였다. 이와 관련된 감모손실은 비정상적인 손실이어서 원가성이 없다고 간주한다. 보유하고 있는 재고자산은 이것이 전부이며 이와 관련하여 1년간 매출액은 2,000,000원이 발생하였다.

(물음 1) 정액법에 의하여 감가상각을 한다면 20×1년 매출총이익은?

(물음 2) 정액법에 의하여 감가상각을 한다면 20×1년 당기순이익은?

(물음 3) 정률법에 의하여 감가상각을 한다면 20×1년 당기순이익은? [정률 50%]

(물음 4) 정률법에 의하여 감가상각을 한다면 20×2년말 재무상태표상 감가상각누계액_기계장치는?

7 20×1년 1월 1일에 기계장치를 40,000원에, 건물을 50,000원에 현금지급하고 구입하였다. 건물과 기계장치의 내용연수는 각각 5년이고 정액법을 적용하며 잔존가치는 없다고 가정한다. 20×2년 6월 30일에 기계장치를 28,000원에 매각하였다. (단, 모든 거래는 현금으로 이루어졌으며, 주어진 자료가 전부라고 가정한다)

(물음 1) 20×1년 1월 1일의 분개를 하라.

(물음 2) 20×1년말의 감가상각 분개를 하라.

(물음 3) 20×1년말 재무상태표상 건물과 감가상각누계액_건물은 각각 얼마로 표시되는가?

(물음 4) 20×1년 발생한 감가상각비는 얼마인가?

(물음 5) 20×2년 6월 30일 발생한 거래의 분개를 하라.

8 다음 자료를 이용하여 필요한 분개를 모두 행하고, 20×1년말과 20×2년말의 재무상태표와 포괄손익계산서를 각각 작성하라.

> 원래 현금 20,000원과 자본금 20,000원을 가지고 있던 기업이 20×1년 1월 1일에 ① 시가 12,000원의 건물을 증여받았고, ② 기계장치를 1,000원에 구입하였다(대금은 아직 지급되지 않았다). 건물과 기계장치의 내용연수는 각각 4년이고 잔존가치는 없다(정액법으로 감가상각). 20×1년중 5,000원의 현금매출이 있었다. 20×2년 6월 30일에 기계장치를 현금 1,000원을 받고 매각하였다. 20×2년중 5,000원의 현금매출이 있었다(단, 매출원가는 무시한다).

9 다음 자료로부터, 20×3년말 무형자산 금액과 20×5년 무형자산상각비는 각각 얼마인가?

> 20×1년 O-zone이라는 제품개발과 관련하여 들어간 금액은 5,000원이었는데, O-zone의 효익은 20×3년부터 20×7년까지 5년간 계속될 것으로 예상된다. 그러나 20×5년에 O-zone이 실패로 돌아갔음을 확인하였다(정액법 적용).

10 다음 자료를 이용하여 물음에 답하라.

> 20×1년 1월 1일 갑회사는 을회사의 순자산을 현금 10,000원에 매입함으로써 경영권을 인수하였다(인수일 현재 을회사 순자산의 공정시장가치는 8,000원이다). 한편, 같은 날 갑회사는 병회사의 특허권을 현금 10,000원을 주고 매입하였다. 이외에 갑회사가 1년간 기초연구활동에 투자한 금액은 5,000원, O-zone이라는 신제품개발과 관련하여 발생한 금액이 6,000원이었는데, 그 효익이 20×2년부터 20×4년까지 3년간 계속될 것으로 예상된다(정액법 적용). 그러나 20×3년에 이 제품의 결과가 실패로 돌아갔음을 확인하였다(단, 특허권의 상각기간은 4년이며, 영업권 손상검사 결과 20×1년말 1,600원, 20×2년말 1,200원, 20×3년말 800원으로 평가되었다).

20×2년말과 20×3년말의 무형자산 금액은 얼마인가?

11 다음 자료로부터, 20×1년부터 20×4년까지 연구개발활동과 관련된 분개를 하고, 재무상태표와 포괄손익계산서를 작성하라. (단, 20×1년초에 이 회사는 3,000원의 현금과 3,000원의 자본금이 있었으며, 20×1년부터 20×4년까지 매년 800원의 현금매출이 발생했고 매출원가는 무시한다)

> (주)동양은 매년 상당액을 연구개발활동에 투자하고 있다. 20×1년도에 연구활동에 300원, 경상적 개발활동에 200원, 그리고 혁신적인 부품개발을 위해 Project-A라고 명명된 비경상적인 개발활동에 1,000원을 지출하였다. Project-A는 성공가능성이 매우 높아 미래의 경제적 효익이 거의 확실시되며, 20×2년부터 그 효익이 실현되어 5년 정도 계속될 것으로 예상된다. 다른 개발활동은 미래의 효익이 불확실하다. 그러나 20×4년말에 이 회사는 Project-A의 결과가 실패로 돌아갔음을 확인하였다. 이 회사의 결산일은 12월 31일이다.

12 20×1년 1월 1일 현재 재무상태표에 현금 300,000원, 자본금 200,000원, 이익잉여금 100,000원이 있었다. 20×1년 1월 1일 기계장치를 외상으로 구입하고 대금 110,000원을 향후 지급하기로 하였다. 본사 건물에 대한 공사를 시작해 20×1년중 공사대금 100,000원을 현금지출했으며, 20×2년 1월 1일 추가로 현금 60,000원을 들여 20×2년 1월 1일 건물이 완공되었다. 기계장치와 건물의 내용연수는 4년, 잔존가치는 10,000원이며, 기계장치는 연수합계법, 건물은 정률법을 적용한다. 20×2년 12월 31일 기계장치를 200,000원의 현금을 받고 매각했다. 20×1년과 20×2년 분개와 재무제표를 제시하라.

13 [OX문제]

(1) 유형자산을 외부에서 구입하는 경우 취득원가는 취득한 자산의 매입가액에 해당하는 금액이며, 취득부대비용은 당기비용으로 처리한다.

(2) 정률법에 의한 당기순이익은 언제나 생산량비례법에 의한 당기순이익보다 적다.

(3) 개발비와 경상개발비는 경제적 효익이 발생하는 기간에 걸쳐 무형자산상각비를 계상해야 한다.

(4) 98만원짜리 토지를 구입하면서 토지정지비용 1만원이 지불되면 재무상태표의 토지는 99만원이 된다.

(5) 토지는 내용연수가 무한데이므로 감가상각을 하지 않지만, 건물과 건설중인자산은 감가상각대상이다.

(6) 보유하던 유형자산을 처분하는 경우 현재 장부금액보다 높은 가격으로 처분하였을 때 유형자산처분손실이 인식된다.

(7) 20×1년에 광고선전비가 5,000원, 기초연구활동에 투자한 금액이 5,000원이며, 신제품 개발과 관련하여 발생한 금액이 6,000원이었는데, 이 제품의 효익이 20×2년초부터 20×4년말까지 3년간 계속될 것으로 예상되었고 20×3년초 이 신제품이 실패로 돌아갔음을 확인하였다면 20×1년말 재무상태표에 보고될 무형자산은 11,000원이다.

(8) 위 (7)번 문제에서 20×3년말 재무상태표에 보고될 무형자산은 0원이다.

PART

III

재무제표의 작성 Ⅱ
(자금흐름 관련 회계처리 및 기타)

CHAPTER 7

금융자산 관련 주요 회계처리

제 1 절　단기 자금운용과 유동자산
제 2 절　취득, 이자/배당 수령시 회계처리
제 3 절　공정가평가 및 처분시 회계처리
제 4 절　관계기업투자주식 및 연결재무제표
제 5 절　현금성자산의 범위 및 현금 내부통제

개 요

제4장~제6장에서는 회사의 영업흐름과 관련하여 필요한 자산들에 대한 회계처리를 검토하였다. 재고자산에 관련하여서는 매입과 판매, 기말재고자산 평가 위주로 학습하였으며, 매출채권에 관련하여서는 매출채권 회수, 손상차손 회계처리, 매출채권의 할인을 집중적으로 검토하였고, 유・무형자산에 관련하여서는 취득, 감가상각, 처분 등에 대한 회계처리를 다루었던 바 있다.

제7장부터는 회사의 자금흐름을 중심으로 자금조달 및 여유자금의 운용에 대한 회계처리를 검토한다. 즉, 여유자금으로 주식과 채권을 운용하며 발생하는 이자/배당수익 및 공정평가 회계처리, 그리고 추가로 자금조달을 위하여 회사채발행이나 주식발행을 할 경우의 세부적인 회계처리 등을 주로 학습한다. 일단, 제7장에서는 타회사가 발행한 주식이나 채권 등에 자금운용을 하는 경우의 회계처리에 대해 검토한다. 흔히 여유자금이 있다면 은행예금 등을 생각해 볼 수 있지만, 실제로 타회사 주식이나 채권 등에 투자하는 경우가 많은데, 이와 관련하여 FVPL금융자산, FVOCI금융자산, AC금융자산, 관계기업투자주식 등의 회계처리가 어떤 상황에서 어떻게 이루어지는가에 대하여 검토한다.

제 1 절 단기 자금운용과 유동자산

1. 여유자금의 단기 운용, FVPL금융자산

기업에서 발생하는 제일 빈번한 회계처리는 당연히 재고자산, 매출채권, 유형자산 등에 대한 회계처리일 것이다. 하지만 지난 수십년간 금융시장의 발달과 더불어 회계적으로 중요해진 자산의 영역이 금융자산의 영역이다. 주식발행이나 매출 등 영업활동의 결과로 회사에 자금이 유입되었으나, 경기상황이 좋지 않아서 설비투자를 보류하는 경우 등에는 회사 내에 여유자금이 발생할 수 있다. 일반적으로 여유자금을 은행에 예금하여 적은 이자라도 받는 것이 현금상태로 보유하는 것보다 나을 것이다. 하지만 금융시장의 동향을 분석한다면 은행예금보다 높은 수익을 올릴 수 있는 금융자산에의 투자가 가능하며, 여기서 발생하는 이익 또는 손실은 기업의 평가에 매우 중요하므로 회계처리에서 체계적이고 일관성 있게 다루어져야 한다. 은행예금에서는 단순히 이자수익 정도만 발생하지만, 주식, 채권 등 금융자산에 단기 또는 장기 투자함으로써 이자수익, 배당금, 시세차익 등 여러 방법으로 수익을 창출할 수 있기 때문에 각 상황에 맞는 회계처리를 학습할 필요가 있다.

금융자산은 '계약에 의해 미래에 현금 등을 수취할 현재의 권리'를 발생시키는 자산이라 할 수 있으며, 가장 빈번히 발생하는 금융자산 투자 사례는 타회사가 발행한 주식, 채권에 직접 투자하는 경우 또는 금융기관이 발행한 기타 금융상품(펀드 등)에 대한 투자 등이다.[1]

만일, 우리 회사가 현금 10,000원을 '단기적으로 언제든 팔고 살 가능성이 높은' 타회사 발행 주식이나 채권에 시세차익을 얻을 목적으로 투자했다면, 'FVPL금융자산'계정을 사용하여 다음과 같이 분개한다.[2]

1) 투자한 회사의 금융자산은 거래상대방 회사의 금융부채 또는 자본이 되며, 거래상대방 회사는 그에 합당한 회계처리를 해야 한다. 투자의 대상이 된 주식은, 원래 타회사 입장에서 본다면 주식발행시에 현금이 유입되면서 자본금과 자본잉여금 등이 발생하여 재무상태표에 표시된 상태일 것이다. 또한, 투자의 대상이 된 채권은 타회사가 발행한 회사채 등의 부채로 재무상태표에 부채로 표현되어 있을 것이다.

(차) FVPL금융자산 10,000 (대) 현 금 10,000

이 분개는 현금이 감소하면서 타회사 발행 주식이나 채권을 자산으로 소유하는 상황을 표현하고 있다. 여유자금을 FVPL금융자산으로 정의되는 자산에 투자하여 미래의 수익(배당수익 또는 주식 시세차익)을 꾀하기 위한 목적으로 자금운용하고 있는 것이다. 'FVPL금융자산'이라는 용어는 당기손익-공정가치측정금융자산(Fair Value through Profit or Loss)으로 번역되어 사용되고 있으며, 이하 본서에서는 'FVPL금융자산'으로 간단히 표현하기로 한다.[3]

FVPL금융자산을 취득한 이후 발생하는 주요 회계처리로는 타회사 발행 채권을 보유중일 때 발생하는 이자수익, 타회사 발행 주식을 소유할 때 발생하는 배당금수익, 그리고 더 나아가 처분하지는 않았으나 결산일의 공정가평가에 따른 평가이익 또는 평가손실을 인식하는 회계처리, 처분시 인식하는 처분이익 또는 처분손실 등이 있다.

회계학의 오랜 관심 중 하나가 재무상태표에 최초 취득원가로 표시된 금액을 그대로 유지할 것인가, 아니면 믿을 만한 시장의 공정가치 변동에 따라 이러한 공정가치를 재무상태표에 반영하여 보고할 것인가의 문제이다.

회계기준은 믿을 만한 금융시장을 정의한 뒤 여기에서 형성되는 주식, 채권의 공정가치의 신뢰성이 충분하다고 판단하고 이러한 금융자산에 대해 공정가치 평가가 가능한 경우 재무상태표에 공정가치 평가를 반영하도록 하고 있다. 즉, 회계기준을 제정하는 입장에서 바라볼 때, 일반적인 주식이나 채권 등 금융자산은 재고자산, 유/무형자산 등 다른 자산들보다 시장에서 형성되는 공정가를 신뢰할 만하기 때문에 공정가를 회계처리에 반영하는 범위를 확대하여 평가이익과 평가손실까지도 재무제표에 반영하도록 하고 있다.

앞서 재고자산의 경우 저가법을 적용하여 취득원가가 공정가보다 낮아진 경우에만 해당 손실액을 재고자산평가손실(매출원가에 포함)로 인식하였으

2) K-IFRS에서는 FVPL금융자산, FVOCI금융자산 등의 정의를 더 자세히 다루고 있으나, 이에 대해서는 중급회계에서 검토하기로 하고, 회계원리에서는 요약된 의미 위주로 설명한다.

3) 실제로 회사들이 재무상태표를 공시할 때에는 한국어 표현을 사용하여, '당기손익-공정가치측정금융자산'으로 표현한다. 이는 'FVPL금융자산'과 같은 의미이므로 본서의 이하 내용에서는 'FVPL금융자산' 명칭을 사용한다. 참고로, 이전 재무제표에는 '단기매매금융자산'이라는 계정이 보고되곤 했었는데, 이는 FVPL금융자산과 매우 유사한 의미로 과거에 사용되던 명칭이다.

며, 유형자산의 경우 재평가모형을 선택한 경우에 한해 재평가잉여금을 기타 포괄손익에 반영하고 재평가손실은 당기손익에 반영한 바 있다. 금융자산은 훨씬 적극적인 공정가평가를 강제하고 있다. K-IFRS에서 규정한 요건에 해당된다면(주로, 투자 의도가 '단기시세차익 목적'에 부합하는 경우와 유사), 'FVPL금융자산'계정으로 하여 재무상태표의 유동자산에 보고하고, 공정가가 변동하면 그 평가이익 또는 평가손실을 'FVPL금융자산평가이익' 또는 'FVPL금융자산평가손실' 계정으로 하여 포괄손익계산서에 수익이나 비용으로 반영하도록 하고 있다.4)

2. FVPL금융자산은 유동자산

'자산'의 정의에 따르면, '자산'은 '비용'과 달리 아직 역할이 끝나지 않은 회사의 권리 혹은 투자상태 등을 의미했다. FVPL금융자산은 단기간에 현금화시킬 수 있으며 이자수익, 배당수익 등을 창출한다는 점에서, 기계장치, 재고자산 등과 마찬가지로 미래의 수익창출을 위하여 기여할 수 있으므로 자산에 해당된다. 금융시장에서 단기간에 자유롭게 매매가 가능한 타회사 발행 주식이나 채권 등에 해당되어야 FVPL금융자산으로 분류될 수 있고, 그러한 FVPL금융자산을 주식시장에서 처분하면 현금을 조달할 수 있으므로 FVPL금융자산은 미래의 수익창출에 기여할 수 있으며, 아직 그 역할이 끝나지 않은 권리라고 할 수 있으므로 자산에 포함된다.5)

또한, 타회사 발행 주식이나 채권을 단기시세차익 목적 또는 이자수익, 배당금수익을 얻기 위한 목적으로 취득한 FVPL금융자산은 1년 이내의 단기간에 현금화될 가능성이 높기 때문에 유동자산으로 분류되어 유동성배열법에 따라 재무상태표에 보고되어야 한다.

4) FVPL금융자산의 요건 외에, FVOCI금융자산, AC금융자산, 관계기업투자주식으로 적용되어 회계처리가 이루어지는 경우의 기본적인 사항을 본장에서 학습한다. 중급회계, 고급회계에서는 이들 계정과 관련하여 더 심화된 회계처리 내용을 학습하게 된다.

5) 자산이란 축적된 재산만을 의미하는 것이 아니다. 빚을 얻어 자산을 만들어 놓은 것일 수도 있고, 실물자산에 투자되기 위하여 대기하고 있는 여유자금으로 구입한 타회사 주식이나 채권일 수도 있는 것이다.

참고 | 재무상태표 작성의 주요 원칙

① 유동성배열법 : 유동항목과 비유동항목의 구분은 1년 혹은 정상영업순환주기를 기준으로 하는 것을 원칙으로 하므로 일반적으로 1년 기준으로 판단하여 1년 이내 현금화될 가능성이 높다면 유동자산으로, 1년 이내 현금으로 갚아야 할 가능성이 높다면 유동부채로 보고한다. 물론, 그 이상이 소요될 가능성이 높은 경우 비유동자산, 비유동부채로 보고해야 한다.[6] 재무상태표에 표시할 때에는 유동성의 순서대로 나열해야 한다. 즉, 유동성이 높은 현금을 자산의 제일 위에 기록하고, 점차로 유동성이 낮은 자산들을 배열해서 무형자산 등이 제일 아래 나오게 할 수도 있고, 반대로 유동성이 낮은 자산을 제일 위로 기록하고 점차 유동성이 높은 자산들을 배열할 수도 있다. 일반적으로, 전자의 방법대로 재무상태표에 보고하는 경향이 있다.

② 구분표시 원칙 : 자산, 부채 및 자본으로 구분하고, 각각 유동자산과 비유동자산, 유동부채와 비유동부채, 자본금, 자본잉여금, 이익잉여금 등으로 구분표시한다. 특히, 자본잉여금과 이익잉여금의 구분표시가 제대로 지켜져야 하는바, 발행한 주식과 관련되어 발생한 자본거래에서 발생한 이익은 포괄손익계산서를 거치면 안 되고, 그 누적액은 재무상태표의 자본잉여금으로 기록되어야 한다. 반면, 손익거래에서 발생한 이익은 반드시 포괄손익계산서의 당기순이익을 거쳐 이익잉여금으로 누적되어 보고되어야 한다. 기타포괄손익은 포괄손익계산서에 별도로 보고 후 재무상태표의 기타포괄손익누계액에 별도로 누적하여 기록되어야 한다.

③ 총액기준 원칙 : 총액에 의하지 않고 일부 자산에서 일부 부채를 차감하여 기록하지 않는다. 즉, 원칙적으로 자산과 부채를 임의로 상계하여 순액을 표시하면 회계정보의 의도치 않은 생략 및 정보왜곡의 우려가 있으므로, 허용된 경우가 아니라면 자산과 부채를 상계처리하지 말고 각각의 금액을 재무상태표에 보고해야 한다.

---

6) IFRS는 재무상태표에 기재하는 자산과 부채의 배열에 있어서 유동성순서로 배열하라고 하였으므로, 유동성이 가장 높은 자산부터 낮은 자산의 순서로 배열하거나 가장 낮은 자산부터 가장 높은 자산의 순서로 배열하는 일관성을 유지해야 한다.

제 2 절 취득, 이자/배당 수령시 회계처리

1. FVPL금융자산, FVOCI금융자산, AC금융자산의 차이

상법상의 정의에 따르면, 유가증권은 '재산적 가치를 표창하고 있는 종잇조각(증권)'이라 할 수 있으므로, 유가증권에는 상당히 많은 종류가 있다. 그러나 금융자산 회계처리와 관련해서는 증권거래법의 유가증권의 개념에 따라 보통주, 우선주 등의 주식과 국공채, 회사채 등의 채권이 주로 대상이 된다.

기업이 유가증권을 보유하는 경우는 대부분 일시적 여유자금을 활용하기 위한 투자에 의해 발생하는데, 그 대상은 거의 타회사 발행 주식과 회사채(투자기업 입장에서 채권)가 된다. 이렇게 투자된 주식과 채권은 재무상태표에 자산으로 분류될 것이며 그 계정명칭은 보유 의도에 따라 다른 명칭을 사용한다.7)

어떤 기업의 재무상태표에 보고되는 금융자산은 일반적으로 타기업 발행 주식(거래상대방의 자본금)이나 채권(거래상대방의 회사채 등)이 일반적이다. 이때 법률적으로는 유가증권에 투자하였다고 할 수도 있지만, 재무상태표에는 유가증권이라는 계정을 사용하지 않고 그 성격에 따라 '**금융자산' 또는 '**투자주식' 계정을 사용한다. FVPL금융자산은 금융자산의 여러 유형 중 하나로, 앞서 살펴본 것처럼 여유자금으로 타기업 발행 주식이나 채권에 단기적인 투자를 하였을 때 사용하는 계정이다. 즉, 금융자산에 투자하였다고 하더라도 재무제표에 금융자산이라는 계정명칭을 그대로 사용하지 않고, 단기 자금운용의 목적이었다면 FVPL금융자산계정을 재무상태표에 보고한다는 것이다.

FVPL금융자산이 아닌 다른 계정을 사용해야 하는 경우에 대해서 살펴보자. 주식에 투자한 경우, 주식을 발행한 회사의 경영권에 영향을 미치는 정도 수준까지 취득할 수 있다. 일반적으로 주식발행회사가 발행한 총주식의

7) 유가증권은 상법상으로 너무 큰 개념이므로 이론적 개념상의 명칭이다. 회계기준에 의하여 재무제표에 표현하기 위하여 사용되는 계정과목 명칭으로 사용되지는 않는다.

20~50%를 소유하게 되었다면 해당 기업에 대해 유의한 영향력을 행사할 수 있게 되며, 이때 금융자산을 회계적으로 '관계기업투자주식'으로 분류하여 재무상태표에 자산으로 보고한다. 만일, 발행주식의 50%를 초과하여 타회사 발행 주식을 취득한 경우 '투자주식'이라는 계정을 사용하고 별도의 회계기준에 의하여 연결재무제표를 추가로 작성해야 한다.

간단히 말해서, 타회사 발행 주식에 투자하였는데 단기매매 목적이라면 FVPL금융자산, 경영권과 관련된 주식투자라면 관계기업투자주식 또는 투자주식 계정을 사용한다. 이를 제외한 주식투자인 경우, 즉 단기매매 목적도 아니고 경영권과 관련되지도 않으면서 중장기적으로 보유하는 경우 사용하는 계정명칭은 FVOCI(선택)금융자산이다.[8)]

FVOCI란 기타포괄손익에 공정가치를 반영(Fair Value through Other Comprehensive Income)한다는 의미로 국내 회사들의 재무제표에는 같은 의미인 '기타포괄손익-공정가치측정금융자산'으로 보고된다. 이하에서는 간단히 FVOCI(선택)금융자산으로 표현한다.

주식이 아니고 타기업 발행 채권(거래상대방의 회사채)에 투자하는 경우에도 FVPL금융자산, FVOCI금융자산의 용어는 그대로 사용한다. 즉, 단기매매 목적의 채권투자였다면 FVPL금융자산, 중장기보유 목적의 기타 목적이라면 FVOCI금융자산의 계정을 사용한다.

채권은 주식과 달리 경영권과 관련되지는 않으며, 일정기간이 흘러 만기가 도래하면 채권을 발행한 회사가 채권보유자에게 원금을 갚아야 하는 금융자산이다. 만일 만기까지 보유할 의도로 채권에 투자하였다면, 공정가 변동에 따른 금융자산평가손익을 회계처리에 반영할 필요는 없다. 어차피 만기까지 이자수익과 원금을 정해진 만기에 수령하도록 정해져 있기 때문이다. 만기까지 이자수익을 인식하면서 시간에 따른 금융자산의 가치 변화만 재무제표에 반영하면 된다. 이와 같이 만기까지 보유할 목적으로 채권에 투자하였다면 AC(amortized cost)금융자산 또는 '상각후원가측정금융자산' 계정[9)]으로

8) 일반적으로, 타회사 발행 채권에 투자한 경우 FVOCI금융자산 명칭을 그대로 사용하나, 타회사 발행 주식에 투자한 경우 FVOCI선택금융자산 명칭으로 구분하여 사용할 수 있다. 이후 두 계정 사이에는 회계처리에 차이가 있다. 이에 대해서는 중급회계에서 심층적으로 학습하게 된다. 참고로, 이전 재무제표에는 '매도가능금융자산'이라는 계정이 보고되곤 했었는데, 이는 현재 FVOCI금융자산과 매우 유사한 의미로 과거에 사용되던 명칭이다.

재무상태표의 자산에 보고한다(이하에서는 AC금융자산으로 표현한다).

채권에서 발생하는 이자수익을 인식할 때 AC금융자산과 FVOCI금융자산은 유효이자율법을 적용하여 현재가치에 근거한 회계처리를 해야 한다. 하지만 단기매매 목적이라 할 수 있는 FVPL금융자산은 회사의 선택에 따라서 유효이자율법을 선택해도 되고, 선택하지 않아도 된다.

이상을 정리해 보면 다음과 같다.

① FVPL금융자산(fair value through profit or loss) : 단기매매를 목적으로 주식 또는 채권에 투자한 경우. 발생하는 평가손익은 당기손익에 포함

② FVOCI금융자산(fair value through other comprehensive income) : 중장기매매를 목적으로 주식 또는 채권에 투자한 경우. 발생하는 평가손익은 기타포괄손익(OCI)에 포함되며, 처분시 OCI를 당기손익으로 재분류 가능[10](FVPL금융자산, FVOCI금융자산은 주식과 채권에 투자한 경우 모두 사용)

③ AC금융자산 : 채권에 투자하였고, 채권의 만기까지 보유할 목적인 경우. 평가손익 없이 이자수익만 유효이자율법으로 인식하며 만기까지 보유함

④ 관계기업투자주식(또는 투자주식) : 타회사 발행 주식에 투자해 경영권에 영향을 미칠 의도인 경우. 지분법 회계처리 또는 연결재무제표 작성이 필요함. 즉, 재무상태표에 나타나는 계정은 주식과 채권의 경우 각각 세 가지씩으로 분류됨. 주식의 경우, 일시적인 유휴자금을 활용하기 위하여 시장성 있는 다른 회사의 주식에 투자한 경우 'FVPL금융자산'을, 피투자회사의 경영권에 중대한 영향을 미칠 의도로 주식을 보유하는 경우 '관계기업투자주식'계정을 사용함. 이 외의 경우(시장성이 없으면서 경영권에도 중대한 영향을 미칠 정도가 아닌 경우 등)에는 'FVOCI(선택)금융자산'계정이 사용됨

9) AC금융자산과 유사한 의미로 과거에 사용되던 계정명칭으로 '만기보유금융자산'이라는 계정이 있었다.

10) 채권인 경우 당기손익으로 재분류가능하고, 주식인 경우 당기손익으로 재분류하지 않는다. 자세한 차이는 중급회계에서 학습한다.

2. 금융자산 취득시 회계처리

금융자산과 관련하여 회계처리가 이루어져야 하는 주요 시점에는 ① 취득시점, ② 취득 후 발생한 배당수익(주식의 경우)과 이자수익(채권인 경우)을 인식하는 시점, ③ 결산일에 금융자산의 취득원가보다 공정가치가 높거나 낮을 경우 평가이익 또는 평가손실을 인식하는 시점, ④ 금융자산을 처분함으로써 처분이익이나 처분손실을 인식하는 시점 등이 있다.

결산일에 취득원가가 아닌 공정가치로 평가하여 평가이익과 평가손실을 인식하는 이유는 재무상태표에 보고되는 자산 중 재고자산이나 유형자산에 비해 금융자산의 시장에서의 공정가가 신뢰성 있다고 인정되기 때문이다.[11]

FVPL금융자산의 취득원가는 취득시 매입가액을 자산가액으로 하고 부대비용은 당기손익으로 처리한다. 하지만 FVOCI금융자산의 취득원가는 자산의 매입가액과 부대비용을 합산한 금액으로 한다.[12]

예제 7-1

다음 회계처리를 하라. (단, 모든 금융자산은 공정가를 신뢰할 수 있는 금융시장에서 거래된다고 가정한다)

1. (주)동양은 (주)서양의 주식 100주를 매수하고 1주당 현금 10,000원을 지급하였으며 수수료 20,000원을 별도로 현금지급하였다. 단기시세차익을 얻으려는 목적으로 매수한 것이라 FVPL금융자산으로 분류하였다.
2. (주)동양은 (주)서양의 사채 100매를 매수하고 1매당 현금 10,000원을 지급하였다. 수수료는 발생하지 않았다. 단기시세차익을 얻으려는 목적으로 매수한 것이라 FVPL금융자산으로 분류하였다.
3. (주)동양은 (주)서양의 사채 100매를 매수하고 1매당 현금 10,000원을 지급하였다. 수수료 20,000원을 별도로 현금지급하였다. 1년 이상 보유목적으로 취득한 것이라 FVOCI금융자산으로 분류하였다.

---

11) 전 세계적으로 주식시장과 채권시장이 안정적으로 형성되어 있고 그 시장에서 공시되는 가격은 불특정 다수가 모두 받아들이고 있어 신뢰성이 높다는 판단이 회계기준에서 오래전부터 받아들여진 것이다.

12) 부대비용은 증권회사의 위탁수수료, 중개인수수료, 등록세 등과 같이 주식취득을 위하여 필수적으로 소요되는 지출들로 이루어져 있다.

해답

1. (차)	FVPL금융자산	1,000,000	(대)	현 금	1,020,000
	수수료비용	20,000			
2. (차)	FVPL금융자산	1,000,000	(대)	현 금	1,000,000
3. (차)	FVOCI금융자산	1,020,000	(대)	현 금	1,020,000

(주) 재무상태표의 자산에는 FVPL금융자산 2,000,000원, FVOCI금융자산 1,020,000원이 보고될 것이고, 유동자산 중 기존에 있던 현금 3,040,000원이 감소되어 나타난다. 한편, 포괄손익계산서에 수수료비용 20,000원이 비용으로 계상되어 당기순이익을 감소시키는 영향을 미친다.

동일한 주식 또는 채권을 가격대만 다르게 2회 이상에 걸쳐 취득할 수 있다. 이와 유사한 재고자산평가의 상황에서는 선입선출법, 총평균법, 이동평균법 등을 사용했던 바 있다. 금융자산을 2회 이상에 걸쳐 취득한 경우에는 총평균법 또는 이동평균법을 적용하여 취득원가를 산정하여 재무상태표에 보고한다. 총평균법은 거래의 순서와 관계없이 기중 매입단가를 모두 합산하여 평균을 계산하고 그 매입단가와 매각단가를 비교하여 손익을 산출하는 방법이고, 이동평균법은 거래의 순서에 맞게 매각이 이루어지는 시점 이전까지의 평균을 구하여 손익을 계산하고, 매각 후 남은 수량에 신규 매입된 자산의 평균을 다시 구하는 방법이다.

예제 7-2

(주)동양의 20×1년 1월 1일 재무상태표에 현금 60,000원과 자본금 60,000원이 있었다. (주)동양은 (주)서양 주식을 단기매매 목적으로 취득 및 매각하는 거래를 다음과 같이 수행하였다. 20×1년의 처분손익과 12월 31일 현재 보유하는 (주)서양 주식의 취득원가를 총평균법과 이동평균법을 각각 적용하여 제시하고, 분개와 재무제표도 제시하라. (단, 제시된 공정가는 신뢰할 수 있다고 가정한다)

1월 10일 : 200주를 1주당 110원에 매입하면서 22,000원을 지출
4월 25일 : 100주를 1주당 140원에 매입하면서 14,000원을 지출
7월 25일 : 보유하던 300주 중 200주를 1주당 150원에 매각하면서 30,000원을 받음
12월 25일 : 새로 100주를 1주당 160원에 매입하면서 16,000원을 지출

20×1년	매입수량	주당 취득단가	매각수량	주당 매각단가
1월 10일	200주	110원	–	–
4월 25일	100주	140원	–	–
7월 25일	–	–	200주	150원
12월 25일	100주	160원	–	–

해답

1. 총평균법의 경우

매입단가는 (200주×110원+100주×140원+100주×160원)/400주=130원/주

즉, 보유하던 400주 중 200주(주당 130원이므로 26,000원)를 30,000원에 매각

결국, 처분이익은 4,000원, 연말 보유주식의 취득원가는 200주×130원=26,000원

〈12월 31일〉	(차) FVPL금융자산	52,000	(대) 현 금	52,000
〈12월 31일〉	(차) 현 금	30,000	(대) FVPL금융자산	26,000
			FVPL금융자산처분이익	4,000

재무상태표

20×1년 12월 31일

현 금	38,000	자 본 금	60,000
FVPL금융자산	26,000	이익잉여금	4,000
자산합계	64,000	부채및자본합계	64,000

포괄손익계산서

20×1년 1월 1일~12월 31일

매 출	0
+)FVPL금융자산처분이익	4,000
당기순이익	4,000

2. 이동평균법의 경우

	구 입			매 각			잔 량		
	수량	주당 단가	총원가	수량	주당 단가	총수입	수량	주당 단가	총원가
1월 10일	200	110	22,000	–	–	–	200	110	22,000
4월 25일	100	140	14,000	–	–	–	300	120	36,000
7월 25일	–	–	–	200	150	30,000	100	120	12,000
12월 25일	100	160	16,000	–	–	–	200	140	28,000

4월 25일 잔량은 (200주×110원+100주×140원)/300주=120원/주로 계산됨.

12월 25일 잔량은 (100주×120원+100주×160원)/200주=140원/주로 계산됨.

12월 31일 보유하는 200주의 취득원가는 200주×140원=28,000원

〈 1월 10일〉 (차) FVPL금융자산 22,000 (대) 현 금 22,000
〈 4월 25일〉 (차) FVPL금융자산 14,000 (대) 현 금 14,000
〈 7월 25일〉 (차) 현 금 30,000 (대) FVPL금융자산 24,000
FVPL금융자산처분이익 6,000
〈12월 25일〉 (차) FVPL금융자산 16,000 (대) 현 금 16,000

재무상태표

20×1년 12월 31일

현 금	38,000	자 본 금	60,000
FVPL금융자산	28,000	이익잉여금	6,000
자산합계	66,000	부채및자본합계	66,000

포괄손익계산서

20×1년 1월 1일~12월 31일

매 출	0
+)FVPL금융자산처분이익	6,000
당기순이익	6,000

3. 이자수익과 배당금수익의 기본적 회계처리

금융자산 중 주식에 투자한 경우에는 '배당금수익'이 발생할 수 있으며, 회사채나 국공채 등 채권에 투자한 경우에는 '이자수익'이 발생할 수 있다. 이들은 각각 포괄손익계산서의 '배당금수익'과 '이자수익' 계정으로 하여 수익으로 회계처리되어 당기순이익을 증가시키는 영향을 준다.

예제 7-3

(주)동양(12월 결산법인)의 1월 1일 재무상태표에는 FVPL금융자산 100,000원과 자본금 100,000원이 있었다. 다음 상황에 대하여 분개를 하고 이를 반영한 재무제표를 제시하라.

1. FVPL금융자산 중 주식 100주에 대하여 12월 31일에 1주당 500원의 배당금을 받기로 확정되었으나 아직 현금으로 수령하지는 못하였다.
2. FVPL금융자산 중 채권 100매에 대하여 12월 31일에 1매당 1,000원의 이자를 현금으로 지급받았다.

해답

1. (차) 미 수 수 익 50,000 (대) 배당금수익 50,000
2. (차) 현　　금 100,000 (대) 이 자 수 익 100,000

* 이로써, 재무상태표에는 유동자산 중에 현금 100,000원과 미수수익 50,000원이 증가되어 나타나고, 포괄손익계산서에 배당금수익 50,000원과 이자수익 100,000원이 각각 기록되어 당기순이익을 증가시키는 영향을 미친다.

재무상태표

20×1년 12월 31일

현　　금	100,000	자 본 금	100,000
FVPL금융자산	100,000	이익잉여금	150,000
미 수 수 익	50,000		
자산합계	250,000	부채및자본합계	250,000

포괄손익계산서

20×1년 1월 1일~12월 31일

+)배당금수익	50,000
+)이자수익	100,000
당기순이익	150,000

4. 이자수익 인식 기간 중 경과이자의 회계처리

정해진 기간마다 이자를 지급하는 채권(회사채, 국공채 등)을 이자지급일 사이에 매입하거나 매각하는 경우, 거래대금에는 이론상 최근 이자지급일로부터 거래일까지 발생한 이자의 일부분(경과이자)이 포함된다고 보아야 한다. 이때 국공채를 발행일 이후에 취득하는 경우에는 취득일 이전까지 발생된 이자는 미수수익(자산)으로 분리처리하고 잔액을 취득원가로 계상한다.

따라서 취득일 이후 포괄손익계산서상 이자수익(수익)으로 계상되는 금액은 채권 보유자의 보유기간 동안 발생한 수익만으로 측정해야 한다. 이러한 회계처리는 앞서 언급한 수정분개와 유사한 경우이다. 즉, 시간의 경과에 따라 수익과 비용이 점차로 실현되어 가는 거래의 경우 수익과 비용의 정확한 기간귀속이 되도록 해야 한다. 이로써 포괄손익계산서에 보고되는 당해연도의 당기순이익이 발생주의 회계와 수익·비용대응의 원칙에 입각하여 적정하게 산출된다.

예제 7-4

다음 상황에 적절한 분개를 하라.

1. 매년말 120,000원의 1년 치 이자를 지급하는 사채를 단기보유 목적으로 9월 1일에 취득하면서 경과이자를 포함하여 1,100,000원을 현금지급하였다.
2. 연말에 액면이자 120,000원을 현금으로 지급받았다(연말의 사채의 공정가치는 취득원가와 변함이 없었다).
3. 다음 해 4월 1일에 사채를 경과이자 포함 1,040,000원을 받고 매각하였다.

해답

	(차)		(대)	
1.	FVPL금융자산	1,020,000	현　　금	1,100,000
	미 수 수 익	80,000		
2.	현　　금	120,000	미 수 수 익	80,000
			이 자 수 익	40,000
3.	현　　금	1,040,000	FVPL금융자산	1,020,000
	FVPL금융자산처분손실	10,000	이 자 수 익	30,000

[보충설명]

연말에 현금 120,000원을 액면이자에 대한 대가로 받았지만, 채권을 보유하는 기간 동안에 대한 이자는 40,000원뿐이므로 이것만이 포괄손익계산서상 수익으로 기록될 수 있다. 나머지 80,000원은 회계적으로는 FVPL금융자산을 취득하면서 추가로 돈 받을 권리를 매입한 것에 불과하다. 다음 해 4월 1일에 처분했기 때문에 12월에 지급하는 액면이자를 직접 지급받을 수는 없지만, 3개월이 경과하였으므로 4월 1일에 매각할 때 30,000원의 액면이자를 받을 권리를 함께 매각한 것으로 보아야 한다. 즉, FVPL금융자산을 매각하고 받은 현금 총액 1,040,000원에는 이자수익에 해당되는 부분 30,000원이 회계적으로 포함되어 있는 것이다. 따라서 1,040,000원밖에 못 받았다는 것은 이자수익 30,000원을 고려할 때 싸게 매각했다는 의미가 되고, 'FVPL금융자산처분손실' 10,000원이 발생한다. 이는 포괄손익계산서에 비용으로 기록된다.

5. AC금융자산으로부터의 이자수익 인식(유효이자율법)

다회사 발행 회사채를 만기까지 보유할 목적으로 취득한 경우 'AC금융자산'의 명칭으로 재무상태표에 보고된다. FVPL금융자산이나 FVOCI금융자산의 경우, 취득 후 매 결산기마다 시장에서 형성되는 공정가치에 따라 평가손익을 계상하지만, AC금융자산은 만기까지 보유하려는 목적이기 때문에 공정가치에 의한 평가손익을 인식하지 않는다. 대신 만기까지 이자수익을 인식할 때 현재가치에 의한 유효이자율법으로 회계처리해야 한다.

예제 7-5

(주)고척은 20×1년 1월 1일 재무상태표에 현금 10,000원, 자본금 10,000원을 갖고 있었다. 같은 날 2년 후 만기가 도래하는 액면가 10,000원의 회사채를 9,663원에 취득하였다. 회사채의 액면이자율은 10%(즉, 2년간 연말에 10,000원×10%=1,000원의 액면이자를 수령), 유효이자율(=시장이자율)은 연간 12%였다. 취득시점, 이자수령시, 만기시점에 필요한 분개를 하고 이를 재무상태표에 표시하라.

해답

〈취득시점 20×1.1.1〉

(차) AC금융자산 9,663 (대) 현 금 9,663

재무상태표

20×1년 12월 31일

현 금	337	자 본 금	10,000
AC금융자산	9,663	이익잉여금	0
자산합계	10,000	부채및자본합계	10,000

포괄손익계산서

20×1년 1월 1일~12월 31일

매 출	0
+)이자수익	0
당기순이익	0

[보충설명]

이 채권을 2년간 만기까지 보유하면 (주)고척은 원금 10,000원을 받게 된다. 유효이자율(=시장이자율)은 연 12%인데 이 채권의 액면이자율은 연 10%이므로 (주)고척은 시장조건보다 열등한 채권에 투자한 셈이다. 시장이자율로 연 12%의 투자수익률을 올릴 수 있는데, 연 10%짜리 채권에 투자한다면 이 채권은 할인되어 거래될 수밖에 없다. 2%의 차이를 반영하여 현재가치를 계산하면 9,663원이 산출된다.[13]

채권을 9,663원에 싸게 취득한 (주)고척은 일단 이 거래 자체만으로도 337원만큼의 이익을 올리고 매년 1,000원의 액면이자를 받으므로 2년간 총이익은 2,337원이 되고, 이들 2,337원 모두가 이자수익으로 회계처리되어야 한다. 그렇다면 2,337원의 이자수익을 1년째의 이자수익과 2년째의 이자수익에 어떻게 나누어 기록할 것인가? 매년 1,000원씩의 이자수익이 계상되는 것은 당연하겠지만, 나머지 337원의 이자수익은 올해 포괄손익계산서에 보고할 것인가? 아니면 내년 포괄손익계산서에 10,000원의 만기가액을 수령할 때 기록할 것인가?

---

13) 9,663원이 산출되는 정확한 계산근거는 제8장 현재가치 계산에서 함께 설명한다.

정답은 337원의 이득이 2년에 걸쳐 점차로 실현되어 가는 것이다. 따라서 매년 이자수익을 계상할 때, 현금은 1,000원을 받는다 하더라도(10,000×10%) 이자수익은 1,000원 이상 계상되어야 옳다. 즉, 처음에 싸게 샀으므로 사실상 이익이 생겼지만, 채권의 존속기간 동안에 걸쳐 이자수익을 조금씩 나누어 계상해 주어야 한다. 그렇다면 얼마씩 나누어야 하는가?

10,000원짜리 채권을 사고 1,000원씩 두 번 이자를 수령하게 되어 있으나, 유효이자율이 12%이므로 다른 곳에 가면 10,000원짜리 예금을 들 경우 1,200원을 이자로 받을 수 있었다. 따라서 10,000원짜리 채권발행자는 자신의 채권을 판매하기 위해 시장가격인 9,663원에 할인해 준 것이다. 다시 정리하면, 9,663원을 12%의 이자율로 투자한 셈이므로 첫해의 이자수익은 9,663원×12%=1,159원이다. 하지만 이 중 1,000원은 현금으로 수령하였고 159원은 원금 10,000원을 받으면서 돌려받는 셈이다. 따라서 첫해 말의 AC금융자산의 금액은 9,663원+159원=9,822원이 되는 것이다. 그리고 두 번째 해의 이자수익은 9,822원×12%=1,178원이 된다.

〈첫해 이자수령일 20×1.12.31〉

(차) 현　　금	1,000	(대) 이 자 수 익	1,159
AC금융자산	159		

(주) 9,663원×0.12=1,159원(이자수익), 1,159원−1,000원=159원(AC금융자산 증가분)

재무상태표

20×1년 12월 31일

현　　금	1,337	자 본 금	10,000
AC금융자산	9,822	이익잉여금	1,159
자산합계	11,159	부채및자본합계	11,159

포괄손익계산서

20×1년 1월 1일~12월 31일

매　　출	0
이 자 수 익	1,159
당기순이익	1,159

〈두 번째 해 이자수령일(만기 전) 20×2.12.31〉

(차) 현　　금	1,000	(대) 이 자 수 익	1,178
AC금융자산	178		

(주) 9,822원×0.12=1,178원(이자수익), 1,178원−1,000원=178원(AC금융자산 증가분)

재무상태표

20×2년 12월 31일

현　　금	2,337	자 본 금	10,000
AC금융자산	10,000	이익잉여금	2,337
자산합계	12,337	부채및자본합계	12,337

포괄손익계산서

20×2년 1월 1일~12월 31일

매 출	0
이 자 수 익	1,178
당기순이익	1,178

동시에 만기가 되었으므로 원금을 회수하는 다음 분개가 필요하다.

(차) 현 금	10,000	(대) AC금융자산	10,000

재무상태표

20×2년 12월 31일

현 금	12,337	자 본 금	10,000
AC금융자산	0	이익잉여금	2,337
자산합계	12,337	부채및자본합계	12,337

포괄손익계산서

20×2년 1월 1일~12월 31일

매 출	0
이 자 수 익	1,178
당기순이익	1,178

싸게 산 AC금융자산이기는 하지만, 1년째 연초에 9,663원이던 AC금융자산이 12월 31일 현재 만기 1년을 앞두고 9,822원으로 상승했다. 1년 후면 10,000원을 받을 수 있기 때문에, 그 가치가 159원만큼 증가해 있는 것이다. 싸게 구입함으로써 잠정적으로 얻었다고 생각되었던 수익 중 159원만큼을 20×1년 1년간 벌어들인 수익으로 보는 것이다. 마찬가지 논리로, 20×2년 12월 31일에는 AC금융자산의 가치는 드디어 10,000원으로 회귀한다. 20×2년에 10,000원을 받는 것은 절대적 사실이기 때문이다. 다만, 2년 전에 9,663원에 샀던 AC금융자산에 대해 2년 만에 10,000원을 받으므로 결국 차액인 337원은 이자수익이라는 것이다.

그런데 이것이 2년간에 걸쳐 이자수익에 적절히 배분되어야 하고, 그 액수는 첫해 9,663원에 12%를 곱한 금액이며, 이 금액만큼 이자수익으로 계상했으므로 이제 더 이상 이 AC금융자산은 9,663원짜리가 아니다. 159원이 더해진 9,822원이다. 이제 1년밖에 만기가 남지 않은 이 회사채의 가치는 9,822원이 정당하다는 것이다.

20×2년 12월 31일 마지막 이자수령시, 현금으로는 1,000원밖에 못 받았지만, 실제로는 9,822원에 12%를 곱한 1,178원이 발생주의 회계상의 이자수익이 되고 이로부터 AC금융자산의 가치는 10,000원이 된다. 즉, 이제 받을 AC금융자산의 가치는 10,000원이다. 다시 말하면, 9,663원의 싼 값에 사고 2년이 되어야 10,000원의 가치가 되는 것인데, 2년이 되기 전에는 9,663원에서 10,000원으로 계속 가치가 증가되고 있었다가 결국 2년이 되는 날 10,000원짜리 AC금융자산으로 바뀌어 10,000원의 현금을 수령하게 된다.

제 3 절 공정가평가 및 처분시 회계처리

재고자산, 유형자산과 달리, 시장성 있는 유가증권의 경우 취득원가보다는 공정가치가 재무상태표에 보고될 더 나은 정보라고 받아들여진다. 권위 있는 기관 산하의 시장[14]에서 원활하게 거래되어 언제든 시장의 공정가치에 매각할 수 있다면 회계적으로 그 공정가치는 신뢰성 있는 것으로 여겨지고 처분이 이루어지지 않았더라도 결산일에 평가손익을 인식한다.

이러한 유가증권에 대해 여유자금을 투자하였다면 공정가평가를 적용한 결과를 분개하고 결산일의 재무제표에 반영해야 하며, 이렇게 함으로써 회계정보의 가치가 높아진다고 여겨진다. 공정가를 적용하는 시기는 재무상태표 결산일 현재(예를 들어, 12월 31일)의 마지막 가격에 의한다.

FVPL금융자산에서 평가손익이 생겼을 때, FVPL금융자산평가이익 혹은 FVPL금융자산평가손실 계정으로 포괄손익계산서의 수익(혹은 비용)이 된다. 이때 평가이익과 평가손실 항목을 상계해서는 안 되고 총액으로 표시하는 것이 원칙이다.

FVPL금융자산은 보유 의도 자체가 수시 매매를 통한 시세차익 목적이며, 주식시장 또는 채권시장은 그러한 수시 매매를 하기에 적절하도록 활발한 거래가 이루어지고 있으므로, 공정가가 취득원가에 비해 변화하였다면 결산일 재무제표에 공정가를 반영한 금액으로 수정해 주어야 재무상태표와 포괄손익계산서의 정보가치가 높아진다고 할 수 있다.

즉, 처분하지 않고 보유중이라 하더라도 FVPL금융자산의 평가이익은 실현된 것이나 다름없다고 보아(비록 처분이 이루어진 것이 아니라 하더라도) 포괄손익계산서에 평가이익이 기록되어 당기손익에 반영된다.

한편 'FVOCI금융자산'의 장부가와 공정가에 차이가 발생했을 때 역시 FVOCI금융자산평가이익 혹은 FVOCI금융자산평가손실이라는 계정과목을 사용한다. 그런데 'FVPL금융자산평가이익'과는 달리, 'FVOCI금융자산평가이익'

---

14) 기준가격을 공고·게시하는 수익증권 및 외국 유가증권 시장에서 시장성 있는 외화증권 등도 권위 있는 기관에 의해 시세가 공표된다고 간주한다.

은 포괄손익계산서의 당기순이익에 반영되도록 보고하여서는 안 된다. 단기 매매를 통한 시세차익을 목적으로 하는 금융자산이 아니기 때문에 공정가를 반영하여 평가손익을 인식하기는 하되, 이로 인한 평가손익은 당기손익에 반영되는 대신 포괄손익계산서를 작성할 때 당기순이익 바로 아래 '기타포괄손익'에 'FVOCI금융자산평가이익' 또는 'FVOCI금융자산평가손실'로 보고되어야 한다. 이는 결산시점에서 재무상태표의 자본 중 기타포괄손익누계액에 누적되어 보고된다.

즉, 당기순이익이 재무상태표의 이익잉여금에 누적되는 것처럼 기타포괄손익은 재무상태표의 기타포괄손익누계액에 누적되어 반영되어야 한다. 이때 이익잉여금으로 누적된 수익, 비용 항목은 미처분이익잉여금으로 처리되지만, 포괄손익계산서의 '기타포괄손익'에 'FVOCI금융자산평가이익' 또는 'FVOCI금융자산평가손실'로 보고되었던 내용은 재무상태표의 기타포괄손익누계액에 반영되더라도 'FVOCI금융자산평가이익' 또는 'FVOCI금융자산평가손실' 계정대로 보고되어야 하고 이후 연도에 공정가 변동에 따라 이들 계정 각각을 조정해야 한다.

기타포괄손익누계액에 반영된 금액은 재무상태표 자본으로서의 역할은 하고 있지만 처분가능한 이익잉여금과 달라 배당 등 처분의 대상이 될 수 없고, 원래의 계정과목을 그대로 보유한 채 재무상태표에 이익잉여금과 별도로 기록되는 것이다.[15] 어느 정도의 장기간에 걸쳐 보유한다면 당장의 공정가는 큰 의미가 없을 수 있지만 평가손익이 발생한 것은 명백한 사실이므로 평가손익을 반영은 하되 당기순이익에 영향을 미치도록 하지 않는 것이다.

예제 7-6

(주)동양이 보유하는 금융자산들의 종류, 20×1년 1월 1일 취득원가와 12월 31일 결산기말 공정가치가 다음과 같을 때 필요한 회계처리를 하라. 단, 1월 1일 시점에서 재무상태표 자산에는 다음과 같이 FVPL금융자산 1,600원((주)한국의 주식 700원과 (주)백두의 채권 900원), FVOCI금융자산 1,400원((주)대한의 채권 1,400원), AC금융

15) FVPL금융자산평가이익은 당기순이익에 반영되어 이익잉여금으로 누적되면 원래의 계정과목이 무엇이었는지 알 수가 없고 처분가능한 상태가 되지만, FVOCI금융자산평가이익은 기타포괄손익누계액에 원래의 계정과목 명칭으로 보고된 상태이므로 다음 기에 FVOCI금융자산평가손실 등의 항목이 새로이 발생하면 이들과 상계되는 회계처리를 해야 한다.

자산 6,000원((주)한라의 채권 6,000원) 등 총 9,000원이 있었고, 부채는 0, 자본금 9,000원이 있었으며, 이자수익이나 배당금수익은 발생하지 않았다고 가정한다.

발행회사	금융자산 종류	취득원가(1/1)	공정가치(12/31)
(주)한국	주식(FVPL분류)	700	600
(주)대한	채권(FVOCI분류)	1,400	1,500
(주)백두	채권(FVPL분류)	900	950
(주)한라	채권(AC분류)	6,000	5,800
합계	–	9,000	8,850

해답

재무상태표

20×1년 1월 1일

FVPL금융자산	1,600	자 본 금	9,000
FVOCI금융자산	1,400	이익잉여금	0
AC금융자산	6,000		
자산합계	9,000	부채및자본합계	9,000

포괄손익계산서

20×1년 1월 1일~12월 31일

+)수익	0
−)비용	0
=)당기순이익	0

〈공정가평가를 위한 분개〉

(차) FVPL금융자산평가손실	100	(대) FVPL금융자산	100
(차) FVOCI금융자산	100	(대) FVOCI금융자산평가이익	100
(차) FVPL금융자산	50	(대) FVPL금융자신평가이익	50

* AC금융자산은 공정가평가를 하지 않는다.

재무상태표

20×1년 12월 31일

FVPL금융자산	1,550	자 본 금	9,000
FVOCI금융자산	1,500	이익잉여금	(50)
AC금융자산	6,000	기타포괄손익누계액	
		1. FVOCI금융자산평가이익	100
자산합계	9,050	부채및자본합계	9,050

포괄손익계산서

20×1년 1월 1일~12월 31일

FVPL금융자산평가이익	50
FVPL금융자산평가손실	(100)
=)당기순이익	(50)
+)기타포괄손익	
1. FVOCI금융자산평가이익	100
=)총포괄이익	50

* FVPL금융자산평가이익과 FVPL금융자산평가손실은 상계하지 않고 별도로 표시하는 것을 원칙으로 한다.

예제 7-7

1월 1일 현금 1,000,000원과 자본금 1,000,000원을 가지고 있는 상태에서 20×1년 7월 1일에 다음과 같이 채권을 현금취득하였다(모두 FVPL금융자산으로 분류).

종 류	수 량	주당(매당) 취득원가	20×1년말 공정가치	20×2년말 공정가치
백두채권	10매	10,000	90,000	110,000
한라채권	10매	12,000	130,000	150,000
설악채권	10매	15,000	180,000	–
지리채권	2매	100,000	180,000	–

이자수익은 지리채권에서만 발생했다. 지리채권의 이자는 연 12,000원(액면가는 100,000원의 12%)으로 매년 6월 30일에 한 번 지급받는다. 한편, 20×2년 7월 1일에 (주)동양은 설악채권을 주당 17,000원에 처분하고 같은 날 지리채권 역시 매당 110,000원에 처분하였다. 이와 관련된 회계처리를 하라

해답

〈20×1년 7월 1일〉

(차) FVPL금융자산	570,000	(대) 현 금	570,000

〈20×1년 12월 31일〉

(차) FVPL금융자산	40,000	(대) FVPL금융자산평가이익	40,000
(차) FVPL금융자산평가손실	30,000	(대) FVPL금융자산	30,000
(차) 미 수 수 익	12,000	(대) 이 자 수 익	12,000

* 이자수익은 6개월 치 이자 6,000원×2매=12,000원

재무상태표

20×1년 12월 31일

현　　금	430,000	자 본 금	1,000,000
미수수익	12,000	이익잉여금	22,000
FVPL금융자산	580,000		
자산합계	1,022,000	부채및자본합계	1,022,000

포괄손익계산서

20×1년 1월 1일~12월 31일

+)이자수익	12,000
+)FVPL금융자산평가이익	40,000
−)FVPL금융자산평가손실	(30,000)
=)당기순이익	22,000

* 현금 : 1,000,000원 − 570,000원 = 430,000원

〈20×2년 6월 30일〉

(차) 현　　금	24,000	(대) 미 수 수 익	12,000
		이 자 수 익	12,000

〈20×2년 7월 1일〉

(차) 현　　금	390,000	(대) FVPL금융자산	360,000
		FVPL금융자산처분이익	30,000

* 지리채권 180,000원을 220,000원에 처분하고, 설악채권 180,000원을 170,000원에 처분

〈20×2년 12월 31일〉

(차) FVPL금융자산	40,000	(대) FVPL금융지산평가이익	40,000

재무상태표

20×2년 12월 31일

현　　금	844,000	자 본 금	1,000,000
FVPL금융자산	260,000	이익잉여금	104,000
자산합계	1,104,000	부채및자본합계	1,104,000

포괄손익계산서

20×2년 1월 1일~12월 31일

+)이자수익	12,000
+)FVPL금융자산평가이익	40,000
+)FVPL금융자산처분이익	30,000
=)당기순이익	82,000

* 현금 : 430,000원 + 24,000원 + 390,000원 = 844,000원
　이익잉여금 : 22,000원 + 82,000원 = 104,000원

예제 7-8

[예제 7-7]의 금융자산이 FVPL금융자산이 아니고 모두 FVOCI금융자산(모두 채권임)에 해당된다고 가정하고 다시 회계처리를 하라. 즉, 20×1년 12월 31일, 20×2년 7월 1일, 20×2년 12월 31일의 재무제표를 제시하라.

해답

전체적인 분개는 모두 계정과목명만 FVPL금융자산 대신 FVOCI금융자산으로 바뀌고 그대로이다. 다만, 20×1년 12월 31일 FVPL금융자산평가손익 대신 FVOCI금융자산평가손익이 포괄손익계산서의 기타포괄손익을 거쳐 재무상태표의 기타포괄손익누계액에 누적하여 기록된다. 그리고 20×2년 7월 1일에는 FVPL금융자산처분손실 대신 재무상태표의 기타포괄손익누계액에 있던 'FVOCI금융자산평가손익' 중 해당 부분을 삭제하며, 나머지 부분을 'FVOCI금융자산처분손익'으로 포괄손익계산서에 반영한다. 처분이 되면 그 채권에 투자한 기업의 재무상태표에서 채권과 관련한 흔적을 모두 제거해야 한다(FVOCI금융자산이 주식인 경우에는 처분시 회계처리가 다르다. 이는 중급회계에서 검토할 것이고, 회계원리에서는 FVOCI금융자산이 채권인 경우만 다룬다. 이하 회계처리를 학습하면서 FVOCI금융자산이 모두 채권인 경우로 설정되었다는 것을 기억해야 한다). 이 문제에서 FVOCI금융자산이 모두 채권이므로 처분된 채권과 관련하여 기타포괄손익누계액으로 보류해두었던 금액과 처분손익을 상계시켜 분개를 한다.

〈20×1년 7월 1일〉

(차) FVOCI금융자산	570,000	(대) 현 금	570,000

〈20×1년 12월 31일〉

(차) FVOCI금융자산	40,000	(대) FVOCI금융자산평가이익	40,000
(차) FVOCI금융자산평가손실	30,000	(대) FVOCI금융자산	30,000
(차) 미 수 수 익	12,000	(대) 이 자 수 익	12,000

재무상태표

20×1년 12월 31일

현 금	430,000	자 본 금		1,000,000
미 수 수 익	12,000	이익잉여금		12,000
FVOCI금융자산	580,000	기타포괄손익누계액		10,000
		(1) FVOCI금융자산평가이익	40,000	
		(2) FVOCI금융자산평가손실	(30,000)	
자산합계	1,022,000	부채및자본합계		1,022,000

포괄손익계산서

20×1년 1월 1일~12월 31일

+)이자수익		12,000
=)당기순이익		12,000
+)기타포괄손익		10,000
(1) FVOCI금융자산평가이익	40,000	
(2) FVOCI금융자산평가손실	(30,000)	
=)총포괄이익		22,000

* FVOCI금융자산평가이익 40,000 : 한라채권 10,000+설악채권 30,000
* FVOCI금융자산평가손실 (30,000) : 지리채권 (20,000)+백두채권 (10,000)

〈20×2년 6월 30일〉

(차) 현 금	24,000	(대) 미 수 수 익	12,000
		이 자 수 익	12,000

〈20×2년 7월 1일〉

(차) 현 금	390,000	(대) FVOCI금융자산	360,000
FVOCI금융자산평가이익	30,000	FVOCI금융자산평가손실	20,000
		FVOCI금융자산처분이익	40,000

* 분개에서 FVOCI금융자산평가이익은 설악채권의 30,000원이고, FVOCI금융자산평가손실은 지리채권의 (−)20,000원을 각각 제거한 것이다. FVOCI금융자산처분이익은 통합하여 순액으로 표현한다.

재무상태표

20×2년 7월 1일

현 금	844,000	자 본 금		1,000,000
미 수 수 익	0	이익잉여금		64,000
FVOCI금융자산	220,000	기타포괄손익누계액		0
		(1) FVOCI금융자산평가이익	10,000	
		(2) FVOCI금융자산평가손실	(10,000)	
자산합계	1,064,000	부채및자본합계		1,064,000

포괄손익계산서

20×2년 1월 1일~7월 1일

이 자 수 익	12,000
FVOCI금융자산처분이익	40,000
당기순이익	52,000
기타포괄손익	0
총포괄이익	52,000

* FVOCI금융자산평가이익 10,000 : 한라채권 10,000
* FVOCI금융자산평가손실 (10,000) : 백두채권 (10,000)

* 포괄손익계산서는 새로 발생한 기타포괄손익만 보고하는데 신규발생분이 없으므로 기타포괄손익은 0이다. 즉, 기존에 재무상태표의 기타포괄손익누계액에 있던 설악채권과 지리채권이 제거되어 한라채권과 백두채권 내용만 남았고, 그 합은 0[=10,000+(−)10,000]이다.

〈20×2년 12월 31일〉

(차) FVOCI금융자산	40,000	(대) FVOCI금융자산평가손실	10,000
		FVOCI금융자산평가이익	30,000

* FVOCI금융자산평가손실이 대변으로 분개된 것은 백두채권에 귀속되어 재무상태표의 기타포괄손익누계액에 존재하던 (−)10,000원이 제거된 것이다. 새로 발생한 FVOCI금융자산평가이익 30,000원 중 10,000원만큼은 백두채권 20,000원 증가한 것 중 나머지 10,000원에 해당되는 것이다. 그리고 한라채권의 공정가치 증가분 20,000원은 FVOCI금융자산평가이익 20,000원을 새로 발생시켰다. 이로써, FVOCI금융자산평가이익 신규발생분은 30,000원이 된다. 이 금액이 포괄손익계산서의 기타포괄손익에 보고되고, 재무상태표의 기타포괄손익누계액에 반영된다.

재무상태표

20×2년 12월 31일

현 금	844,000	자 본 금		1,000,000
미 수 수 익	0	이익잉여금		64,000
FVOCI금융자산	260,000	기타포괄손익누계액		40,000
		(1) FVOCI금융자산평가이익	40,000	
		(2) FVOCI금융자산평가손실	(0)	
자산합계	1,104,000	부채및자본합계		1,104,000

포괄손익계산서

20×2년 1월 1일~12월 31일

이 자 수 익		12,000
FVOCI금융자산처분이익		40,000
당기순이익		52,000
기타포괄손익		30,000
(1) FVOCI금융자산평가이익	30,000	
총포괄이익		82,000

제4절 관계기업투자주식 및 연결재무제표

1. 장기성금융자산과 관계기업투자주식

장기성금융자산은 기업의 고유한 영업목적 달성과는 직접적으로 관련되어 있지 않다는 점에서 유형자산과 차이가 있으며, 장기적으로 보유하고 있다는 점에서 단기금융자산 등과도 구별된다. 장기성금융자산에 포함되는 대표적 계정과목은 관계기업투자주식이다. 단기시세차익 등을 목적으로 하는 FVPL금융자산과는 달리 주식발행회사의 경영권에 중대한 영향력을 행사할 수 있는 경우에 사용되는 계정과목이다.

장기성금융자산의 또 다른 중요한 계정으로 투자부동산이 있다. 투자부동산은 기업이 가격상승 등을 기대하며 장기적인 투자목적으로 보유하는 토지나 부동산을 의미한다. 기업이 고유의 영업 혹은 생산 활동 목적으로 사용하기 위하여 보유하는 부동산인 유형자산과 구분하여 회계처리가 이루어진다. 투자부동산은 사용목적이 시간이 흐름에 따라 수익에 대응시키기 위한 감가상각을 하지 않는다는 점을 기억해야 한다.

이 외에 기타 비유동자산에는 보증금, 장기성매출채권, 이연법인세자산 등이 있다. 보증금에는 전세권, 전신전화가입권, 임차보증금 및 영업보증금 등이 포함된다. 전세권은 타인의 부동산을 사용할 수 있는 권리이고, 전신전화가입권은 특정한 전신 또는 전화를 소유하는 권리, 임차보증금이란 타인의 재산을 임차한 권리를 말하며, 영업보증금이란 영업을 목적으로 제공한 거래보증금, 입찰보증금 등을 의미한다. 장기성매출채권은 매출채권의 회수기간이 장기간으로 합의한 것으로 현재가치를 고려하여 금액을 계산해야 한다. 이연법인세자산은 세법상의 법인세납부액과 회계상의 법인세비용의 차이로 인하여 발생하여 미래 법인세를 미리 납부한 상태라는 의미를 갖는 계정이다. 본장에서는 이들 중 대표적 계정과목인 관계기업투자주식의 지분법회계에 대하여 검토하고 이의 확장된 형태인 연결재무제표에 대한 간단한 언급을 한다.[16]

---

16) 투자부동산, 장기매출채권, 이연법인세 등의 회계처리는 중급회계에서 학습할 주요 분야이다.

2. 지분법회계처리

(1) 관계기업투자주식의 취득원가

FVPL금융자산이나 FVOCI금융자산과는 달리, 투자회사가 피투자회사의 주식을 매입함으로써 피투자회사의 경영권에 중대한 영향력을 행사할 수 있는 경우, 이 주식은 지분법회계를 적용해야 하고 이때 투자자산을 지칭하는 계정명칭은 '관계기업투자주식'이 된다. 일반적으로 피투자회사 주식 중 20% 이상 50% 이하의 의결권 있는 주식을 투자회사가 보유한 경우 특별한 반증이 없는 한 중대한 영향력이 있는 것으로 간주하고 있다.

(2) 관계기업투자주식의 평가

투자회사가 피투자회사의 주식을 취득한 이후 관계기업투자주식의 가치는 변화할 수 있다. 유형자산이나 무형자산과 달리 타회사의 주식을 취득한 것이기 때문에 피투자회사의 내·외부 상황 변화에 따라 관계기업투자주식의 가치가 늘어날 수도, 줄어들 수도 있는 것이다.

관계기업투자주식이 아니고 FVPL금융자산 또는 FVOCI금융자산이라면, 시장에서 거래되는 피투자회사 주식의 공정가 변화에 따라 평가손익을 인식할 것이다. 하지만 관계기업투자주식은 20% 이상의 대량의 주식을 보유하고 있기 때문에 특정시점에 형성되는 공정가치에 대량 매각하는 것이 사실상 불가능하다. 따라서 현재의 공정가치를 반영하는 회계처리를 하는 것은 적절하지 않다. 투자목적 자체가 시세차익이 아닌 경영권에 대한 영향력이라고 간주하였기 때문에 주식시장에서 공정가치가 형성된다 하더라도 그 금액이 큰 의미가 없는 것이다. 대신 피투자회사의 당기순이익 중 지분율에 해당하는 만큼을 지분법이익 혹은 지분법손실 계정으로 하여 투자회사의 포괄손익계산서상 수익 혹은 비용으로 기록한다. 경영권에 중대한 영향력을 행사하므로, 피투자회사의 당기순이익 중 지분율만큼을 그대로 투자회사의 이익으로 인식하는 것이 적절하다는 의미이다. 예를 들어, 투자회사가 피투자회사 총 발행주식의 20%를 100,000원의 현금을 지급하고 취득했고, 이후 피투자회사의 1년간 당기순이익이 50,000원이었다면 취득시 인식한 100,000원의 관계기업투자주식에 50,000원의 20%인 10,000원만큼 관계기업투자주식을 증가시켜 주어야 한다.

(차) 관계기업투자주식	100,000	(대) 현 금	100,000
(차) 관계기업투자주식	10,000	(대) 지분법이익	10,000

하지만 이때 주의할 것은, 이미 지분법이익을 인식한 가운데 피투자회사로부터 배당금을 수령하였다면, 이를 배당금수익으로 인식하지 않는다. 지분법이익을 인식한 다음 배당금수익까지 수익으로 인식한다면 피투자회사의 당기순이익에 대하여 이중으로 수익을 인식하는 셈이 되기 때문이다. 배당금수익은 피투자회사의 이익잉여금을 감소시키는 것이고, 이미 투자회사는 이익잉여금의 증가분을 지분법이익으로 인식하였기 때문에 중복계상이 되지 않도록 회계처리한다. 즉, 배당을 받은 만큼을 배당금수익으로 계상하는 것이 아니라 지분법이익에 의하여 늘어난 재무상태표상 관계기업투자주식 금액을 감소시키면서 배당으로 유입된 현금만 유입된 것으로 인식하면 된다. 즉, 2,500원의 배당을 받았다고 할 때, 이는 수익이 아니고 보유하고 있는 관계기업투자주식의 가치를 감소시킨 것으로 보아야 한다. 즉, 다음과 같이 회계처리가 이루어져야 한다.

(차) 현 금	2,500	(대) 배당금수익	2,500(×)
(차) 현 금	2,500	(대) 관계기업투자주식	2,500(○)

종합하면, 관계기업투자주식은 취득시에 취득원가로 평가하지만 취득 후 피투자회사의 당기순이익과 배당이 변화함에 따라 이를 조정하여 후속평가가 이루어진다. 이러한 지분법회계가 개발된 이유는 피투자회사의 경영정책과 재무정책에 중대한 영향력을 행사할 수 있는 정도의 주식을 보유하여 피투자회사의 배당정책을 조작하거나 피투자회사와의 내부거래를 통해 투자회사의 당기순이익이 조작될 위험을 방지하기 위해서이다.

한편, 50%를 초과하여 피투자회사의 지분을 보유할 경우, 투자회사가 피투자회사에 중대한 영향력을 넘어 '지배력'을 행사한다고 규정하고 지분법회계보다 더 강하게 투자회사(연결재무제표에서는 지배회사)와 피투자회사(연결재무제표에서는 종속회사)를 하나의 회사로 보고 작성하는 '연결재무제표'가 의무화되어 있다.

예제 7-9

(주)동양은 (주)서양이 발행한 주식 100주 중 40주를 400,000원을 지급하고 매입했다. (주)서양의 재무상태표상 순자산은 1,000,000원이었고, 결산일에 (주)서양의 1년간 당기순이익은 10,000원이며 이 중 총 5,000원을 배당으로 지급하였다. (단, 원래 배당은 차년도 주주총회에서 결의하고 지급하지만 이 문제에서만 예외적으로 결산일에 선언/지급 완료되었다고 가정한다) 관련된 지분법 회계처리를 행하라.

해답

〈취득시점〉

(차) 관계기업투자주식	400,000	(대) 현　　금	400,000

〈결산일〉

(차) 관계기업투자주식	4,000	(대) 지분법이익	4,000
(차) 현　　금	2,000	(대) 관계기업투자주식	2,000

* 만일, 이 회사가 당기순이익이 아니고 당기순손실 6,000원을 기록했다고 하자. 이때의 회계처리는 다음과 같이 달라진다.

(차) 지분법손실	2,400	(대) 관계기업투자주식	2,400

예제 7-10

20×1년 1월 1일에 (주)투자는 (주)투매의 주식 30주((주)투매 총발행주식의 30%)를 300,000원에 취득하였다. 취득 당시 (주)투매의 순자산가액은 1,000,000원이었으며, 20×1년 당기순이익으로 100,000원을 보고하였고, 배당금으로 50,000원을 지급하였다. 이 경우 원가법과 지분법에 따라 취득시, 당기순이익 보고시, 그리고 배당금 수취시에 (주)투자가 필요한 분개를 하라.

해답

〈취득시〉

원가법 : (차) 투 자 주 식	300,000	(대) 현　　금	300,000
지분법 : (차) 관계기업투자주식	300,000	(대) 현　　금	300,000

〈당기순이익 보고시〉

원가법 : 분개 없음

지분법 : (차) 관계기업투자주식	30,000	(대) 지분법이익	30,000

〈배당금 수취시〉

원가법 : (차) 현 금	15,000	(대) 배당금수익	15,000
지분법 : (차) 현 금	15,000	(대) 관계기업투자주식	15,000

(3) 관계기업투자주식의 처분

관계기업투자주식을 처분하면 처분시점의 취득원가와 처분가액의 차이가 관계기업투자주식처분손익으로 포괄손익계산서에 수익으로 보고된다.

[예제 7-10]으로 돌아가 보자. (주)투매의 주식 30주(총발행주식의 30%)를 300,000원에 취득하고, 취득 당시 (주)투매의 순자산가액은 1,000,000원이었으며 당기순이익으로 100,000원을 보고하고 배당금으로 50,000원을 선언했을 경우에, 그 이후 20×2년에 주식 30주를 330,000원에 처분했다고 하자. 처분시점에 (주)투자에 필요한 분개를 원가법과 지분법에 의하여 각각 회계처리해 보고, 취득시점부터 처분시점까지 이 주식과 관련하여 (주)투자가 인식한 이익을 항목별로 계산해 보면 다음과 같다.

〈처분시점〉

원가법 : (차) 현 금	330,000	(대) 투 자 주 식	300,000
		투자주식처분이익	30,000
지분법 : (차) 현 금	330,000	(대) 관계기업투자주식	315,000*
		관계기업두사주식처분이익	15,000

* 300,000원＋30,000원－15,000원＝315,000원

〈(주)투자가 인식한 관련 이익〉

원가법 : 배당금수익 15,000(20×1년)＋투자주식처분이익 30,000(20×2년)
＝총이익 45,000원

지분법 : 지분법이익 30,000(20×1년)＋관계기업투자주식처분이익 15,000
(20×2년)＝총이익 45,000원

어떤 방법으로 회계처리하든 투자주식의 취득부터 처분까지 인식한 총이익은 45,000원으로 동일함을 알 수 있다. 다만, 이익이 인식되는 시점(20×1

년과 20×2년)과 계정과목이 상이하다. 이러한 차이를 정확히 표현하는 것은 회계정보의 유용성을 높이는 데 중요하며, 이러한 지분법 적용의 상황에서는 원가법 대신 지분법을 적용하는 것이 더 유용한 정보를 제공한다는 판단을 회계기준이 하고 있는 것이라 할 수 있다.

(4) 관계기업투자주식 매입시의 초과지급액 분석

위의 지분법회계처리의 예에서, 피투자회사의 순자산가액은 1,000,000원이고 지분율 30%에 해당하는 주식을 300,000원에 구입했으니, 취득원가와 지분율 30%가 일치하는 경우를 예로 들었다.

그러나 피투자회사의 지분 30%를 360,000원에 인수했다고 가정하면, 취득 당시 피투자회사의 순자산가액의 30%는 300,000원이므로 60,000원을 초과지급한 셈이 된다. 이 초과지급의 원인을 분석하는 과정에서 재고자산의 장부금액은 100,000원이고 공정가는 300,000원이라는 사실을 알아냈다고 하자. 이 경우, 초과지급액 60,000원의 원인이 재고자산에 있는 것이라 볼 수 있다((300,000－100,000)×30%＝60,000). 즉, 투자자는 피투자회사의 자산 중 재고자산의 가치가 200,000원 더 높다는 사실을 알고 그에 대한 30%의 대가인 60,000원을 초과로 지급하였다고 회계적으로 인식하는 것이다. 만일, 피투자회사의 당기순이익이 250,000원이고 관계기업투자주식 취득 후 바로 이 원인제공을 했던 재고자산이 매각되었다고 한다면 분개는 다음과 같게 된다.

〈취득시〉

(차) 관계기업투자주식	360,000	(대) 현 금	360,000

〈피투자회사의 당기순이익 인식시〉

(차) 관계기업투자주식	75,000	(대) 지분법이익	75,000

〈재고자산 매각시〉

(차) 지분법이익	60,000	(대) 관계기업투자주식	60,000

즉, 회계적으로 관계기업투자주식의 취득원가가 360,000원인 것은 이상할 것이 없다. 다만, 연말에 지분법평가를 함에 있어서, 피투자회사 자산 중 초과지급의 원인제공 요인이 해소되었을 때, 투자회사의 지분법손익을 그만

큼 조정해 준다는 것이다.

예제 7-11

20×1년 1월 1일 A사는 B사 주식 40%를 420,000원에 현금취득하였다. 취득시 B사 순자산가액은 1,000,000원이었고, 20×1년 당기순이익 100,000원을 보고하였으며, 배당금 40,000원을 선언하고 지급하였다. B사 자산 중 재고자산 장부가는 100,000원이고 공정가는 150,000원이었다. 이 재고자산은 20×1년에 모두 제3자에게 판매되었다. 필요한 분개를 하라.

해답

(차) 관계기업투자주식 420,000 (대) 현 금 420,000

(차) 관계기업투자주식 40,000 (대) 지분법이익 40,000
(B사 당기순이익 100,000원의 40%)

(차) 현 금 16,000 (대) 관계기업투자주식 16,000
(B사 배당금 40,000원의 40%)

(차) 지분법이익 20,000 (대) 관계기업투자주식 20,000
(초과지급액 20,000원 : B사 재고자산 공정가와 장부가 차이 50,000원의 40%)

관계기업투자주식 취득시 초과지급액에 대한 분석의 다른 사례, 그리고 투자회사와 피투자회사의 내부거래 등과 관련하여 지분법회계의 더 깊은 학습이 필요하지만 이는 회계원리의 수준을 넘으므로, 중급회계나 고급회계를 공부할 때 다루도록 한다.

3. 연결재무제표 개요

법률적으로는 별개의 회사들이지만 경제적으로 하나의 실체라고 볼 수 있을 때 투자회사(이하 지배회사) 및 피투자회사(이하 종속회사)의 1년간 영업성과(포괄손익계산서)를 통합한 연결포괄손익계산서와 재무상태(재무상태표)를 합산한 연결재무상태표를 작성해야 한다.

IFRS에 따르면 '사실상 지배력을 행사하는 경우' 연결재무제표를 작성하도록 하고 있다. 여기서 사실상의 지배력이란 지배회사가 직접 혹은 종속회사를 통하여 간접적으로 사실상 의결권의 과반수(50% 초과)를 보유하는 경우로서 지배력이 없다는 명백한 반증이 없는 경우를 의미한다. 이와 같이 하여 연결재무제표를 작성하면, 지배회사와 종속회사 간의 부당한 내부거래 등을 방지할 수 있고, 무엇보다 세계적으로 연결재무제표가 주 재무제표이므로 해외자본조달 및 거래시 기본적인 자세를 갖추게 되는 것이다. 실제로, 우리나라는 IFRS 채택 이전인 2011년 이전까지 개별기업의 재무제표를 주 재무제표로, 연결재무제표를 보조 재무제표로 공시하도록 하였다. 그러나 2011년부터는 상장기업과 대기업들부터 연결재무제표가 개별재무제표를 대체하여 주 재무제표로서 연결재무상태표, 연결포괄손익계산서, 연결현금흐름표, 연결자본변동표가 공시되기 시작하였다.

연결재무상태표는 일반 재무상태표와 양식이 같으며, 외관상 자본의 이익잉여금 아래 '비지배지분'계정이 하나 추가되는 차이만 있다. 그러나 연결재무제표의 작성절차에서, 종속회사의 재무상태표 항목 중 조정 항목을 연결분개를 통하여 제거한 후 각 계정별로 지배회사의 재무상태표와 합산하는 과정에서 정확한 회계처리가 요구된다. 또한, 지배회사가 종속회사를 100% 소유하지 않는다면 종속회사의 비지배주주에 대한 비지배지분이 연결재무상태표에 나타난다.

연결포괄손익계산서에서는 당기순이익 아래에 당기순이익 중 지배회사에 귀속되는 당기순이익과 비지배주주에게 귀속되는 당기순이익을 각각 별도로 표시해 주어야 한다. 결론적으로, 연결재무제표 작성시 중요한 것은 두 재무제표를 합산하는 과정에서 이중계상을 피하기 위하여 제거되어야 할 계정들을 연결분개를 통하여 제거하는 한편, 비지배지분의 정확한 액수를 계산하여 연결재무제표에 추가하는 것이라 할 수 있다.

지배력 획득일에는 연결재무상태표만 작성하고, 연결포괄손익계산서는 취득 이후의 것만을 포함하게 된다. 연결재무제표 작성시에는 두 회사의 재무제표를 합하면서(자산끼리, 부채끼리), 중복부분을 제거하는 절차가 중요하다. 우선, 지배회사의 투자주식과 종속회사의 자본계정(자본금, 잉여금 등)을 살펴보면, 이들은 둘 사이의 관계를 나타내는 투자계정과 자본계정일 뿐 연결재무제표에 포함된다면 이중계상되므로 제거대상이 된다. 지배회사와 종속회사의 재무제표가 단순합산되었다는 전제하에, 연결분개에서는 지배회사(갑)와 종속회사(을)의 이들 계정을 다음과 같이 제거한다.

(차) 자 본 금(을)	×××	(대) 투자주식(갑)	×××
자본잉여금(을)	×××		
이익잉여금(을)	×××		

즉, 갑과 을의 재무제표를 단순합산한 다음, 연결분개를 반영하여 을의 자본들과 갑의 투자주식들은 더하지 않는다는 의미인 것이다. 최종 연결재무상태표에는 이들을 제외한 갑과 을의 자산과 부채의 합이 보고될 것이다.

다만, 지배회사가 종속회사 지분 100% 소유를 한다면 문제가 없지만, 일부 소유의 경우(예컨대 80% 소유) 나머지(20%)는 지배회사가 아닌 누군가의 몫이다. 이를 연결재무제표에서는 비지배주주라 칭하고 연결자본계정 제일 아래에 '비지배지분'이라는 계정에 나머지(20%) 금액을 기록한다.

(차) 자 본 금(을)	×××	(대) 투자주식(갑)	×××
(차) 자본잉여금(을)	×××	(대) 비지배지분	×××
이익잉여금(을)	×××		

비지배지분은 연결재무제표에서 새로 만들어지는 계정과목이고 다른 계정들은 모두 갑과 을의 개별재무제표에 존재하다가 연결재무제표에서 제거되는 계정이다. 갑과 을의 재무상대표를 더하면서 위 연결분개를 반영하여 연결재무상태표가 만들어지게 된다.

이제, 연결재무제표 작성의 기본적 과정을 몇 가지 사례를 통해 검토한다.

[경우 1] 지배회사가 종속회사 지분 100%를 을의 장부가로 취득

갑(주)가 을(주)의 발행주식 100%를 1,000,000원에 취득하였고, 갑(주)의 자산, 부채, 자본 총액이 각각 3,000,000원(자산에는 을(주)에 대한 투자주식 1,000,000원 포함), 1,500,000원, 1,500,000원이고, 을(주)의 자산이 3,000,000원, 부채가 2,000,000원, 자본(자본금 등)이 1,000,000원이라면 다음 연결분개가 이루어진 후 각 계정들을 합산하여 연결재무상태표가 작성될 것이다.

(차) 자본금 등(을)	1,000,000	(대) 투자주식(갑)	1,000,000

연결재무상태표(20×1년 1월 1일 현재)

자 산	5,000,000	부 채	3,500,000
		자 본	1,500,000
자산합계	5,000,000	부채및자본합계	5,000,000

* 자산=갑의 자산 3,000,000원+을의 자산 3,000,000원−갑의 투자주식 1,000,000원
부채=갑의 부채 1,500,000원+을의 부채 2,000,000원
자본=갑의 자본 1,500,000원(을의 자본은 모두 삭제됨)

[경우 2] 지배회사가 종속회사 지분 100%를 장부가보다 높게 취득

다른 조건은 모두 [경우 1]과 같고, 을(주)의 자산, 부채의 장부가와 공정가가 차이가 나는 경우이다. 앞의 예에서, 갑(주)의 자산 3,000,000원 중 투자주식만 1,200,000원으로 다른 경우를 가정한다. 이때, 다음 회계처리가 이루어진다.

(차) 자본금 등(을)	1,000,000	(대) 투자주식(갑)	1,200,000
영 업 권	200,000		

연결재무상태표(20×1년 1월 1일 현재)

기타자산	4,800,000	부 채	3,500,000
영 업 권	200,000	자 본	1,500,000
자산합계	5,000,000	부채및자본합계	5,000,000

* 자산=갑 3,000,000원+을 3,000,000원−갑 투자주식 1,200,000원
부채=갑 1,500,000원+을 2,000,000원
자본=갑의 것만

[경우 3] 지배회사가 종속회사 지분 80%를 장부가보다 높게 취득

다른 조건은 [경우 2]와 같고, 지배회사가 종속회사 지분 80%만을 900,000원에 취득한 경우(을의 자본계정의 80%는 800,000원)이고, 영업권 100,000원이 발생하였다. 을의 자본계정 1,000,000원 중 20%인 200,000원은 연결재무상태표상의 비지배지분이 된다. IFRS에 의하면, 비지배주주 몫의 영업권이 계상되는 경우도 있을 수 있으나, 일반적으로 비지배주주에게는 '눈에 보이지 않는 잠재적 가치'가 없다는 관행이 대부분이다. 회계처리는 다음과 같다.

(차) 자본금 등(을)	1,000,000	(대) 투자주식(갑)	900,000
영 업 권	100,000	비지배지분	200,000

연결재무상태표(20×1년 1월 1일 현재)

기타자산	5,100,000	부 채	3,500,000
영 업 권	100,000	자 본	
		자본금 등(갑)	1,500,000
		비지배지분	200,000
자산합계	5,200,000	부채및자본합계	5,200,000

* 자산=갑의 자산 3,000,000원+을의 자산 3,000,000원−갑의 투자주식 900,000원

제 5 절 현금성자산의 범위 및 현금 내부통제

유동자산 중 제일 처음 계정이 '현금'이며 그 자체로 금융자산이라 할 수 있다. IFRS에 의해 유동성순서에 따라 배열하라고 하였으므로 대부분의 기업들은 유동성이 가장 높은 '현금'을 재무상태표의 자산 중 제일 앞의 유동자산이라는 중분류 항목 밑에 첫 번째 계정으로 기록한다.

'현금'이라는 계정이 나타내는 의미는 무엇인가? 현금유입을 수익으로, 현금유출을 비용으로 착가하는 경우가 있는데, '현금'이라는 것은 수익과 비용 측정의 기준이 되어서는 안 되고, 나만 현금 그 자체가 구매력을 나타내며 기업활동에 있어서 가장 근본적인 지급수단을 의미한다.

기업은 영업활동을 하기 위해서 항상 적정량의 현금을 보유하고 있어야 하며, 적시에 필요한 대금을 지급하시 못하면 많은 순이익을 보고하는데도 불구하고 흑자도산[17]이 발생할 수 있다. 일반적인 의미의 '현금'은 화폐나 즉시 인출가능한 예금 정도를 뜻하지만, 재무상태표에서 '현금'의 범위는 이

17) 흑자도산이란 기업의 수익성은 양호하지만 유동성이 낮기 때문에 기업이 지급능력을 상실하여 파산하는 경우를 의미한다.

보다 다소 확장되어, 화폐나 보통예금 이외의 몇 항목들을 포함하여 '현금 및 현금성자산'[18]계정으로 보고되는 경우가 빈번하다. 여기서 현금성자산이란 유동성이 매우 높은 단기투자자산으로서 확정된 금액의 현금으로 전환이 용이하고 가치변동의 위험이 경미한 자산을 의미한다.

1. 현금 및 현금성자산

화폐 및 수표 등 통화대용증권과 보통예금을 회계상의 현금으로 보는 것은 당연하다. 그러나 곧 현금화될 타회사 발행 주식이나 채권을 현금으로 볼 것인가 금융자산으로 볼 것인가에 대한 판단기준이 필요하다.

일반적으로 ① 큰 거래비용 없이 현금으로 전환이 용이하고, ② 이자율 변동에 따른 가치변동의 위험이 중요하지 않은 유가증권 등으로서, ③ 취득 당시 만기(또는 상환일)가 3개월 이내에 도래하는 것은 재무상태표에 기록할 때 '현금 및 현금성자산'으로 간주한다. 3개월 정도 이내에 현금화된다면 현금성자산으로 하여 재무상태표에 '현금 및 현금성자산' 또는 그냥 '현금' 계정으로 보고한다는 의미인 것이다.

이렇게 하여 확장된 '현금 및 현금성자산'계정에는 한국은행권 지폐 및 동전, 외국화폐, 자기앞수표 등이 포함된다. 그러나 즉시 현금화시키기 어려운 어음 등의 증서는 '현금 및 현금성자산'이라는 계정 대신 '미수금' 등 명칭으로 재무상태표 자산에 보고된다. 직원가불금은 자산 중 '단기대여금'계정으로 재무상태표 자산에 보고되며, 우표나 수입인지는 자산임에는 틀림없으나 '현금 및 현금성자산'계정 대신 '선급비용'계정으로 보고되어야 한다.

예제 7-12

(주)동양의 결산일에 금고를 실사하였더니 다음과 같은 자산들이 있었다. 재무상태표에 표시될 '현금 및 현금성자산'의 금액은 얼마인가?

---

18) '현금성자산'도 '현금'에 포함되는 것으로 간주하므로 일반적으로 재무상태표에 보고할 때 '현금 및 현금성자산'이라고 길게 기록하는 대신 '현금'이라고만 쓰기도 한다.

• 화폐	400,000	• 우표	8,200
• 자기앞수표	200,000	• 타인발행 약속어음	1,270,000
• 1개월 후 만기가 되는 예금	200,000	• 직원의 급여 가불증	100,000

해답

화폐+자기앞수표+1개월 후 만기가 되는 예금=800,000원
(우표는 선급비용, 타인발행 약속어음은 매출채권 또는 미수금, 직원의 급여 가불증은 단기대여금이며 유동자산으로 구분됨)

은행예금의 종류에는, ① 수시로 입출금이 가능하며 이자는 매우 적게 지급되는 '보통예금', ② 1년 등의 만기를 정해 놓고 그 기간 내에 인출하면 이자는 없거나 수수료를 부담해야 하는 정기예금, ③ 기업들이 은행에 예금 계좌를 개설하고 은행과 당좌거래 약정을 체결한 다음 예금한도 내에서 당좌수표를 발행하여 지불수단으로 사용하는 당좌예금 등이 있다. 계좌에 예금이 있을 경우 수표를 발행하는 것이므로, 수표를 받은 기업이 이 수표를 은행에 예입하면 은행이 현금을 지급하는 형태로 금융거래가 이루어진다. 만일의 경우, 기업이 당좌예금에 보유하는 잔고를 초과하여 수표를 발행하면 이는 '부도수표'가 되고 회사는 법적 책임과 함께 기업간 거래에 있어서 심각한 신뢰성 하락을 겪게 될 것이다.

기업과 은행 간에 별도의 '당좌차월' 약정을 맺은 경우에는 예금을 초과하더라도 약정한도까지는 은행이 대신 선지급해 주는 경우도 있다. 이렇게 함으로써 불가피한 상황 때문에 발행수표가 부도처리되어 기업의 신용도와 이미지가 실추되는 것을 방지할 수 있다. 만약 당좌예금의 잔액이 (−)인 상태에서 결산일을 맞게 되면 이 부족액은 사실상 은행으로부터의 단기차입금 성격을 갖게 되므로 재무상태표상 부채의 단기차입금으로 보고해야 한다.

정기예금은 3개월 이내에 현금화할 경우 큰 거래비용이 발생하는 것으로 간주하여 '현금 및 현금성자산'계정에 포함될 수 없으며, 성격에 따라 'FVPL금융자산' 등의 명칭으로 재무상태표에 보고되어야 한다. 보통예금과 당좌예금은 모두 '현금 및 현금성자산'의 명칭으로 재무상태표에 보고될 수 있으나, 실무적으로 당좌예금계정을 별도로 표시하는 경우도 있다.

2. 현금과 유사하지만, '현금 및 현금성자산'에 포함되지 않는 것들

사용이 제한된 예금(구속성 예금)은 '현금 및 현금성자산'에 포함되지 않는다. '양건예금', 각종 '기금', 차입금 등에 대한 '담보로 제공된 예금', 각종 '보증금' 등은 기업이 원할 때 언제나 현금화시켜 사용할 수 없다. 따라서 이들은 '현금'과 별도의 다른 적절한 계정명칭으로 재무상태표에 별도 보고하고 주석공시를 통해 설명이 있어야 한다.

양건예금은 금융기관으로부터 자금을 차입하는 경우 대출금액의 일정비율을 도로 은행에 예금하는 것을 의미한다. 이는 '꺾기'라고 불리는 관행으로, 차입금의 일정비율 이상액에 대해 요구되며, 차입자의 재무상태표에 '현금 및 현금성자산'이 아닌 '사용이 제한된 예금'으로 보고된다. 금융기관 입장에서는 이러한 거래를 통하여 높은 유효이자 수익을 얻을 수 있다. 예를 들어, 2,000,000원을 연 6%의 이자율로 대출하면서 대출금의 10%를 대출기간 동안 꺾기예금으로 하여 사용제한예금이 되었다면(그리고 이에 대한 이자는 거의 없다면), 사실상 금융기관은 1,800,000원을 대출하면서 2,000,000원에 대한 6%인 120,000원의 이자수익을 얻는다. 따라서 금융기관의 유효이자수익률은 6.67%(=120,000/1,800,000)가 된다.

만약, 이러한 예금을 재무상태표에 '현금 및 현금성자산'계정으로 보고하면, 회계정보이용자들은 회사의 유동성에 대하여 착각하게 될 것이다. 즉, 현금잔액은 많지만 '사용제한된 현금'이 많으므로, 유동성 부족문제가 발생될 수 있다. 따라서 같은 현금이라 하더라도, 제약을 받지 않는 현금과 사용이 제한된 예금을 구분하여 보고해야 한다.

구 분	현금 및 현금성자산	현금 및 현금성자산으로 분류하지 않는 항목
내용	화폐, 수표, 보통예금, 당좌예금, 3개월 이내 만기도래 금융상품	직원가불금(단기대여금), 우표 및 수입인지(선급비용), 시세가 공표되는 국공채·회사채 등 채권 및 타회사 발행 주식(FVPL금융자산 등)

3. 현금에 대한 내부통제

현금은 기업에서 가장 중요시되는 자산이며 유출입이 빈번하고 도난위험이 높은 자산이기 때문에, 회계처리와 관련된 외부보고 외에 기업 내부적으로 현금에 대한 내부통제를 수행하는 절차가 필요하다.

거래를 분개하고 재무제표를 작성하는 회계절차와는 별도로 기업 내에서 회계자료의 정확성과 신뢰성을 검증할 수 있고 업무능률을 증진시킬 수 있는 보조적 절차 중 현금에 대한 내부통제를 검토할 필요가 있다. 일반적으로 기업 내부에서 현금을 수취하고 보관 및 지급하는 과정과 관련한 내부통제의 방법들을 예시하면 다음과 같다.

① 현금 관련 업무 분장 : 현금 관련 업무는 여러 명에게 적절히 나누어져야 한다. 즉, 현금지출을 담당하는 직원이 재무제표 등 회계장부의 기록업무까지 담당하게 된다면 현금관리에 문제가 생길 수 있다.

② 현금지급의 적법성 확인 : 회사 내부적으로 현금지급시에는 일정한 승인절차를 거친 금액만이 지출되도록 해야 한다.

③ 수취한 현금의 당일 내 은행예입 : 현금을 수취하면 당일 내 은행예입을 한다. 자금담당자는 은행예금의 양이 많아질 경우 FVPL금융자산(타회사 발행 주식, 채권, 펀드 등) 등으로 운용하는 방안을 검토할 수 있는 능력을 갖고 있어야 한다.

④ 소액현금제도 : 금액이 크지 않은 지출이지만 빈번하게 발생하는 소액의 현금거래에 대해 매 거래마다 지출 승인을 하고 분개절차를 수행한다면 업무가 과중해진다. 일정금액의 소액현금계정을 설정하고 그 범위 내에서 지출을 행하고, 결산일에 한꺼번에 회계처리하는 내부적인 현금관리시스템인 소액현금제도의 적용이 필요하다.

⑤ 은행계정조정표 작성 : 온라인상으로 정확한 거래가 신속히 이루어진다면 기업측의 장부상 예금잔액과 은행측의 은행계정명세서 잔액은 늘 일치한다. 그러나 중소기업 등 시스템이 완벽하지 않은 경우 기업과 은행 측 예금잔액이 일시적으로 불일치하는 경우가 있기 때문에 그 원인을 분석한 은행계정조정표의 작성이 필요하다.

4. 소액현금제도

소액현금제도(Petty Cash System)는 일정기간 동안 소액의 현금지출(소모품비, 여비교통비)을 위해 일정액의 자금을 준비해 두고 이와 관련된 현금지출을 회계처리 없이 사용한 후, 소액현금을 다시 충당하는 결산일 등 시점에 일괄적으로 회계처리하는 내부 현금관리제도이다.

한도 내에서 사소한 지출들이 이루어지게 되며, 소액현금을 보충할 필요가 있을 때에는 최초 설정한 일정금액에서 사용한 금액만큼만 보충해 주므로 회계상 소액현금은 일정하게 유지될 수 있다.

소액현금설정액＝현재 소액현금보유액＋현금지출 영수증 합계액

예제 7-13

(주)동양은 20×1년 1월 1일에 내부관리 목적으로 소액현금제도를 채택하였다. 처음에 소액현금설정액은 1,000,000원으로 하였고 20×1년 12월 31일까지 아래와 같은 지출이 있었으며, 20×1년 12월 31일 현재 소액현금 잔액이 100,000원만 남아 있어서 은행에서 900,000원을 인출하여 소액현금 잔액을 보충하였다.

〈20×1년 1월 1일부터 12월 31일까지의 지출내역〉

• 사무용품비	500,000
• 교 통 비	200,000
• 우 편 료	100,000
• 원인 미확인	100,000

20×1년 1월 1일과 12월 31일에 필요한 분개를 하라.

해답

〈1월 1일〉

(차)	소 액 현 금	1,000,000	(대) 현 금	1,000,000

〈12월 31일〉

(차)	사무용품비	500,000	(대) 현 금	900,000
	교 통 비	200,000		
	우 편 료	100,000		
	현금과부족	100,000		

현금과부족계정은 아직 원인을 알 수 없으면서 소액현금보유액이 장부상의 금액과 일치하지 않을 경우에 사용된다. 지출내역 800,000원이 증빙되었으나 소액현금보유액은 100,000원뿐이므로, 이때에는 현금과부족계정으로 차변에 기록한다. 반대의 경우는 소액현금보유액이 과다하다는 것을 의미하기 때문에 현금과부족계정을 사용하여 대변에 기록한다. 현금과부족계정은 연말 이전에 그 내용이 밝혀지면 적절한 분개를 하고 연말까지 과부족의 사유가 밝혀지지 않으면 연말에 가서 '잡수익' 또는 '잡손실'의 명칭으로 인식하여 포괄손익계산서에 보고하면 된다. 즉, '현금과부족'계정은 임시적 계정과목이므로 포괄손익계산서에는 사용되지 않는다. 내부통제 목적을 위해 그 원인을 계속 규명한 후 사유가 밝혀지지 않으면 포괄손익계산서에 잡수익 혹은 잡손실로 보고되므로 기업 내부적으로만 나타나는 계정명칭인 것이다.

(차) 잡 손 실 100,000 (대) 현금과부족 100,000

소액현금계정 역시 내부통제의 편의상 설정한 계정이고 사용제한이 된 것은 아니므로 외부보고용 재무상태표에 보고될 경우 '현금'에 합산하여 기록된다. 즉, 외부 정보이용자들은 소액현금계정에 얼마가 설정되어 있는지를 재무상태표를 통하여 알 수 없고, 다만 기업 내부적으로 소액현금을 통하여 '현금'계정의 관리가 원활하게 진행될 뿐이다. 소액현금설정액이 과다하거나 과소한 경우에는 소액현금설정액을 낮추거나 높일 수 있는데, 예를 들어 100,000원만큼 설정액을 증가시키거나 감소시킬 때 분개는 다음과 같다.

〈설정액 감소시〉
(차) 현 금 100,000 (대) 소 액 현 금 100,000
〈설정액 증가시〉
(차) 소 액 현 금 100,000 (대) 현 금 100,000

5. 은행계정의 조정

기업과 은행 간 수많은 자금거래 및 당좌거래 등이 발생하다 보면, 기업측의 장부상 예금잔액과 은행측의 은행계정조정표 잔액의 차이가 생길 수 있다. 최근 은행거래는 온라인으로 연결되어 오류의 여지가 매우 적지만, 이론적으로 볼 때 은행계정조정표의 목적 중 하나가 당좌예금의 예입 및 인출 과정에서 종업원의 부정이나 오류가 개입되었을 가능성을 배제하기 위한 것인 만큼 은행계정조정표에 대해 알아두어야 할 필요가 있다.

은행에서 유지하는 기업의 당좌예금 잔액과 기업에서 유지하는 당좌예금계정에 기록된 기말잔액 사이에 서로 차이가 발생하는 이유로는, 예입 및 인출 과정에서 종업원의 부정이나 오류가능성 외에도 회계장부에 당좌예금의 입출금이 기록되는 시점과 은행에서 당좌예금이 실제 입출금되는 시점의 차이 등이 있을 수 있는데, 주요 원인을 정리해 보면 다음과 같다.

[은행측 입장에서 (+)해야 할 항목]

- 미기록예금 : 기업이 은행에 예입시키기 위하여 수표를 은행에 발송하고 기업 당좌예금을 증가시켰으나, 아직 은행에 입금되지 않아 은행측 당좌예금이 과소계상된 경우 은행이 당좌예금을 (+)해야 함.

[은행측 입장에서 (−)해야 할 항목]

- 미결제수표 : 기업은 당좌수표를 발행하여 당좌예금을 감소시켰으나 당좌수표를 갖고 있는 거래처가 아직 이를 은행에 지급청구하지 않아 은행 당좌예금이 과대계상된 경우 은행이 당좌예금을 (−)해야 함.

[은행측은 그대로 두고, 기업이 (+)해야 할 항목]

- (기업측 오류) 미통지예금 : 거래처가 기업에 대금결제를 통보하지 않고 기업의 당좌예금계좌에 직접 무통장 예입시켜 은행의 당좌예금계정은 정확히 기록되었으나, 기업의 당좌예금 잔액이 과소계상된 상태인 경우 은행은 그대로 두고 기업은 당좌예금을 (+)해야 함.

[은행측은 그대로 두고, 기업이 (−)해야 할 항목]

- (기업측 오류) 은행수수료 : 은행거래와 관련하여 발생한 수수료가 기업의 당좌예금에서 직접 차감되었으나, 기업이 은행으로부터 이 사실을 통보받지 못하고, 기업 장부상 당좌예금이 차감되지 않은 상태로 남아 있어 기업 당좌예금이 과대계상된 경우 당좌예금을 (−)해야 함.
- (기업측 오류) 부도수표 : 기업이 타인발행 수표를 은행에 예입시키고 당좌예금을 증가시켰는데, 이것이 부도수표였고 그 사실을 은행이 기

업에 통보하였으나 기업이 아직 이 사실을 반영하지 못해 당좌예금 잔액이 과대계상된 경우 기업은 당좌예금을 (−)해야 함.

[은행측은 그대로 두고, 기업이 (+)하거나 (−)해야 할 항목]

- (기업측 오류) 이자수익 및 이자비용 : 은행의 당좌예금계정에서는 이자수익 및 이자비용이 발생했으나, 기업이 이러한 사실을 은행으로부터 통보받지 못했을 경우에도 기업의 당좌예금 잔액에 차이가 발생.

[은행이든 기업이든 발생할 수 있는 기장오류]

- 기장오류 : 은행과 기업 어느 쪽이든 거래의 기록시 오류를 범함으로써, 기업측과 은행측의 당좌예금 잔액이 일치하지 않을 수 있음.

은행계정조정표는 재무제표와 같은 회계기준에서 정한 공식적인 양식은 없으며 다음과 같이 작성될 수 있다.

• 은행측 잔액	×××
조정항목 : 가산	×××
차감	(×××)
수정후 은행측 잔액	×××
• 기업측 잔액	×××
조정항목 : 가산	×××
차감	(×××)
수정후 기업측 잔액	×××

예제 7-14

(주)동양의 20×1년 12월 31일 기업의 장부상 당좌예금 잔액은 100,000원이었으며 아래 조정사항이 있을 때 20×1년 12월 31일 당좌예금의 올바른 잔액은 얼마인가?

• 은행마감 후 기업의 입금액	5,000원
• 거래처가 기업에 통지 안 하고 은행에 입금한 금액	2,500원
• 은행측 오류로 기업의 계좌에서 잘못 출금된 금액	4,000원
• 기업은 당좌수표를 거래처에 발행하였으나 은행은 아직 미지급	3,000원
• 기업이 수표를 은행에 예입하였으나 부도발생(기업이 아직 모름)	8,500원

해답

100,000원[기업의 장부에 기록되어 있는 당좌예금 잔액]
+) 2,500원[기업에 미통지된 상태로 거래처가 은행에 입금]
−) 8,500원[기업이 아직 모르고 있는 부도수표]
=) 94,000원[올바른 당좌예금 잔액]

[참고] 은행측의 올바른 당좌예금 잔액도 94,000원이 되어야 한다. 위의 정보를 고려하면 은행측의 잔액은 수정 이전에 얼마로 기록되어 있었을까?

5,000+4,000−3,000=6,000원만큼 과소계상되어 있었을 것이다. 즉 은행측은 (주)동양의 당좌예금 잔액을 88,000원으로 기록하고 있었을 것이며, 이를 94,000원으로 수정해 주어야 한다.

연습문제

1 다음 각각의 분개를 하라.

(1) 소액현금 500만원을 설정했다.
(2) 기말에 정리하니 단기로 사용하는 사소한 소모품 관련 지출액이 400만원 발생한 것을 알았고, 50만원은 지출된 것은 틀림없으나, 지출된 원인은 아직 모르며, 소액현금 잔액은 50만원뿐이었다. 연말에 소액현금을 다시 500만원에 맞추었다.

2 회사측 장부잔액과 은행측 장부잔액은 모두 3,000원이었으나, 회사에서 당좌수표를 발행하였으나 은행에서 아직 처리가 되지 않은 300원과, 회사가 거래처로부터 매출채권 대금으로 받아 은행에 입금한 수표 300원이 부도처리된 것이 반영되지 않은 자료이다. 이 사실을 반영하여 은행계정조정표를 만들라.

3 타회사 발행 회사채를 구입하였을 때, 사용할 수 있는 계정 3가지를 제시하라.

4 (주)동양은 최근 2,000,000원을 차입하고 10%의 연간이자를 지급하는 조건으로 6개월 동안 은행에서 자금을 차입하였다. 은행의 요구로 그중 500,000원을 무이자로 6개월 동안 강제로 예치할 수밖에 없었다. (주)동양이 실질적으로 부담하는 유효이자율은 몇 %인가?

5 회계상 현금계정을 사용하는 조건에 포함되지 않는 것은?

① 큰 거래비용 없이 현금으로 전환이 용이해야 한다.
② 권위 있는 기관에 의해 시세가 공표되어야 한다.
③ 이자율 변동에 따른 가치변동의 위험이 중요하지 않아야 한다.
④ 취득 당시 만기가 3개월 이내에 도래해야 한다.

6 다음 중 현금계정에 포함될 수 있는 항목끼리만 묶인 것은?

① 2개월 만기 정기예금, 보통예금
② 보통예금, 자기앞수표, 직원가불금
③ 직원가불금, 우표
④ 지폐, 동전, 외국통화, 타회사 주식

7 다음 설명 중 틀린 것은?

① 소액현금제도란 빈번한 현금거래를 간편히 회계처리하기 위한 것이다.
② FVOCI금융자산평가손익은 포괄손익계산서에서 기타포괄손익에 포함된다.
③ 유가증권의 계정과목 종류는 세 가지가 있는데, 주식은 FVPL금융자산, FVOCI금융자산, AC금융자산, 채권은 FVPL금융자산, FVOCI금융자산, 관계기업투자주식으로 나뉜다.
④ FVPL금융자산평가손익은 포괄손익계산서에서 당기손익에 포함된다.

8 다음 자료를 이용해 20×1년 7월 1일, 20×1년 12월 31일, 20×2년 6월 30일, 20×2년 7월 1일, 20×2년 12월 31일의 분개를 하라.

20×1년 7월 1일 창업하였는데, 액면가 5,000원짜리 주식을 2,000주 발행하였다. 이로써, 보유현금은 10,000,000원이다. 20×1년과 20×2년 10월 1일에 각각 3,000,000원의 현금매출이 있었다(매출원가는 무시). 여유현금으로 20×1년 7월 1일에 다음과 같이 FVPL금융자산을 취득하였다.

종 류	수 량	주당 취득원가	20×1년말 공정가	20×2년말 공정가
백두주식	100주	10,000원	11,000원	12,000원
한라주식	100주	20,000원	18,000원	21,000원
설악주식	200주	10,000원	12,000원	11,000원
지리채권	10매	100,000원	105,000원	95,000원

지리채권의 이자는 6월말과 12월말 각각 1매당 5,000원씩 지급된다. 20×1년말에 보유주식으로부터의 배당금수익은 총 50,000원이었다. 20×2년말에 보유주식으로부터의 배당금수익은 총 10,000원이었다. 20×2년 7월 1일에 백두주식을 1주당 10,000원에 처분하였으며, 지리채권 역시 1매당 95,000원에 처분하였다.

9 다음 자료를 이용하여 20×1년 결산시점에서의 FVPL금융자산은 얼마인지 제시하라. 그리고 20×2년 포괄손익계산서상의 FVPL금융자산처분손실은 얼마인가?

종 류	수 량	주당 취득원가	20×1년말 공정가
백두채권	100매	20,000원	18,000원
한라주식	200주	10,000원	11,000원
지리채권	10매	100,000원	130,000원

위의 주식과 채권(모두 시장성 있으며, 주식들에 대한 지분율은 1% 미만임)을 20×1년 7월 1일에 취득하였다. 한라주식과 지리채권은 1년 이내의 단기매매 목적으로 취득하였으며, 백두채권은 FVOCI금융자산으로 분류된다(백두채권에서 이자수익은 없다고 가정). 지리채권의 이자는 매년 6월말과 12월말에 각각 1매당 50,000원씩 수령한다. 20×1년말 한라주식으로부터의 배당금수익이 1주당 5,000원이었다. 20×2년 7월 1일에 한라주식 전부를 1,900,000원에, 지리채권 전부를 1,100,000원에 처분하였다.

10 다음 자료를 이용하여 물음에 답하라.

20×1년 1월 1일 재무상태표에는 현금 35,000,000원과 자본금 35,000,000원이 있었고, 이후 다음과 같은 주식 및 채권 취득이 있었다. 20×1년말 동양주식의 당기순이익은 1,000,000원이며, 동양주식과 서양채권은 각각 1주당 1,000원과 1매당 1,000원의 배당을 해주었다.

종 류	수 량	주당 취득원가	20×1년말 공정가치	비 고
동양주식	100주	20,000원	18,000원	FVPL금융자산
서양채권	200매	10,000원	11,000원	FVOCI금융자산
남양채권	300매	100,000원	100,000원	FVOCI금융자산

(물음 1) 20×1년말 포괄손익계산서에 계상될 (수익－비용) 금액은?

(물음 2) 20×1년말 재무상태표에 계상될 기타포괄손익누계액은?

(물음 3) 20×1년말 재무상태표에 계상될 자산합계는?

11 다음 자료를 이용하여 20×1년 12월 31일의 관련 분개를 하라.

마포(주)의 20×1년 12월 31일 현재 보유하고 있는 금융자산 내역은 아래와 같다. 단, 이 회사는 12월 결산법인이다.

종 류	수 량	20×1년초 주당 공정가치	20×1년말 주당 공정가치	20×0년말 주당 공정가치
FVPL금융자산(A)	1,000주	17,000원	28,000원	17,000원
FVPL금융자산(B)	1,000주	20,000원	22,000원	20×1년초 신규취득
FVOCI금융자산(C)	2,000주	50,000원	86,000원	50,000원
FVOCI금융자산(D)	2,000주	16,000원	13,000원	20×1년초 신규취득

(주) A와 C는 20×0년 12월 31일 이전에 취득된 것으로 20×0년 12월 31일에 한 차례 공정가평가가 이루어진 상태이다. B와 D는 20×1년중 신규취득되었다.

12 (주)동양은 (주)서양이 발행한 회사채를 취득하고 FVOCI금융자산으로 분류하였다. 취득과 매각에 대한 정보는 다음과 같다. 20×1년 7월 7일 매각한 FVOCI금융자산의 원가는 총평균법과 이동평균법을 적용할 경우 각각 얼마인가?

20×1년	매입수량	취득단가	매각수량	매각단가
1월 1일	500개	100	–	–
4월 4일	400개	200	–	–
7월 7일	–	–	500	200
11월 11일	200개	100	–	–

13 다음 자료를 이용하여 물음에 답하라.

(주)동양은 충분한 현금을 보유하고 있다. 20×1년 1월 1일 (주)동양은 시장성 있는 FVPL금융자산으로 분류되는 주식 100주를 1주당 10,000원에 취득하였고, FVOCI금융자산으로 분류되는 채권 10매를 1매당 100,000원에 구입하였다. 보유하던 주식 100주는 20×1년 12월 1일 1주당 12,000원에 처분하였으며, 20×1년 12월 31일 보유하던 국공채에서 1매당 5,000원의 이자를 받았다. 20×1년 12월 31일 현재 이 국공채의 공정가는 1매당 110,000원이다.

(물음 1) 20×1년 결산시점에서 포괄손익계산서상의 FVPL금융자산처분이익과 이자수익의 합계는 얼마인가?

(물음 2) 20×1년말 재무상태표상 FVOCI금융자산은?

14 다음 자료를 이용하여 물음에 답하라.

20×1년 1월 1일 (주)동양은 80,000원의 현금매출을 하였다(매출원가는 무시). 시장성 있는 단기매매 목적의 주식과 국공채를 각각 현금 30,000원씩 주고 총 60,000원에 취득하였다. 20×1년중 주식으로부터 10,000원의 배당을, 국공채로부터는 20,000원의 이자를 현금으로 받았다.

(물음 1) 20×1년 1년간 포괄손익계산서의 매출총이익은?
(물음 2) 20×1년 1년간 포괄손익계산서의 당기순이익은?
(물음 3) 20×1년 결산시점에서 재무상태표의 자산합계는?

15 다음 자료를 이용하여 물음에 답하라.

20×1년 7월 1일에 시장성 있는 회사채를 단기운용 목적으로 구입하였는데, 경과이자를 포함하여 56,000원을 현금지급하였다. 이 회사채는 매년말 6,000원의 1년치 이자를 지급하는 회사채이다. 이 회사채를 20×2년 4월 1일 경과이자를 포함하여 현금 53,000원을 받고 매각하였다(미수이자는 월별로 계산할 것).

(물음 1) 20×1년 7월 1일의 분개는?
(물음 2) 20×1년 12월 31일의 분개는?
(물음 3) 20×2년 4월 1일의 분개는?

16 다음 자료를 이용하여 필요한 분개를 하라.

(주)동양의 20×1년 1월 1일 현재 재무상태표 잔액은 현금 100,000원과 자본금 100,000원이 있다. 7월 1일, ① 단기보유 목적의 A주식 10주를 주당 1,000원에, ② FVOCI금융자산으로 인식될 B채권 20매를 1매당 1,000원에, ③ 중대한 영향력을 행사할 수 있는 C회사의 주식 30주를 주당 1,000원에 각각 현금매입하였다(C회사의 총발행주식수는 100주이다). 12월 31일 현재의 A주식과 B채권의 시장가치는 각각 주당 800원이었다. C회사의 포괄손익계산서를 보면 당해 연도의 당기순이익이 2,000원이었다(배당은 없었다). 20×2년 1월 1일, A, B, C주식을 각각 주당 1,000원에 매각하였다.

17 다음 자료를 이용하여 필요한 분개를 모두 행하고, 20×1년의 재무상태표와 포괄손익계산서를 작성하라.

> 20×1년 1월 1일에 액면가 5,000원인 주식 2주를 발행하여 현금 10,000원이 유입되었다. 유입된 현금 중 2,000원은 1년 이내에 처분할 목적의 시장성 있는 채권에 투자하였다(이 채권에 대한 이자는 연말에 한 번 현금으로 200원을 지급받는다. 이 채권의 20×1년말 공정가는 1,500원이었다).
>
> 그리고 역시 20×1년 1월 1일 다른 회사가 발행한 시장성 있는 채권을 현금 3,000원을 주고 구입했으며, 이는 FVOCI금융자산으로 분류되었다. 이 FVOCI금융자산의 20×1년말 공정가는 3,300원이었고 이자수익은 없다고 가정한다. 또한, 20×1년 1월 1일에 판매부서에서 사용할 목적으로 2,500원짜리 기계를 현금구입하였다(내용연수 4년, 잔존가치 500원, 정액법 상각). 그리고 1월 1일에 자체적으로 연구하여 획득한 특허권에 소요된 현금 총 1,000원(무형자산 내용연수 5년, 정액법 상각)이 있다.

18 20×1년 1월 1일 액면이자율 10%, 유효이자율 12%, 만기 3년, 액면가 100,000원인 회사채를 만기까지 보유할 목적으로 95,196원에 매입하였다. 3년간 필요한 분개를 하라.

19 20×1년 1월 1일 A사는 B사 주식 40%를 440,000원에 현금취득하고 지분법 적용을 시작하였다. 취득시 B사 순자산 장부가액은 1,000,000원이었고, 20×1년 당기순이익 100,000원을 보고하였으며, 배당금 40,000원을 선언하고 지급하였다. B사 자산 중 재고자산 장부가는 100,000원이고 공정가는 200,000원이었다. 이 재고자산은 20×2년에 모두 제3자에게 판매되었다. 필요한 분개를 하라.

CHAPTER 8

부채 관련 주요 회계처리

개 요

재무상태표 작성시 부채로 분류되는 사항들은 다음과 같은 특징을 갖고 있다.

① 과거의 거래나 사건의 결과로서 관련 의무가 현 시점에 존재한다.
② 법적 의무뿐 아니라 관행상 발생하리라 예상되는 의무까지 포함한다.
③ 부채의 상환금액과 상환시기를 합리적으로 예측할 수 있다.

부채로 정의된 계정과목들은 회계연도 종료일로부터 1년 이내에 갚아야 하는 유동부채와 1년 이후에 갚아도 되는 비유동부채로 나뉜다. 본장에서는 재무상태표의 오른쪽, 즉 자금조달 원천인 부채와 자본 중 부채 관련 주요 회계처리를 검토한다. 부채 관련 회계처리에서는 사채발행 등 장기자금조달과 관련된 회계처리에 대한 개념을 정확히 알아야 한다. 이와 관련한 계정과목 및 금액결정 등에서는 현재가치계산을 적용해야 하며, 수익・비용 대응의 원칙을 지켜 이자비용도 정확하게 산출하는 회계처리를 수행할 수 있어야 한다. 이 외에, 제품보증충당부채의 상황과 회계처리에 대하여 검토한다.

제 1 절 유동부채와 비유동부채

부채는 과거 사건의 결과로 발생한 현재 의무로 미래에 자산의 유출을 통해 상환하거나 용역을 제공해야 하는 의무를 의미한다. 재무상태표에 보고되는 자산이 1년을 기준으로 하여 유동자산과 비유동자산으로 나뉘는 것처럼, 부채도 1년을 기준으로 하여 유동부채(단기차입금 등)와 비유동부채(장기차입금, 사채 등)로 구분하는 것을 원칙으로 하고 있다.

유동부채는 1년(혹은 정상영업주기) 이내에 유동자산을 사용하거나 다른 유동부채의 증가를 통하여 상환될 것으로 기대되는 부채로 정의된다. 유동부채는 기업의 단기적인 상환능력을 평가하는 데 중요한 자료가 되며 유동부채가 유동자산에 비해 과도한 경우에는 기업의 단기상환능력이 부족한 것으로 평가된다. 정상적이라면 유동자산을 현금으로 회수하여 유동부채를 상환할 것이며, 만약 유동자산이 유동부채에 비하여 부족하면 유동부채로 인한 자금압박을 겪게 될 위험이 높아질 것이다. 매입채무, 미지급비용, 선수수익, 단기차입금 등이 유동부채의 대표적 계정들이다.

비유동부채는 1년(혹은 정상영업주기) 이후에 상환하거나 의무가 이행될 것으로 예상되는 부채를 의미한다. 비유동부채를 인식할 때에는 원칙적으로 현재가치를 고려하여 회계처리를 해야 한다. 장기매입채무, 장기차입금, 장기미지급금, 퇴직급여충당부채, 제품보증충당부채 등이 비유동부채의 대표 계정들이다.

제 2 절 차입에 의한 자금조달

기업이 자금을 조달하는 수단 중 주식발행과 함께 가장 일반적인 것은 은행에서 자금을 차입하는 것이다. 차입금을 빌린 기업은 정해진 기간마다 이자를 지급해야 한다.

예를 들어, 기업이 3년 뒤 갚기로 하고 20×1년 1월 1일에 은행에서 연 이자율 12%, 매년 12월 31일에 현금으로 이자를 지급하는 조건으로 10,000원의 자금을 차입하였다면, 해당 거래에 대한 분개는 다음과 같다.

〈20×1년 1월 1일〉

(차) 현 금	10,000	(대) 장기차입금	10,000

〈20×1년 12월 31일〉

(차) 이 자 비 용	1,200	(대) 현 금	1,200

여기서 장기차입금은 '비유동부채'로 분류되어야 하며, 이자비용은 원금(10,000원)에 연 이자율(12%)을 곱하여 계산한다. 만약 위 예에서 계약 당시 이자비용을 20×2년말에 첫해 이자를 포함하여 2년 치 이자를 지급하기로 약속한 경우, 20×1년 12월 31일에는 현금으로 지출되는 금액이 없더라도 1년 동안 차입금을 사용한 대가, 즉 이자는 확실히 발생했다고 볼 수 있다. 이는 수정분개의 미지급비용과 같은 맥락에서 이해하면 된다. 이러한 경우 첫해에 필요한 분개는 다음과 같다.

〈20×1년 1월 1일〉

(차) 현 금	10,000	(대) 장기차입금	10,000

〈20×1년 12월 31일〉

(차) 이 자 비 용	1,200	(대) 미지급비용	1,200

여기서 '미지급비용'은 1년 이내에 갚을 것이기 때문에 유동부채로 분류되며, 관행상 '미지급이자' 혹은 '미지급이자비용'이란 계정명칭을 사용하기도 한다. 현금으로 2년 치 이자비용을 지급하는 20×2년 12월 31일에는 다음과 같은 분개가 뒤따라야 한다.

〈20×2년 12월 31일〉

(차) 이 자 비 용	1,200	(대) 현 금	2,400
미지급비용	1,200		

2년 치 이자를 일시에 지급하므로 '현금 2,400원'이 대변에 나타나야 하며, 이자비용은 20×2년 1년간의 성과만을 나타내야 하므로 1,200원이 되어 포괄손익계산서에 비용으로 기록된다. 한편, 전년도 재무상태표 부채에 있었던 미지급비용 1,200원은 현금을 지급함으로써 의무가 모두 해소되어 사라진다.

만일 3년 후(즉, 만기에) 이자를 일시불로 지급하기로 약정이 되어 있다면, 20×2년말에 미지급비용 1,200원이 더 누적되어 2,400원의 미지급비용이 재무상태표에 나타날 것이다. 그리고 20×3년말에 차변에 이자비용 1,200원, 미지급비용 2,400원과 대변에 현금 3,600원이 나타나게 된다.

이와 같은 회계처리는 수정분개의 일종이다. 즉, 시간의 경과에 따라 비용이 점차로 실현되어 가는 경우에, 정확한 기간을 측정하여 기간에 해당하는 만큼을 당해 연도의 비용으로 처리해야 한다는 현대 회계의 근간인 발생주의 회계원칙을 충실히 따르는 것이다.

제 3 절 회사채의 회계처리

1. 사채의 의의

사채(社債)[1]란 회사채(會社債)의 줄임말로 은행과의 거래에서 자금을 차입하는 장기차입금 또는 단기차입금과 달리, 일반 투자자들로부터 직접 자금을 차입할 목적으로 회사가 발행한 법적 채무증권이다. 따라서 사채는 상법에 의하여 엄격한 형식이 정해지며 채권시장에서 활발한 거래가 이루어진다.

회사가 발행하는 회사채에는 액면금액, 액면이자율(또는 표시이자율), 만기와 이자지급일(주로 매년 연말)이 표시되어 있다. 액면금액은 만기에 사채발행회사가 지급해야 하는 원금을 의미하며, 액면이자율은 사채발행회사가 지급하게 될 액면금액 기준의 이자지급액을 계산하는 데 사용된다. 이자지급일은

1) 개인들간에 높은 이자로 거래되어 사회적 물의를 일으키는 고리대금업과 유사한 사채(私債)와는 다른 개념이다.

연 1회 혹은 2회나 4회 등으로 표시해야 하지만, 특별한 언급이 없다면 액면이자율은 1년 단위의 이자율을 의미하며 이자지급도 연 1회인 경우를 가정한다. 만기는 사채의 원금지급일로 장기사채인 경우 10년 이상인 경우도 있지만, 교과서에서는 주로 3~5년 사채를 사례로 예제를 풀어보기로 한다.

신용평가기관에서 회사채평가등급을 받은 회사들만이 사채를 발행할 수 있도록 하여 사채의 남발로 인한 채권시장의 혼란을 방지하고 있다. 또한 은행에서 차입을 통하여 자금조달하는 데에는 한계가 있고, 주식발행을 통한 자금조달 역시 발행주식수가 늘어남에 따라 경영권압박 및 무리한 배당지급의 압박을 외부 주주들로부터 받을 수 있기 때문에 자금조달한도가 제한적인 것과는 달리 발행회사는 사채발행을 통하여 다수의 투자자로부터 거액의 자금을 장기로 조달할 수 있다는 점에서 장점이 있다.

회사채를 통한 자금조달은 은행차입, 주식발행을 통한 자금조달 외에 장기자금 조달을 다양화할 수 있는 수단으로 자주 이용된다. 투자자 입장에서 볼 때, 회사채에 대한 투자는 위험도에 비례하여 다소 높은 수익률을 기대할 수 있으며, 만기까지 기다리지 않아도 이 채권을 채권유통시장에서 매각할 수 있다는 장점이 있다. 물론, 직접투자이므로 회사가 부도위기에 몰렸을 때 투자자가 스스로 책임을 지고 손해를 감수해야 한다는 점은 주의해야 한다. 이제 사채발행시점, 이자지급시점, 사채상환시점에 이르는 상황에 대한 회계처리에 대하여 학습한다.

2. 현재가치 개념을 이용한 사채의 가치평가

사채는 현재가치를 적용하여 회계처리해야 하는 대표적 계정이다. 사채의 가격은 그 사채로부터 미래에 유입될 현금의 가치에 따라 형성되며, 미래의 현금유입은 비교적 장기간에 걸쳐 이루어진다. 일반적으로 사채를 발행한 회사는 매년 사채 보유자에게 액면이자에 상당하는 현금을 지급하고(예를 들어, 3년에 걸쳐 매년 1,000원씩 지급한다고 가정하자), 만기에 원금을 지급한다(예를 들어, 3년 후에 10,000원이라고 가정하자). 결국 이 사채로부터 3년에 걸쳐 총 13,000원의 현금을 지급하는 것이다. 그렇다면, 이자 1,000원씩 3번, 원금 10,000원이므로 이 사채를 현재 재무상태표의 부채 부분에 13,000원으로 보고하는 게 타당할까?

계산은 그렇게 간단하지는 않다. 상식적으로도 이 사채의 가격은 13,000원보다는 적을 것으로 예상될 것이다. 3년이라는 장기간에 걸쳐 13,000원을 지급하는 증서(사채)라면 지금의 가격은 그보다 적은 것이 자본시장의 원리일 것이기 때문이다. 이를 체계화시키기 위하여 여기서 현재가치의 개념을 알 필요가 있다.

만일, 지금 1,000원의 돈을 받는 것과 1년 후에 1,000원의 돈을 받는 것 중 선택권이 주어진다면 어떻게 하겠는가? 아마 대부분이 지금 1,000원을 받을 것이다. 왜냐하면 지금 1,000원을 투자하고 만일 연 이자율 10%를 주는 은행이 있다면 1년 후에 이 돈은 1,100원이 된다. 아무 위험 없이(사실상 은행의 위험은 거의 없다고 가정할 수 있으므로) 지금의 1,000원과 1년 후의 1,100원이 일치한다고 할 수 있다[1,000×(1+0.1)=1,100원].

이를 다른 말로 표현하면, '유효이자율이 10%라 가정할 때'[2] 1,000원의 (1년 후의) 미래가치는 1,100원과 같다고 표현할 수 있으며, 반대로 (1년 후의) 1,100원의 현재가치는 1,000원이라고 표현할 수 있다. 즉, 위의 예에서 13,000원을 현재의 비교가능한 상태(현재가치)로 환산하여 현재 사채의 가격을 표현할 수 있다. 다시 말해, 1년 후의 1,000원의 현재가치, 2년 후의 1,000원의 현재가치, 3년 후의 11,000원의 현재가치의 합이 현재 사채 가격인 것이다. 결국, 1년 후 1,000원, 2년 후 1,000원, 3년 후 11,000원을 지급해야 하는 부채가 발생하였다면, 유효이자율을 고려하여 현재가치로 할인하여 계산된 금액을 현재 재무상태표 부채의 '사채'에 보고하는 것이다.

다시 한번, 2년 후 1,000원의 현재가치를 알기 위하여, 지금의 1,000원의 2년 후의 미래가치가 얼마인지를 생각해 보자. 유효이자율(시장이자율)은 1년에 10%씩이라고 할 때(이를 이자율, 할인율 등이라고 표현한다), 지금의 1,000원의 2년 후의 미래가치는 1,210원이 된다. 이를 수식으로 표현해 보면 다음과 같다.

$$1{,}000 \times (1+0.1) \times (1+0.1) = 1{,}210\text{원}^{3)}$$

2) 유효이자율은 회계원리 수준에서는 금융시장에서 형성되는 시장이자율 또는 국공채, 은행예금 등에 적용되는 무위험이자율과 거의 유사한 개념으로 간주하면 된다.

3) 즉, 지금의 1,000원은 1년 후 원금과 이자가 합해진 금액이 되므로 1,000×(1+0.1)과 같아진다.

같은 논리로, 3년 후, 4년 후의 미래가치와 지금의 현재가치를 연결시켜 주는 식도 응용할 수 있다.

$$1{,}000\times(1+0.1)\times(1+0.1)\times(1+0.1)=1{,}331\text{원}$$
(즉, 유효이자율 10%일 때, 3년 후 1,331원과 현재 1,000원의 가치가 일치)

$$1{,}000\times(1+0.1)\times(1+0.1)\times(1+0.1)\times(1+0.1)=1{,}464\text{원}$$
(즉, 유효이자율 10%일 때, 4년 후 1,464원과 현재 1,000원의 가치가 일치)

이를 역으로 생각해 보면, 미래 1,000원의 현재가치도 역으로 계산이 가능하다. 미래 1,000원의 현재가치를 A라고 한다면 A×1(원금)+A×0.1(이자)=A×(1+0.1)=1,000원이 되고, A는 1,000/(1+0.1)이 된다.

2년 후의 1,000원의 현재가치는 위와 같은 논리로, 1년 후 원금인 A×(1+0.1)과 이 원금에 이자율 0.1을 곱한 A×(1+0.1)×0.1의 합이 1,000원이라는 식으로부터 구해야 한다. 즉, A×(1+0.1)×(1+0.1)=1,000원으로부터 A를 구하면 A=1,000원/1.1^2이 된다.

만일, 유효이자율은 10%인데, 3년간 매년 1,000원씩 지급해야 하는 경우의 현재가치는 얼마일까? 다음과 같이 계산하여 2,490원이 될 것이다.

$$1{,}000 / 1.1+1{,}000 / 1.1^2+1{,}000 / 1.1^3=2{,}490\text{원}$$

즉, 현재 재무상태표의 부채에 3,000원이 보고되면 안 되고, 1년 후 1,000원의 현재가치, 2년 후 1,000원의 현재가치, 3년 후 1,000원의 현재가치의 합인 2,490원이 부채로 보고되어야 한다.

이러한 현가개념을 이용하여 사채의 가치평가를 효과적으로 수행할 수 있다. 왜냐하면 사채는 법에 의해 그 형식이 엄격히 제약을 받고 있어, 매년 지급해야 할 액면이자와 만기에 지급할 금액이 정해져 있기 때문에 현재가

그리고 1년 후의 1,000×(1+0.1)은 그로부터 1년 후에는 원금 1,000×(1+0.1)과 1,000×(1+0.1)의 0.1만큼의 이자가 늘어나게 되므로 결국 지금의 1,000원은 2년 후 1,000원×(1+0.1)×(1+0.1)[=1,210원]과 같게 된다. 따라서 2년 후 1,210원을 갚아야 하는 경우 이를 지금의 재무상태표에는 1,000원이라고 보고해야 하는 것이다.

치의 개념을 적용하는 데 문제가 없다. 즉, '유효이자율'만 주어진다면 현재가치와 미래가치의 관계를 이용하여 지금의 사채의 가격을 계산하여 재무상태표에 적절한 금액의 부채를 기록할 수 있다.

실제로 이러한 방식을 이용하여 채권시장에서 채권의 가격이 형성되고, 채권이 원활하게 거래되고 있다. 만일 어떤 회사가 사채를 발행했는데(다른 위험은 없다고 가정한다), 2년간 연말(즉, 1년말과 2년말)에 1,000원씩의 이자를 지급하고, 2년째 말에 원금 10,000원을 지급한다면(즉, 액면이자율 10%에 2년 만기라는 뜻), 이 채권의 채권시장에서의 가격은 다음과 같다(단, 유효이자율은 10%라고 하자).

$$1{,}000 / 1.1 + 1{,}000 / 1.1^2 + 10{,}000 / 1.1^2 = 10{,}000\text{원}$$

(현재의 재무상태표 부채의 금액은 10,000원이 되는 것이다)

즉, 유효이자율 10%인데, 그 대신에 액면이자율 10%의 회사채를 발행한다면 원금인 10,000원이 이 채권의 현재가치가 된다. 하지만 만일 액면이자율이 10%가 아니고 8%라면, 매년의 이자가 800원일 것이고 답은 다음과 같이 달라진다.

$$800 / 1.1 + 800 / 1.1^2 + 10{,}000 / 1.1^2 = 9{,}650\text{원}$$

(이렇게 되면 재무상태표 부채는 9,650원이 되는데 시장보다 불리한 조건의 사채를 발행했으므로 사채가 할인발행된 상황이 되는 것이다)

참고 | 유효이자율과 액면이자율의 차이

위의 예에서 액면이자율은 8%인데 유효이자율이 10%이면 그 사채의 가격이 10,000원이 되지 못하고 9,650원으로 계산되는 것을 확인하였다. 이 채권의 발행자는 액면이자율대로 이자를 지급할 것이고, 액면이자율은 발행 이후 만기일까지 고정되어 있으므로 투자자들은 이 채권을 사느니 유효이자율을 받고 은행에 예금하는 편이 나을 수 있다. 이 채권을 사면 8%의 이자밖에 받지 못하지만, 은행예금은 10%를 주는 상황이기 때문이다.

따라서 유효이자율이 10%로 액면이자율(8%)보다 높으면 채권가격은 하락하고(가격이 싸져야 비로소 거래가 될 것이다), 반대로 유효이자율이 액면이자율보다 낮으면 이 채권가격은 상승할 것이다. 이렇게 대부분의 채권상품들은 각각의 액면이자율과 유효이자율의 차이에 따라 가격이 변화되고 거래가 이루어진다. 물론, 채권가격에 영향을 미치는 요인은 유효이자율 외에 만기와 신용도 등이 있을 수 있다. 당연히 만기가 장기간인 경우보다 짧은 경우가 매력적이어서 가격이 비쌀 것이고, 채권발행기업의 신용도가 높은 기업의 채권가격이 (다른 조건이 일정하다면) 더 높을 것이다.

3. 사채의 할인발행과 할증발행

사채의 액면이자율은 사채발행시 회사의 신용상태 및 제반 경제상태 등을 고려하여 결정되지만, 경우에 따라서는 여러 가지 요소를 무시한 채 임의적으로 비현실적인 액면이자율이 결정되는 경우가 많다(국채 등은 일반 회사채에 비해 액면이자율이 매우 낮은 편이다). 따라서 전술한 것처럼 액면이자율과 유효이자율의 차이로부터 사채가격의 변동성이 크게 나타난다. 따라서 액면이자율과 유효이자율의 관계에 따라 사채발행시 사채는 액면발행, 할인발행 또는 할증발행될 수 있다.

사채의 액면발행이란 사채액면금액과 사채발행금액이 동일한 경우로서, 액면이자율과 유효이자율이 같을 때 이루어진다. 이 경우 재무상태표의 부채에는 사채의 액면금액이 기록된다.

할인발행은 액면이자율이 유효이자율보다 낮을 때 이루어지며 사채발행으로 받는 금액이 사채의 액면금액보다 적게 된다. 액면이자율이 유효이자율보다 낮다는 것은 투자자의 입장에서 보면 사채에 투자함으로써 위험수준이 비슷한 다른 투자기회에 비해 적은 이자(액면이자율에 의해서 결정되는)를 받는다는 것을 뜻한다. 따라서 이러한 사채를 사려는 투자자가 줄어 수요가 감소하게 된다. 수요가 감소하면 가격이 하락하게 되어 액면금액보다 낮은 수준에서 공정가가 형성된다. 다시 말하면 공정가가 액면가보다 하락하여 투자자의 실제수익률이 유효이자율과 같아지는 시점에서 거래가 형성된다. 이후, 이자비용 측정 역시 유효이자율법에 의하여 이루어짐으로써 비용의 측정이 정확해져 당기순이익의 신뢰성이 향상된다. 이때 사채의 액면가와 발행가의 차액은 사채할인발행차금이라는 계정으로 사채항목에서 차감하는 형태로 재무상태표에 표시된다.

할증발행은 액면이자율이 유효이자율보다 높은 경우에 이루어지며 사채발행으로 받는 금액이 사채액면금액보다 많게 된다. 할증발행에 대한 논리는 할인발행의 경우를 역으로 적용하면 된다. 이때 사채의 액면가를 초과하여 수령하는 금액은 사채할증발행차금이라는 계정으로 사채항목에 가산하는 형태로 재무상태표에 표시된다.

① 액면이자율 = 유효이자율 : 액면발행
② 액면이자율 < 유효이자율 : 할인발행
③ 액면이자율 > 유효이자율 : 할증발행

사채의 발행금액은 사채의 만기에 지급할 원금의 현재가치와 정기적으로 지급해야 할 사채이자의 현재가치를 합한 금액이므로, 유효이자율과 액면이자율의 차이가 사채의 현재가격에 결정적 영향을 미치는 것이다.

즉, 회사채에서 발생하는 미래 현금흐름(이자와 원금)을 사채발행일 현재 유효(시장)이자율로 할인한 현재가치가 사채의 발행금액이 된다. 예를 들어,

〈사채의 표시(액면)이자율＝유효이자율 : 액면발행〉

(차) 현 금	10,000	(대) 사 채	10,000

〈사채의 표시(액면)이자율＜유효이자율 : 할인발행〉

(차) 현 금	9,500	(대) 사 채	10,000
사채할인발행차금	500		

〈사채의 표시(액면)이자율＞유효이자율 : 할증발행〉

(차) 현 금	10,500	(대) 사 채	10,000
		사채할증발행차금	500

재무상태표(사채할인의 경우)

현 금	9,500	사 채	10,000	
		사채할인발행차금	(500)	9,500
자산합계	9,500	부채합계		9,500

재무상태표(사채할증의 경우)

현　　금	10,500	사　　채	10,000	
		사채할증발행차금	500	10,500
자산합계	10,500	부채합계		10,500

4. 사채발행시의 회계처리

재무상태표의 사채계정은 만기에 상환해야 할 액면금액으로 기록한다. 또한, 할인 및 할증 발행이 있었을 경우에는 사채의 평가계정인 사채할인발행차금계정 혹은 사채할증발행차금계정을 사용하여 재무상태표에 사채계정을 차감 혹은 가산하는 형식으로 표시한다(발행가와 액면가의 차액을 사채할인발행차금(혹은 사채할증발행차금)으로 기록한다).

예제 8-1

(주)동양은 액면금액이 1,000원이고 액면이자율이 연 10%, 만기 3년이며 매년 12월 31일에 이자를 지급하기로 되어 있는 사채를 20×1년 1월 1일에 발행하였다. 단, 20×1년 1월 1일 재무상태표에 현금 1,000원과 이익잉여금 1,000원이 있었고 유효이자율은 액면이자율과 같은 10%이다. 사채 취득일의 발행가를 계산하여 분개를 하고 재무제표를 제시하라.

해답

이 사례는 사채의 액면발행에 해당된다.

매기의 이자지급액은 100원(=1,000원×0.1)이며 이자가 매년 한 번씩 지급되므로 사채기간 동안 모두 3번의 이자가 지급된다. 매기말 100원씩 이자가 지급되다가 3기말에는 마지막 이자지급과 함께 원금 1,000원이 상환된다.

- 원금의 현재가치 : 3기간 후의 1,000원의 현가=751원[$=1,000/1.1^3$]
- 이자의 현재가치 : 3기간의 정상연금 100원의 현가
  =249원[$=100\times(1/1.1+1/1.1^2+1/1.1^3)$]

⇒ 따라서 사채의 현재가치(발행가)는 1,000원[=751+249]

이 경우 사채의 발행에 대한 분개는 다음과 같다.

(차) 현　　금	1,000	(대) 사　　채	1,000

재무상태표

20×1년 1월 1일

현 금	2,000	사 채	1,000
		이익잉여금	1,000
자산합계	2,000	부채및자본합계	2,000

포괄손익계산서

20×1년 1월 1일~12월 31일

매 출	0
-)이자비용	0
=)당기순이익	0

예제 8-2

(주)동양은 액면금액이 1,000원이고 액면이자율이 연 10%, 만기 3년이며 매년 12월 31일에 이자를 지급하기로 되어 있는 사채를 20×1년 1월 1일에 발행하였다. 단, 20×1년 1월 1일 재무상태표에 현금 1,000원과 이익잉여금 1,000원이 있었고 유효이자율은 액면이자율보다 높은 13%이다. 사채 취득일의 발행가를 계산하여 분개를 하고 재무제표를 제시하라.

해답

이 사례는 사채의 할인발행에 해당된다.

다른 모든 조건(액면금액 1,000원, 액면이자율 10%, 3년 만기, 1년마다 이자지급)은 동일한데 유효이자율만 연리 13%로 변했다고 가정하자. 이때의 발행가 역시 미래 현금흐름(액면가 원금과 액면이자율에 의한 이자지급액)을 유효이자율로 할인한 현재가치로써 설정된다.

- 원금의 현재가치 : 3기간 후의 1,000원의 현가=693원[$=1,000/1.13^3$]
- 이자의 현재가치 : 3기간의 정상연금 100원의 현가
  =236원[$=100\times(1/1.13+1/1.13^2+1/1.13^3)$]

⇒ 따라서 사채의 현재가치(발행가)는 929원[=693+236]

이 사채의 발행을 기록하기 위한 분개는 다음과 같다.

(차) 현 금	929	(대) 사 채	1,000
사채할인발행차금	71		

사채의 액면가 1,000원과 사채발행가 929원의 차액 71원은 '사채할인발행차금'이라는

차변계정에 기록된다. 사채할인발행차금은 자산도 부채도 아닌 '사채'라는 '부채에 대한 차감계정'으로 재무상태표에는 사채에서 차감하는 형식으로 표시해야 한다. 사채할인발행차금의 경제적 의의는 사채의 액면이자율이 유효이자율보다 낮기 때문에 회사가 액면이자율에 의한 이자지급액 외에 추가적인 이자비용으로 부담해야 할 금액이라는 것이다. 즉, 사채발행시점에서 제대로 받지 못한 금액만큼이 매기 부담해야 할 이자에 가산되어 이자비용으로 보고되어야 매기 수익·비용대응의 원칙을 충실히 지키게 된다. 이자비용에 대한 분개는 [예제 8-5]에서 검토한다.

재무상태표

20×1년 1월 1일

현 금	1,929	사 채	1,000	
		사채할인발행차금	(71)	929
		이익잉여금		1,000
자산합계	1,929	부채및자본합계		1,929

포괄손익계산서

20×1년 1월 1일~12월 31일

매 출	0
−)이자비용	0
=)당기순이익	0

예제 8-3

(주)동양은 액면금액이 1,000원이고 액면이자율이 연 10%, 만기 3년이며 매년 12월 31일에 이자를 지급하기로 되어 있는 사채를 20×1년 1월 1일에 발행하였다. 단, 20×1년 1월 1일 재무상태표에 현금 1,000원과 이익잉여금 1,000원이 있었고 유효이자율은 액면이자율보다 낮은 7%이다. 사채 취득일의 발행가를 계산하여 분개를 하고 재무제표를 제시하라.

해답

이 사례는 사채의 할증발행에 해당된다.

액면이자율이 유효이자율보다 높을 경우에는 사채가 할증발행된다. 다른 조건(액면가 1,000원, 만기 3년, 1년마다 이자지급, 액면이자율 10%)은 동일한데 발행 당시의 유효이자율만 7%라고 가정하고, 미래 현금흐름을 연간 유효이자율 7%로 할인한다.

- 원금의 현재가치 : 3기간 후의 1,000원의 현가=816원[$=1,000/1.07^3$]

• 이자의 현재가치 : 3기간의 정상연금 100원의 현가
=262원[$=100\times(1/1.07+1/1.07^2+1/1.07^3)$]

⇒ 따라서 사채의 현재가치(발행가)는 1,078원[=816+262]

발행시의 분개는 다음과 같다.

(차) 현 금	1,078	(대) 사 채	1,000
		사채할증발행차금	78

사채할증발행차금은 '사채에 대한 부가계정'으로서 재무상태표상에는 사채에 가산하는 형식으로 표시한다. 사채발행시점에서 제값 이상 받은 것은 향후 매기 부담해야 할 이자에서 차감시켜 주게 된다는 의미이다.

재무상태표

20×1년 1월 1일

현 금	2,078	사 채	1,000	
		사채할증발행차금	78	1,078
		이익잉여금		1,000
자산합계	2,078	부채및자본합계		2,078

포괄손익계산서

20×1년 1월 1일~12월 31일

매 출	0
−)이자비용	0
=)당기순이익	0

5. 사채할인발행차금의 상각과 사채의 이자비용

액면가 1,000원에 액면이자율 10%라서 매년 100원씩 3년간 300원, 총액 1,300원의 지출이 예정되어 있는 사채의 현재 발행가격이 유효이자율 13%일 때, 929원이었다. 이는 지금 929원을 조달하였지만, 3년간 이자를 포함하여 상환해야 하는 금액이 1,300원이라는 뜻이다. 929원을 조달하여 1,300원을 갚아야 하므로 3년간 실제 부담하는 이자비용은 371원이 된다. 매년 100원씩 3년간 지급하기로 한 300원은 투자자에게 지급해야 하는 이자비용의 일부분에 해당한다. 즉, 371원의 이자비용 중 300원을 제외한 71원의 추가적 이자

비용은 사채할인발행차금으로 보고되었다가 이자비용에 가산되는 것이다.

사채할인발행차금은 사채발행연도부터 최종상환연도까지의 기간에 매기 계산된 금액이 상각되어 이자비용에 추가된다. 이로써 만기일에는 사채할인발행차금의 잔액도 0이 되어 사채의 액면금액과 장부금액이 일치되면서 액면금액을 상환하는 회계처리가 이루어진다. 할인발행시 최초 사채발행시점에서 적게 받았던 부분(즉, 액면가와 발행가의 차액)만큼 사채할인발행차금계정으로 분류했다가 매기 이자에 가산하는 회계처리를 하는 사채할인발행차금의 상각과정이 만기에 완료되는 것이다.

K-IFRS에서는 사채발행차금의 상각을 유효이자율법에 의해 하도록 하고 있는데, 이 방법은 기초의 사채장부금액(사채의 순액, 즉 사채액면가－사채할인발행차금)에 유효이자율을 곱하여 이를 이자비용으로 하는 방법이다. 다음과 같이 계산된다.

사채의 이자비용(유효이자)＝사채의 장부금액×유효이자율
사채할인발행차금상각액＝이자비용－(사채의 액면금액×액면이자율)

유효이자율을 사용하여 계산된 '이자비용'에서, 사채발행자가 실제로 지급하는 이자금액(사채의 액면금액×액면이자율)만큼을 차감한 금액이 사채할인발행차금 중 당해 연도 상각분이 되어 제거된다. 사채할인발행차금이 상각됨에 따라 사채의 장부금액 순액은 증가하여(원래의 가치를 찾아감) 만기에는 액면가와 일치하게 된다.

액면발행된 경우의 이자비용을 인식하는 분개는 매우 간단하다. 이자지급액과 이자비용으로 인식해야 할 금액이 같기 때문이다. 즉,

(차) 이 자 비 용	100	(대) 현 금	100

그러나 할인발행된 경우의 '이자비용'은 1,000원에 10%를 곱한 100원만이 아니다. 첫해의 이자비용은 929원(＝1,000－71)에 13%를 곱한 121원이 된다. 한편, 할증발행된 경우의 첫해의 '이자비용'은 1,078원(＝1,000＋78)에 7%를 곱한 76원이 된다.

예제 8-4

[예제 8-1]의 상황이 이어진다고 가정하고, 유효이자율이 10%인 경우 이자비용 인식분개를 하라.

해답

사채의 액면발행의 이자비용 인식이므로 다음과 같은 간단한 분개만 이루어진다.

〈20×1.12.31〉

(차) 이 자 비 용	100	(대) 현 금	100

〈20×2.12.31〉

(차) 이 자 비 용	100	(대) 현 금	100

〈20×3.12.31〉

(차) 이 자 비 용	100	(대) 현 금	100
(차) 사 채	1,000	(대) 현 금	1,000

예제 8-5

[예제 8-2]의 상황이 이어진다고 가정하고, 유효이자율이 13%인 경우 이자비용 인식분개를 하고, 재무제표를 제시하라.

해답

〈사채의 할인발행의 경우 이자비용 인식〉

발행초기에 할인되어 덜 받았던 71원만큼을 3년에 걸쳐 모두 이자비용으로 처리하기 위하여 다음과 같은 상각표를 작성한다.

〈유효이자율법에 의한 사채할인발행차금의 상각표 작성〉

사채할인발행차금 상각표(유효이자율법)
(3년 만기, 액면 1,000원, 액면이자율 10%, 유효이자율 13%)

일 자	사채이자비용(a) (선기 e×13%)	현금이자(b) (1,000×10%)	상각액(c) (a−b)	미상각할인 발행차금(d) (전기 d−c)	사채장부금액(e) (1,000−d)
20×1. 1. 1				71	929[=1,000−71]
20×1.12.31	121	100	21	50	950[=1,000−50]
20×2.12.31	124	100	24	26	974[=1,000−26]
20×3.12.31	126	100	26	0	1,000

〈20×1.12.31〉

(차) 이 자 비 용	121	(대) 현 금	100
		사채할인발행차금	21

〈20×2.12.31〉

(차) 이 자 비 용	124	(대) 현 금	100
		사채할인발행차금	24

〈20×3.12.31〉

(차) 이 자 비 용	126	(대) 현 금	100
		사채할인발행차금	26

3년간 사채할인발행차금이 세 번에 걸쳐 21원, 24원, 26원만큼 상각되면서 이자비용에 가산되고 재무상태표와 포괄손익계산서를 다시 만들어 보면 다음과 같다.

재무상태표

20×1년 12월 31일

현 금	1,829	사 채	1,000	
		사채할인발행차금	(50)	950
		이익잉여금		879
자산합계	1,829	부채및자본합계		1,829

포괄손익계산서

20×1년 1월 1일~12월 31일

−)이자비용	(121)
=)당기순이익	(121)

재무상태표

20×2년 12월 31일

현 금	1,729	사 채	1,000	
		사채할인발행차금	(26)	974
		이익잉여금		755
자산합계	1,729	부채및자본합계		1,729

포괄손익계산서

20×2년 1월 1일~12월 31일

−)이자비용	(124)
=)당기순이익	(124)

재무상태표

20×3년 12월 31일

현 금	1,629	사 채	1,000	
		사채할인발행차금	0	1,000
		이익잉여금		629
자산합계	1,629	부채및자본합계		1,629

포괄손익계산서

20×3년 1월 1일~12월 31일

−)이자비용	(126)
=)당기순이익	(126)

예제 8-6

[예제 8-3]의 상황이 이어진다고 가정하고, 유효이자율이 7%인 경우 이자비용 인식 분개를 하고, 재무제표를 제시하라.

해답

〈사채의 할증발행의 경우 이자비용 인식〉

발행초기에 할증되어 더 받았던 78원만큼을 3년에 걸쳐 모두 이자비용에서 차감하여 처리하기 위하여 다음과 같은 상각표를 작성한다.

〈유효이자율법에 의한 사채할증발행차금의 상각표 작성〉

사채할증발행차금 상각표(유효이자율법)

(3년 만기, 액면 1,000원, 액면이자율 10%, 유효이자율 7%)

일 자	사채이자비용(a) (전기 e×7%)	현금이자(b) (1,000×10%)	상각액(c) (b−a)	미상각할증 발행차금(d) (전기 d−c)	사채장부금액(e) (1,000+d)
20×1. 1. 1				78	1,078
20×1.12.31	76	100	24	54	1,054
20×2.12.31	74	100	26	28	1,028
20×3.12.31	72	100	28	0	1,000

〈20×1.12.31〉

(차) 이자비용	76	(대) 현 금	100
사채할증발행차금	24		

〈20×2.12.31〉

(차) 이 자 비 용	74	(대) 현 금	100
사채할증발행차금	26		

〈20×3.12.31〉

(차) 이 자 비 용	72	(대) 현 금	100
사채할증발행차금	28		

할증발행된 경우, 사채의 이자비용에 대한 분개는 할인발행의 경우와 반대의 형태로 나타난다. 즉, 액면발행된 경우의 이자비용은 1,000원에 10%를 곱한 100원이었으며, 할인발행된 경우의 첫해의 이자비용은 929(=1,000−71)원에 13%를 곱한 121원이 되었다. 그러나 할증발행된 경우의 첫해의 이자비용은 1,078원(=1,000+78)에 7%를 곱한 76원뿐이다. 사채발행 당시 유리한 이자율 조건 때문에 더 받은 만큼을 이후 3년의 기간 동안 이자비용에서 차감해 주기 때문에 실제 지급액인 100원보다 이자비용이 적게 계상된다. 이와 같이 3년간 사채할증발행차금이 세 번에 걸쳐 24원, 26원, 28원만큼 환입되면서 이자비용에서 차감됨으로써, 발행초기에 할증되어 더 받았던 78원만큼을 모두 이자비용에서 차감한 셈이 된다. 이 내용을 반영하여 재무상태표와 포괄손익계산서를 다시 만들어 보면 다음과 같다.

재무상태표

20×1년 12월 31일

현 금	1,978	사 채	1,000	
		사채할증발행차금	54	1,054
		이익잉여금		924
자산합계	1,978	부채및자본합계		1,978

포괄손익계산서

20×1년 1월 1일~12월 31일

−)이자비용	(76)
=)당기순이익	(76)

재무상태표

20×2년 12월 31일

현 금	1,878	사 채	1,000	
		사채할증발행차금	28	1,028
		이익잉여금		850
자산합계	1,878	부채및자본합계		1,878

포괄손익계산서

20×2년 1월 1일~12월 31일

−)이자비용	(74)
=)당기순이익	(74)

재무상태표

20×3년 12월 31일[원금상환 이전]

현　　금	1,778	사　　채	1,000	
		사채할증발행차금	0	1,000
		이익잉여금		778
자산합계	1,778	부채및자본합계		1,778

포괄손익계산서

20×3년 1월 1일~12월 31일

−)이자비용	(72)
=)당기순이익	(72)

6. 사채의 상환

(1) 사채의 만기상환

3년간의 이자비용 인식분개를 마치고 나면, 액면발행의 경우는 물론 할인발행이나 할증발행 어느 경우를 막론하고 사채의 장부가는 만기시에 액면가와 같아진다는 점을 알 수 있다. 즉, 사채할인발행차금 또는 사채할증발행차금이 있었더라도 3년째 말에 0이 되고 사채의 액면금액만 남게 된다. 따라서 만기상환의 분개는 매우 간단하다.

예제 8-7

[예제 8-4], [예제 8-5], [예제 8-6]에서 사채의 만기일인 20×3년 12월 31일에 1,000원을 주고 사채를 만기상환했을 때의 분개를 하고, 재무제표를 제시하라.

해답

액면발행된 경우, 할인발행된 경우, 할증발행된 경우 모두 3년에 걸쳐 매 기간 이자비용에 더해지거나 차감되는 방식으로 회계처리가 제대로 이루어졌다면, 결국 사채 액면가인 원금을 갚는 분개만 다음과 같이 하면 된다.

(차) 사 채 1,000 (대) 현 금 1,000

재무상태표에서는 사채와 관련된 모든 계정이 사라지고 현금은 1,000원 감소하여 다음과 같이 최종 확정된다.

[할인발행 원금상환 이후]

재무상태표

20×3년 12월 31일

현 금	629	사 채	0	
		사채할인발행차금	0	0
		이익잉여금		629
자산합계	629	부채및자본합계		629

포괄손익계산서

20×3년 1월 1일~12월 31일

−)이자비용	(126)
=)당기순이익	(126)

[할증발행 원금상환 이후]

재무상태표

20×3년 12월 31일

현 금	778	사 채	0	
		사채할인발행차금	0	0
		이익잉여금		778
자산합계	778	부채및자본합계		778

포괄손익계산서

20×3년 1월 1일~12월 31일

−)이자비용	(72)
=)당기순이익	(72)

(2) 사채의 조기상환

사채의 상환에는 두 가지가 있다. 즉, 만기일이 되어 상환하는 경우와 만기일 전에 상환하는 경우가 있다. 만기일에 액면금액대로 상환하는 경우에는 별문제가 없지만 만기일 전에 상환하는 경우에는 상환금액, 사채할인(또는 할증)발행차금과 발생이자를 포함한 사채의 장부금액을 비교하여 상환금액이 더 크면(작으면) 사채상환손실(사채상환이익)을 인식해야 한다.

예제 8-8

[예제 8-5]에서 할인발행한 사채(20×1년 1월 1일 발행)의 이자비용을 20×1년 12월 31일에 인식하고, 바로 20×2년 1월 1일(1년 만에) 800원에 조기상환했을 때의 분개를 하고, 재무제표를 제시하라.

해답

20×2년 1월 1일의 재무상태표에는 사채 1,000원, 사채할인발행차금 50원(미상각잔여분)이 있으므로, 사채의 실질적 가치는 950원이다. 이 사채를 조기상환하면서 현금 800원을 지급했으니 사채상환이익 150원이 발생한 것이다. 이에 따라, 재무상태표의 부채에는 사채와 관련된 모든 계정(사채 1,000원과 사채할인발행차금 50원)이 사라져 0이 되고 포괄손익계산서에 사채상환이익 150원이 기록된다.

(차) 사 채	1,000	(대) 현 금	800
		사채할인발행차금	50
		사채상환이익	150

재무상태표

20×2년 1월 1일

현 금	1,029	사 채	0	
		사채할인발행차금	0	0
		이익잉여금		1,029
자산합계	1,029	부채및자본합계		1,029

포괄손익계산서

20×2년 1월 1일~12월 31일

+)사채상환이익	150
=)당기순이익	150

* 879+150=1,029원

제 4 절 기타 부채

1. 장기매입채무와 제품보증충당부채의 회계처리

1년 이내 의무를 이행해야 하는 유동부채에는 앞서 언급한 바와 같이 단기차입금, 매입채무, 선수수익, 미지급비용 등이 있었다. 1년을 초과하는 기간에 걸쳐 의무를 이행해도 되는 비유동부채 중 가장 중요한 것은 회사채의 회계처리였으며, 추가적으로 비유동부채에 대한 내용을 검토해 본다.

비유동부채는 회사 입장에서는 유동부채에 비하여 상환에 대한 부담 등이 적어 선호할 것이다. 기업은 안정적인 자금조달의 수단으로 장기자금(1년 이상 사용할 수 있는)을 조달하기를 원하고 이들이 비유동부채의 중요한 부분을 차지한다. 회사채 회계처리 외에, 은행에서 1년 이상 빌리는 장기차입금의 회계처리를 살펴본 바 있으며, 이하에서는 장기매입채무와 제품보증충당부채의 회계처리를 검토해 본다.

(1) 장기매입채무

장기매입채무란 일반적 상거래에서 발생한 매입채무 중에 최종상환일까지의 기간이 1년을 초과하는 부채이다. 1년을 초과하여 영향을 주는 부채이므로 현재가치로 평가하고 명목상 금액과 현재가치의 차이를 '현재가치할인차금'이라는 계정과목으로 계상하며 이는 명목상 금액에서 차감하는 형식으로 표시한다. 즉, 재무상태표의 부채에 장기매입채무를 기입하고 현재가치할인차금을 차감하는 형식으로 기록한다.

현재가치할인차금은 전술한 회사채의 경우처럼, 매년말 유효이자율법을 적용하여 상각해야 한다. 장기매입채무는 매년말 액면이자 지급액이 없는 경우가 일반적인데, 이자지급액이 없더라도 장기매입채무로 자금조달을 한 셈이기 때문에 포괄손익계산서에 이자비용은 인식되어야 한다. 즉, 장기매입채무의 순액(장기매입채무 총액－현재가치할인차금)에 유효이자율을 곱한 금액을 현재가치할인차금상각액으로 하여 전액을 이자비용으로 기록한다.

예제 8-9

(주)동양의 20×1년 1월 1일 재무상태표에 현금 150만원과 자본금 150만원이 있었다. (주)서양으로부터 20×1년 1월 1일 재고자산을 외상매입하였는데, 그 대가 1,210,000원을 2년 후인 20×2년 12월 31일에 지급하기로 하였다. 유효이자율은 10%이다. 2년간 필요한 모든 분개를 하고 20×1년 1월 1일과 12월 31일, 20×2년 12월 31일의 재무제표를 제시하라.

해답

〈20×1. 1. 1〉

(차) 재 고 자 산(상품)	1,000,000	(대) 장기매입채무	1,210,000
현재가치할인차금	210,000		

* $1,210,000/(1+10\%)^2 = 1,000,000$원

〈20×1.12.31〉

(차) 이 자 비 용	100,000	(대) 현재가치할인차금	100,000

* (1,210,000 − 210,000) × 10% = 100,000원(이자비용)

〈20×2.12.31〉

(차) 이 자 비 용	110,000	(대) 현재가치할인차금	110,000

* (1,210,000 − 110,000) × 10% = 110,000원(이자비용)

〈20×2.12.31〉

(차) 장기매입채무	1,210,000	(대) 현 금	1,210,000

* 20×2년말에는 현재가치할인차금이 0이 되고, 미래가치로 1,210,000원인 장기매입채무를 현금으로 상환한다.

재무상태표

20×1년 1월 1일

현 금	1,500,000	장기매입채무	1,210,000	
재 고 자 산	1,000,000	현재가치할인차금	(210,000)	1,000,000
		자 본 금		1,500,000
		이익잉여금		
자산합계	2,500,000	부채및자본합계		2,500,000

포괄손익계산서

20×1년 1월 1일~12월 31일

=)당기순이익	0

재무상태표
20×1년 12월 31일

현 금	1,500,000	장기매입채무	1,210,000	
재 고 자 산	1,000,000	현재가치할인차금	(110,000)	1,100,000
		자 본 금		1,500,000
		이익잉여금		(100,000)
자산합계	2,500,000	부채및자본합계		2,500,000

포괄손익계산서
20×1년 1월 1일~12월 31일

−)이자비용	(100,000)
=)당기순이익	(100,000)

재무상태표
20×2년 12월 31일

현 금	290,000	장기매입채무	0	
재 고 자 산	1,000,000	현재가치할인차금	0	0
		자 본 금		1,500,000
		이익잉여금		(210,000)
자산합계	1,290,000	부채및자본합계		1,290,000

포괄손익계산서
20×2년 1월 1일~12월 31일

−)이자비용	(110,000)
=)당기순이익	(110,000)

(2) 제품보증충당부채

당기의 수익에 대응하는 비용으로서 장래에 지출될 것이 확실하고 당기의 수익에서 차감되는 것이 합리적일 때 그 지출될 금액을 추산하여 차변에 비용, 대변에 충당부채의 분개를 한다. 여기서, 충당부채란 지출하는 시기나 금액이 불확실하지만 지출될 가능성이 높을 때 인식하는 부채를 의미한다. 즉, 장래에 지출될 가능성이 높고, 그 지출의 원인이 당기의 수익에서 비롯된 것이면서 현재 시점에서 지출금액을 합리적으로 추정할 수 있는 경우에는 그 금액을 당해 연도의 재무상태표 부채에 충당부채로 계상하게 된다.

충당부채로 인식되는 금액은 현재 의무를 보고기간말에 이행하기 위하여 소요되는 지출에 대한 최선의 추정치여야 하며, 사건의 발생가능성이 높을 때 충당부채의 요건을 갖는다고 간주된다. 대표적인 충당부채계정으로는 제품보증충당부채가 있다.

일반적으로 매출이 발생한 시점과 제품보증이 이루어지는 시점은 서로 다른 경우가 일반적이다. 즉, 매출이 20×1년에 이루어졌다면 제품보증이 이루어지는 시점은 20×2년 이후일 가능성이 높다. 그런데 올해 판매된 제품에 대한 제품보증이 내년에 지급이 이루어진다고 하여 내년에 비용으로 인식한다면, 올해 발생한 수익과 연관되는 비용을 내년에 인식함으로써 현대 회계의 근간인 수익·비용대응의 원칙이 지켜지지 않을 수 있다. 20×1년에 발생한 '매출'과 관련 있는 '제품보증비'라는 비용이 20×1년에 인식된다면 수익·비용대응의 원칙에 입각한 포괄손익계산서의 당기순이익 정보의 정보가치가 높아질 수 있다.

즉, 제품보증충당부채의 회계처리는, 앞서 언급한 매출채권과 대손충당금의 예에서처럼 서로 관련된 수익과 비용을 한 연도의 포괄손익계산서에 함께 인식하는 수익·비용대응의 원칙을 지키기 위한 것이다. 다만, 대손충당금은 매출채권이라는 자산으로부터 비롯된 것이므로 대손충당금이 부채가 아닌 '자산의 차감계정'으로 분류되고 재무상태표의 자산에서 차감하는 형태로 표시되어야 했다. 그러나 제품보증충당부채는 매출이라는 수익에 대응되어 제품보증비라는 비용으로 처리가 된 것이므로, 대응되는 금액만큼 부채로 기록되어 미래에 A/S를 제공해 주어야 하는 의무를 나타내는 것이다. 따라서 판매가 이루어진 연도에 제품보증액을 추정하여 충당부채로 설정한다. 제품보증비의 금액, 시기 등이 확정되지 않았음에도 불구하고, 부채가 발생하리라는 것이 거의 확실하고 금액을 합리적으로 추정할 수 있기 때문에 이를 충당부채로 인식하는 것이다. 제품보증비를 추정하여 제품보증충당부채를 인식할 경우, 발생법과 이연법의 두 가지 방법을 적용할 수 있다.

우선, 발생법에서는 매출시점에 충당부채를 인식했다가 제품보증이 실제로 발생한 때 충당부채를 없애준다.

〈매출이 발생한 연도에 제품보증비에 대한 분개〉

(차) 제품보증비	10,000	(대) 제품보증충당부채	10,000

〈제품보증비가 실제 지출된 연도의 분개〉

(차) 제품보증충당부채	10,000	(대) 현　　금	10,000

예를 들어, 20×1년에 판매된 제품에 대하여 10,000원의 제품보증비가 발생할 것으로 추정되었고, 20×2년에 제품보증 요구가 있어 현금지출이 이루어졌다면, 다음과 같이 분개가 되어야 한다.

〈틀린 분개〉

(20×2년)	(차) 제품보증비	10,000	(대) 현 금	10,000(×)

〈옳은 분개 : 발생법의 예〉

(20×1년)	(차) 제품보증비	10,000	(대) 제품보증충당부채	10,000(○)
(20×2년)	(차) 제품보증충당부채	10,000	(대) 현 금	10,000(○)

반면, 이연법에서는 제품보증 자체를 제품매출과 별도로 보증에 대한 판매수익으로 간주한다. 이 경우, 판매시점에서 보증과 관련된 부분은 매출이 아니고 이연수익(선수수익과 유사한 개념으로 부채로 분류됨)으로 따로 인식했다가 제품보증이 발생한 연도에 '제품보증수익'으로 별도 인식한다.

〈매출이 일어난 연도의 분개〉

(차) 현 금	100,000	(대) 이연제품보증수익 (부채)	100,000

〈보증관련 지출이 일어난 연도의 분개〉

(차) 제품보증비 (비용)	10,000	(대) 현 금	10,000
(차) 이연제품보증수익	10,000	(대) 제품보증수익 (수익)	10,000

일반적으로, 용역의 제공여부가 총거래가격에 영향을 미치지 않고 재화판매에 부수적으로 수반된다는 내용이 계약상 명시되어 있다면 제품보증비는 발생법으로 인식하며, 재화와 용역이 별개로 취급되어 재화 또는 용역의 제공이 각각 총거래가격에 영향을 미치면 이를 재화판매거래와 용역제공거래로 구분하여 별도로 회계처리한다. 즉, 보증서비스가 부수적 서비스임이 명시되어 있다면 발생법을, 보증서비스가 별개로 취급되어 제공된다면 이연법을 사용한다. 두 방법 모두 궁극적으로 손익 총액에는 변함이 없다. 애초

에 매출액을 설정함에 있어서 차이가 발생하지만, 제품보증비가 발생하는 해에 제품보증수익을 대응시키기 때문에 총손익에 차이는 없다.

예제 8-10

20×1년에 원가 500,000원인 재고자산을 외상구입하여 1,000,000원에 현금판매하였다. 제품의 보증기간은 1년이며 과거 경험으로부터 50,000원의 보증비용이 발생할 가능성이 높다고 추정된다. 이 판매의 제품보증비와 관련하여 20×1년에 40,000원이 현금지급되었고 20×2년에 10,000원이 현금지급되었다.

〈요구사항〉

1) 용역거래가 재화판매에 부수적으로 수반되는 경우의 회계처리를 하고 20×1년의 재무제표를 제시하라.
2) 재화와 용역이 별개로 취급된다고 가정하는 회계처리를 하고 20×1년의 재무제표를 제시하라.

해답

1) 발생법으로 회계처리하는 경우

〈20×1년 판매시점〉

(차) 재 고 자 산(상품)	500,000	(대) 매 입 채 무	500,000
(차) 현 금	1,000,000	(대) 매 출	1,000,000
(차) 매 출 원 가	500,000	(대) 재 고 자 산(상품)	500,000
(차) 제품보증비	50,000	(대) 제품보증충당부채	50,000

〈20×1년 제품보증 이행〉

(차) 제품보증충당부채	40,000	(대) 현 금	40,000

〈20×2년 제품보증 이행〉

(차) 제품보증충당부채	10,000	(대) 현 금	10,000

재무상태표

20×1년 12월 31일

현 금	960,000	매 입 채 무	500,000
		제품보증충당부채	10,000
		이익잉여금	450,000
자산합계	960,000	부채및자본합계	960,000

포괄손익계산서

20×1년 1월 1일~12월 31일

매 출	1,000,000
매 출 원 가	(500,000)
제품보증비	(50,000)
당기순이익	450,000

2) 이연법으로 회계처리하는 경우

〈20×1년 판매시점〉

(차) 재 고 자 산(상품)	500,000	(대) 매 입 채 무	500,000
(차) 현 금	1,000,000	(대) 매 출	950,000
		이연제품보증수익	50,000
(차) 매 출 원 가	500,000	(대) 재 고 자 산	500,000

〈20×1년 제품보증비 발생〉

(차) 제품보증비	40,000	(대) 현 금	40,000
(차) 이연제품보증수익	40,000	(대) 제품보증수익	40,000

〈20×2년 제품보증비 발생〉

(차) 제품보증비	10,000	(대) 현 금	10,000
(차) 이연제품보증수익	10,000	(대) 제품보증수익	10,000

재무상태표

20×1년 12월 31일

현 금	960,000	매 입 채 무	500,000
		이연제품보증수익	10,000
		이익잉여금	450,000
자산합계	960,000	부채및자본합계	960,000

포괄손익계산서

20×1년 1월 1일~12월 31일

매 출	950,000
매 출 원 가	(500,000)
제품보증비	(40,000)
제품보증수익	40,000
당기순이익	450,000

2. 금융리스 및 우발부채의 개념

(1) 금융리스 관련 부채

고가의 유형자산 등을 구입할 때 자금이 부족한 경우 자금을 차입하여 해당 자산을 구입하는 방법을 생각해 볼 수 있다. 그러나 자금을 차입하여 자산을 취득한다면 거액의 부채가 재무상태표에 계상되어 재무제표의 건전성이 악화된 것처럼 보이게 된다. 반면, 똑같은 자산을 구입이 아닌 임대하여 사용한다면 재무상태표에 거액의 부채가 나타날 가능성이 적으며 임대 사용에 대한 수수료비용만 지급하면 될 것이다. 이로 인해 사실상 차입이지만 형식상은 자산을 임대하는 형태를 띠는 리스계약을 통하여 재무구조 개선효과를 꾀하는 경우가 있다.

리스계약의 특징은 서로의 필요에 의하여 이루어지는 거래관계라는 점이다. 즉, 리스계약을 통하여 리스제공자가 리스이용자에게 일정금액의 사용료(리스수수료)를 정기적으로 지급받고 자신의 소유인 특정자산을 사용할 수 있는 권리를 제공한다.

리스이용자 입장에서는 재무제표의 부채비율을 개선시킨다는 큰 장점이 있으나 일반적인 이자비용보다 리스료가 높다는 단점이 있다. 이와 같은 계약은 눈에 보이는 내로 회계처리한다면, 리스이용자에게 투자하려는 투자자에게 착각을 일으켜 문제가 발생할 수 있다.

따라서 위와 같이 회계처리가 이루어지는 경우는 제한적으로만 인정되며(운용리스), 요건을 갖추지 못했을 경우 자금을 빌려 자산을 취득한 것처럼 회계처리를 하도록 하고 있다. 계약상의 형식은 빌려주는 형태였다 하더라도 회계처리에 있어서는 리스제공자가 리스이용자에게 자금을 내어해 주고, 그 자금으로 리스이용자가 자산을 구입한 것으로 해야 하는 것이다. 즉, 리스계약은 명목상의 계약일 뿐 실질적으로는 할부를 통해 자산을 구입한 것으로 간주하고 회계처리하는 것이다. 실제로 리스기간이 리스사산의 경제적 내용연수에 근접하는 경우가 많기 때문에 사실상 자산의 경제적 효익 대부분이 리스이용자에게 귀속되는 사례가 많아 이러한 회계처리의 타당성은 인정된다. 이때 비유동부채인 리스부채가 발생한다.

(2) 우발부채

우발부채란 ① 과거 사건으로 발생하였으나 기업이 통제할 수 없는 미래의 사건 발생 여부로만 존재 유무를 확인할 수 있는 잠재적 의무나 ② 과거 사건으로 발생하였으나 자원의 유출가능성이 높지 않거나 해당 의무 이행에 필요한 금액을 신뢰성 있게 측정할 수 없는 의무를 의미한다.

과거 사건의 결과로 발생하고 미래에 의무를 이행할 가능성이 높다는 점에서 충당부채와 유사하다. 다만, 충당부채는 의무 이행을 위해 자원의 유출가능성이 높고, 현재 시점에서 유출될 금액을 신뢰성 있게 추정할 수 있지만, 우발부채는 의무 이행을 위한 자원의 유출가능성이나 유출될 금액을 신뢰성 있게 추정할 수 없다는 점에서 차이가 있다. 따라서 재무상태표에 충당부채는 부채로 인식해야 하지만, 우발부채는 부채로 인식할 수가 없다. 의무 이행을 위한 자원의 유출가능성이 희박하지 않다면 해당 우발부채의 특성(추정금액, 유출시기 등)을 주석에 보고해야 한다. 또한 우발부채에 대해서는 지속적으로 평가하여, 자원의 유출가능성이 높아지고 금액을 신뢰성 있게 추정할 수 있다면 재무상태표에 충당부채로 인식한다.

연습문제

1 액면금액 10,000원짜리 사채를 발행하였다. 만기 2년, 액면이자율 10%, 이자지급은 연말에 1회, 유효이자율 12%이며 기타 수수료는 없다고 가정한다.

(물음 1) 첫년도 말 이자비용 중 현금지급액은 얼마인가?
(물음 2) 첫년도 초 사채할인발행차금은 얼마인가?
(물음 3) 포괄손익계산서의 2차년도 이자비용은 얼마인가?

2 액면금액 10,000원, 만기 2년, 액면이자율 10%(이자지급은 연말 1회) 조건의 사채를 발행하였다(발행시점 유효이자율은 10%). 발행시점 현재 이 사채의 가격은 얼마인가?

3 20×1년 1월 1일 액면이자율 10%, 유효이자율 15%, 만기 3년, 액면금액 10,000원인 회사채를 발행했을 때의 분개, 연말(이자지급일)의 분개를 하고 재무상태표와 포괄손익계산서를 작성하라. 20×2년 1월 1일 7,500원에 조기상환하였다고 가정하고 분개를 하라.

4 20×1년 1월 1일 액면금액 10,000원, 만기 2년, 액면이자율 10%, 이자지급 연말 1회 조건의 사채를 발행하였고, 이 당시 유효이자율은 14%였다. 20×1년 이자비용은 (   ), 20×1년 12월 31일 재무상태표상 사채할인발행차금 잔액은 (   ), 20×2년 이자비용은 (   ), 20×2년 12월 31일 재무상태표상 사채할인발행차금 잔액은 (   )이다.

5 다음 자료가 전부라고 가정하고, 20×1년과 20×2년의 당기순이익, 그리고 20×2년말의 제품보증충당부채 잔액을 제시하라.

> 향후 5년 동안 제품보증을 해주기로 하였고, 발생법을 적용한다. 과거 경험에 비추어 볼 때, 판매가의 5%가 제품보증비로 발생할 것으로 추정된다. 20×1년 매출액은 10,000원, 20×2년 매출액은 20,000원, 20×2년에 실제 보증 관련한 지출액은 1,000원이다.

6 다음 자료를 이용하여 물음에 답하라.

> 20×1년초 (주)동양은 액면금액 10,000원의 사채를 발행하였다. 사채의 발행일은 20×1년 1월 1일이고 3년 후인 20×3년 12월 31일에 일시에 상환된다. 사채의 액면이자는 연 6%로서 12월말에 후급된다. 유효이자율은 사채를 취득할 당시 10%였고, 회사의 결산일은 매년 12월 31일이다. 20×2년초 9,300원에 조기상환하였다.

(물음 1) 사채발행시점에서 필요한 분개를 하라.

(물음 2) 20×1년말과 20×2년초에 필요한 분개를 하라.

7 다음 설명 중 틀린 것을 골라 옳게 수정하라.

> (1) 사채의 발행시 할인 또는 할증 여부는 유효이자율과 액면이자율의 관계에 의해 결정된다.
> (2) 할인발행시 사채의 장부금액(순액)은 점점 증가하며 연간 사채이자도 증가된다.
> (3) 할증발행시 사채의 장부금액(순액)은 점점 감소하며 연간 사채이자도 감소된다.
> (4) 유효이자율이 액면이자율보다 낮은 경우 할인발행된다.
> (5) 사채의 액면이자율이 유효이자율보다 낮으면, 사채에 대한 수요는 줄어들고 할인발행된다.

8 (주)동양은 20×1년 1월 1일에 액면금액 10,000원, 액면이자율 10%, 만기 3년인 사채를 발행하였다. 이자지급일은 매년말이다. 유효이자율이 14%인 경우, 사채의 발행금액을 계산하고 액면발행, 할인발행, 할증발행 중 어느 경우에 해당하는가를 제시하라.

9 액면금액 1,000,000원(만기 3년, 액면이자율 8%)의 사채를 발행하였다. 유효이자율 8%인 경우, 10%인 경우, 6%인 경우 사채발행연도 초와 1년차 이자비용 관련 회계처리를 제시하라. 또한, 유효이자율 10%일 때, 2년차 1월 1일에 980,000원에 조기상환하였다고 가정하고 회계처리를 제시하라.

CHAPTER 9

자본 관련 주요 회계처리

개 요

제8장까지 재무상태표의 자산, 부채를 중심으로 이루어지는 주요 회계처리를 학습하였다. 본장에서는 자본 관련 주요 회계처리를 살펴본다. 우선, 자본금, 자본잉여금, 자본조정, 기타포괄손익누계액이 발생하게 되는 상황에 대한 설명을 하며 이들의 회계처리를 학습한다. 구체적으로, 자본거래에서 발생하는 자본잉여금과 (-)의 자본조정, 그 외에 특수한 경우에 발생하는 (+)의 자본조정과 기타포괄손익누계액에 대해 소개한다. 포괄손익계산서에서 누적된 당기순이익이 이익잉여금으로 이동하면 일단 미처분이익잉여금으로 분류되며, 그 이후 발생하는 처분 또는 적립의 상황에서 해야 하는 회계처리에 대하여 검토한다.

제 1 절 자본의 분류

K-IFRS는 재무상태표에 보고되는 '자본'의 회계처리에 대하여 포괄적으로 규정하고 있으며, 구체적인 세부사항에 대해서는 각국의 특수상황을 인정하고 있다. 따라서 우리나라도 자본의 회계처리에 있어서 K-IFRS에 근거하되 일부 상법 및 기존 회계처리 관행을 준용하고 있다.

자본의 회계처리와 관련하여 가장 먼저 생각해야 할 부분은 자본잉여금과 이익잉여금의 차이에 대한 것이다. 회사의 가장 중요한 활동이라 할 수 있는 영업거래에서 발생한 수익 및 비용은 포괄손익계산서에 당기순이익으로 귀결되며, 해당 금액은 재무상태표의 이익잉여금으로 누적된다는 사실은 이미 잘 알고 있을 것이다. 이와 별도로 회사 입장에서 볼 때 이익이나 손실이 발생했지만 해당 이익이나 손실이 영업거래 때문에 발생한 것이 아닌 경우들이 있을 수 있다. 대표적으로 회사가 발행한 주식과 관련하여 자본거래를 하는 과정에서 이와 관련하여 발생한 이익 및 손실이 있다. 자본거래에서 발생한 이익들은 자본잉여금으로, 손실들은 자본조정으로 분류된다.

더 나아가, 영업거래 때문도 아니고 자본거래(회사의 주식발생 관련 활동) 때문도 아니지만, 회사에 이익이나 손실을 가져다주는 경우가 있을 수 있다. 이들은 포괄손익계산서의 당기순이익 아래에서 '기타포괄손익'으로 분류되고, 재무상태표 지분 중 '기타포괄손익누계액'으로 누적된다. 이렇게 하여 재무상태표 자본에는 자본금, 자본잉여금, 자본조정, 이익잉여금, 기타포괄손익누계액 등 5개의 중분류 항목이 나타난다.

〈재무상태표 자본에 보고되는 주요 항목들〉

Ⅰ. **자 본 금**: 주식을 발행할 때 액면금액
 1. 보통주자본금
 2. 우선주자본금
Ⅱ. **자본잉여금**: 주식발행과 관련한 자본거래에서 발생하는 잉여금의 누적치
 1. 주식발행초과금
 2. 감자차익
 3. 자기주식처분이익
Ⅲ. **이익잉여금**: 영업거래의 결과 발생한 매년의 당기순이익 누적치에서 배당지급액을 차감한 잉여금의 누적치
 1. 이익준비금 및 기타법정적립금
 2. 임의적립금
 3. 미처분이익잉여금
Ⅳ. **자본조정**: 주식발행과 관련된 자본거래에서 발생하는 차감항목 및 기타
 1. 주식할인발행차금
 2. 자기주식
 3. 감자차손
 4. 자기주식처분손실
 5. 미교부주식배당금
Ⅴ. **기타포괄손익누계액**: 영업거래, 자본거래 이외 사유로 발생한 손익 누적치
 1. FVOCI금융자산평가손익
 2. 해외사업환산손익
 3. 재평가잉여금

제 2 절 자본금

기업들이 설립되어 성장하면서 한국거래소와 같은 대규모 발행시장에 상장된다면 이때부터는 불특정다수의 투자자를 대상으로 주식을 발행하여 자금을 조달할 수 있다.[1] 이때 발행되는 주식에는 보통주 외에도 우선주 등 여러

---

1) 일반적으로 주식회사들은 최초로 주식회사를 만들 때 일단 주식발행을 한 번 했을 것이고, 이

종류의 주식이 있다. 여러 종류의 주식을 발행함으로써 투자자의 다양한 욕구를 충족시켜 주고 궁극적으로 자금조달을 용이하게 할 수 있다.

보통주는 여러 종류의 주식 중 가장 기본적 성격을 갖는 주식으로, 보통주를 소유하는 주주들은 해당 회사의 의결권과 배당받을 권리를 획득한다. 이들은 회사의 주인이라 할 수 있으나 배당을 받을 때에는 우선주주보다, 회사가 청산을 하게 되었을 때 잔여재산을 배분받을 권리 측면에서는 채권자보다 열위에 서게 된다. 주식을 발행하면 발행회사 입장에서는 재무상태표 '자본'에 '보통주자본금'이라고 보고한다. 일반적인 예제에서 '자본금'이라 하면 일반적으로 이 보통주자본금을 의미한다.

우선주는 배당을 받을 때는 보통주보다 우선적 지위를 갖는 대신 의결권이 제한된 주식이다. 일반적으로 우선주주는 보통주주가 이익배당을 받기 전에 일정률의 배당을 우선적으로 받을 수 있는 권리를 갖고 있다.

주식은 '시장성이 좋은 투자상품'으로 '언제든지 현금화'하는 것이 어렵지 않다. 이로 인해 많은 주식투자자들이 의결권보다는 시세차익이나 배당에 관심을 더 갖게 되었다. 특히 배당에 관심이 많은 투자자들을 위해 의결권을 주지 않으면서 배당은 보통주보다 더 지급하는 우선주를 발행하게 되었다. 만일 보통주를 추가로 발행하는 경우라면 최대주주 등이 지분율만큼 추가로 자금을 투자해야 기업지배력이 유지되지만, 우선주를 발행하면 이럴 필요가 없다는 점이 기업 입장에서의 우선주 발행의 동기가 된다.

다만, 우선주에 대한 배당률이 보통주에 대한 배당률보다 아주 높은 수준이 아니라면 의결권을 포기한 대가가 상대적으로 크게 받아들여지는데, 이때 주식시장에서 우선주 가격은 낮게 형성될 수 있다. 미국 등에서는 우선주에 대한 배당이 현실적으로 상당한 액수가 되는데(즉, 채권이나 은행예금 등과 유사한 수준 또는 그 이상이 되기도 하는데), 우리나라에서는 일반적으로 우선주의 배당수준이 은행예금 수익률에 비하여 상대적으로 낮다는 점 때문에 우선주에 대한 선호도가 떨어지는 편이다. 이렇게 우선주에 대한 선호도가 떨어지다 보면 우선주의 발행가격은 시장원리에 의하여 낮게 형성될 수밖에 없을 것이고, 보통주의 가격은 우선주 가격에 비해 상대적으로 높게 형성되

후 추가자금조달을 위하여 유상증자하는 과정에서 주식발행을 수차례 추가로 하게 된다. 물론, 최초의 주식발행이나 이후 추가적인 주식발행(유상증자)의 경우나 분개는 같다.

곤 한다. 이러한 이유로 우리나라 우선주의 주가가 일반적으로 보통주보다 훨씬 낮은 수준에 머무는 경향이 있다. 그러다 보니 발행회사의 신용도가 높은 대기업들을 위주로 우선주가 발행되며, 전환우선주, 누적적우선주, 참가적우선주 등의 조건을 첨가하여 우선주를 발행하는 경우 등이 일반적이다.

보통주와 우선주는 상법상 허용된 주식의 종류이므로 두 주식에 대한 회계처리를 학습해야 한다. 두 주식의 회계처리에 큰 차이가 있는 것은 아니며, 보통주를 발행하는 경우에는 재무상태표의 자본에 '보통주자본금'이라는 계정을, 우선주를 발행하는 경우에는 재무상태표의 자본에 '우선주자본금'이

참고 | 주식발행과 정형화된 주식시장

기업 입장에서 볼 때 주식을 발행한다는 것은, 기업의 주인이 될 투자자로부터 기업이 현금을 조달한다는 의미이다. 일반적인 현금조달 수단 중 이익이 없어도 이자를 갚아야 하는 '차입금'이나 '회사채'를 발행하는 것보다 주식발행이 기업 입장에서는 유리한 자금조달 수단이 될 수 있다. 기업에 이익이 있을 때만 배당을 주면 되기 때문이다.

최초로 창업을 할 당시에는 1~2명의 설립자들이 기업이 발행한 주식을 취득하고 소정의 자금이 기업으로 유입된다. 이는 회계상 보통주자본금이 될 것이고, 이것만으로 기업이 필요한 자금을 모두 조달할 수는 없으니, 차입이 많이 이루어질 가능성이 높다. 다만, 차입금의 규모는 매출액 등 기업의 규모에 비하여 너무 커지면 더 이상 조달이 어려울 수 있다. 은행 등 금융기관에서 차입금 규모가 큰 회사에 추가적인 대출을 해주지 않으려 할 것이기 때문이다. 따라서 기업이 어느 정도 가능성이 보인 다음, 다시 주식을 발행하여 불특정다수의 투자자로부터 추가적 자금조달을 하게 된다.

즉, 창업하는 회사들은 회사설립시 자금을 조달할 길이 제한적일 수밖에 없으나, 기업의 성장성이 충분히 알려진 후로는 오히려 양질의 자금만을 골라서 조달하는 입장이 될 수 있다. 미래전망이 유망한 기업들이 주식을 발행할 수 있는 '정형화된 큰 주식시장'이 있어서 일시에 좋은 조건의 큰 자금을 조달할 수 있다면 기업은 빠른 시일 내에 안정적인 성장궤도로 진입할 수 있을 것이다. 이러한 주식시장이 있다면 투자자 입장에서도 미래에 성장가능성이 높은 기업을 찾는 데 도움이 될 것이다. 미래에 성장가능성이 높은 회사의 주식에 투자를 한다면 투자자도 더 많은 배당을 받고 시세차익을 남겨 투자이익을 올릴 수 있을 것이기 때문이다.

지난 1세기 동안, 기업과 투자자들의 이러한 수요를 반영하여 큰 주식시장들이 형성되어 왔는데, 미국에서는 뉴욕증권거래소(NYSE : New York Stock Exchange)가 대표적인 유가증권 거래시장이며, 우리나라에서는 한국거래소(KRX : Korea Exchange)가 대표적인 유가증권 거래시장이다. 물론, 이러한 대형 주식시장에는 성장가능성이 어느 정도 검증된 기업들만이 참여할 수 있지만, 일단 이 시장에 참여할 수만 있게 된다면 그 다음에는 경영자의 능력에 따라 기업은 매우 빠른 속도로 성장할 수 있다. 누군가가 강요하지 않더라도 합리적인 투자자들은 미래전망이 좋은 회사로 매우 적극적인 투자를 하고자 할 것이기 때문이다.

라는 계정을 사용하여 보고한다. 보통주와 우선주는 정관에 의해 정해진 액면가를 기준으로 하여 발행된다.[2] 즉, 주식을 발행하여 조달할 수 있는 자금은 현재 시장에서 형성되는 주가에 따라 매우 높을 수도 있지만, 재무상태표에 보통주자본금과 우선주자본금에 나타나는 금액은 발행된 주식의 액면가 합계이며, 액면가 이상의 금액을 조달했다면 액면가를 초과하는 금액은 '주식발행초과금'계정으로 자본잉여금에 보고한다. 예를 들어, A회사가 보통주 10주(액면가 5,000원)와 우선주 5주(액면가 5,000원)를 주식시장에서 발행하고 각각 50,000원과 25,000원을 현금 조달하였다면, 분개는 다음과 같다.

(차) 현 금	75,000	(대) 보통주자본금	50,000
		우선주자본금	25,000

그리고 이들 내용을 재무상태표에 옮길 때, 보통주자본금계정과 우선주자본금계정이 별도로 보고되어야 한다.

재무상태표

20×1년 1월 1일

현 금	75,000	자 본 금	
		1. 보통주자본금	50,000
		2. 우선주자본금	25,000
자산합계	75,000	부채및자본합계	75,000

포괄손익계산서

20×1년 1월 1일~12월 31일

	…
당기순이익	0

2) 상법상 무액면주식 발행도 허용되지만, 일반적으로 액면가를 정하여 발행한다.

제 3 절 자본잉여금과 (-)의 자본조정

1. 주식발행초과금과 주식할인발행차금

어떤 기업이 발행한 주식을 사고자 하는 투자자가 많아진다면 그 주식의 가격은 상승한다. 그런데 주식시장의 투자자들은 미래 전망을 보고 조금이라도 쌀 때 미래가 유망한 주식을 사려고 경쟁을 벌이게 되며, 기업이 충분히 성장하기 전에 이미 그 기업의 주가는 매우 높은 상태가 되어 적은 수의 주식 발행으로 큰 자금조달을 할 수 있다.

이러한 상황이라면 기업은 주식 1주를 발행하더라도 더 비싸게 발행(주식발행초과금이 생기는 경우)할 수 있으며, 이 자금으로 그 기업은 설비 및 광고 등에 투자를 하여 실제 더욱 성장하게 될 수 있다. 만일, 액면가 5,000원짜리 주식 10주를 50,000원이 아니라 80,000원에 발행했다고 가정해 보자. 즉 1주당 5,000원이 아닌 8,000원에 발행했다는 의미가 된다. 그렇다면 다음과 같이 분개가 될 것으로 생각할 수도 있다.

(차) 현 금	80,000	(대) 보통주자본금	80,000 (×)

그런데 우리나라에서는 주식발행의 대가로 기업에 유입되는 납입액 중 액면가를 정하는 경우(즉, 액면주식 발행)가 대부분이어서, 회계처리를 할 때 액면가와 액면가를 초과하는 금액으로 구분해야 한다. 이때 액면가액을 초과하여 납입된 금액은 자본잉여금(주식발행초과금)으로 구분하여 기록한다. 액면가란 주식회사의 주식의 기준이 되는 가격이다. 우리나라 대부분의 기업들은 5,000원이나 500원을 액면가로 정하고 있다.[3] 따라서 위의 분개는 다음과

3) 무액면주식도 허용되지만, 대부분의 기업들은 발행된 주식의 액면가를 자본금으로, 액면가를 초과하는 금액을 자본잉여금(주식발행초과금)으로 보고한다. 만약, 무액면주식을 발행한다면 액면주식은 발행할 수 없으며, 이때 무액면주식의 자본금은 발행가액의 1/2 이상의 금액으로서 이사회에서 자본금으로 계상하기로 한 금액의 총액으로 하고, 자본금으로 계상하지 않은 금액은 자본준비금(즉, 주식발행초과금)으로 계상해야 한다.

같이 수정되어야 한다.

(차) 현 금	80,000	(대)	보통주자본금	50,000
			주식발행초과금	30,000

예제 9-1

(주)동양은 액면가 5,000원인 보통주 주식 10주를 1주당 7,000원에 발행하였다. 필요한 분개를 하라.

해답

(차) 현 금(자산)	70,000	(대)	보통주자본금(자본금)	50,000
			주식발행초과금(자본잉여금)	20,000

재무상태표의 자본부분에 제일 먼저 나타나는 자본금은 보통주자본금과 우선주자본금으로 나누어져 있다. 일반적으로 기업규모가 커지면서 보통주 이외에 우선주 등 여러 종류의 주식을 발행하기도 한다. 그 이유는 투자자의 다양한 욕구를 충족시켜 줌으로써 자본조달을 용이하게 할 수 있기 때문이다. 대표적인 것이 우선주이기 때문에 재무상태표의 자본금에 보통주자본금과 우선주자본금이 별도로 표시되는 것이다.

만일, 액면가를 5,000원으로 정해 놓은 회사가 우선주 10주를 1주당 ① 5,000원에 발행한 경우와 ② 6,000원에 발행한 경우를 분개하면 다음과 같다.

①	(차) 현 금	50,000	(대)	우선주자본금	50,000
②	(차) 현 금	60,000	(대)	우선주자본금	50,000
				주식발행초과금	10,000

(주) 주식발행초과금은 보통주와 우선주를 구분할 필요가 없으며, 자본잉여금으로 분류하기만 하면 된다.

주식은 액면가 또는 액면가 이상의 금액으로 발행하는 경우가 일반적이나 예외적으로 액면가 이하로 주식을 발행하는 경우도 생길 수 있다. 이때에는 액면가와 발행가의 차액을 '주식할인발행차금'이라는 계정으로 재무상태표 자본부분 중 자본조정에 기록한다.

예제 9-2

(주)동양은 액면가 5,000원인 우선주 주식 10주를 1주당 3,000원에 발행하였다. 필요한 분개를 하라.

해답

(차)	현 금	30,000	(대) 우선주자본금	50,000
	주식할인발행차금 (자본조정)	20,000		

예제와 같이 분개한 후 재무상태표의 자본부분 중 우선주자본금에 5,000원, 자본잉여금에는 기록이 없고, 자본조정에 2,000원이 (−)로 표시된다. 위의 분개에서 주식할인발행차금은 차변에 위치해 있지만 생각해 보면 이것은 자산도 아니고 당기의 영업에서 발생한 비용도 아니라는 것을 알 수 있다. 비용에 가깝기는 하지만 주식을 발행할 때 생긴 손해이므로 이를 포괄손익계산서의 영업성과에 반영할 수가 없는 것이다. 이런 항목들이 위치할 곳이 바로 자본조정이며 (−)로 반영된다. 일반적으로 재무상태표 계정과목들은 재무상태표의 자기 위치에서 (+)금액을 나타내며 (−)로 나타나지 않는데, 자본조정의 항목들은 예외라고 할 수 있다.

예를 들어, '현금'이라는 계정의 금액이 (−)로 재무상태표에 기록될 수는 없다. 현금이 없으면 현금을 차입하여 일단 현금을 늘린 다음에 쓰는 것이지 존재하지 않는 현금을 쓸 수는 없다. 다만, '주식할인발행차금'이라는 계정은 자본거래에서 생긴 손실이라고 간주할 수 있으므로 포괄손익계산서의 '비용'의 정의에 맞지 않기 때문에 포괄손익계산서와 무관하게 재무상태표에 바로 반영되는데, 그렇다고 자산이라고 할 수는 없으므로 자본에서 (−)로 표시하거나, (−)라는 표시 대신 금액을 괄호로 묶어 표시한다. 즉, 자본조정에 (−)20,000 또는 (20,000)과 같은 식으로 표현한다.

재무상태표

(주)동양 20×1년 12월 31일 현재 (단위 : 원)

자 산 :		자 본 :	
Ⅰ. 유동자산		Ⅰ. 자본금	
현 금	30,000	1. 우선주자본금	50,000
		Ⅱ. 자본조정	
		1. 주식할인발행차금	(20,000)
자산합계	30,000	부채및자본합계	30,000

한편, 포괄손익계산서에서 (−)로 차감되었던 모든 '비용'계정들이 하는 역할은 결과적으로 재무상태표의 이익잉여금을 (−)시키는 것이다. 하지만 이들은 반드시 포괄손익계산서에 자신들의 명칭(비용계정 명칭)으로 세분화해서 기록된 후 당기순이익이 이익잉여금으로 반영되는 과정에서 자신들의 원래 명칭은 희석화되는 반면, 주식할인발행차금은 자본거래에서 생긴 손해이므로 포괄손익계산서를 거치지 않고 재무상태표의 자본조정에서 직접 (−)되도록 하고 원래 명칭(예컨대, 주식할인발행차금)이 그대로 자본조정 아래 유지된다.[4)]

결론만 놓고 본다면, 포괄손익계산서의 비용계정이나 주식할인발행차금이나 결국 재무상태표의 자본총액을 감소시킨다. 하지만 각 경우에 맞게 적절히 구분하여 표시해 줌으로써 정보의 유용성을 높인다. 제1장에서부터 강조했듯이 우리가 회계에서 하는 것은 적절한 수준의 정보를 회계기준에 어긋남 없이 표현해 주는 것이다. 모두 상계해 놓고 단지 결과의 금액만 알려주는 것은 정보로서의 가치를 반감시키는 의미 없는 정보가 된다.[5)]

4) 추후, 주식할인발행차금을 재무상태표에서 삭제하기 위하여 이익잉여금으로 처분하는 것은 기업의 선택으로 가능하다. 기업의 이익잉여금이 충분하여 이러한 선택을 하였다면, 다음과 같은 분개가 이루어진다.
(차) 이익잉여금 2,000 (대) 주식할인발행차금 2,000

5) '적절한 수준'은 회계기준에서 정하고 있으며[가장 최근의 우리나라 회계기준은 국제회계기준(IFRS)에 따르도록 되어 있어 K-IFRS라고 불린다], 지금 이 순간에도 회계학자들은 어느 수준이 적정한지에 대하여 연구하고 있다. 이러한 연구결과는 미래에 개정될 회계기준의 근거가 된다.

재무상태표

(주)동양	20×1년 12월 31일 현재		(단위 : 원)
자 산 :		자 본 :	
Ⅰ. 유동자산		Ⅰ. 자본금	
현 금	100,000	1. 보통주자본금	50,000
		2. 우선주자본금	50,000
		Ⅱ. 자본잉여금	
		1. 주식발행초과금	20,000
		Ⅲ. 자본조정	
		1. 주식할인발행차금	(20,000)
자산합계	100,000	부채및자본합계	100,000

이와 같이, 자본잉여금이란 자본거래에서 발생한 잉여금으로 정의되며, 영업활동의 결과로 발생한 이익잉여금과 구분되는 개념이다. 자본잉여금에 귀속되는 계정들은 회사 입장에서 보면 '이익'이기는 하지만, 포괄손익계산서를 거치지 않는 '회사가 발행한 주식과 관련된 거래'로부터 생긴 자본거래로부터의 이익이라는 특징이 있다. 이익잉여금을 재원으로 배당을 할 수 있지만, 자본잉여금을 재원으로는 배당처분이 불가능하다. 이러한 자본잉여금의 대표적 계정으로는 주식발행초과금 외에 자본거래에서 발생한 (+)항목들이 포함된다.

주식발행기업의 거래상대방이 주식시장에서 이 주식을 매입하였기 때문에 기업은 현금조달을 할 수 있었을 것이다. 즉, 거래상대방이 단기매매 목적으로 이 주식에 투자했다면, 다음과 같은 분개를 하였을 것이다.

(차) FVPL금융자산	10,000	(대) 현 금	10,000

2. 무상증자 및 감자차익 및 감자차손(주식의 소각)

'자본잉여금' 또는 '이익잉여금 중 법정적립금'은 무상증자를 통하여 자본금으로 대체될 수 있다. 잉여금을 감소시키고 그만큼을 주식으로 발행하여 자본금을 증가시키는 회계처리를 하는 것이다. 새로 발행된 주식은 기존주주들에게 무상으로 교부해 주는 것이다. 잉여금은 주주들의 것이며, 잉여금을 주식으로 대체하여 주주들의 부는 그대로이지만 주식수가 증가하는 효과가 있는 것이다.

새로 발행되는 주식은 기존주주들에게 지분비율에 따라 주어지며 주주들은 현금을 추가로 납입하지 않고 주식을 수령한다. 다시 말해서, 무상증자의 실질적 의미는 회사가치는 그대로 있는데 주식수만 늘어난 것이다. 주주의 부의 수준은 무상증자를 하더라도 이론상 그대로이다.

주식을 수령한 주주가 기업일 때, 비록 보유주식수가 늘어났다 할지라도 회계처리를 수행하지 않고 주식수의 증가와 이로 인한 주당 장부금액의 감소만을 비망기록하면 된다. 즉, 무상증자를 통하여 주식대금 납입절차 없이 주식발행회사의 순자산도 증가하지 않고 단지 자본의 구성항목만 달라지는 것이다.

재무상태표에 주식발행초과금이 충분히 있었고, 이 중 2,000원을 주식으로 대체하는 무상증자가 이루어졌다면, 다음과 같은 분개가 이루어진다.

(차) 주식발행초과금	2,000	(대) 자 본 금	2,000

'감자'는 주식을 감소시킨다는 뜻으로, 감자의 과정에서 차익이 생기면 감자차익, 차손이 생기면 감자차손으로 보고한다. 다만, 이러한 차손익은 영업활동에서 비롯된 것이 아니고, 회사가 발행한 주식과 관련된 거래 중에 발생한 것이므로 감자차익은 재무상태표의 자본 중 자본잉여금으로, 감자차손은 자본조정에 (−)로 보고된다.

감자는 일반적으로 두 가지 경우가 있다. 하나는 여유자금을 보유하고 있는 기업이 사업의 내실화를 다지며 규모를 줄이기 위해 행하는 실질적 감자(또는 유상감자)이며, 다른 하나는 결손이 누적되어 있어서 이를 보전하기 위하여 자본금을 감소시키는 경우로 형식적 감자라 한다.

실질적 감자의 경우, 주식시장에서 현금을 지급하고 자기회사의 주식을 취득하여 공식적 절차에 따라 소각시키면 된다. 상법에서는 자본감소가 주주의 이해관계에 중대한 영향을 미치기 때문에 자본감소의 절차와 방법을 엄격히 규제하고 있다. 예컨대, 재무상태표에 현금 10,000원과 보통주자본금 10,000원이 있는 상태에서, 액면가 5,000원인 주식을 3,000원의 현금을 지급하고 매입하여 소각하는 경우에 다음과 같이 분개된다. 그 결과 재무상태표에서 보통자본금은 5,000원 감소하고 자본잉여금(감자차익)은 2,000원 증가한 것으로 보고된다.

(차) 자 본 금	5,000	(대) 현 금	3,000
		감 자 차 익	2,000

재무상태표(주식취득 전)

(주)동양 20×1년 12월 31일 현재 (단위 : 원)

자 산 :		자 본 :	
Ⅰ. 유동자산		Ⅰ. 자본금	
현 금	10,000	보통주자본금	10,000
자산합계	10,000	부채및자본합계	10,000

재무상태표(주식취득 후)

(주)동양 20×1년 12월 31일 현재 (단위 : 원)

자 산 :		자 본 :	
Ⅰ. 유동자산		Ⅰ. 자본금	
현 금	7,000	보통주자본금	5,000
		Ⅱ. 자본잉여금	
		감자차익	2,000
자산합계	7,000	부채및자본합계	7,000

형식적 감자란 누적된 결손금(이익잉여금의 누적액이 (−)인 경우)이 있는 경우, 자본금과 이를 상계시키는 것이다. 이론상 결손금이 자본금 등을 넘어서는 규모가 되면 재무상태표상 자본합계 전체가 (−)가 될 것이며, 이는 거의 부도가 확정되었음을 의미한다. 그러나 아직 결손금이 자본금 등보다 작을 경우, 결손금과 자본금을 상계한다면 자본합계에는 변화가 없어도 자본의 구성을 개선시킬 수 있다. 이는 자본금을 감소시키지만, 자본금의 감소로 회사의 순자산에 아무런 변화가 없기 때문에 무상감자라고도 불린다.

예컨대, 자본금이 3,000원, 이익잉여금이 (−)2,000원(이런 경우 이월결손금이 있다고 표현)일 때, 자본금을 무상감자시키면 자본금 1,000원, 이익잉여금 0원이 된다. '자본금 3,000원, 이익잉여금 (−)2,000원'의 형태로 재무상태표에 나타나는 것보다는 '자본금 1,000원, 이익잉여금 0원'이 보기 좋은 모습일 것이며, 기업들이 무상감자를 하는 이유가 된다. 결과적으로 무상감자 중 형식적 감자는 기존의 주주들이 결손에 대한 책임을 지고 자신들의 지분을 감소시킨다는 의미를 갖는다. 형식적 감자는 부도발생 기업에서 흔히 사용된다.

재무상태표(형식적 감자 이전)

(주)동양　　20×1년 12월 31일 현재　　(단위 : 원)

자 산 :		자 본 :	
Ⅰ. 유동자산		Ⅰ. 자본금	
현　　금	1,000	보통주자본금	3,000
		Ⅱ. 이익잉여금	
		미처분이익잉여금	(2,000)
자산합계	1,000	부채및자본합계	1,000

재무상태표(형식적 감자 이후)

(주)동양　　20×1년 12월 31일 현재　　(단위 : 원)

자 산 :		자 본 :	
Ⅰ. 유동자산		Ⅰ. 자본금	
현　　금	1,000	보통주자본금	1,000
		Ⅱ. 이익잉여금	0
자산합계	1,000	부채및자본합계	1,000

예제 9-3

재무상태표에 현금 3,000원, 자본금 10,000원, 이익잉여금 (−)7,000원[6]이 있다. (−)의 이익잉여금 전부를 해소시키기 위하여 자본금 중 7,000원을 감소시키기로 결의하였다. 이때 필요한 분개를 하고, 분개 전과 분개 후의 재무상태표를 각각 제시하라.

해답

(차) 자 본 금　7,000　　(대) 이익잉여금　7,000

재무상태표(무상감자 이전)

현　금	3,000	자 본 금	10,000
		이익잉여금	(7,000)
자산합계	3,000	부채및자본합계	3,000

재무상태표(무상감자 이후)

현　금	3,000	자 본 금	3,000
		이익잉여금	(0)
자산합계	3,000	부채및자본합계	3,000

6) 이익잉여금이 (−)인 경우는 당기순이익이 누적 적자인 경우 나타나게 되는데, 이를 이월결손금이라고 표시하기도 한다.

감자차손은 감자차익과 유사한 상황에서 발행한다. 다만, 소각을 위한 주식을 매입할 때 상대적으로 비싼 가격을 들였다면 감자차손이 발생할 수 있다. 즉, 소각된 주식의 액면가보다 높은 가격으로 주식을 매입한 경우에 발생한다. 일반적으로 감자차손은 형식적 감자의 경우에는 나타나지 않고, 액면금액 이상으로 주식을 매입하여 소각하는 실질적 감자의 경우에 발생한다.

이때 (−)의 항목이 나타나므로 재무상태표의 자본 중 자본잉여금에 보고할 수 없고, 자본조정 항목에 (−)로 기록한다. 예를 들어 재무상태표에 현금 10,000원과 자본금 10,000원이 있는 상태에서 액면가 5,000원인 주식을 7,000원을 주고 매입하여 소각하는 경우에는 다음과 같이 분개되고, 재무상태표에서 자본금을 5,000원 줄이면서 자본조정에 감자차손 2,000원을 차감하는 형식의 회계처리가 이루어진다.

(차)	자 본 금	5,000	(대) 현 금	7,000
	감 자 차 손	2,000		

재무상태표

20×1년 1월 1일

현 금	3,000	자 본 금	5,000
		자본조정	
		1. 감자차손	(2,000)
자산합계	3,000	부채및자본합계	3,000

포괄손익계산서

20×1년 1월 1일~12월 31일

	…
당기순이익	0

이익잉여금이 충분한 상태에서 감자차손을 이익잉여금과 상계처리하기로 결의하였다면, 이익잉여금을 감소시키고 감자차손을 제거하는 회계처리가 가능하다. 만일, 재무상태표에 현금 15,000원과 자본금 10,000원, 이익잉여금 5,000원이 있는 상태에서 자본금 중 5,000원을 현금 7,000원을 지급하고 매입하여 소각한 다음 감자차손을 이익잉여금으로 대체하는 선택을 하였다면 다음과 같이 회계처리한다.

(차) 이익잉여금 2,000 (대) 감 자 차 손 2,000

재무상태표(이익잉여금 대체 이전)

현 금	8,000	자 본 금	5,000
		자 본 조 정(감자차손)	(2,000)
		이익잉여금	5,000
자산합계	8,000	부채및자본합계	8,000

재무상태표(이익잉여금 대체 이후)

현 금	8,000	자 본 금	5,000
		자 본 조 정(감자차손)	0
		이익잉여금	3,000
자산합계	8,000	부채및자본합계	8,000

3. 자기주식 관련 회계처리

자기주식은 이미 발행하여 유통되는 주식을 기업이 주식시장에서 재취득했으나 아직 소각하지 않고 보유하고 있을 때 사용되는 계정이다. 전술한 '감자'의 상황은 발행되었던 자기회사의 주식을 재취득해서 소각한 상태를 의미하며, '사기주식'계정은 소각하지 않고 아직 보유하고 있는 자기회사의 주식을 의미한다. 자기주식 취득이 기업에 자유롭게 허용되는 것은 아니다. 상법상 기업은 언제나 법정자본금을 유지하고 이에 상당하는 재산도 유지하고 있어야 한다는 '자본충실의 원칙'을 지켜야 하지만, 상장기업의 경우 주가의 안성적 관리 등을 위헤 자기주식을 취득하는 것을 예외적으로 허용하고 있다.

자기주식을 취득한 경우, 일정기간 후 사기주식을 다시 매각하여 현금을 확보할 수 있으므로 자산의 특징을 갖고 있다고 할 수도 있지만, 발행한 주식을 잠재적으로 소각한 것으로 보아 자본의 차감으로 보아야 한다는 주장도 있을 수 있다. 현행 회계기순에 따르면, 사기주식은 재무상태표의 자산에 보고하지 않고 자본조정에 (−)로 보고하여 자본의 차감을 나타내도록 한다.

자기주식을 취득했다가 주식시장에 처분할 때 취득가보다 높은 가격으로 처분했다면 처분이익이 발생하고, 이를 '자기주식처분이익'으로 기록한다. '자기주식처분이익'은 자기회사가 발행한 주식과 관련하여 발생한 이익이므로 재무상태표에 자본잉여금을 증가시킨다. 만약 처분하는 과정에서 손실이 발생한 경우 '자기주식처분손실'로 자본조정에 (−)로 보고한다. 이때 '자기주식처분이익'이나 '자기주식처분손실'은 영업활동과정에서 발생한 손익이 아니므로 포괄손익계산서의 수익·비용 계정으로 보고할 수 없다. 만일, 자본잉여금에 '자기주식처분이익'의 잔액이 있는 가운데 '자기주식처분손실'이 발생하였다면, 기존에 보고되어 있는 '자기주식처분이익'계정을 일단 차감하고, '자기주식처분이익'계정 잔액이 충분하지 못한 경우에는 '자기주식처분손실(자본조정)'을 추가로 계상한다.

기업이 발행한 주식과 관련하여 이익이 발생하였을 때 자본잉여금이 증가하며, 영업활동에서 이익을 올린 경우 포괄손익계산서를 거쳐 이익잉여금이 증가한다. 두 경우 모두 재무상태표의 자본합계를 증가시킨다는 공통점이 있지만, 이익의 원천이 다르다는 사실이 재무상태표의 자본잉여금과 이익잉여금으로 나누어져 나타나야 한다. 자기주식 취득 및 처분, 감자 등 자본거래 관련 정보가 포괄손익계산서에 나타남으로써 생길 수 있는 혼란(정보로서의 가치 감소)을 제거하고 재무제표가 갖는 정보의 유용성을 높이고자 하는 목적에서 이러한 회계처리가 이루어진다.

예제 9-4

20×1년 12월 31일 재무상태표에 현금 2,000원과 자본금 2,000원이 있었고, 현금 1,000원을 지급하고 자기주식을 취득했다.

1. 보유중인 자기주식을 20×2년 12월 31일에 현금 1,200원을 받고 매각한 경우의 분개를 하고 재무상태표에 어떻게 표시되는지 제시하라.
2. 보유중인 자기주식을 20×2년 12월 31일에 현금 800원을 받고 매각한 경우의 분개를 하고 재무상태표에 어떻게 표시되는지 제시하라.

해답

1. 1,200원에 매각한 경우

〈20×1.12.31〉

(차) 자 기 주 식	1,000	(대) 현 금	1,000

〈20×2.12.31〉

(차) 현 금	1,200	(대) 자 기 주 식	1,000
		자기주식처분이익	200

20×1년 재무상태표에는 '자기주식'이라는 자본조정의 계정 1,000원이 차감되는 형식으로 나타나고, 20×2년 재무상태표에는 자본조정의 자기주식은 없어지며 자본잉여금에 '자기주식처분이익' 200원이 보고된다.

재무상태표(20×1.12.31)

현 금	1,000	자 본 금	2,000
		자본조정	
		1. 자기주식	(1,000)
자산합계	1,000	부채및자본합계	1,000

재무상태표(20×2.12.31)

현 금	2,200	자 본 금	2,000
		자본잉여금	
		1. 자기주식처분이익	200
		자본조정	
		1. 자기주식	(0)
자산합계	2,200	부채및자본합계	2,200

2. 800원에 매각한 경우

〈20×1.12.31〉

(차) 자기주식	1,000	(대) 현 금	1,000

〈20×2.12.31〉

(차) 현 금	800	(대) 자기주식	1,000
자기주식처분손실	200		

20×1년 재무상태표에는 '자기주식'(자본조정) 1,000원이 차감되고, 20×2년 재무상태표에는 자본조정의 자기주식은 없어지며 '자기주식처분손실' 200원이 보고된다.

재무상태표(20×1.12.31)

현 금	1,000	자 본 금	2,000
		자본조정	
		1. 자기주식	(1,000)
자산합계	1,000	부채및자본합계	1,000

재무상대표(20×2.12.31)

현 금	1,800	자 본 금	2,000
		자본조정	
		1. 자기주식	(0)
		2. 자기주식처분손실	(200)
자산합계	1,800	부채및자본합계	1,800

〈자기주식 취득 후 소각시〉

- 주식의 액면금액 > 자기주식의 취득원가 : 감자차익(자본잉여금)
- 주식의 액면금액 < 자기주식의 취득원가 : 감자차익을 차기하고 부족한 경우 감자차손(자본조정)으로 처리

〈자기주식 취득 후 매각시〉

- 처분가액 > 취득원가 : 자기주식처분이익(자본잉여금)
- 처분가액 < 취득원가 : 자기주식처분이익을 차기하고 부족한 경우 자기주식처분손실(자본조정)로 처리

주식발행초과금, 주식할인발행차금, 감자차익, 감자차손, 자기주식, 자기주식처분이익, 자기주식처분손실은 모두 자본거래와 관련된 것이므로 이로 인한 손익이 발생하더라도 포괄손익계산서에 보고하지 않고 재무상태표의 자본(자본잉여금과 자본조정)에서 직접 가감한다. 경영자가 자사의 발행주식의 거래 및 운용을 통해 당기순이익을 조작할 가능성을 배제하기 위한 측면도 있지만, 전술한 바와 같이 이들이 포괄손익계산서에 포함되어 이익잉여금에 반영되는 것이 정보의 가치를 떨어뜨린다는 판단에 근거한 것이다.

제 4 절 이익잉여금

1. 이익잉여금의 적립

이익잉여금은 기업에서 발생한 포괄손익계산서의 당기순이익이 재무상태표로 누적된 금액이라고 설명해왔다. 즉, 기업의 정상적인 영업활동 및 수익창출과정에서 획득된 이익으로서 사외유출되지 않고 사내유보된 부분을 말한다. 이제, 이익잉여금의 세부항목을 검토해 보기로 한다.

재무상태표의 이익잉여금은 ① 이익준비금 등 법정적립금, ② 임의적립금, ③ 미처분이익잉여금으로 나누어져 보고된다. 지금까지 우리가 언급하던

'매년 포괄손익계산서에 보고된 당기순이익이 재무상태표에 누적된 금액'은 정확히 말하면 재무상태표의 이익잉여금 항목들 중 일단 '미처분이익잉여금'으로 누적된다.

미처분이익잉여금은 현재 '배당'으로 처분할지, 아니면 '적립'으로 처분할지 확정되지 않은 상태에 사용되는 계정이다. 즉, 당기순이익이 일단 미처분이익잉여금으로 누적된 후 향후 여러 가지로 처분될 수 있다. 처분의 가장 대표적인 유형은 '배당'이다. 즉, 기업이 충분한 이익잉여금을 보유하고 있을 때, 주주들에게 배당으로 현금 또는 주식을 분배(사외유출)해 주는 것이며, 이 금액만큼 미처분이익잉여금 항목이 감소된다.

(차) 이익잉여금	×××	(대) 현　　금	×××(현금배당)
(차) 이익잉여금	×××	(대) 자 본 금	×××(주식배당)

즉, 현금배당이면 현금을 지급하면서 이익잉여금이 감소하며, 주식배당이면 자본금을 증가(새로 주식을 발행해 주주에게 지급함)시키면서 이익잉여금이 감소하는 회계처리를 한다.

미처분이익잉여금은 배당으로 지급되는 대신, 법정적립금이나 임의적립금으로 적립될 수도 있다. 적립한다는 의미는 미처분이익잉여금 중 사외유출되지 못하도록 묶어놓는다는 뜻이다. 법정적립금은 기업이 강제적으로 적립하는 금액으로 상법에 의해 적립이 의무화된 이익준비금과 기타 법령에 의한 기타법정적립금으로 나뉜다. 이 경우 미처분이익잉여금을 감소시키고 법정적립금을 증가시키는 회계처리가 필요하다. 임의적립금은 기업이 자발적으로 사외유출을 할 수 없도록 묶어놓는 적립금으로 기업의 판단에 따라 미래의 불확실한 상황을 대비하기 위하여 적립하는 자율적 적립금이다. 이때는 미처분이익잉여금을 감소시키고 임의적립금을 증가시키는 회계처리가 필요하다.

다시 정리해 보면, 재무상태표에 보고되는 이익잉여금은 다음과 같이 세부적으로 분류된다.

(1) 법정적립금

① 이익준비금 : 이익준비금은 '상법'에 의하여 적립되는 법정적립금으로, 매 결산기에 현금에 의한 이익배당액의 10% 이상의 금액을 적립하되 이익준비금 총액이 자본금의 1/2에 달할 때까지 적립해야 한다. 이러한 적립은 강제사항이며, 이후 이익준비금은 자본금으로 전입(무상증자)하거나 결손금 보전의 목적 이외에는 사용할 수 없다.

② 기타법정적립금 : 기타법정적립금은 상법 이외의 기타 법령에 의하여 적립된 것으로, 증권거래법의 위임규정인 상장법인재무관리규정 또는 조세특례제한법에서 규정된 사례들이 있다. 이들 법정적립금을 규정대로 적립하지 않을 경우 해당 법령에 의한 혜택을 받을 수 없다. 이익준비금보다 강제성이 덜하며, 기타법정적립금도 자본금으로 전입(무상증자)하거나 결손금 보전의 목적 이외에는 사용할 수 없다.

(2) 임의적립금

임의적립금은 법률에 의하여 의무적으로 적립되는 것이 아니라 각 기업의 필요에 의하여 정관의 규정이나 주주총회의 결의에 따라 자율적으로 적립되는 적립금이다. 임의적립금의 대표적 사례로 사업확장적립금, 감채적립금, 배당평균적립금, 결손보전적립금, 재해손실적립금 등이 있다. 임의적립금은 필요에 따라 다시 미처분이익잉여금으로 이입(환원)시킬 수 있다.

(3) 미처분이익잉여금

포괄손익계산서의 당기순이익은 재무상태표의 이익잉여금 중 미처분이익잉여금으로 누적된다. 기초 미처분이익잉여금 중 기중에 배당(사외유출)으로 처분되거나 법정적립 또는 임의적립 처분되지 않고 남아 있는 금액은 기말 미처분이익잉여금으로 남게 된다. 이는 다음 해 배당에 사용되거나 적립금으로 적립될 수 있다.[7]

---

7) 기말 미처분이익잉여금은 당해 연도 처분이 끝난 후 다음 해에 다시 처분 또는 적립에 사용될 것이므로 이월이익잉여금이라고도 불린다.

예제 9-5

화재로 인하여 (주)동양의 건물 1개가 전소되었다. 이 건물의 취득원가는 2,000,000원이며 감가상각누계액 잔액은 1,000,000원이었다(기초 재무상태표에 건물 외의 자산은 현금 3,000,000원이 있었음). (주)동양의 기초 재무상태표상 이익잉여금 합계는 4,000,000원이었고, 이 중 이익준비금 1,000,000원, 임의적립금 중 재해손실적립금 1,350,000원, 미처분이익잉여금 1,650,000원(당해 연도의 당기순이익 반영 후 금액)이었다. 화재손실로 충분히 당기순이익이 발생하지 않아서, 주주총회에서는 화재손실에 해당하는 금액을 미처분이익잉여금으로 이입시켜 배당가능금액을 늘리기로 결정하였다. 화재 및 재해손실적립금의 이입에 관련된 분개를 하고, 분개 후 재무상태표상 이익잉여금합계액은 얼마인지 제시하라.

해답

(차) 감가상각누계액_건물	1,000,000	(대) 건　　물	2,000,000
화 재 손 실(비용)	1,000,000		
(차) 재해손실적립금	1,000,000	(대) 미처분이익잉여금	1,000,000

* 분개 후 재무상태표상 이익잉여금 합계는 여전히 4,000,000원이다. 다만, 분개 이전에는 이익준비금 1,000,000원, 임의적립금(재해손실적립금) 1,350,000원, 미처분이익잉여금 1,650,000원이었지만, 분개 이후 이익준비금 1,000,000원, 임의적립금 350,000원, 미처분이익잉여금 2,650,000원으로 변경된다. 그리고 화재손실이 포괄손익계산서의 당기순이익을 1,000,000원만큼 차감하여 이익잉여금에 반영되므로 미처분이익잉여금은 최종적으로 다시 1,650,000원이 된다.

재무상태표(20×1.1.1)

현　　금	3,000,000	자 본 금	–
건　　물	2,000,000	이익잉여금	
감가상각누계액_건물	(1,000,000)	1. 이익준비금	1,000,000
		2. 재해손실적립금	1,350,000
		3. 미처분이익잉여금	1,650,000
자산합계	4,000,000	부채및자본합계	4,000,000

재무상태표(20×1.12.31)

현　　금	3,000,000	자 본 금	–
		이익잉여금	
		1. 이익준비금	1,000,000
		2. 재해손실적립금	350,000
		3. 미처분이익잉여금	1,650,000
자산합계	3,000,000	부채및자본합계	3,000,000

* 기말 미처분이익잉여금은 2,650,000원이 되었다가, 재해손실 1,000,000원이 포괄손익계산서를 거쳐 이익잉여금을 감소시켜 다시 1,650,000원이 된다.

예제 9-6

(주)서양의 기말 재무상태표에는 현금 1,500,000원과 이익잉여금 1,500,000원이 있다. 이익잉여금 1,500,000원은 임의적립금(배당평균적립금) 1,000,000원과 미처분이익잉여금 500,000원으로 구성되어 있다(매년 비슷한 수준의 배당을 하기 위하여 임의적립금에 배당평균적립금을 적립해 왔으며, 미처분이익잉여금은 20×1년 당기순이익 500,000원이 반영된 것이다). 20×1년 영업실적이 저조하여 당기순이익이 500,000원에 불과하였으나 주주총회에서는 900,000원의 배당을 지급하고 싶어 배당평균적립금 중 일부인 400,000원을 미처분이익잉여금으로 이입(환원)시켰다. 관련된 회계처리를 하라.

해답

(차) 배당평균적립금 400,000 (대) 미처분이익잉여금 400,000

* 당기순이익 500,000원이 미처분이익잉여금 500,000원으로 누적되었고, 배당평균적립금 400,000원이 미처분이익잉여금으로 누적되었으므로 이익잉여금 중 미처분이익잉여금은 900,000원이 되고, 임의적립금은 600,000원만 남을 것이다.

재무상태표(임의적립금 이입 전)

현 금	1,500,000	이익잉여금	
		1. 배당평균적립금	1,000,000
		2. 미처분이익잉여금	500,000
자산합계	1,500,000	부채및자본합계	1,500,000

재무상태표(임의적립금 이입 후)

현 금	1,500,000	이익잉여금	
		1. 배당평균적립금	600,000
		2. 미처분이익잉여금	900,000
자산합계	1,500,000	부채및자본합계	1,500,000

2. 이익잉여금의 처분

배당금이란 주주들이 납입한 자본금을 이용하여 영업활동을 수행하고, 그 과정에서 얻은 이익을 주주들에게 보상형식으로 지급하는 것을 말한다. 배당 관련 용어를 먼저 정리해 본다.

배당기준일은 배당을 수령할 수 있는 권리를 갖는 주주를 확정하는 날이다. 12월 결산법인의 경우 12월 31일이 배당기준일이고, 이날 현재 주식을 소유하고 있는 주주들이 배당을 받을 권리를 얻게 된다.

배당선언일은 배당기준일의 주주들에게 지급할 배당률을 결정하는 날이며, 주주총회일과 대부분 일치한다. 12월 결산법인의 경우 2~3월경이 된다.

배당지급일은 실제로 배당을 지급하는 날을 의미하는데, 주주총회일로부터 약 1달 후가 된다. 배당기준일에 주식을 보유하고 있던 주주들에게 배당선언일에 결정된 배당률로 배당지급일에 배당을 지급하는 것이다.

배당기준일에는 지급 금액이 확정되지 않았으므로 회계처리가 없고(다만, 이 당시의 주주들이 배당을 받을 권리를 갖게 됨), 배당선언일에 미처분이익잉여금을 감소시키면서 부채(미지급배당금 : 유동부채)를 인식하는 회계처리를 수행한다. 배당지급일에 이 부채를 제거하면서 현금을 지급하는 회계처리가 이루어진다.

예제 9-7

(주)남양의 20×1년 12월 31일 현재 재무상태표에는 현금 9,250,000원과 액면가 5,000원인 보통주 1,000주가 발행되어 있고(자본금 5,000,000원) 이익잉여금이 4,250,000원 있었다. 이익잉여금 중 이익준비금이 2,450,000원이고 미처분이익잉여금이 1,800,000원이었다. 20×2년 3월 5일 주주총회에서 750,000원을 보통주에 대한 배당으로 지급하기로 결의하였고(배당선언일) 상법상 규정된 최소한도의 금액을 이익준비금으로 적립하기로 결정하였다. 배당기준일은 회계연도말인 20×1년 12월 31일이었고, 배당지급일은 20×2년 4월 15일로 확정되었다.

20×1년 12월 31일, 20×2년 3월 5일, 20×2년 4월 15일에 각각 어떠한 분개가 이루어지겠는가? 그리고 각 시점에 재무상태표에는 어떠한 변화가 있겠는가?

해답

〈20×1년 12월 31일(배당기준일)〉

−분개 없음−

〈20×2년 3월 5일〉

(차) 미처분이익잉여금	750,000	(대) 미지급배당금(유동부채)	750,000
(차) 미처분이익잉여금	50,000	(대) 이익준비금	50,000

〈20×2년 4월 15일〉

(차) 미지급배당금	750,000	(대) 현　　금	750,000

* 3월 5일에는 재무상태표에서 부채 750,000원이 증가하면서 자본 750,000원이 감소하게 된다. 그리고 4월 15일 부채가 감소하면서 자산(현금) 750,000원이 감소하게 된다. 한편, 3월 5일 이익준비금은 자본금 5,000,000원의 1/2인 2,500,000원까지 의무적으로 적립해야 한다. 매년 배당금의 1/10 이상을 적립해야 하는데, 최소한의 금액을 적립할 것이므로 1/10인 75,000원을 적립해야 하지만, 자본금의 1/2인 2,500,000원이 되려면 50,000원만 적립하면 된다.

재무상태표(20×1.12.31)

현　　금	9,250,000	자 본 금	5,000,000
		이익잉여금	
		1. 이익준비금	2,450,000
		2. 미처분이익잉여금	1,800,000
자산합계	9,250,000	부채및자본합계	9,250,000

재무상태표(20×2.3.5)

현　　금	9,250,000	부채 : 미지급배당금	750,000
		자 본 금	5,000,000
		이익잉여금	
		1. 이익준비금	2,500,000
		2. 미처분이익잉여금	1,000,000
자산합계	9,250,000	부채및자본합계	9,250,000

재무상태표(20×2.4.15)

현　　금	8,500,000	부채 : 미지급배당금	0
		자 본 금	5,000,000
		이익잉여금	
		1. 이익준비금	2,500,000
		2. 미처분이익잉여금	1,000,000
자산합계	8,500,000	부채및자본합계	8,500,000

제5절 (+)의 자본조정과 기타포괄손익누계액

자본조정에는 자본거래에서 생긴 조정항목들, 주로 자본잉여금과 반대의 부호로 나타나는 계정들이 위치한다. 즉, 주식할인발행차금, 감자차손, 자기주식, 자기주식처분손실 등이 대표적인 자본조정의 항목이며, 이들은 모두 (−)금액을 보고한다. 그러나 자본조정으로 분류되는 계정 중 예외적으로 (+)의 금액을 갖는 계정이 있는데, 미교부주식배당금 등이 그것이다.

한편, 기타포괄손익누계액은 자본금, 자본잉여금, 이익잉여금, 자본조정 중 어느 항목에도 속하지 않는 임시적 자본항목으로 구성된다. FVOCI금융자산평가손익, 해외사업환산차손익, 재평가잉여금 등이 대표적 항목이다.

1. 미교부주식배당금(자본조정 가산항목)

미교부주식배당금이란 주식배당을 선언했으나 아직 주식을 발행하지 않았을 때 나타나는 계정이다.[8] 배당선언 시점에서 이익잉여금을 줄이면서 발행하였다가 실제로 주식 교부시에 자본금으로 대체된다. 즉, 자본금이 되기 전의 임시적인 상태를 의미하는 계정으로 자본조정에 가산하여 기록한다. 자본조정은 대부분 (−)금액이 보고되나, 예외적으로 미교부주식배당금은 (+)금액으로 자본조정에 보고된다. 예컨대, 현금 1,000,000원과 자본금 900,000원, 미처분이익잉여금 100,000원이 있는 상태에서, 액면 5,000원짜리 주식 10주를 주식배당했을 경우, 다음과 같이 회계처리한다.

---

8) 주식배당이란 법정자본을 증가시키기 위하여 이익잉여금의 일부(임의적립금과 미처분이익잉여금)를 자본금으로 전입하면서 신주를 지분율에 따라 주주들에게 무상교부해 주는 것을 말한다. 주식배당은 회사재산의 유출 없이 이익배당을 해주는 효과가 있으나 주식수가 증가하므로 미래의 배당압력이 가중되는 부담이 있다. 투자자 입장에서는 주식배당이 있어도 지분율이 변동하거나 주식발행회사의 순자산이 변동하는 것은 아니기 때문에 별다른 회계처리를 수행하지 않는다. 즉, 주주의 입장에서 주식배당에 의한 주식의 취득은 자산의 증가로 보지 않으며, 배당금수익으로도 인식하지 않는다. 주식수만 늘어났을 뿐 기업가치나 주주의 가치는 그대로이기 때문이다. 그러나 기업 입장에서는 미처분이익잉여금이나 임의적립금이 자본금으로 대체되는 자본계정 사이의 대체분개가 이루어진다.

(차) 미처분이익잉여금 50,000 (대) 미교부주식배당금 50,000

재무상태표(20×1.12.31)

현 금	1,000,000	자 본 금	900,000
		이익잉여금	
		1. 미처분이익잉여금	50,000
		자 본 조 정	
		1. 미교부주식배당금	50,000
자산합계	1,000,000	부채및자본합계	1,000,000

배당금을 지급하여 주식을 발행했을 때에는 다음과 같이 회계처리한다.

(차) 미교부주식배당금 50,000 (대) 자 본 금 50,000

재무상태표(20×1.12.31)

현 금	1,000,000	자 본 금	950,000
		이익잉여금	
		미처분이익잉여금	50,000
		자 본 조 정	
		1. 미교부주식배당금	0
자산합계	1,000,000	부채및자본합계	1,000,000

만일, 배당선언일에 현금배당 20,000원과 주식배당 2주(10,000원)가 확정되었다면, 다음과 같은 분개가 이루어진다.

(차) 미처분이익잉여금 30,000 (대) 미지급배당금 20,000
(현금배당의 경우)
미교부주식배당금 10,000
(주식배당의 경우)

배당지급과 주식발행일에는 다음과 같은 분개가 이루어진다.

(차) 미지급배당금 20,000 (대) 현 금 20,000

(차) 미교부주식배당금 10,000 (대) 자 본 금 10,000

2. FVOCI금융자산평가손익(기타포괄손익누계액 항목)

FVOCI금융자산평가이익과 FVOCI금융자산평가손실은 기업이 여유자금으로 구입한 타회사 발행 주식 및 채권 중 FVOCI금융자산으로 분류된 주식·채권의 결산일 공정가치와 장부금액의 차이로 산출된다. 이들 평가손익은 기업이 얻은 손익에는 해당하지만, 아직 실현되지 않은 손익이기 때문에 당기순이익이 아닌 포괄손익계산서의 기타포괄손익에 보고된다. 그리고 이 금액이 재무상태표의 기타포괄손익누계액에 누적된다. 이후 연도에 새로 평가손익이 발생하면 역시 포괄손익계산서에 해당 연도 발생분이 기타포괄손익에 보고되고, 재무상태표의 기타포괄손익누계액에는 누적하여 나타난다.

3. 해외사업환산차손익(기타포괄손익누계액 항목)

해외사업환산차손익은 영업, 재무 활동이 본점과 독립적으로 운영되는 해외지점, 해외사업소 또는 해외소재 자회사에서 생기는 환율변동에 따른 일시적인 차손익을 말한다.

일반적인 거래에서 발생하는 외환차이는 당기손익에 반영되지만, 해외사업소 등에서 발생하는 외환차이는 해당 사업소 또는 지점의 총체적인 회계상 금액들이 환산되는 것이기 때문에 그 외환차이를 당기손익으로 반영하는 대신 기타포괄손익으로 보고한다. 해당 사업소의 회계장부상의 자산, 부채는 재무상태표일 현재의 환율을 적용하며, 자본은 발생 당시의 환율을 적용하고, 손익항목은 거래발생 당시의 환율이나 당해 회계연도의 평균환율을 적용한다. 이렇게 하면 회계상 차변금액과 대변금액에 차이가 발생하는데, 이 차이를 해외사업환산차손익계정으로 기타포괄손익에 반영하는 것이다.

재무상태표로 누적된 기타포괄손익누계액상의 해외사업환산차손익은 차기 이후에 발생하는 새로운 해외사업환산차손익과 상계하여 처리한다.

예제 9-8

다음 자료로부터 1) 자본잉여금, 2) 자본조정, 3) 기타포괄손익누계액을 계산하라.

- 액면가 5,000원인 우선주 10주를 주당 10,000원에 발행함
- 액면가 5,000원인 보통주 10주를 주당 12,000원에 발행함
- 발행했던 보통주 중 2주를 주당 5,000원에 자기주식으로 취득
- 자기주식 1주를 주당 3,000원에 처분
- 해외사업환산차익 6,000원 발생

해답

1) 자본잉여금 : 주식발행초과금 50,000원(우선주)+70,000원(보통주) → 120,000원
2) 자본조정 : 자기주식 5,000원(1주)과 자기주식처분손실 2,000원 → (7,000원)
3) 기타포괄손익누계액 : 해외사업환산차익 6,000원

참고 | 주식분할과 주식병합

주식분할이란 기업의 주당 시장가치가 매우 높게 형성되어 있을 경우 등에 1주의 주식을 다수의 주식으로 분할하여 세분화하는 것을 말한다. 이 경우 개별주주의 지분율은 변하지 않고 주식수만 비례적으로 증가할 뿐이다. 일반적으로, 발행주식수를 증가시켜 주당 시장가치를 낮게 하고 이로 인하여 주식거래가 활성화되도록 하기 위하여 수행한다.

주식병합이란 발행주식수를 감소시키는 것을 말한다. 발행주식수를 감소시켜 주당 시장가치를 상승시키고 이로 인하여 기업의 대외적 이미지를 제고하기 위하여 수행된다. 예를 들어, 2 : 1의 주식병합이 이루어진다면 액면 5,000원인 주식 2주를 보유하고 있는 기존주주는 새로이 발행된 액면 10,000원인 주식 1주를 갖게 된다. 일반적으로 기업은 주가가 낮게 형성되는 것을 회피하므로 주가가 매우 낮은 경우 주가를 적정수준까지 높이기 위해 주식병합을 실시한다.

두 경우 모두, 재무상태표상 자본금 총액에는 변함이 없이 발행주식수와 액면가만 변동한다.

종합예제 9-9

〈1월 1일〉 (주)동양 재무상태표에는 현금 50,200,000원, 자본금 20,000,000원(액면가 5,000원 10,000주), 이익준비금 9,800,000원, 임의적립금(재해손실적립금) 5,200,000원, 미처분이익잉여금 15,200,000원만 존재한다.

〈2월 1일〉 주주총회는 현금배당 3,000,000원, 주식배당 2,000,000원을 선언했고(아직 현금지급 및 주식발행 없었음), 법정최소액만큼의 이익준비금을 적립하기로 했으며, 임의적립금(재해손실적립금) 5,200,000원 중 1,200,000원을

이입하기로 했고, 새로이 임의적립금(사업확장적립금) 500,000원을 적립하기로 결의했다.

〈3월 1일〉 배당결의된 대로 현금지급과 주식발행이 이루어지고, 보통주 2,000주(액면가 5,000원)를 1주당 12,000원에 자기주식으로 취득하여 보관중이다.

〈5월 1일〉 보유하던 자기주식 중 1,000주를 소각하고, 500주를 1주당 10,000원에 처분하여 현금수령하였다.

2월 1일부터 5월 1일까지 필요한 모든 분개를 하고, 분개를 모두 반영하면 재무상태표상 자본금은 (　　　), 자본조정은 (　　　), 이익잉여금은 (　　　), 자본합계는 (　　　)이 된다.

해답

〈2월 1일 분개〉

(차) 미처분이익잉여금	5,800,000	(대) 미지급배당금	3,000,000
		미교부주식배당금	2,000,000
		이익준비금	300,000
		(현금배당액의 1/10 이상, 자본금의 1/2에 달할 때까지 적립해야 하므로)	
		임의적립금	500,000
		(사업확장적립금)	
(차) 임의적립금	1,200,000	(대) 미처분이익잉여금	1,200,000
(재해손실적립금)			

〈3월 1일 분개〉

(차) 미지급배당금	3,000,000	(대) 현　　금	3,000,000
(차) 미교부주식배당금	2,000,000	(대) 보통주자본금	2,000,000
(차) 자 기 주 식	24,000,000	(대) 현　　금	24,000,000

〈5월 1일 분개〉

(차) 보통주자본금	5,000,000	(대) 자 기 주 식	12,000,000
감 자 차 손	7,000,000		
(차) 현　　금	5,000,000	(대) 자 기 주 식	6,000,000
자기주식처분손실	1,000,000		

- 자본금 : 17,000,000원(＝20,000,000＋2,000,000－5,000,000)
- 자본조정 : (－)14,000,000원[＝(－)24,000,000＋18,000,000－7,000,000(감자차손)－1,000,000(자기주식처분손실)]
- 이익잉여금 : 25,200,000원[＝30,200,000－5,000,000]
- 자본합계 : 28,200,000원[＝자본금 17,000,000＋자본잉여금 0＋이익잉여금 25,200,000＋자본조정 (－)14,000,000]

제6절 자본변동표

자본변동표는 재무상태표의 자본금, 자본잉여금, 자본조정, 기타포괄손익누계액, 이익잉여금이 기초 대비 기말에 어떠한 이유로 변화하였는지에 대한 정보를 제공한다.

2년간의 재무상태표를 보면, 자본에 포함되는 자본금, 자본잉여금, 자본조정, 기타포괄손익누계액, 이익잉여금 등 5개 항목의 기초잔액(전년도의 기말잔액이 이번 기 기초금액이 됨)과 기말잔액(다음 해의 기초잔액과 같음)을 알 수 있다. 따라서 2년간 재무상태표는 이들 5개 항목의 총액이 얼마나 늘었는지 줄었는지를 나타내 주고 있다. 다만, 무슨 항목 때문에 증가/감소했는지는 쉽게 알 수 없다. 자본변동표는 이러한 내용을 구체적으로 제공하는 역할을 한다.

예를 들어 자본금의 경우 전년말(올해초)보다 올해말에 증가했다면, 주식이 더 발행되었다는 의미이다. 유상증자에 의해 자본금과 자본잉여금(주식발행초과금)이 증가할 수 있으며, 무상증자를 통해서도 자본잉여금이 줄어들면서 자본금이 늘어날 수 있다. 이 외에 자기주식을 취득, 처분하는 경우, 감자가 이루어지는 경우 등에 따라 각 자본항목이 변화한 내용을 자본변동표에서 제공한다. FVOCI금융자산평가손익에 따른 기타포괄손익누계액의 변동내용, 이익잉여금이 당기순이익에 의해 증가한 내용과 배당으로 얼마가 지급되었는지에 대한 내용 등도 자본변동표를 통해 알 수 있는 것이다. 자본변동표의 사례는 다음과 같다.

자본변동표

(주)동양　　20×1년 1월 1일부터 12월 31일까지　　(단위 : 천원)

구 분	자본금	자본 잉여금	자본조정	기타포괄 손익누계액	이익 잉여금	총 계
20×1.1.1	20,000	10,000	(10,000)	10,000	20,000	50,000
전기분배당					(2,000)	(2,000)
유상증자	15,000	5,000				20,000
당기순이익					10,000	10,000
자기주식취득			(5,000)			(5,000)
FVOCI금융자산평가이익				10,000		10,000
20×1.12.31	35,000	15,000	(15,000)	20,000	28,000	83,000

연습문제

1 ① '주식배당, 주식분할, 주식병합은 기업가치와 주주의 부를 변화시키지 않는다'라는 명제와 ② '기업이 현금배당을 하거나 자사주를 매입하더라도 기업의 가치와 주주의 부는 회계상 그대로이다'라는 명제는 각각 맞는 표현인가, 틀린 표현인가? 그 이유를 설명하라.

2 다음 자료를 이용하여 필요한 분개를 모두 행하고, 재무상태표를 작성하라.

> 20×1년 1월 1일 창업하면서, 액면가 5,000원인 주식 4주(액면가 20,000원)를 주당 3,000원에 발행하여 총 12,000원의 현금이 유입되었다. 이 회사의 기초상품재고액은 없으며, 20×1년 10월에 현금을 주고 판매를 목적으로 상품 2,000원어치를 매입하였다. 기말상품재고액은 1,000원이 남아 있었다. 이와 관련된 20×1년 10월 10,000원의 매출이 있었고, 이 중 8,000원은 현금으로 회수되고, 회수되지 않은 매출채권이 2,000원(회수기일은 12월말) 있었다. 20×1년 10월에 매출채권 중 절반을 금융기관에 90%만 받고 할인하였다(회수불능에 대한 책임은 여전히 회사에 남아 있다). 20×1년 12월말에 금융기관에 넘겼던 매출채권 중 500원이 회수되지 않았다. 이 500원은 12월말까지도 회수되지 않았지만 회수불능 상태가 확정되지는 않았다. 연말에 나머지 매출채권의 회수가능성을 분석하였더니 15원이 회수불가능할 것으로 추정되었다. 20×1년 10월에 주가안정 목적으로 자기주식 2,000원을 현금을 주고 구입했다가 이 중 절반을 11월에 1,200원을 주고 매각하였다. 12월에 주식 2주를 1주로 병합하였다.

3 다음 자료가 전부라고 가정하고(배당가능한 이익과 현금배당도 충분히 있었다고 가정함) 물음에 답하라.

> • 20×1년 1월 1일, 보통주 10,000주를 주당 7,000원에 발행하였다(액면가 5,000원).
> • 20×1년 3월 5일, 발행주식 중 200주를 자기주식으로 하여 5,000원에 취득하였다.
> • 20×2년 2월 28일, 총발행주식에 대해 액면가의 10%에 해당하는 주식배당을 선언하였다. 이 주식의 발행일은 3월 31일이다.

(물음 1) 20×1년 12월 31일 자본금 금액은 얼마이겠는가?
(물음 2) 20×2년 3월 15일에 재무상태표를 만든다면 자본조정 금액은 얼마이겠는가?
(물음 3) 20×2년 4월 1일에 재무상태표를 만든다면 자본금 금액은 얼마이겠는가?

4 다음 중 자본조정 항목인 것은?

① 주식발행초과금 ② 감자차익
③ 재무구조개선적립금 ④ 사업확장적립금
⑤ 주식할인발행차금

5 다음 중 이익잉여금 항목인 것은?

① 주식발행초과금 ② 감자차익
③ 재무구조개선적립금 ④ 주식할인발행차금

6 자본잉여금과 이익잉여금의 차이를 간단히 서술하라.

7 자본금 100원, 자본잉여금 100원, 이익잉여금 100원이 있던 회사가 50원의 무상증자(주식발행초과금 재원)를 했다. 기말 자본금 · 자본잉여금 · 이익잉여금은 각각 얼마인가?

8 20×1년 1월 1일, 보통주 10,000주를 3,000원에 발행하였다(액면가는 5,000원). 이 현금으로 FVPL금융자산 2,000만원, FVOCI금융자산 1,000만원어치를 샀다. 연말에 FVPL금융자산과 FVOCI금융자산의 공정가치는 각각 3,000만원과 4,000만원이 되었다. 자본조정과 기타포괄손익누계액의 합계액은 얼마인가?

9 발행한 자기회사의 주식을 회사의 여유자금으로 다시 매입하는 경우 분개를 하면 '자기주식'이라는 차변계정이 생긴다. 자기주식은 언제 다시 시장에 되팔지 모르는 주식이므로 FVPL금융자산과 유사하여 재무상태표 자산란에 기재되어야 한다는 주장이 있다. 이에 대하여 의견을 제시하라.

10 20×1년의 거래자료가 다음과 같다. 분개 후 재무상태표와 포괄손익계산서를 작성하라.

1월 1일 : 액면가 5,000원인 보통주 10,000주를 1주당 15,000원에 현금발행하였다.
2월 1일 : 보통주 2,000주를 1주당 20,000원에 재취득하여, 이 중 1,000주를 소각하였다.
3월 1일 : 재취득했던 보통주 1,000주를 1주당 25,000원에 처분하였다.
4월 1일 : 주식발행초과금 중 5,000,000원을 기존주주들에게 무상증자하였다.
5월 1일 : 상품(재고자산) 10,000,000원어치를 현금매입하여, 20,000,000원에 현금매출하였다.
6월 1일 : 당기순이익 1,000만원 중 20%를 현금배당 선언 후 지급하였고, 20%에 해당되는 금액을 주식배당하여 주식발행이 이루어졌다. 상법에서 정한 최소한의 금액(200,000원)을 이익준비금으로 적립하였다.

11 [OX문제]

(1) 재무상태표의 자본 중 자본조정 금액의 합계는 언제나 (−)가 된다.
(2) 감자차익은 자본잉여금으로, 감자차손은 포괄손익계산서의 비용으로, 자기주식은 자산으로 분류된다.
(3) 우선주는 보통주보다 다소 높은 배당을 받는 대신 의결권이 없는 주식이다.
(4) 12월말 결산법인의 경우, 12월 31일은 배당을 수령할 주주가 확정되지만 배당금 액수는 확정되지 않으므로 분개가 없다.
(5) 주식배당과 무상증자는 모두 현금유입 없이 주식이 교부된다는 공통점이 있다.
(6) 자본금 100원, 자본잉여금 100원, 이익잉여금 100원을 갖고 있던 회사가 50원의 주식배당을 선언하고 주식발행까지 마쳤다면 이후 자본금 150원, 자본잉여금 100원, 이익잉여금 50원, 자본조정 50원이 될 것이다.
(7) 주식발행초과금을 재원으로 무상증자를 했다면 무상증자 이후 자본잉여금이 증가한다.
(8) 결손금을 자본금과 상계시키는 무상감자(형식적 감자)를 시행하면 재무상태표 자본합계는 변함없다.
(9) 미교부주식배당금 100원이 발생했다면, 자본조정 합계는 0원이다.
(10) 법정적립금, 주식발행초과금, 자기주식처분이익은 모두 자본잉여금 항목이다.

(11) 이익잉여금 (−)1,000,000원 중 (−)800,000원을 보통주자본금 800,000원으로 무상 감자한다면, 감자차익 200,000원이 발생한다.
(12) 현금을 주고 자기주식을 취득하였다면, 취득 이전과 취득 이후 재무상태표의 자산합계에는 변동이 없다.
(13) 주식배당을 선언하였으나 아직 주식이 지급되지 않았다면, 미처분이익잉여금이 감소하면서 미교부주식배당금이 발생한다. 미교부주식배당금은 부채계정이므로 자본합계 금액은 주식배당 이전에 비하여 감소한다.
(14) 미교부주식배당금 100원, 감자차손 100원, 자기주식 100원이 발생했다면, 자본조정 합계는 (−)300원이다.
(15) 해외사업환산차익 100원, 기타법정적립금 100원이 발생했다면, 기타포괄손익누계액은 200원이다.
(16) 자본변동표는 의무적으로 작성해야 하는 4대 필수 재무제표에 포함된다.
(17) 이익잉여금이 (−)일 때, 이를 자본금과 상계시키는 (무상)감자를 시행해도 자본합계는 그대로이다.
(18) 주식발행초과금, 자기주식처분이익은 모두 자본잉여금 항목이다.

12 20×1년 1월 1일 현재 재무상태표에 현금 100,000,000원, 자본금 40,000,000원(액면 5,000원, 8,000주), 이익잉여금 60,000,000원(임의적립금 53,000,000원과 미처분이익잉여금 7,000,000원)만 존재한다고 가정한다.

> 2월 1일 : 배당가능액 확보를 위하여 임의적립금 3,000,000원을 미처분이익잉여금으로 이입하였으며, 현금배당 6,000,000원, 주식배당 2,000,000원을 선언했다(현금지급 및 주식발행은 아직 없었음).
> 3월 1일 : 배당하기로 결의된 대로 현금지급과 주식발행이 이루어졌다.
> 4월 1일 : 보통주 2,000주를 1주당 7,000원씩 현금을 지급하고 재취득하여 자기주식으로 보관중이다.
> 5월 1일 : 보유하던 자기주식 중 500주를 소각하고, 500주를 1주당 8,000원에 처분하여 현금수령했다.

2월 28일 현재 재무상태표를 작성한다면 자본조정 (   ), 자본합계 (   )이고, 5월 31일 현재 재무상태표를 작성한다면 자본조정 (   ), 자본합계 (   )이다.

CHAPTER 10

기타 회계 주제들

개 요

제9장까지의 내용으로 회계원리 수준에서 학습할 내용은 거의 다루었다고 할 수 있다. 제10장에서는 제1장~제9장에서 거론된 내용에서 소개만 했던 현금흐름표 및 기본적으로 알아야 할 주요 회계이론, 그리고 재무제표의 응용 측면에 대한 언급을 한다.

현금흐름표 및 기본적 회계이론은 간단한 내용만 소개될 것이고, 이를 근거로 하여 중급회계에서 보다 높은 수준의 현금흐름표 사례, 심화된 회계이론을 학습할 수 있다. 제10장의 뒷부분에서는 재무비율분석, 손익분기점 분석 등 회계가 실제로 응용되는 영역에 대한 개략적인 내용을 언급한다. 제9장까지는 재무제표의 작성에 초점을 맞추어 회계공부를 하였으나, 실무에서는 이러한 작성 외에 이미 작성된 재무제표에 어떠한 정보가 포함되어 있는가를 분석하는 작업도 중요하게 이루어진다. 이러한 내용은 재무제표 작성에 대한 지식이 충분한 상태에서 학습하는 것이 바람직하기 때문에 제10장의 마지막 부분에서 이를 언급하는 것이다.

제 1 절 현금흐름표

1. 발생주의 회계와 현금주의 회계

수익 · 비용대응의 원칙에 근거한 발생주의 회계는 현금주의 회계에 대응되는 개념으로서, 현대 회계는 발생주의 회계를 당연한 것으로 받아들이고 있다. 현대적 의미의 발생주의 회계는 17세기부터 시작된 산업혁명에서 비롯되었다. 그 당시 공장을 중심으로 하는 제조업이 활성화되었으며, 경제의 중심도 무역을 중심으로 하던 이탈리아에서 제조업을 중심으로 하는 영국으로 이동하였다. 제조업 활동에 대한 기록 및 측정에는 과거의 복식부기보다 진일보한 회계처리방식이 요구되었다. 제조업의 대두로 인하여 새롭게 제기된 회계상의 문제점 중 크게 두 가지를 생각해 볼 필요가 있다.

하나는 공장에서 생산된 제품에 대한 원가계산의 문제였고, 또 하나는 회계기간 구분의 문제였다. 즉, 산업혁명 이전의 단순한 '상업'에서는 사들인 값이 그대로 원가가 되기 때문에 원가계산의 문제가 간단하였으나, 제조업에서는 인건비, 재료비, 간접비 등을 종합하여 원가계산을 해야 했다. 이러한 원가계산의 문제는 회계이론의 발달을 야기시켰다. 또한, 당시까지의 상업활동은 대부분 1회성(즉, 외국에서 배로 물건을 사들여 팔면 경제활동이 종료)이었으나, 제조업체의 경우는 1년 내내 물건을 만들어 팔고 남는 것은 다음 해에 또 팔기 때문에 계속기업의 성격을 띠게 되었고, 자연히 '언제부터 언제까지 기업이 얼마를 벌어들였는지'를 계산할 필요성이 나타나기 시작했다.

이 같은 필요성 때문에 회계에서는 매출원가의 계산, 선수수익, 미수수익, 감가상각비 개념 등을 중심으로 한 발생주의 회계개념이 생겨나게 되었다. 이후 발생주의 회계제도는 이론적으로 계속 발전해 왔고, 현재 없어서는 안 될 중요한 사회제도로 정착되었다.

다만, 20세기 후반부터는 고도화된 자본시장에서 발생주의 회계만으로 파악할 수 없는 누락된 정보에 대한 수요가 증가하였다. 구체적으로, 발생주의 회계에 의해 산출된 포괄손익계산서가 매우 중요한 회계정보임에는 틀림없지만, 보조적으로 현금흐름에 대한 정보가 요구되었다. 현금주의가 발생주의보다 우월한 것은 아니지만, 현금주의 정보가 발생주의 정보에 추가적으로 보조자료로서의 역할을 하는 것은 틀림없다는 인식이 확산되었다. 이에 따라, 1994년부터 우리나라에서도 일정요건을 갖춘 회사들은 제3의 재무제표(재무상태표와 포괄손익계산서에 이어)로서 현금흐름표를 의무적으로 작성하게 되었고, 현금흐름표의 중요성은 여전히 지속되고 있다.

2. 현금주의 회계 사례

현금주의와 발생주의의 차이가 발생하는 주요한 회계적 요인에는 ① 매출 관련 항목(매출채권의 조정), ② 기타수익 관련 항목(선수수익과 미수수익의 조정), ③ 매출원가에 관련된 항목(매입채무와 재고자산의 조정), ④ 영업비용에 관련된 항목(선급비용과 미지급비용, 감가상각의 조정) 등 영업활동적인 요인과 이 외에 투자활동 및 재무활동에서 비롯되는 요인들이 있다.

예제 10-1

(주)동양이 회계기준을 지키지 않고 현금주의에 근거하여 계산한 당기순이익은 30,000원이었다고 한다. 다음 자료를 이용하여 발생주의 당기순이익을 계산하라.

- 기초매출채권 14,000원, 기말매출채권 15,000원
- 기초선수수익 0원, 기말선수수익 1,000원
- 기초미지급비용 5,000원, 기말미지급비용 8,000원
- 기초선급비용 4,000원, 기말선급비용 5,000원

해답

매출채권 증가는 현금유입 없는 매출발생을 의미한다. 따라서 현금주의 순이익에 이 금액이 포함되어 있지 않을 것이고, 매출채권 증가액을 가산해 주어야 발생주의 순이익이 산출된다. 같은 논리로 미지급비용 증가분만큼 감소시켜 주어야 발생주의 순이익이 된다. 선수수익 증가는 수익 없이 현금만 증가한 것이므로 발생주의 순이익을 계산하기 위해서는 선수수익 증가액만큼 차감해야 한다. 한편, 선급비용 증가는 비용발생 없이 현금만 감소한 것이므로 발생주의 순이익을 계산하기 위해서는 선급비용 증가액만큼 가산해야 한다.

30,000＋1,000－1,000－3,000＋1,000＝28,000원

예제 10-2

(주)남양은 회계기준과 달리 현금주의 회계처리를 하고 있다. 20×1년중 유입된 현금은 200,000원이며, 운영경비로 지출한 현금은 100,000원이어서 1년간 100,000원의 현금 증가가 있었다. 그리고 20×1년 기초와 기말 현재 다음과 같은 정보를 파악하였다. 이 자료들이 전부라고 가정하고 20×1년도 발생주의 당기순이익을 구하라.

미 수 수 익	기초	10,000원	기말	15,000원
선 수 수 익	기초	3,000원	기말	2,000원
미지급비용	기초	3,000원	기말	2,000원
선 급 비 용	기초	2,000원	기말	1,000원

해답

현금주의 수입 : 200,000
　+ 미수수익 증가분(15,000−10,000)
　+ 선수수익 감소분(3,000−2,000)
　= 발생주의 수익 206,000

현금주의 지출 : (100,000)
　− 미지급비용 감소분(2,000−3,000)
　+ 선급비용 감소분(2,000−1,000)
　= 발생주의 비용 100,000

→ 발생주의 당기순이익 106,000원

예제 10-3

(주)서양의 20×1년 포괄손익계산서상 이자비용이 80,000원이었다. 20×1년에 현금으로 지급된 이자는 65,000원이고, 12월 31일 현재 미지급이자가 20,000원이다. 20×1년초의 미지급이자는 얼마였겠는가?

해답

미지급이자(20×1년말)	20,000
미지급이자 증가액(20×1년중)	15,000*
→ 20×1년 기초미지급이자	5,000

* 20×1년중 발생주의 이자비용 80,000원 − 20×1년중 이자 현금지급액 65,000원

예제 10-4

(주)동양의 20×1년도 포괄손익계산서상 보험료가 15,000원이다. 20×1년 1월 1일 현재 선급보험료는 10,000원이었고 한 해 동안 현금지급된 보험료 지출액은 20,000원이다. 연초나 연말에 미지급보험료는 없다고 가정한다. 20×1년 12월 31일의 선급보험료는?

해답

선급보험료(20×1년초)	10,000
가산 : 20×1년중 선급보험료 증가액	5,000*

* 20×1년중 보험료 지급액 20,000원에서 20×1년중 보험료 발생액 15,000원을 차감하면 5,000원의 선급보험료가 증가함 → 20×1년말 선급보험료 15,000

참고 | 현금주의에서의 적절한 분개

1) 수익과 비용이 발생했으나 현금입출금이 없었던 경우 현금주의로 전환하려면 당기순이익에서 이들 항목을 취소하면 된다. 또한 현금입출금이 있었으나 수익·비용이 발생하지 않은 경우, 같은 논리로 조정하면 된다. 예를 들어, '(차) 선급임차료 100 (대) 현금 100'의 분개가 있었을 경우 현금주의 비용 100원이 추가되며, '(차) 임차료 200 (대) 선급임차료 200' 분개는 현금주의에서 비용이 아니다. 이 외에 다음을 유의하면 된다.

－매출채권/매출 분개	현금주의에서 수익취소
－매출원가/재고자산 분개	현금주의에서 비용취소
－현금/매출채권 분개	현금주의에서 수익추가
－매입채무/현금 분개	현금주의에서 비용추가
－현금/선수수익 분개	현금주의에서 수익추가

2) 현금주의에서는 수정분개가 필요 없다. 예를 들어, '(차) 미수수익 300 (대) 매출 300'과 같은 분개는 현금주의에서 필요 없고, 단지 현금을 수령했을 때 수익을 인식한다. '(차) 이자비용 400 (대) 미지급이자 400'과 같은 분개도 현금주의에서 필요 없다.

3. 현금흐름표의 유용성 및 현금흐름 정보의 의의

(1) 현금흐름표의 유용성

현금흐름표는 기업 회계담당자의 재량 혹은 주관적인 요소가 배제된 객관적이고 신뢰성 높은 정보라는 특징을 갖고 있다. 발생주의에 근거한 당기순이익은 기업이 어떠한 회계처리방법을 사용하느냐에 따라 다소 다른 결과를 산출할 수 있다. 즉, 기업이 감가상각방법을 정액법으로 하느냐 정률법으로 하느냐에 따라 당기순이익은 다르게 산출되며, 재고자산평가를 선입선출법으로 하느냐 평균법으로 하느냐에 따라 역시 당기순이익은 다르게 산출될 수 있다. 그러나 현금흐름표는 일정기간 동안에 발생한 현금흐름 수치를 체계적으로 분류하여 정보로 공시한 것이기 때문에, 회계처리방법의 영향을 받지 않고 객관적인 수치를 보고한다. 따라서 미래 현금흐름의 예측, 기업의 단기 채무지불능력 평가, 기업의 장기적인 재무적 탄력성, 당기순이익에 관련된 현금유입·유출간의 차이가 발생하는 원인을 평가하는 데 현금흐름표가 도움이 된다.

(2) 현금흐름 정보의 의의

발생주의 회계원칙에 의하여 계산되는 당기순이익과 현금주의에 의하여 계산되는 영업활동 현금흐름의 차이가 발생하는 원인은 당기순이익의 계산에는 포함되었으나 영업활동 현금흐름에는 포함되지 않는 항목들 혹은 그 반대의 경우 때문이다.

이들 항목의 내용은 간접법 현금흐름표에 나타난다. 가장 대표적인 항목이 감가상각비이다. 유형자산을 취득할 때에 현금지출이 있고, 해당 지출된 금액은 유형자산의 원가에 포함된다. 그리고 수익을 창출하는 기간 동안 해당 유형자산의 원가는 감가상각비라는 비용이 인식된다. 즉, 당해 연도 영업활동으로부터 발생된 수익과 대응시켜야 할 비용이기에 포괄손익계산서에 비용으로 계상하지만, 현금지불이 없었기 때문에 현금흐름표 작성시에 포함되어서는 안 된다. 따라서 간접법으로 '영업활동 현금흐름'을 계산할 때, 당기순이익에 감가상각비를 가산해야 한다. 이는 포괄손익계산서상 당기순이익에서 현금지출이 없는 감가상각비를 가산하여 영업활동 현금흐름을 계산하는 것이라고 볼 수 있다.

현금주의 입장에서 현금의 수입과 지출을 체계적으로 분류해 놓은 것이 현금흐름표이다. 재무상태표나 포괄손익계산서처럼 일반적으로 사용되는 양식이 있으므로, 이를 중심으로 현금흐름표에 대해 검토한다. 현금흐름표는 현금의 유입과 유출을 기업의 주요 활동인 ① 영업활동, ② 투자활동, ③ 재무활동으로 분류하여 보고하도록 하고 있다. 또한, 각각의 활동에 대하여 현금의 유입과 유출을 나누어 현금흐름표를 구성한다. 그리고 이들 항목을 더하고 차감하여 나온 최종수치는 재무상태표 현금계정의 '기말잔액－기초잔액'과 일치한다.

4. 영업활동 현금흐름

'영업활동 현금흐름'은 현금흐름표의 첫 항목으로 기업의 주요 수익창출활동으로 인한 현금유입·유출액에 해당하거나 투자활동이나 재무활동이 아닌 기타 활동으로 인한 현금유입·유출액을 의미한다.

'영업활동 현금흐름'은 직접법과 간접법 중 하나의 방법으로 보고하며, 직접법인지 간접법인지에 따라 다른 구조로 작성된다. 직접법에서는 영업활동으로 인한 현금유입·유출액을 주요 항목별로 구분하여 표시하는 방법이다. 간접법은 이미 작성된 포괄손익계산서의 법인세차감전순이익에 현금을 수반하지 않는 거래, 현금유입·유출액의 이연 또는 발생, 투자활동 및 재무활동 현금흐름 관련 손익항목 영향을 가감하여 표시하는 방법이다. 직접법으로 작성하려면 1년 내내 현금거래와 관련된 사항을 별도로 기록해야 하는 번거로움이 있기 때문에, 실무에서는 대부분 간접법을 사용하고 있으며, K-IFRS는 두 방법 중 선택할 수 있도록 하고 있다.

(1) 직접법

직접법은 영업활동으로 인한 현금의 유입과 유출을 주요 항목별로 구분하여 보고한다. 분개시에 현금 관련 항목만을 모아서 분류하면 직접법 현금흐름표가 작성된다. 직접법 현금흐름표의 구성 예는 다음과 같다.

부분현금흐름표(직접법)

제10기 20×1년 1월 1일부터 12월 31일까지

Ⅰ. 영업활동 현금흐름		×××
1. 고객으로부터의 현금유입	×××	
2. 공급자에 대한 현금유출	(×××)	
3. 종업원에 대한 현금유출	(×××)	
4. 영업비용 현금유출	(×××)	
=)영업에서 창출된 현금흐름	×××	
5. 이자수취	×××	
6. 배당금수취	×××	
7. 이자지급	(×××)	
8. 법인세납부	(×××)	

(2) 간접법

간접법은 이미 산출된 포괄손익계산서의 법인세차감전순이익으로부터 시작하여 현금과 관련이 없었던 수익·비용 항목을 조정하여 '영업활동 현금흐름'을 계산하는 방법이다. 간접법 현금흐름표의 구성 예는 다음과 같다.

부분현금흐름표(간접법)

제10기 20×1년 1월 1일부터 12월 31일까지

Ⅰ. 영업활동 현금흐름		×××
법인세차감전순이익	×××	
가감 :		
이 자 수 익	(×××)	
배당금수익	(×××)	
이 자 비 용	×××	
감가상각비	×××	
유형자산처분이익	(×××)	
매출채권 증가	(×××)	
재고자산 감소	×××	
매입채무 증가	×××	
영업에서 창출된 현금	×××	
이 자 수 취	×××	
배당금수취	×××	
이 자 지 급	(×××)	
법인세납부	(×××)	

5. 투자활동 현금흐름

기업이 소유하는 유형자산 등의 매입과 처분 등 투자 관련 활동에서 비롯된다. 투자활동 현금흐름 역시 현금의 유입과 유출로 구분되어 보고되며, 직접법과 간접법의 구분 없이 같은 양식으로 보고된다. '투자활동 현금흐름'의 예시는 다음과 같다.

부분현금흐름표

제10기 20×1년 1월 1일부터 12월 31일까지

Ⅱ. 투자활동 현금흐름		×××
토지의 매각	×××	
건물의 매각	×××	
기계장치의 매각	×××	
차량운반구의 매각	×××	
건물의 취득	(×××)	
기계장치의 취득	(×××)	
차량운반구의 취득	(×××)	

6. 재무활동 현금흐름

차입 및 차입금 상환, 신주발행이나 배당금의 지급 등과 같이 자금조달과 관련된 활동은 재무활동 현금흐름으로 분류된다. '재무활동 현금흐름'도 '투자활동 현금흐름'과 같이 현금의 유입과 유출로 구분되어 보고되며, 직접법과 간접법의 구분은 없다.

부분현금흐름표

제10기 20×1년 1월 1일부터 20×1년 12월 31일까지

Ⅲ. 재무활동 현금흐름		×××
단기차입금의 차입	×××	
사채의 발행	×××	
전환사채의 발행	×××	
장기차입금의 차입	×××	
주식의 발행	×××	
단기차입금의 상환	(×××)	
사채의 상환	(×××)	
전환사채의 상환	(×××)	
장기차입금의 상환	(×××)	

예제 10-5

20×1년에 다음의 분개가 있었다고 가정하고, 포괄손익계산서와 재무상태표, 현금흐름표(직접법 및 간접법)를 작성하라.

①	(차) 현 금	10,000	(대) 자 본 금	10,000
②	(차) 현 금	4,000	(대) 장기차입금	4,000
③	(차) 사 무 기 기	2,200	(대) 현 금	2,200
④	(차) 선급임차료	3,600	(대) 현 금	3,600
⑤	(차) 매 출 채 권	5,700	(대) 매 출	5,700
⑥	(차) 현 금	1,800	(대) 단기차입금	1,800
⑦	(차) 현 금	1,000	(대) 선 수 수 익	1,000
⑧	(차) 현 금	5,700	(대) 매 출 채 권	5,700
⑨	(차) 급 여	11,300	(대) 현 금	11,300
⑩	(차) 이 자 비 용	100	(대) 현 금	100
⑪	(차) 임 차 료	1,200	(대) 선급임차료	1,200
⑫	(차) 감가상각비	200	(대) 감가상각누계액_사무기기	200
⑬	(차) 선 수 수 익	400	(대) 매 출	400
⑭	(차) 매 출 채 권	7,700	(대) 매 출	7,700
⑮	(차) 이 자 비 용	5	(대) 미지급이자	5

해답

재무상태표

20×1년 12월 31일 현재

유동자산 :			유동부채 :	
현 금		5,300	단기차입금	1,800
매 출 채 권		7,700	선 수 수 익	600
선급임차료		2,400	미지급이자	5
비유동자산 :			비유동부채 :	
사 무 기 기	2,200		장기차입금	4,000
(감가상각누계액)	(200)	2,000	자 본 :	
			자 본 금	10,000
			이익잉여금	995
자산합계		17,400	부채및자본합계	17,400

포괄손익계산서

20×1년 1월 1일~12월 31일

매 출 액		13,800
급 여	11,300	
임 차 료	1,200	
감가상각비	200	
이 자 비 용	105	
법인세차감전순이익		995
당기순이익		995

현금흐름표(직접법)

20×1년 1월 1일~12월 31일

영업활동 현금흐름		(8,300)
1) 고객으로부터의 현금유입(⑦+⑧)	6,700	
2) 공급자 및 종업원에 대한 현금유출(④+⑨)	(14,900)	
=)영업에서 창출된 현금	(8,200)	
3) 이자지급(⑩)	(100)	
투자활동 현금흐름		(2,200)
1) 사무기기취득(③)	(2,200)	
재무활동 현금흐름		15,800
1) 단기차입금의 차입(⑥)	1,800	
2) 장기차입금의 차입(②)	4,000	
3) 보통주의 발행(①)	10,000	
현금의 증가		5,300
기초현금		0
기말현금		5,300

현금흐름표(간접법)
20×1년 1월 1일~12월 31일

영업활동 현금흐름		(8,300)
법인세차감전순이익	995	
가감		
이자비용(⑩+⑮)	105	
감가상각비(⑫)	200	
매출채권의 증가(⑤-⑧+⑭)	(7,700)	
선급임차료의 증가(④-⑪)	(2,400)	
선수수익의 증가(⑦-⑬)	600	
=)영업에서 창출된 현금	(8,200)	
이자지급	(100)	
투자활동 현금흐름		(2,200)
1) 사무기기취득(③)	(2,200)	
재무활동 현금흐름		15,800
1) 단기차입금의 차입(⑥)	1,800	
2) 장기차입금의 차입(②)	4,000	
3) 보통주의 발행(①)	10,000	
현금의 증가		5,300
기초현금		0
기말현금		5,300

제 2 절 회계의 이론적 배경

1. 회계이론의 의의

이론(theory)은 어떤 학문의 분야에서 선각자들이 처음 생각해서 토론과 비판의 과정을 거치며 발전되어 정립된 최종 요약된 결과치라고 할 수 있다. 누구나 그 이론에 대하여 반론을 제기할 수 있으나, '일반적으로 인정된 이론'에 대해서 모순을 지적하는 것은 쉽지 않고, 자신의 의견을 주장하기 위해서는 더 많은 시간을 들여 증거를 찾아야 할 것이다.

특히, 사회과학에서의 이론은 발생가능한 수많은 상황을 간단하게 몇 가지 규칙 등으로 체계화시켜 놓은 것을 일컫는다. 이론을 통해 복잡한 상황을 간단히(책 몇 권으로) 정리할 수 있게 되며, 후학들은 빠른 시일 내에 그 분야를 습득할 수 있다. 실무적으로 새로운 상황이 닥쳤을 때에도 과거에 이론을 올바르게 습득했던 사람은 효과적인 적응을 할 수 있게 되며 나아가 그 의미와 개선방안 등에 대해 창의적인 생각을 하게 될 것이다. 이것이 이론을 공부하는 이유이다.

다시 말해서, 수많은 상황을 일정한 규칙으로 정리한 것을 이론이라 하며, 이론을 공부하는 이유는 수많은 상황을 짧은 기간에 습득하고 그 의미를 되새겨 이론 이전의 수많은 상황에 대한 통찰력을 기르기 위함이다. 즉, 이론을 가지고 실무에 나아가 새로운 상황에 맞게 적용할 수 있는 능력을 키우는 것이다. 어떤 회사의 회계담당자가 자신들에게 필요한 단순한 회계처리방법 몇 개만으로 그 분야를 다 알고 있다고 자부한다면, 이들은 만일의 경우에 특히 다른 회계적 상황이 닥쳤을 때 적응능력을 갖지 못할 것이다.

결국, 우리가 회계절차를 이론에 입각하여 배우는 이유는, 짧은 시간 내에 회계가 흘러가는 원리, 즉 어떤 회계규칙이 왜 그런 식으로 처리되는가를 알게 됨으로써 비슷한 상황에 처했을 때 응용능력을 키울 수 있도록 하는 데 있다. 이러한 능력을 가진 사람들이 회계를 잘하는 사람이다. 참고로 원리(principle)란 회계정보를 산출하기 위한 회계의 기본적인 규칙을 의미한다.

2. 회계기준과 회계이론

재무제표를 공시하는 일이 기업에서 중요한 이유는 재무제표가 공공재의 성격을 갖기 때문이다. 우리나라에서는 '주식회사 등의 외부감사에 관한 법률'에 의하여 일정규모 이상의 기업들로 하여금 정기적으로 자신들의 재무제표를 공표하도록 의무화하고 있다. 실제로 우리는 전자공시시스템 사이트(https://dart.fss.or.kr/)에 공시되어 있는 많은 회사들의 4개의 필수 재무제표 및 그 이상의 회계정보를 찾을 수 있다.[1)]

제9장까지 학습한 내용의 대부분은 재무제표를 만드는 규칙에 대한 것

이었다. 이러한 회계처리 절차에 관한 사항은 한국회계기준원(www.kasb.or.kr)에서 공표하고 기업들은 이 기준을 따라야 한다. 우리나라에는 예전부터 기업회계기준 및 기업회계기준서들이 있어 왔으며, 2011년부터 국제회계기준(IFRS)을 우리나라의 기업회계기준서(K-IFRS)로 받아들였다. 이러한 회계기준들은 회계이론에 근거하여 만들어진 합리적인 이론이다. 물론, 이들 중에는 논란이 되는 것도 있지만, 그러한 문제점들을 개선해 나가면서 회계기준은 합리적으로 발전해가고 있다.

미래의 회계기준들이 어떻게 개선되고 발전되어 나갈 것인지는 현재의 회계기준들이 어떤 이론적 근거하에 만들어졌고 어떠한 문제점을 가지고 있는가와 밀접한 관련이 있다. 따라서 단순 암기가 아닌 회계기준의 논리구조를 이해할 필요가 있다. 즉, 이러한 회계기준들이 어떤 이유에서 만들어졌는가를 알아야 한다는 것이다. 예컨대, '감가상각비 처리를 꼭 해야 하는가?', '대손이 발생한 것도 아닌데, 충당금을 설정하는 이유는 무엇인가?' 등의 문제제기가 가능하다. 이에 대한 이론적 근거는 수익·비용대응의 원칙이라는 회계이론에서 찾을 수 있고, 미래의 회계기준의 개정 방향에 강한 영향을 미친다.

회계의 경우도 기업에서 일어나는 일반적인 사항에 대하여 모두 분개 후 재무제표에 옮기는 과정을 생각해 낼 수 있을 정도면 일단 공부가 거의 다 되었다고 할 수 있다. 그 다음에, 예외적인 사항이나 좀 더 합리적인 회계처리방법을 찾는 것은 희망자에 한해서 학문적으로 더 공부하면 될 일이다. 제1장~제9장의 주제들은 모두 수익인식의 원칙, 수익·비용대응의 원칙 등 이론적 근거를 확실히 갖고 있는 회계처리였다는 점을 기억할 필요가 있다.

3. 수익인식의 원칙

회계기준에서 근간을 이루고 있는 이론 중 수익인식의 원칙이 있다. 즉, 수익은 실현되었거나 실현가능하고 획득되었을 때 인식한다. 이는 현금주의에 대응되는 발생주의 회계의 개념에 근거한다. 즉, 무엇을 하기로 했다는 계획만으로는 수익을 인식할 수 없다는 것이다.

---

1) 일반기업들은 1년에 한 번, 상장기업들은 1년에 네 번(분·반기검토보고서와 기말감사보고서)까지 재무제표를 공시한다.

포괄손익계산서에 수익으로 계상되기 위해서는 수익인식의 시기에 대해서 검토해야 할 필요가 있다. 일반적으로 상품·제품을 '판매하여 인도한 시점'이 되어야 수익을 인식할 수 있다고 받아들여지고 있으나, 실제로는 수익인식시점과 관련하여 여러 가지 상황이 일어날 수 있다.

할부매출의 경우, 판매대금이 비교적 장기에 걸쳐 회수되기 때문에, 판매시점에 모두 수익으로 인식하면 이론적으로 모순이 될 수 있다. 수년간에 걸친 장기할부매출의 경우에는 인도일에 현재가치로 수익을 인식하고 현재가치할인차금(이자상당액)은 기간의 경과에 따라 유효이자율법을 이용하여 이자수익으로 인식하는 것이 타당하다.

생산이 진행중인 경우 수익의 실현과 획득의 조건을 충족시키지 못하기 때문에 특수한 경우를 제외하고는 수익을 인식할 수 없다. 그러나 용역매출 및 예약매출과 같은 경우 진행기준에 따라 수익을 인식할 수 있다. 판매에 따른 자산의 소유권 이전이 아직 이루어지지 않았지만, 진척도에 따라 비례적으로 일부 수익창출과정이 실질적으로 완료되었다고 보는 것이다. 이러한 장기 대규모 예약매출의 경우에 엄격하게 판매기준에 따른 수익인식을 하도록 강요한다면, 여러 회계기간에 걸쳐 창출된 수익이 한 회계연도에 일시에 반영되므로 포괄손익계산서 정보가 왜곡될 수 있다.

4. 수익·비용대응의 원칙

회계상 비용을 인식함에 있어서 추정을 하는 한이 있더라도, 수익이 발생한 해와 같은 해에 인과관계에 따라서 비용을 인식하라는 원칙이 수익·비용대응의 원칙이다. 즉, 비용은 수익을 창출하는 데 기여했다고 인정되는 회계연도에 함께 인식한다. 예를 들어, 유형자산에 대한 지출은 장기에 걸쳐 수익창출에 기여하기 때문에 수익창출에 기여하는 기간에 걸쳐 모두 비용이 될 것이지만, 취득한 회계연도에 취득금액 전부를 비용화하는 것은 현재 수익이 없는 상황에서 미래의 수익과 관련된 비용이 미리 인식된다는 점에서 수익·비용대응의 원칙에 어긋나는 것이다. 따라서 일단 자산으로 기록한 후 이 자산이 수익창출에 기여한 만큼씩 매년 체계적이고 합리적인 추정을 통하여 감가상각비로 비용화시킨다.

현대 회계의 대부분은 수익·비용대응의 원칙에 근거하고 있으며, 앞서 언급했던 수정분개 등을 포함한 여러 주제들이 발생주의 회계에 근거한 수익·비용대응의 원칙 때문에 생기는 주제들이라고 해도 과언이 아니다. 매출채권의 손실충당금 설정, 유형자산 및 무형자산의 상각, 사채할인발행차금 상각 등이 모두 수익·비용대응의 원칙을 지키기 위하여 이루어지는 회계처리이다. 현행 회계기준이 기본적으로 따르고 있는 발생주의 회계원칙은 현금의 수입·지출에 따라 수익과 비용을 인식하는 것이 아니고, 결정적 사건의 발생에 따라 수익과 비용을 인식하기 때문이다. 예를 들어, 올해 물건을 판매하는 결정적 사건이 발생했다면 돈이 들어오든 안 들어오든 수익으로 인식하며, 이 물건의 판매에 들어간 비용은 돈이 들어가든 아니든 비용으로 인식하는 것이다.

다시 유형자산 감가상각비의 경우를 생각해 보자. 기계를 구입하기 위한 지출은 이미 첫해에 모두 이뤄졌지만, 기계를 사용할 수 있는 기간은 몇 년 더 있으므로 그 사용기간에 걸쳐 이 기계가 판매활동에 기여한다고 보고 감가상각을 연차적으로 수행하는 것이다.

어떤 규칙이든 일관성은 매우 중요하다. 일단 발생주의 회계에 의한 수익·비용대응의 원칙을 채택하기로 했기 때문에, 수익·비용대응의 원칙을 무엇보다도 소중하게 여기는 것이 현대 회계의 입장이고, 이 원칙을 충분히 이해한다면 어려운 회계공부도 절반은 이해한 것으로 볼 수 있다. 회계는 사회적 관습이고, 현대의 회계는 수익·비용대응의 원칙을 기본으로 하고 있다. 미래 먼 훗날 이러한 기본원칙이 달라질 수도 있겠지만, 적어도 현재에는 발생주의 회계와 수익·비용대응의 원칙이 기본원칙이라는 것을 회계공부할 때 늘 생각하고 있어야 한다.

발생주의 회계에서는 현금 수취 및 지급과는 관계없이 수익은 획득되었을 때 인식하고 비용은 수익에 대응시켜 인식한다. 따라서 수정분개의 절차가 당기의 손익계산에 있어서 수익과 비용의 적절한 대응을 가능하게 하기 위해 필요하고, 이로써 회계기말에 재무상태를 정확히 표현할 수 있게 된다.

이런 현상은 회계기준이 '1년'을 회계처리의 한 기간으로 정한 데에 기인한다. 회계기간중에 발생된 거래의 일부는 시간이 경과됨에 따라 계속적으로 기업의 자산, 부채, 자본, 수익, 혹은 비용의 변화 및 발생을 초래하는 경우가 있다. 한 거래의 결과로 인하여 후속상황이 계속 발생하는 것이다. 그

래서 1년간 발생한 수익과 비용을 '추정을 해서라도 대응시킴'으로써 올바른 재무제표정보를 이용자들에게 제공하겠다는 것이다.

왜 그런지도 모르면서 막연히 감가상각을 한다거나, 사채할인발행차금을 상각하는 방법만 아는 데 그친다면 회계를 잘하는 것이 아니라 '계산하는 기계'에 불과하다. 발생주의 회계원칙은 이론적으로 우수한 방법이며, 경제사회가 완전한 신용사회라면, 즉 채무불이행 등이 전혀 없는 사회라고 가정하면 사실상 최고의 방법일 수 있다. 다만, 실제로는 완전한 신용사회가 될 수 없다는 한계 때문에 발생주의 회계에 대한 보완대책이 몇몇 형태(예를 들면, 현금흐름표)로 나타난다.

5. 재무제표의 순환과정

친구들끼리 10원, 100원을 가지고 철저히 따지면 '소심하다'는 지적을 받는다. 그러나 회계를 함에 있어서 이 '소심함'은 반드시 필요하다. 왜냐하면, 100원의 오차 뒤에 엄청난 오류나 부정이 숨어 있을 수 있기 때문이다. 그만큼 기업은 우리가 생각하는 것보다 규모가 크고, 기업에서의 일을 우리가 일상생활에서 하는 것과 같은 방식의 단순한 생각을 갖고 접근하면 안 된다. 특히, 재무제표 작성과 관련해서는 네 가지 재무제표의 순환과정에서 한 치의 오차도 허용하지 않겠다는 자세를 키워야 한다. 회계기준에서 요구하는 네 가지 재무제표는 모두 연결고리로 이어져 있다. 어떠한 사건이 일어나도 이 연결고리상에서 모두 표현될 수 있도록 정해져 있는 것이다.

예를 들어, 재무상태표는 특정시점(예컨대, 12월 31일 현재)의 재산상태를 나타내고 있다. 만일, 20×1년 12월 31일의 재무상태표와 20×2년 12월 31일의 재무상태표를 비교해 보면, 1년 사이에 이 기업의 재산이 얼마나 늘었는가를 알 수 있다. 바꾸어 말하면, '자산이 얼마 늘고 부채가 얼마 늘어 최종적으로 자본이 얼마나 늘었는가'라는 정보를 2개년 치 재무상태표를 비교하면 알 수 있는 것이다.

'자본계정이 1년 사이에 얼마나 늘었는가'도 재무상태표 2년 치를 보면 알 수 있고, 그중 일부(이익잉여금)가 영업으로부터 벌어들인 당기순이익의 누적치로 구성되어 있다. 사실 포괄손익계산서의 중요한 결과치(당기순이익)

가 재무상태표에 포함되어 있다는 말은 바로 이익잉여금과 당기순이익의 이러한 관계에 근거하는 것이다. 그러나 당기순이익의 산출과정이 어떻게 되는가에 대한 자료를 따로 원하는 사람들이 많기 때문에 당기순이익의 질(quality)에 대한 정보를 나타낼 필요가 생겼고, 이것이 포괄손익계산서라 할 수 있다. 즉, 수익과 비용을 상계해서 당기순이익만 재무상태표의 이익잉여금에 누적시키는 것이 아니고, 수익·비용을 그에 맞는 계정과목으로 표현하여 포괄손익계산서를 자세히 보여주는 것이다. 최근 포괄손익계산서의 정보로서의 중요성은 재무상태표의 그것보다 더 높아지는 경향이 있다.

마찬가지로, 재무상태표에는 '현금'이라는 계정과목이 있다. 2개년 치 재무상태표를 비교해 보면, 1년 사이에 현금이 얼마나 증가했는지는 손쉽게 알 수 있다. 그런데 기업에서 현금이 어떤 원인에 의해 증가했는지에 대한 내용은 당기순이익이 어떤 이유로 증가했는지를 아는 것만큼이나 중요하다. 따라서 현금증감 내역을 영업활동, 투자활동, 재무활동 등 세 가지로 나누어 표로 나타낸 것이 현금흐름표이다.

한편, 이익잉여금을 포함하여 유상증자, 무상증자, 배당 등이 어떻게 이루어져 자본이 변동되었는가를 나타내는 표가 자본변동표이다. 즉, 재무상태표의 자본계정이 1년 사이에 얼마나 증가했는지 혹은 감소했는지는 알지만, 구체적인 자본계정의 변동내역은 자본변동표를 통하여 알 수 있는 것이다.

다른 예로, 제조원가명세서의 당기제품제조원가는 포괄손익계산서의 매출원가 산출과정에서 표시되는 당기제품제조원가와 일치한다. 그리고 당기제품제조원가가 산출되는 과정에서 발생하는 재료비, 노무비, 간접비, 재공품에 대한 정보가 모두 제조원가명세서에 나타난다. 이렇게 재무제표들은 서로 순환하며 연결되고 있는 것이다.

개인기업의 경우에는 수익과 비용은 자본을 직접 증감시키는 역할을 하고, 인출금계정이 있어서 소유주의 자금인출에 대한 정보를 보여준다. 즉, 개인기업의 경우 세금만 제대로 내면 되므로 규제가 느슨한 것이고 순수 이익금액만 정확히 누적시키면 된다. 그러나 주식회사의 경우 배당가능이익에 대한 규제를 통해 기업이 계속 유지될 수 있도록 유도하며, 이를 위하여 회계기준이 지속적으로 개정과정을 거친다.

제 3 절 재무비율분석

1. ROI, ROA

투자자들이 의사결정을 할 때, 재무제표에서 핵심 계정 몇 개를 뽑아내 이들을 하나의 비율로 표현한 단순한 수치가 있다면 훨씬 쉽게 적절한 경제적 판단을 할 수 있을 것이다. 재무제표 자체가 복잡한 기업현상을 간단히 표현한 것이기는 하지만, 그것보다 더 쉽게 요약된 정보가 있다면 전문적인 회계지식이 부족한 회계정보이용자도 의사결정에 도움을 받을 것이기 때문이다.

ROI(Return on Investment)는 투자금액에 비해 수익률이 어느 정도인가를 나타내는 비율이다. 예컨대, 일반인이 은행예금에 투자해 10%의 이자를 받았다면 투자수익률은 10%이다. 기업이 어떠한 투자결정을 할 때, ROI가 장기적으로 높다는 확신을 가질 수 있어야 투자를 할 것이다. ROA(Return on Asset)는 ROI와 유사한 의미이지만, 일반적인 투자액 대신 회계상의 총자산 대비 이익의 비율로 계산된 수치이다. 이러한 ROI나 ROA 등을 사용하면 의사결정에 도움을 받을 수 있을 것이다. 이 비율들 외에도 실무적으로는 회계자료를 사용한 여러 재무비율이 유용하게 사용되고 있다.

2. 재무비율분석과 회계정보의 신뢰성

재무비율을 산출하기 이전에 재무비율의 기본이 되는 회계정보가 신뢰성 있게 작성되어 있는가를 생각해 볼 필요가 있다. 만일, 회계정보 자체가 허수에 가까운 수치라면, 그 수치를 사용해서 산출된 재무비율은 아무 의미가 없을 뿐 아니라 오히려 그것을 사실로 믿었던 투자자들에게 해가 될 수 있다.

각 기업마다 재무제표를 회계기준대로 작성하여 공시한다고 하자. 모든 기업들은 자신에게 유리하게 정보를 산출하려는 경향이 있기 때문에, 공정하지 못한 정보들이 다량 산출될 가능성이 있다. 이 회계정보를 제대로 검사하지 않고서는 그 회계정보를 믿을 수 없는 경우가 발생한다. 모든 사람이 그 회계정보를 믿지 못한다면, 그러한 정보는 애초부터 만들 필요가 없을 것이다. 더 나아가 잘못된 회계정보로 인하여 자본시장의 균형이 흔들릴 수도 있다. 미국의 1930년대 대공황, 우리나라의 1997년 IMF 외환위기 등이 모두 회계정보의 신뢰성과 큰 관련이 있었다.

더 나아가, 전문경영인 시대가 되면 전문경영인과 대주주 사이에 신뢰의 문제가 생길 수 있다. 즉, 주주의 부 극대화와 전문경영인의 이익은 충돌될 수 있다. 이때 발생하는 것이 도덕적 해이(moral hazard)이다. 그렇다고 소유와 경영이 분리되지 않을 수도 없다. 예컨대, 전문경영인이 자동차로 가도 되는 출장을 비행기를 이용하여 가거나, 사장실을 필요 이상으로 넓히는 의사결정을 내렸다면, 이는 주주에 대한 전문경영인의 도덕적 해이라고 할 수 있다. 개인의 경우에도 보험금을 타기 위해 일부러 사고를 내는 경우 등은 보험회사를 상대로 한 도덕적 해이의 예가 될 수 있다. 보험사가 개인에게 사고에 따른 보험분담금을 요구할 수 있도록 제도적 장치를 해놓은 이유도 이러한 도덕적 해이를 방지하기 위함이라 할 수 있다.

전문경영인이 회계자료를 조작함으로써 회계정보의 신뢰성을 떨어뜨리는 것도 도덕적 해이의 중요한 사례이다. 이러한 위험을 감시(monitoring)하는 장치로서 회계감사(auditing)가 필요하며, 이러한 이론을 다루는 것을 대리인 이론(agency theory)이라 한다. 즉, 소유·경영의 분리와 관련되어 생길 수 있는 회계정보상의 문제점을 해결하기 위하여, 공인회계사(CPA)들은 기업들의 회계정보가 제대로 작성되어 있는지를 회계감사한다. 사실상 이들이 하는 일은 기업의 미래 전망이 좋고 나쁜가에 대한 것이 아니다. 재무제표가 작성되는 데 있어서 누락사항이나 부정의 여지가 없었는가에 대한 사항과 회계기준에 위배되지 않았는가에 대한 사항을 검토하는 것이 공인회계사의 일이다. 전술한 전문경영인의 도덕적 해이에 비추어 살펴본다면, 전문경영인들이 회계기준에 저촉될 정도로 심하게 도덕적 해이를 저질렀는지 등을 공인회계사가 부분적으로 감사한다는 의미도 내포되어 있다고 할 수 있다. 하지만 공인회계사들이 '적정의견'을 내었다고 해서 그 기업의 신용도가 무조건 제고되는 것은 아니다. 기업에 대한 평가 및 판단은 재무제표를 읽고 투자하려는 사람들이 직접 혹은 자문을 받아서 해야 한다.

3. 기본적 분석의 단계

재무제표를 분석하는 것을 기본적 분석(fundamental analysis)이라고 하며, 일반적으로 기본적 분석을 재무비율에 입각해서 수행한다면 이들은 크게 성장성과 안정성으로 나뉘어 이루어진다.

정상적인 경우라면 기업은 타인자본보다 자기자본을 선호할 것이지만, 어느 한쪽만으로 자금조달을 하는 것은 사실상 불가능할 것이고 자기자본과 타인자본을 적절히 조화하는 것이 필요하다. 만일, 기업의 자금거래 상대방이 이 기업의 주식에 투자한다면 그것은 미래이익의 큰 증가로부터 비롯될 높은 배당이나 시세차익을 기대하는 것이므로 그 기업의 성장성을 주로 평가할 것이다. 차입금으로 빌려줄 의도라면 그것은 안정적인 이자를 받기를 원하는 것으로 그 기업의 안정성을 위주로 평가를 할 것이다. 기업 입장에서는 허용된 범위 내에서 자사에 유리한 형태의 재무제표가 작성될 수 있도록 노력한다.

투자자들은 기본적 분석을 함에 있어서 우선 일반적인 기업의 정보를 수집하여 분석한다. 최소한 이 기업이 무엇을 하는 기업이고, 사장의 경영능력은 어떠하며, 경쟁기업의 수준은 어떠한가 등을 분석한다. 추가적으로 경제성장률, 물가상승률, 제품의 특성, 원자재의 특성, 노동시장, 노사관계, 소비자 기호 등 주변요인도 평가한다.

그 다음 본격적으로 재무비율분석에 들어간다. 과거의 재무비율 등을 통하여 미래까지 이어질 추세에 대해 검토한다. 재무비율분석은 재무상태표와 포괄손익계산서 등에서 회계수치 2개 혹은 그 이상을 뽑아 이를 비교하는 형식으로 이루어진다. 이렇게 산출된 비율과 전년도의 비율, 경쟁기업 혹은 산업평균의 비율을 비교하여 평가를 내리는 것이 일반적인 관행이다.

재무비율분석의 결과가 완벽한 것은 아니지만, 여러 재무비율들이 모두 일관적으로 일치된 신호를 보일 때, 그 기업에 대한 평가가 더 타당성이 있을 것이다. 이하에서는 주요 재무비율과 분석방법에 대하여 살펴본다.

4. 주요 재무비율

일반적으로 사용되는 재무비율에는 네 가지 유형이 있다. 성장성, 활동성, 수익성, 안정성이 그것이다. 우선, 성장성비율에는 대표적으로 매출액증가율, 순이익증가율, 총자산증가율 등이 있어 과거로부터 이어지는 성장추세를 보여준다. 그 다음, 활동성비율에는 총자산회전율, 재고자산회전율, 매출채권회전율 등이 있다. 매출채권이나 재고자산 등 회사 내에 너무 많으면 좋지 않은 계정들이 어느 정도 수준으로 있는가를 알 수 있는 지표이다. 이 지표들을 통해 회사의 현재 영업상황과 미래의 자금사정을 엿볼 수 있다.

수익성비율에는 매출액순이익률, 자기자본이익률 등이 있어 투자 대비 수익성을 알 수 있다. 안정성비율 중에는 부채비율이 대표적이며, 이 외에 매출액 대비 이자비용부담을 알 수 있는 금융비용부담률 등이 주로 쓰이는 재무비율이다.

〈성장성비율〉
매출액증가율＝(당기매출액－전년도매출액) / 전년도매출액
순이익증가율＝(당기순이익－전년도순이익) / 전년도순이익
총자산증가율＝(당기총자산－전년도총자산) / 전년도총자산

〈활동성비율〉
총자산회전율＝매출액 / 총자산
재고자산회전율＝매출액 / 재고자산
매출채권회전율＝매출액 / 매출채권

〈수익성비율〉
매출액순이익률＝순이익 / 매출액
자기자본이익률＝순이익 / 자기자본

〈안정성비율〉
부채비율＝부채 / 자본
금융비용부담률＝이자비용 / 매출액

각 비율들이 일관적으로 좋은 신호를 보이면 기업의 미래가 좋을 것으로 예측할 수 있다. 실무적으로 이 비율들에의 의존도는 매우 높다. 투자자나 대출담당자들 모두가 기업의 미래를 알고 싶어 하는데, 이 비율들은 기업의 지난해 자료로부터의 시계열추세나 동종업종 내 타 기업과의 비교를 통하여 미래의 매출액, 순이익을 추정하는 데 도움을 준다.

예제 10-6

다음 재무비율의 사례를 이용하여 재무분석을 하고 현재 상황이 어떤지에 대해 가상의 상황을 가정하여 추정을 해보아라.

	매출증가율	순이익증가율	금융비용부담률	부채비율	PER
20×1. 12	223.6%	341.4%	0%	219.1%	− / −
20×2. 12	134.9%	237.4%	2%	75.6%	− / −
20×3. 12	43.4%	−97.6%	0%	5.9%	8,200/2,100

해답

이 표만으로 본다면, 이 회사는 20×1년, 20×2년에 엄청난 속도로 매출과 순이익이 증가했음을 알 수 있다. 특히 20×2년 12월 결산시점에서 매출증가율이 정점에 달했던 것은 더 조사를 해보면 20×2년 12월에 신제품의 판매호조가 이어졌기 때문이라는 것을 알 수 있다(가상상황). 그러나 20×3년 들어 신제품의 판매가 지연되면서 매출증가율이 줄어들었다. 반면, 광고선전비, 직원급여 등 기타비용들은 신제품 판매와 관계없이 지출되기 때문에 20×3년 12월 현재의 순이익증가율은 크게 감소했다(가상상황).

우리나라의 대기업들의 부채비율이 일반적으로 200% 이상, 금융비용부담률이 4% 이상으로 재무구조가 부실한 데 비해 이 회사는 이들 비율이 매우 낮아 기업의 안정성이 높다고 할 수 있다. 코스닥에 등록되어 있는 동종업체의 부채비율이 22.3%라는 점과 비교할 때, 특히 20×3년의 부채비율이 낮음을 알 수 있다(가상상황). 결론적으로, 안정성이 돋보여 부실화 가능성은 적으나 성장성이 정체기로 접어들었다고 평가할 수 있다.

참고 | 유동비율, PER

유동성이란 기업의 단기채무에 대한 지불능력을 의미한다. 기업이 지불능력을 갖지 못할 경우 존립할 수 없기 때문에 단기지불능력의 유지는 매우 중요한 의미를 지닌다. 아무리 이익을 많이 내더라도 필요한 만큼의 현금화 능력을 갖추어야 한다는 말이다. 따라서 유동자산/유동부채로 나타나는 유동비율은 채권자, 금융기관 등이 특히 관심을 갖는 비율이다. 극단적으로 볼 때, 1년 이후에 들어올 현금이 아무리 많을 것으로 예상된다 하더라도 1년 이내의 유동부채가 많아 지불불능 상태로 간다면, 이미 회사는 없어져버린 다음일 것이다. 유동비율은 이러한 측면을 엿볼 수 있는 대표적 재무비율이다.

한편, 기업이 1년 동안 달성한 순이익을 주식수로 나눈 것이 EPS(주당순이익)이다. 그리고 1주당 주가인 Price(주가)를 EPS(주당순이익)로 나누면 이익과 주가 사이의 관계를 나타낼 수 있다. 따라서 주식을 평가하는 데 있어서 Price/EPS를 많이 사용한다. 이 비율을 간단히 Price Earnings Ratio, PER 혹은 P/E Ratio라고 한다.

PER이 의미 있는 경우를 생각해 보자. 똑같이 10,000원의 주가를 형성하고 있는 두 회사가 있다고 하자. 한 회사는 자본금도 많고 이익도 별로 나지 않는다. 또 한 회사는 자본금도 적고

이익도 많이 난다. 그런데 주가가 똑같이 10,000원이다. 당연히 후자의 경우가 매력적인 투자 대상이 된다. 흔히 이런 경우, 후자를 저PER 주식이라고 하여 투자유망회사로 평가하곤 하는데, 이런 식으로 PER을 이용하여 기업을 평가할 수 있다.

참고 | 코스닥 공모 및 공모가격결정과 PER

공모란 불특정다수인을 대상으로 유가증권을 모집, 매출하는 행위(증권사의 인수공모부 등에서 주로 수행)이다. 감독기관에 유가증권신고서를 제출하여 동 신고서의 효력이 발생해야 공모가 가능하다. 이때 공모가격의 결정은 주간 증권회사가 실시한 수요예측의 결과를 감안하여, 인수회사와 발행회사가 협의하여 결정한다. 결국, 코스닥시장에 등록하려면, 주간증권사 선정 → 등록을 위한 사전준비 → 유가증권신고서 제출 → 주식공모 → 등록심의 및 승인 → 코스닥시장 등록 및 매매 등의 순서를 거쳐야 한다. 이때 기업가치평가의 주요 재무비율로 PER이 많이 사용되고 있다.

제 4 절 손익분기점 분석

1. 기업 내부 경영자의 관심사

기업 내부의 보다 세부적인 자료를 얻게 되면, 기업가치평가에 대해 보다 정확한 접근이 가능하다. 전술한 재무비율분석이 주로 투자자들에게 접근가능한 정보에 의한 기업평가인 데 반해, 기업 내부의 원가정보를 추가로 알고 있다면 더욱 구체적인 재무분석을 행할 수 있다.

재무회계에서처럼 매출원가와 관리비 및 기타비용으로 나누는 원가분류 방식이 아니라, 원가의 특성별로 분류할 수 있다면 효율적인 의사결정에 도움을 받을 수 있는데, 그 대표적인 것이 손익분기점 분석이다. 이러한 사고는 이미 전 세계의 경쟁력 있는 회사들의 전략의 기본을 구성하고 있다. 생산이 이루어지기 전에 원가의 특성에 따라 제품이나 공정의 설계를 효율적으로 수정하여 목표수준의 원가에 맞게끔 재설계를 할 수 있다면 경쟁력을 확보할 수 있기 때문이다.

2. 손익분기점 분석의 개요

일반적으로 기업들은 최소한의 정보를 외부에 공시하므로 매출원가 정보 등에 대한 세분화된 자세한 정보가 포함되어 있지 않다. 그러나 기업경영자가 자신의 의사결정에 회계정보를 이용하고자 할 때에는 보다 세분화된 자세한 정보를 얻을 수 있고, 그 초점은 주로 매출원가 및 관리비에 맞추어진다.

이러한 회계정보는 강제적인 규정에 의하여 산출되는 것이 아니고, 기업 내부 경영자의 필요에 따라 생성되는 것이므로, 원가정보와 관련하여 새로운 형태의 분류를 해도 문제가 되지 않는다. 손익분기점 분석을 위해서는, 원가를 재무회계에서처럼 매출원가와 관리비 등으로 구분하지 않고, 변동원가와 고정원가로 구분하는 것이 가능하다. 이렇게 구분함으로써, 원가와 이익을 비교할 때 조업도(생산량 혹은 판매량)를 고려한 의사결정에 유용한 정보를 산출할 수 있다.

손익분기점(BEP : Break-Even-Point)은 기업경영자에게는 매우 중요한 정보가 된다. 일반적으로 조업 초기에는 비용이 수익보다 많으며, 점점 많이 팔리게 될수록 수익이 비용보다 늘어나 이익(profit)을 실현하게 된다. 이때 어느 순간(어느 판매량의 수준)에는 이익이 0이 되는 점이 있다. 이 점을 손익분기점이라 하는데, 경영자가 이 점을 알고 있다면 경영을 하는 데 도움이 된다. 누군가가 사업을 한다고 할 때, 가장 관심을 갖는 것은 '도대체 몇 개를 팔아야 이익을 남길 수 있는가'이다. 그러나 기존의 포괄손익계산서에는 변동원가와 고정원가가 모두 혼합되어 있으므로, 판매량에 비례한 원가의 변동을 알기 어려웠다.

실제 원가가 정확히 변동원가와 고정원가로 구분되는 것은 아니지만, 가능한 범위 내에서라도 이렇게 분류할 경우 판매량에 비례한 원가의 변동을 알 수 있게 되고 궁극적으로 의사결정에 큰 도움을 받게 된다.

총원가＝고정원가＋변동원가
총수익＝1단위당 가격×판매량
변동원가＝1단위당 변동원가×판매량

위와 같은 표현이 가능하며, 이를 종합해 보면 다음과 같다.

총수익−총원가=총수익−변동원가−고정원가=이익

이를 다시 더 자세히 쓰면 다음과 같다.

총수익−총원가=(1단위당 가격×판매량)−(1단위당 변동원가×판매량)−고정원가

이를 다시 묶어보면 다음과 같다.

총수익−총원가=판매량×(1단위당 가격−1단위당 변동원가)−고정원가

그렇다면, 손익분기점에서의 판매량은,

0=판매량×(1단위당 가격−1단위당 변동원가)−고정원가

를 만족시키는 판매량과 같게 된다. 그리고 이 판매량에 1단위당 가격을 곱하면, 손익분기점에서의 매출액을 알 수 있다.

3. 손익분기점 분석의 사례

여행사가 유럽과 서울 간의 여행에 1인당 60만원의 가격을 설정하고 있으며, 항공사는 여행사에 1인당 50만원의 가격을 요구한다. 여행사의 운영비로서 건물임대료, 급료, 기타 소모품 및 간접비 등 총 300만원이 고정적으로 발생한다. 이 예에서 손익분기점을 구하면 다음과 같다.

0 = 판매량×(1단위당 가격−1단위당 변동원가)−고정원가
= 판매량×(60만원−50만원)−300만원

이 식을 만족시키는 판매량은 30개, 즉 30명에게 표를 판매해야 이 여행사의 손익분기점이 된다는 것이다. 따라서 손익분기점에서의 매출액은 30×60만원=1,800만원이다. 즉, 다른 조건이 일정하다면, 1,800만원의 매출을 올

렸을 때 당기순이익이 적자를 면하고 0원이 된다는 의미이다.

이와는 다른 다음과 같은 표현도 가능하다.

$$총수익=60Q,\ 총원가=50Q+300$$

(Q는 판매량)

이를 그래프로 그리면, 총원가의 선은 y축의 300을 통과하며 기울기가 50인 총원가선이 되고, 다른 하나의 선은 y축의 0을 통과하며 기울기가 더 급한(일반적으로 수익이 원가보다 높으므로) 60의 기울기를 갖는 총수익선이 된다. 이들 두 선이 만나는 점이 손익분기점이 된다. 손익분기점의 좌표는 x축 30개와 y축 1,800만원을 나타낼 것이다.

공헌이익이라는 말은 '1단위당 가격－1단위당 변동원가'를 나타내는 것으로 이 예에서 60만원－50만원＝10만원이 된다. 이는 1명에게 표를 더 팔면 10만원의 이익(공헌이익)이 증가한다는 뜻으로, 고정원가는 일정하므로 더 많이 팔다 보면, 언젠가는 고정비를 모두 회수하는 시점이 도래할 것이라는 의미이다.

이 예에서 30개를 판매했을 때, 고정비를 모두 회수하고 비로소 이익을 낸다는 의미가 되며, 이러한 정보를 경영자가 의사결정 이전에 알게 되면, 회사의 이윤극대화와 관련된 전략을 설정하는 데 도움을 줄 수 있다. 더 나아가 단위당 판매가격, 혹은 고정원가 등을 일정금액만큼 변동시켰을 때 전체 결과가 어떻게 달라지는가를 검토하는 민감도 분석을 행하면, 의사결정은 더욱 높은 성공가능성을 갖게 된다.

연습문제

1 기말에 현금주의 회계로 계산한 이익은 1,000원이었다. 기중에 이루어진 분개 중 현금주의와 발생주의의 차이를 일으키는 분개는 다음 2개뿐이었다. 기말의 발생주의 회계로 계산한 순이익은 얼마인가?

(분개 1)	(차) 미 수 수 익	200	(대) 용 역 수 익	200
(분개 2)	(차) 선급임차료	300	(대) 현 금	300

2 포괄손익계산서가 있는데, 굳이 현금흐름표가 필요한 이유는 무엇인가?

3 다음 용어를 간단히 설명하라.

(1) 수익의 인식기준

(2) 수익 · 비용대응의 원칙

4 다음 설명 중 맞는 것은?

① 이익잉여금은 금융수익과 관련된 이익만을 포함하고 있다.

② 유동자산과 비유동자산은 일반적으로 1년 내 현금화 여부를 기준으로 나뉜다.

③ 자본에는 자본금, 자본잉여금, 이익잉여금 등 세 가지만 있다.

④ 일반적으로, 유동자산은 재고자산, 유형자산을 포함한다.

5 회계에 대한 설명 중 틀린 것은?

① 기업 외부의 회계정보이용자를 위하여 관리회계 분야가 있다.

② 기업의 언어로서 사회적 약속이다.

③ 자본시장에서 회계정보의 역할 중 하나는 희소한 자원배분과 관계된다.

④ 수익 · 비용대응의 원칙에 근거하고 있다.

⑤ 회계자료의 해석은 경영자, 은행 등 채권자, 투자자 등에게도 필요하다.

6 다음 중 틀린 것은?

① 재무상태표에 자산을 배열할 때에는 유동성배열법에 의해 순서대로 나열한다.
② 유형자산과 재고자산의 차이는, 쓰기 위해서 가지고 있는가와 팔기 위해서 가지고 있는가라고 할 수 있다.
③ 부채는 미래수익에 기여할 수 있는 것으로 정의할 수 있다.
④ 자산과 비용의 차이는 수명이 끝난 것인가 아닌가로 나뉜다.
⑤ 감가상각 처리를 하는 이유는 수익·비용대응의 원칙 때문이라고 할 수 있다.

7 다음 중 맞는 설명은?

① 발생주의 회계원칙은, 수익은 실현되었을 때 인식하고 비용은 현금이 지출되었을 때 수익과 대응하여 인식하는 것이다.
② 포괄손익계산서의 대표적 (−)항목은 매출원가, 기타수익, 법인세비용 등이다.
③ 포괄손익계산서에서 기타포괄손익은 당기순이익에 포함되어야 한다.
④ 설립 이후 당기순이익 누적치에서 누적배당을 제외한 금액이 재무상태표의 이익잉여금으로 누적된다.

8 다음 중 틀린 설명은?

① 현금증감의 원인에 대한 정보가 현금흐름표에 있다.
② 포괄손익계산서를 보완하기 위하여 현금흐름표를 작성한다.
③ 재무상태표와 포괄손익계산서는 이익잉여금을 통하여 연결된다.
④ 복식부기란 재무상태표와 포괄손익계산서 2개가 중요하다는 의미이다.
⑤ 수정분개를 하는 이유 중 하나가 수익·비용대응의 원칙을 지키기 위함이다.

9 다음 설명 중 맞는 것은?

① 주 영업과 관련 없는 수익은 매출로 기록되면 안 되고, 모두 포괄손익계산서의 기타포괄손익에 포함되어야 한다.
② 유동자산은 1년 내 현금화 가능성이 높은 자산을 말하며, 유형자산이 포함된다.
③ 자본시장에서 희소자원 배분 등의 문제 때문에 회계정보가 필요하다.
④ 현행 발생주의 회계에 따르면, 일을 해주더라도 현금수령이 없었으면 수익으로 인식할 수 없다.

10 다음 설명 중 맞는 것은?

① 발생주의 회계원칙에 따르면, 수익은 실현시점에, 비용은 현금지출시점에 수익과 대응하여 인식한다.
② 부채는 미래 수익에 기여할 수 있는 것으로 정의할 수 있다.
③ 회계는 기업의 언어로서 사회적 약속이다.
④ 자본변동표에는 주 영업과 관련 없는 기타수익 및 기타비용 등이 나타난다.

11 다음 중 맞는 설명은?

① 포괄손익계산서 작성과정에서 비용항목으로 차감되는 것은 매출원가뿐이다.
② 포괄손익계산서 작성과정에서 수익항목으로 가산되는 것은 매출액뿐이다.
③ 자본에는 자본금, 자본잉여금, 이익잉여금 등 세 가지만 있다.
④ 급여를 후불로 하여 직원을 채용했다면, 채용 당일에는 분개가 필요 없다.

12 다음 설명 중 틀린 것은?

① 재무제표가 작성되는 원칙에는 발생주의 회계의 원칙, 수익인식의 원칙, 수익·비용대응의 원칙 등이 있다.
② 회계는 기업의 언어로서 사회적 약속이다.
③ 소유·경영의 분리에 따른 도덕적 해이 문제, 희소자원 배분 등의 문제 때문에 회계정보가 필요하다.
④ 자산을 공정가로 평가하는 것은 인정하지 않는다.

13 다음 상황에 대하여 자기의견을 말해 보아라.

> (주)동양의 사장은 기계공학을 전공한 사람으로서 회계학에 대해서는 전문지식이 거의 없는 사람이다. 이번에 (주)동양은 사업확장자금 차입을 위하여 은행과 접촉중인데, 은행에서는 재무제표를 제시할 것을 요구하고 있다. 은행에 제출할 재무제표를 보고 사장이 당신에게 조언을 부탁하였는데, 사장은 특히 다음과 같은 항목에 대해 질문하였다.
> (1) 토지, 건물, 기계장치 등의 유형자산과 주식, 채권 등 유가증권이 현재 시장에서 형성되는 가치보다 훨씬 낮게 평가되어 있다.
> (2) 포괄손익계산서상은 적자이지만 실제로 회사는 많은 현금을 보유하고 있다.

14 (주)동양의 주요 재무자료는 다음과 같다. 유동비율, 부채비율, 매출채권회전율, 재고자산회전율에 근거하여 기업의 상태를 설명하라. (단, 산업평균 유동비율은 110%, 부채비율은 200%, 매출채권회전율과 재고자산회전율은 각각 4회이다)

현 금	1,000원	유동부채 합계	4,000원
재 고 자 산	2,500원	부채총계	4,000원
매 출 채 권	2,000원	자본총계	1,500원
유동자산 합계	5,500원	매 출 액	9,000원

15 (주)서양의 주요 재무자료는 다음과 같다. 매출액순이익률, 부채비율, 매출채권회전율, 재고자산회전율에 근거하여 기업의 상태를 설명하라. (단, 산업평균 매출액순이익률은 3.5%, 부채비율은 200%, 매출채권회전율과 재고자산회전율은 각각 4회이다)

현 금	1,000원	부채총계	3,000원
재 고 자 산	2,000원	자본총계	2,500원
매 출 채 권	2,500원	매 출 액	8,500원
		당기순이익	400원

16 어떤 회사의 제품단위당 판매가격은 800원, 제품단위당 변동원가는 300원이다. 고정원가는 40,000원이다. 10,000원의 이익을 달성하기 위하여 판매해야 할 수량은 몇 개이고 10,000원의 이익을 달성하기 위한 매출액은 얼마인가?

17 (주)동양의 제품단위당 판매가격은 500원, 제품단위당 변동원가는 300원이고, 판매량이 20개일 때 손익분기점에 도달했다고 한다. 이 회사의 고정원가는 얼마였을까?

18 여러 기업의 PER을 보면, PER이 높은 경우도 있고, PER이 낮은 경우도 있다. 어떤 경우의 기업이 투자대상으로 좋을까? 각자 의견을 서술해 보아라.

19 다음 자료를 이용하여 물음에 답하라.

> 제품단위당 판매가격은 3,000원이고, 총매출액은 6,000,000원, 총변동원가는 4,000,000원, 고정원가는 1,000,000원이다.

(물음 1) 이 자료가 전부라면 당기순이익은?
(물음 2) 제품단위당 공헌이익은?
(물음 3) 손익분기점에서의 판매량은?
(물음 4) 손익분기점에서의 매출액은?

20 다음 빈칸에 알맞은 숫자를 계산해 넣어라(사례 1과 사례 2는 별도).

구 분	사례 1	사례 2
판매량	10,000개	(　　　)개
매출액	2,500,000원	2,000,000원
변동원가	1,500,000원	(　　　)원
제품단위당 공헌이익	(　　　)원	100원
고정원가	500,000원	200,000원
순손익	(　　　)원	800,000원

21 (주)동양의 관광패키지 관련 예상비용은 1인당 항공료와 식사비 100만원, (주)동양 직원들의 월급(일이 없어도 지급함)은 250만원이다. 1인당 판매가격은 150만원으로 하려고 한다. 적어도 몇 명을 모아야 손익분기점이겠는가?

22 (주)동양은 핸드폰 사용과 관련하여 두 종류의 요금체계를 갖고 있다. 1번 요금체계는 월기본료 18,000원에 10초당 20원을 부과하고, 2번 요금체계는 월기본료 36,000원에 10초당 18원을 부과한다. 이 경우 사용자가 1번 요금체계에서 2번 요금체계로 전환하는 것이 유리한 핸드폰 사용시간은 얼마인가?

23 대학 총학생회가 캠퍼스에서 최신 영화를 상영할 계획을 세우고 있다. 학생회는 영화 1편당 1주일에 500,000원에 임차할 수 있다. 영화상영과 관련하여 장소 임차료, 매표창구원 급여와 기타 고정원가가 1주일에 400,000원이 소요되는 것으로 추정된다. 학생회에서는 관람권 1매당 3,000원에 판매할 예정이다. 추가로 소요되는 변동원가는 없다. 영화상영에 따른 손실을 보지 않으려면 학생회에서 판매해야 할 관람권은 몇 매가 되어야 하는가?

24 다음 자료를 이용하여 물음에 답하라.

> 동양(주)는 자체제작한 제품뿐만 아니라 외주제작한 제품도 판매하고 있다. 1개당 판매가격은 5만원이며, 자체제작 제품의 1개당 변동원가는 1만원, 고정원가는 1억원이다. 외주제작 제품에 대해서는 2억원의 고정원가와 판매개수당 추가적으로 지급해야 할 의무가 있다. 추가적으로 지급하는 금액은 판매개수 1만개 이하일 경우에는 판매가의 20%, 1만개 이상분에 대해서는 추가지급이 없다.

(물음 1) 법인세율이 50%라고 가정하고, 법인세 납세 후 목표이익이 2,000만원이 되려면, 몇 개를 판매해야 하는가?

(물음 2) 지금대로라면 15,000개가 팔릴 것으로 보인다. 만일, 자체제작을 완전히 포기하고 외주제작판매에만 전적으로 의존하더라도 11,000개는 팔릴 것으로 보인다. 물론, 이때 자체원가는 발생하지 않는다. 의사결정을 한다면, 어느 쪽이 얼마만큼 유리한가?

25 다음 자료를 이용하여 물음에 답하라.

> 이벤트사업을 운영중이다. 1인당 7,000원의 요금을 받고 있는데, 1인당 판매가격 중 1,000원은 협력업체에 지급해야 하며, 1인당 변동원가는 1,000원이다. 이 외에 고정원가가 총 10억원 발생하였다.

(물음 1) 세후목표이익이 5억원, 세율이 50%라면 몇 명의 손님을 유치해야 하는가?

(물음 2) 다른 조건은 다 그대로이고, 협력업체에 지급하는 금액을 1인당으로 지급하지 않고, 고정적으로 16억원을 지급하기로 변경하였다. 손익분기점에서의 손님 수는?

연습문제 해답

제 1 장 '회계'는 사회적 제도

1 경제학은 인간의 생산, 소비 활동의 균형이 어떻게 이루어지는가를 알고자 하는 학문이다. 수백년 전부터 사람들이 이러한 문제를 깊이 다루면서 경제학의 학문적 발전이 이루어졌다. 그러나 경제학에서는 구체적으로 사람들이 얼마만큼을 생산, 소비하는지를 측정해서 숫자로 제시하지 못하였다.

경제학에서는 인간의 생산, 소비 활동의 균형이 어떻게 이루어지는가라는 질문에 대하여 전체적인 답을 최대한 논리적인 관점에서 제시하고 있지만, 그러한 것들을 구체적으로 측정하여 표현하려면 모두가 받아들일 만한 합리적인 규칙이 필요하다. 회계학은 바로 이 합리적인 규칙을 찾아 계속 연구되고 있다. 넓게 보아서 경제학의 부분집합이 경영학(기업에 대한 학문)이고 경영학의 부분집합이 회계학이라고 할 수 있는데, 회계학은 기업의 재무, 영업, 생산, 투자 활동을 가장 타당한 숫자로 측정하여 유용한 정보를 제공하기 위한 학문이라 할 수 있다.

2 경영학은 기업을 대상으로 하는 학문이고, 회계학은 기업에서 이루어지는 많은 일들을 숫자로 측정하여 보고하는 규칙을 이론적으로 정립한 학문이다. 소규모의 기업이라면 기업에서 이루어지는 일들을 한눈에 파악하는 것이 가능하겠지만, 기업규모가 대형화되면 기업의 여러 일들을 잘 모아서 요약된 정보를 산출할 필요성이 증가하게 된다.

기업들은 포괄손익계산서와 재무상태표 등 회계기준에서 약속된 표를 통하여 자신들의 기업에 대한 정보를 이해관계자들에게 제공한다. 이러한 과정에서 가장 합리적인 방법과 절차를 찾아내는 이론이 회계학의 영역이 된다. 자본주의 사회에서 기업은 공공성을 지닌다고 보기 때문에 회계정보를 산출하는 일은 기업 스스로를 위한 일이 아니고, 자본시장에 참여하는 불특정다수의 이해관계자들을 위한 일이다. 따라서 회계기준은 이 정보에 대한 여러 가지 사항들을 규정하고 있다. 한마디로, 회계학이란 회계기준에서 규정하고 있는 일련의 회계원칙들을 공부하는 것이라 할 수 있다.

구체적으로, 자본시장에서 우량기업으로 희소한 자원이 배분되기 위한 정보로서의 역할을 회계정보가 한다. 자본시장의 기능은 보다 많은 자금이 시장으로 들어와, 희소한 자원을 효율적으로 배분시키기 위함이다. 이때 기업에 자금을 투자하기 위한 투자자들은 우량기업으로 투자를 하여 높은 배당수익을 올리기를 희망할 것이며, 이 과정에서 재무상태표와 포괄손익계산서 등 공신력 있는 회계자료를 통하여 주식가격협상 등의 근거자료로서 회계정보가 이용된다. 따라서 자본시장의 규모가 발달할수록 기업에 대한 정보를 필요로 하는 투자자들의 수요는 더 증가할 것이며 이 정보의 신뢰성 등을 향상시키기 위한 노력이 회계기준이라는 형태로 나타나게 되는 것이다.

3 자본시장의 투자자, 국세청(정부), 노조, 채권자, 금융기관 등 많은 이해관계자들이 회계자료를 필요로 한다. 그런데 이들이 필요로 하는 회계자료는 정보이용목적에 따라 조금씩 다르며 이에 따라 회계학의 범위가 나뉜다.

재무회계는 회계의 기본이 되는 분야로서 재무상태표와 포괄손익계산서 등 재무제표 작성에 대한 회계기준상의 내용을 주로 다루며, 이는 중급회계, 고급회계(연결재무제표론) 등의 분야로 확대될 수 있다. 자본시장에 참여하는 불특정다수들이 이 정보에 관심이 있으며, 자본시장이 발달하면서 특히 금융기관과 채권자들의 관심도는 높아지고 있다.

원가회계 및 관리회계는 기업 내부의 원가, 비용 등을 효율적으로 관리하고 각 부서 또는 제품이 떠안아야 할 원가를 정확하게 배분하는 절차 등에 대해서 다룬다. 궁극적으로 이러한 내용은 제품가격 설정 또는 각 사업부들에 대한 평가 등에 이용되는 정보가 될 것이며, 따라서 기업 내부의 최고경영자 또는 중간관리자들이 주로 관심을 갖는 분야이다.

세무회계는 국세청 담당자들과 납세자들을 이해관계자로 하고 있으며 이들간의 조세행정을 원활히 수행하는 한편, 조세형평성을 기하기 위하여 생성된 분야라 할 수 있다. 재무회계의 순이익과 다소 차별화되는 법인세법상의 규정이 필요하며, 기타 소득세, 부가가치세, 재산세제 등을 다루는 분야이다.

4 재무제표를 구성하는 다섯 가지 묶음 : 수익, 비용, 자산, 부채, 자본
4대 재무제표 : 재무상태표, 포괄손익계산서, 현금흐름표, 자본변동표

5 (1) × : GAAP는 IFRS의 포괄적 의미로 세법과 관련이 없다.
(2) × : 이익잉여금처분계산서는 필수공시가 아닐 뿐 자발적으로 공시하는 기업들이 사용한다.

제 2 장 재무제표

1 투자자들은 자신이 갖추지 못한 부분을 가지고 있는 기업에 관심을 갖는다. 즉, 한국기업 중 기술력과 원가경쟁력은 있으나 재무구조가 불안한 회사가 있다면, 자금력이 풍부한 외국인 투자자들은 (자신들의 자금력을 가지고 충분히 재무구조를 보완해 줄 수 있을 것이므로) 이 기업에 투자를 하려 할 것이다. 따라서 이들은 매출액 대비 매출원가가 적은 매출총이익이 높은 기업을 찾으려 할 것이다. 이러한 기업이라면 기술력과 원가경쟁력이 있다고 보기 때문이다. 이자비용이 많은 기업의 당기순이익은 낮겠지만, 자신들의 자금력으로 해결가능한 영역이므로 문제 삼지 않을 것이다.

2 단기자금을 빌려줄 때에는 자금회수 여부가 가장 중요하다. 따라서 유동자산(1년 이내에 현금화 가능한 자산)이 얼마인가를 아는 것이 중요하고, 동시에 다른 금융기관으로부터도 단기자금을 얼마나 많이 차입했는가를 검토해야 한다(유동부채). 자금상의 문제가 생겼을 때, 다른 채권자에게 갚아야 할 돈이 얼마나 많은가를 검토하는 것이다. 그리고 그 다음으로 비유동자산과 비유동부채가 적정수준 이상인지 여부를 따져봐야 할 것이다.

3 (물음 1) 매출총이익 500원[=매출 600원−매출원가 100원]
(물음 2) 법인세차감전순이익 300원
[=매출총이익 500원−급여 100원−이자비용 100원]
(물음 3) 당기순이익 200원[=법인세차감전순이익 300원−법인세비용 100원]

4 (물음 1) 20×1년 매출채권 잔액 1,000원[=1년차 매출 2,000원의 50% 회수]
(물음 2) 20×2년 매출채권 잔액 1,500원
[=1년차 잔여 매출채권 1,000원 회수, 2년차 매출 3,000원의 50% 회수]

5 〈A회사〉 기초자본 500원[=1,000−500]
기말자본 1,400원[=500+500+500−100]
기말자산 2,100원[=기말부채 700+기말자본 1,400]
〈B회사〉 기말자본 2,000원[=2,500−500]

기초자본 1,100원
(기초자본+700+300−100=2,000이므로, 기초자본은 1,100원)
기초부채 500원[=기초자산 1,600원−기초자본 1,100원]
〈C회사〉 기말자본 2,000원[=3,000−1,000]
기초자본 1,000원
(기초자본+500+500=2,000이므로, 기초자본은 1,000원)
기초자산 2,000원[=기초자본 1,000원+기초부채 1,000원]

6
(물음 1) 당기순이익 200원[=매출 500원−매출원가 100원−급여 200원]
(물음 2) 이익잉여금 200원
(이 자료만으로는 당기순이익 200원이 곧 이익잉여금이 됨)
(물음 3) 자본합계 600원[=자본금 400원+이익잉여금 200원]
(물음 4) 유동부채 100원(매입채무 100원이 유동부채의 전부임)
(물음 5) 비유동부채 200원(장기차입금 200원이 비유동부채의 전부임)
(물음 6) 부채합계 300원[=매입채무 100원+장기차입금 200원]
(물음 7) 유동자산 700원[=현금 500원+매출채권 200원]
(물음 8) 비유동자산 200원(기계장치 200원이 비유동자산의 전부임)
(물음 9) 자산합계 900원[=유동자산 700원+비유동자산 200원]

7
(물음 1) 6,000원[=10,000원−4,000원]
(물음 2) 7,000원[=10,000원−1,000원−1,000원−1,000원]
(물음 3) 500원(1,000+1,000−기타비용−500=1,000이므로 기타비용은 500원)

8
(1) × : 회계기준(GAAP 등)에 따라 절차수행. 경영자가 정한 기준이 아니다.
(2) ○
(3) × : 지급된 배당금을 차감하며, 법인세비용이 아니다.
(4) × : 현금은 유동자산이다.
(5) ○
(6) ○
(7) × : 매입채무는 유동부채이다.
(8) ○
(9) ○
(10) × : 법인세차감전순이익에서 법인세비용을 차감하면 당기순이익 3,500원이 되고, 이익잉여금 역시 3,500원이 된다.

제 3 장 재무제표 작성을 위한 분개 및 수정분개

1

차 변	대 변
자산의 증가	자산의 감소
부채의 감소	부채의 증가
자본의 감소	자본의 증가
비용의 발생	수익의 발생

2

(물음 1) (차) 현 금 1,000 (대) 선 수 수 익 1,000

(물음 2) (차) 임 차 료 1,000 (대) 미지급비용 1,000
(임차료는 포괄손익계산서의 비용)

(물음 3) (차) 선 급 급 여 1,000 (대) 현 금 1,000
(선급급여는 선급임차료와 유사하게 재무상태표상 유동자산으로 구분되고, 이후 시간이 경과됨에 따라 금액이 줄어들고 그 금액만큼 포괄손익계산서에는 급여항목이 늘어나 궁극적으로 재무상태표의 이익잉여금을 줄여 대차의 균형이 맞게 됨. 선급급여, 선급임차료를 선급비용이라 해도 무방)

(물음 4) (차) 현 금 10,000 (대) 장기차입금 10,000

(물음 5) (차) 재 고 자 산(상품) 2,000 (대) 매 입 채 무 2,000

3

차변	금액	대변	금액
(차) 재 고 자 산	1,000	(대) 매 입 채 무	1,000
(차) 매 출 채 권	500	(대) 매 출	1,000
현 금	500		
(차) 매 출 원 가	500	(대) 재 고 자 산	500
(차) 유 형 자 산	500	(대) 현 금	500

(물음 1) 1월 31일 자산합계 1,000원[＝재고자산 1,000원]

(물음 2) 2월 28일 재고자신 500원[－1,000원－500원]

(물음 3) 1월 1일~2월 28일 매출총이익 500원[＝매출 1,000원－매출원가 500원]

(물음 4) 3월 1일 자산합계 1,500원
[＝재고자산 1,000원＋매출채권 500원＋현금 500원＋유형자산 500원
－재고자산 500원－현금 500원]

4 〈20×1년 분개〉

7월 1일	(차) 현 금	3,000	(대) 자 본 금	3,000
7월 1일	(차) 현 금	2,000	(대) 단기차입금	2,000
12월 31일	(차) 이 자 비 용	100	(대) 미지급비용	100
12월 1일	(차) 선급임차료	300	(대) 현 금	300
12월 31일	(차) 임 차 료	100	(대) 선급임차료	100
11월 1일	(차) 현 금	400	(대) 선 수 수 익	400
12월 31일	(차) 선 수 수 익	200	(대) 매 출	200
12월 31일	(차) 미 수 수 익	200	(대) 용 역 수 익	200

(11월 1일 분개 없음. 주 사업이라는 언급이 없으면 기타수익에 해당되는 용역수익계정을 사용함)

〈20×2년 분개〉

6월 30일	(차) 이 자 비 용	100	(대) 현 금	200
	미지급비용	100		
6월 30일	(차) 단기차입금	2,000	(대) 현 금	2,000
2월 28일	(차) 임 차 료	200	(대) 선급임차료	200
2월 28일	(차) 선 수 수 익	200	(대) 매 출	200
2월 28일	(차) 현 금	400	(대) 용 역 수 익	200
			미 수 수 익	200

(물음 1) 20×1년 당기순이익 200원
[=매출 200원+용역수익 200원−이자비용 100원−임차료 100원]

(물음 2) 20×1년 자산합계 5,500원
[=현금 5,100원+선급임차료 200원+미수수익 200원]

(물음 3) 20×2년 당기순이익 100원
[=매출 200원+용역수익 200원−이자비용 100원−임차료 200원]

(물음 4) 20×2년 이익잉여금 300원[=당기순이익의 2년 치 누적액]

5 〈20×1년 분개〉

7월 1일	(차) 현 금	2,000	(대) 단기차입금	2,000
12월 31일	(차) 이 자 비 용	300	(대) 미지급비용	300
11월 1일	(차) 선급임차료	600	(대) 현 금	600
12월 31일	(차) 임 차 료	400	(대) 선급임차료	400
12월 1일	(차) 현 금	400	(대) 선 수 수 익	400

12월 31일	(차) 선 수 수 익	100	(대) 용 역 수 익	100
12월 31일	(차) 미 수 수 익	1,000	(대) 용 역 수 익	1,000

〈20×2년 분개〉

1월 31일	(차) 임 차 료	200	(대) 선급임차료	200
3월 31일	(차) 선 수 수 익	300	(대) 용 역 수 익	300
3월 31일	(차) 현 금	4,000	(대) 용 역 수 익	3,000
			미 수 수 익	1,000
6월 30일	(차) 이 자 비 용	300	(대) 현 금	600
	미지급비용	300		
6월 30일	(차) 단기차입금	2,000	(대) 현 금	2,000

(물음 1) 20×1년 미수수익 1,000원

(물음 2) 20×1년 기말이익잉여금 1,400원
[=기초이익잉여금 1,000원+용역수익 1,100원−임차료 400원 −이자비용 300원]

(물음 3) 20×2년 1월 1일~6월 30일 당기순이익 2,800원
[=이자수익 3,000원+용역수익 300원−이자비용 300원−임차료 200원]

(물음 4) 20×2년 6월 30일 이익잉여금 4,200원
[=기초이익잉여금 1,400원+당기순이익 2,800원]
(배당은 없다고 하였으므로)

6

(차) 매 출 채 권	3,000	(대) 매 출	3,000
(차) 매 출 원 가	2,000	(대) 재 고 자 산	2,000
(차) 매 입 채 무	1,000	(대) 현 금	1,000
(차) 급 여	500	(대) 미지급비용	500

재무상태표

20×2년 12월 31일 현재

현 금	4,000	매 입 채 무	2,000
매 출 채 권	7,000	장기차입금	7,000
토 지	3,000	미지급비용	500
		자 본 금	3,000
		이익잉여금	1,500
자산합계	14,000	부채및자본합계	14,000

포괄손익계산서
20×2년 1월 1일~12월 31일

매 출	3,000
매출원가	(2,000)
급 여	(500)
당기순이익	500

7 〈분개〉

(차) 현 금	10,000	(대) 자 본 금	10,000
(차) 선급임차료	4,000	(대) 현 금	4,000
(차) 재고자산	1,000	(대) 매입채무	1,000
(차) 매입채무	500	(대) 현 금	500
(차) 매출채권	1,500	(대) 매 출	1,500
(차) 매출원가	500	(대) 재고자산	500
(차) 현 금	2,000	(대) 선수수익	2,000

〈수정분개〉

(차) 임 차 료	2,000	(대) 선급임차료	2,000
(차) 선수수익	1,000	(대) 매 출	1,000

재무상태표
20×1년 12월 31일 현재

현 금	7,500	매입채무	500
선급임차료	2,000	선수수익	1,000
매출채권	1,500	자 본 금	10,000
재고자산	500	이익잉여금	0
자산합계	11,500	부채및자본합계	11,500

포괄손익계산서
20×3년 1월 1일~12월 31일

매 출	2,500
−)매출원가	(500)
=)매출총이익	2,000
−)임 차 료	(2,000)
당기순이익	0

8 〈분개〉

(차) 현 금	20,000	(대) 자 본 금	20,000
(차) 재 고 자 산	5,000	(대) 매 입 채 무	5,000
(차) 매 출 채 권	10,000	(대) 매 출	10,000
(차) 매 출 원 가	5,000	(대) 재 고 자 산	5,000
(차) 현 금	2,000	(대) 선 수 수 익	2,000

〈수정분개〉

(차) 선 수 수 익	1,000	(대) 매 출	1,000

재무상태표

20×1년 12월 31일 현재

자산 :		부채 :	
현 금	22,000	매 입 채 무	5,000
매 출 채 권	10,000	선 수 수 익	1,000
		자본 :	
		자 본 금	20,000
		이익잉여금	6,000
자산합계	32,000	부채및자본합계	32,000

포괄손익계산서

20×1년 1월 1일~12월 31일

매 출	11,000
매 출 원 가	(5,000)
당기순이익	6,000

9 〈20×1년〉

(차) 현 금	30,000	(대) 자 본 금	30,000
(차) 현 금	60,000	(대) 단기차입금	60,000
(차) 이 자 비 용	900	(대) 현 금	600
		미지급비용	300
(차) 현 금	30,000	(대) 선 수 수 익	30,000
(차) 선 수 수 익	10,000	(대) 매 출	10,000
(차) 재 고 자 산	5,000	(대) 매 입 채 무	5,000
(차) 유형자산(토지)	10,000	(대) 미 지 급 금	10,000
(차) 현 금	10,000	(대) 매 출	10,000
(차) 매 출 원 가	5,000	(대) 재 고 자 산	5,000

(차) 미 지 급 금	10,000	(대) 현 금	15,000
매 입 채 무	5,000		

재무상태표

20×1년 12월 31일 현재

현 금	114,400	미지급비용	300
유 형 자 산	10,000	선 수 수 익	20,000
		장기차입금	60,000
		자 본 금	30,000
		이익잉여금	14,100
자산합계	124,400	부채및자본합계	124,400

포괄손익계산서

20×1년 1월 1일~12월 31일

매 출	20,000
매 출 원 가	(5,000)
이 자 비 용	(900)
당기순이익	14,100

〈20×2년〉

(차) 이 자 비 용	300	(대) 현 금	600
미지급비용	300		
(차) 단기차입금	60,000	(대) 현 금	60,000
(차) 선 수 수 익	20,000	(대) 매 출	20,000

재무상태표

20×2년 12월 31일 현재

현 금	53,800	미지급비용	0
유 형 자 산	10,000	선 수 수 익	0
		자 본 금	30,000
		이익잉여금	33,800
자산합계	63,800	부채및자본합계	63,800

포괄손익계산서

20×2년 1월 1일~12월 31일

매 출	20,000
매 출 원 가	(0)
이 자 비 용	(300)
당기순이익	19,700

10 〈20×1년 분개〉

(차) 현　　금	20,000	(대) 장기차입금	20,000
(차) 이 자 비 용	400	(대) 미지급비용	400
(차) 선급임차료	6,000	(대) 현　　금	6,000
(차) 임 차 료	1,000	(대) 선급임차료	1,000
(차) 미 수 수 익	20,000	(대) 매　　출	20,000

〈20×2년 분개〉

(차) 이 자 비 용	800	(대) 현　　금	1,200
미지급비용	400		
(차) 이 자 비 용	400	(대) 미지급비용	400
(차) 임 차 료	5,000	(대) 선급임차료	5,000
(차) 현　　금	120,000	(대) 매　　출	100,000
		미 수 수 익	20,000

〈20×3년 분개〉

(차) 장기차입금	20,000	(대) 현　　금	20,000
(차) 이 자 비 용	800	(대) 현　　금	1,200
미지급비용	400		

재무상태표

20×1년 12월 31일 현재

자산 :		부채 :	
현　　금	114,000	미지급비용	400
선급임차료	5,000	매 입 채 무	30,000
미 수 수 익	20,000	장기차입금	20,000
재 고 자 산	50,000	부채합계	50,400
토　　지	50,000	자본 :	
		자 본 금	100,000
		이익잉여금	88,600
		자본합계	188,600
자산합계	239,000	부채및자본합계	239,000

포괄손익계산서

20×1년 1월 1일~12월 31일

매　　출	20,000
이 자 비 용	(400)
임 차 료	(1,000)
당기순이익	18,600

재무상태표

20×2년 12월 31일 현재

자산 :		부채 :	
현　　금	232,800	미지급비용	400
재고자산	50,000	매입채무	30,000
토　　지	50,000	장기차입금	20,000
		부채합계	50,400
		자본 :	
		보통주자본금	100,000
		이익잉여금	182,400
		자본합계	282,400
자산합계	332,800	부채및자본합계	332,800

포괄손익계산서

20×2년 1월 1일~12월 31일

매　　출	100,000
이자비용	(1,200)
임 차 료	(5,000)
당기순이익	93,800

11

(1) ×: 자산의 역할이 당기에 끝나지 않지만, 무한하지는 않다.

(2) ×: 법인세비용이 아니고 배당지출액이다.

(3) ○

(4) ×: 특정시점 현재 자산과 부채 및 자본에 대한 정보를 제공하는 재무제표는 재무상태표이다.

(5) ○

제 4 장 재고자산

1

(1) ○
(2) ○
(3) × : 재공품은 미완성 제품, 원재료는 미가공 상태의 재고자산을 의미한다.
(4) × : 판매목적으로 취득한 자산은 재고자산으로 분류한다.
(5) ○
(6) ○
(7) × : 32,000원

2

(2)에서 매출할인은 매출에서 직접 차감하므로 비용이 아니다.
(3)에서 매출환입은 반품된 경우를 말한다.
(4)에서 매출에누리는 하자로 인하여 값을 깎아 준 경우에 나타난다.
((1)은 맞는 표현임)

3

선입선출법에 의한 매출원가 14,000원[=6,000+8,000]
(300개를 매입해 먼저 들어온 200개 판매)
이동평균법에 의한 매출원가 15,500원[=7,000(60과 80의 평균)+8,500((70+100)/2)]
총평균법을 적용한 기말재고자산은 8,000원[=24,000−16,000]

4

매출원가 32,000원[=200개×100원+100개×120원]

5

(물음 1) 선입선출법/실사법

- 판매가능재고액 810,000원
  [=100개×1,000원+200개×1,300원+300개×1,500원]
- 기말재고자산 75,000원[=50개×1,500원]
- 매출원가 735,000원[=810,000원−75,000원]

(물음 2) 이동평균법

- 2월 1일 평균단가 1,200원
  [=(100개×1,000원+200개×1,300원)/(100개+200개)]
- 9월 1일 평균단가 1,425원
  [=(100개×1,200원+300개×1,500원)/(100개+300개)]

- 매출원가 738,750원[=(1,200원×200개)+(1,425원×350개)]
- 기말재고자산 71,250원[=1,425원×50개]

(물음 3) 총평균법

- 평균단가 1,350원
  [=(100개×1,000원+200개×1,300원+300개×1,500원)/(100개+200개+300개)]
- 매출원가 742,500원[=1,350원×550개]
- 기말재고자산 67,500원[=1,350원×50개]

6 (물음 1) 물가가 하락하는 상황에서는 선입선출법의 경우가 평균법의 경우보다 당기순이익이 적을 수 있다.

(물음 2) 매출원가를 적게 계상했을 것이므로 당기순이익은 과대평가된다.

(물음 3) 다른 평가방법은 재고자산의 흐름을 가정한 것이지만, 개별법은 일일이 검토하여 재고자산평가가 이루어지므로 수고와 노력이 많이 들어가기는 하지만 가장 조작의 여지가 적다고 할 수 있다.

7

(차) 재고자산	6,000	(대) 현금	6,000
(차) 현금	10,000	(대) 매출	10,000
(차) 매출원가	3,000	(대) 재고자산	3,000
(차) 재고자산감모손실	1,000	(대) 재고자산	1,000

〈원가성이 없는 경우〉

재무상태표

20×1년 12월 31일 현재

현금	14,000	자본금	10,000
재고자산	2,000	이익잉여금	6,000
자산합계	16,000	부채및자본합계	16,000

포괄손익계산서

20×1년 1월 1일~12월 31일

매출	10,000
매출원가	(3,000)
재고자산감모손실	(1,000)
당기순이익	6,000

〈원가성이 있는 경우〉

재무상태표

20×1년 12월 31일 현재

현 금	14,000	자 본 금	10,000
재 고 자 산	2,000	이익잉여금	6,000
자산합계	16,000	부채및자본합계	16,000

포괄손익계산서

20×1년 1월 1일~12월 31일

매 출	10,000
매 출 원 가	(4,000)
당기순이익	6,000

8 (1) ×: 같다.

(2) ×: 같다.

(3) ○

(4) ×: 둘의 설명이 바뀌었다.

(5) ×: 재고자산평가충당금은 재고자산평가손실과 함께 발생한다.

9 (물음 1) 기말재고자산 48,000원, 매출원가 20,000원

[남아 있는 300개는 늦게 들어온 300개×160원=48,000원,
팔린 200개는 먼저 들어온 200개×100원=20,000원]

(물음 2) 기말재고자산 40,800원, 매출원가 27,200원

[단가 136원(=68,000원/500개)이므로 기말재고는 300개×136원=40,800원,
매출원가는 200개×136원=27,200원]

(물음 3) 기말재고자산 43,500원, 매출원가 24,500원

[2월 1일 판매시점 단가는 100원,
4월 1일 판매시점 단가는 (100개×100원+300개×160원)/400개=145원,
따라서 기말재고는 300개×145원=43,500원,
매출원가는 100개×100원+100개×145원=24,500원]

10 매출원가 4,000원[=직접노무비 1,000원+원재료구입 1,000원+공장설비 감가상각비 1,000원+공장전력비 1,000원]

(이 외에 사무직원 급여 500원, 본사 사무실 임차료 500원, 본사설비 감가상각비 1,000원 등 2,000원은 매출원가가 아니고 관리비에 포함됨. 유형자산처분손실은 기타비용이며, 법인세비용은 별도로 표시해야 함)

11 매출원가 4,000원[=직접노무비 1,000원+기초원재료재고 2,000원+당기원재료구입 1,000원−기말원재료재고 1,000원+공장설비 감가상각비 1,000원+공장전력비 1,000원+기초재공품재고 1,000원−기말재공품재고 2,000원+기초제품재고 2,000원−기말제품재고 2,000원]

12

제조원가명세서(20×1)

직접재료비 (5,000+10,000−3,000=)	12,000
직접노무비	2,000
제조간접비	3,000
당기총제조원가	17,000
기초재공품재고	6,000
−)기말재공품재고	3,000
당기제품제조원가	20,000

매출원가 25,000원[=10,000+20,000−5,000]

13 (1), (2)로부터 제조간접비는 5,000원, (5)에 의해 직접노무비와 제조간접비, 직접재료비는 모두 같은 금액이라는 사실을 알 수 있다.

(물음 1) 직접노무비 5,000원

(물음 2) 당기총제조원가 15,000원(직접노무비+제조간접비+직접재료비)

(물음 3) 재공품재고가 없으므로 당기제품제조원가=당기총제조원가=15,000원

(물음 4) 원재료 당기매입액 5,000원(기초재료재고와 기말재료재고가 같으므로)

(물음 5) 당기제품제조원가가 15,000원인 상태에서 기말제품재고가 없으며 매출원가가 20,000원이라면, 기초에 5,000원의 제품재고가 있었다는 것이다.

(물음 6) 매출 25,000원−매출원가 20,000원=매출총이익 5,000원에서 판매부의 컴퓨터 감가상각비(관리비) 5,000원을 차감하면 당기순이익은 0원

14 (1) ×: 재무상태표 대신 포괄손익계산서의 급여 등을 살펴보아야 한다.

(2) ×: 이들에 대한 정보는 제조원가명세서에 있고, 재무상태표의 재고자산에 원재료, 재공품의 재고에 대한 정보가 일부 있으며, 포괄손익계산서에는 매출원가에 포함되어 있어 이들에 대한 정보만을 구분할 수는 없다.

(3) ○: 감가상각누계액에는 본사의 감가상각비와 공장의 감가상각에 대한 정보가 모두 포함되어 있다.

(4) ○: 공장직원 급여는 재고자산에 남아 있을 수 있다.

(5) ×: 재무상태표에는 재고자산에 대한 정보만 있고, 노무비 등이 얼마나

사용되었는지는 제조원가명세서에 나타난다.

15
- 직접노무비 2,000원
- 직접재료비 2,000원(기초원가의 50%가 직접재료비이므로)
- 제조간접비 4,000원

(물음 1) 당기총제조원가 8,000원
(물음 2) 당기제품제조원가 9,000원[=2,000+8,000−1,000]
(물음 3) 매출원가는 18,000원[=36,000원×50%]이고,
매출원가 18,000원=기초제품재고 15,000원+당기제품제조원가 9,000원−X(기말제품재고)이므로 기말제품재고는 6,000원
따라서 기말 재무상태표에는 원재료재고 0, 재공품재고 1,000원, 제품재고 6,000원으로 보고된다.

16 매출액 200,000원의 40%인 80,000원이 매출원가이다. 기초제품재고액과 기말제품재고액이 같다면, 당기제품제조원가가 곧 매출원가가 된다. 그리고 이 금액이 제조원가명세서의 가장 밑줄에 들어가는 계정이다. 따라서 당기제품제조원가 80,000원이 정답이다.

제 5 장 매출채권

1

(물음 1)	(차) 손 상 차 손	500	(대) 손실충당금	500
(물음 2)	(차) 손실충당금	500	(대) 매 출 채 권	500
(물음 3)	(차) 미 수 수 익	100	(대) 이 자 수 익	100

2

20×1년	(차) 매 출 채 권	1,000,000	(대) 매 출	1,000,000
	(차) 손 상 차 손	20,000	(대) 손실충당금	20,000
20×2년	(차) 매 출 채 권	1,500,000	(대) 매 출	1,500,000
	(차) 손실충당금	500	(대) 매 출 채 권	500
	(차) 손 상 차 손	30,490	(대) 손실충당금	30,490

(2,499,500원의 2%는 49,990원이고, 손실충당금 잔액 19,500원을 빼면 30,490원을 손실충당금에 추가해야 함)

재무상태표

20×1년 12월 31일 현재

자산 :			자본 :	
현 금		1,000,000	자 본 금	1,000,000
매 출 채 권	1,000,000		이익잉여금	980,000
(손실충당금)	(20,000)	980,000		
자산합계		1,980,000	부채및자본합계	1,980,000

포괄손익계산서

20×1년 1월 1일~12월 31일

매 출	1,000,000
손 상 차 손	(20,000)
당기순이익	980,000

재무상태표

20×2년 12월 31일 현재

자산 :			자본 :	
현 금		1,000,000	자 본 금	1,000,000
매 출 채 권	2,499,500		이익잉여금	2,449,510
(손실충당금)	(49,990)	2,449,510		
자산합계		3,449,510	부채및자본합계	3,449,510

포괄손익계산서

20×2년 1월 1일～12월 31일

매 출	1,500,000
손 상 차 손	(30,490)
당기순이익	1,469,510

3 20×1년 (차) 매 출 채 권 1,000,000 (대) 매 출 1,000,000
(차) 손 상 차 손 100,000 (대) 손실충당금 100,000

재무상태표

20×2년 12월 31일 현재

자산 :			자본 :	
매 출 채 권	2,000,000		자 본 금	900,000
(손실충당금)	(200,000)	1,800,000	이익잉여금	900,000
자산합계		1,800,000	부채및자본합계	1,800,000

포괄손익계산서

20×1년 1월 1일～12월 31일

매 출	1,000,000
손 상 차 손	(100,000)
당기순이익	900,000

20×2년 (차) 매 출 채 권 1,500,000 (대) 매 출 1,500,000
(차) 손실충당금 100,000 (대) 매 출 채 권 100,000
(자) 현 금 3,400,000 (대) 메 출 체 권 3,400,000
(차) 손실충당금 100,000 (대) 손실충당금환입 100,000

재무상태표

20×2년 12월 31일 현재

자산 :		자본 :	
현 금	3,400,000	자 본 금	900,000
		이익잉여금	2,500,000
자산합계	3,400,000	부채및자본합계	3,400,000

포괄손익계산서

20×2년 1월 1일~12월 31일

매 출	1,500,000
손실충당금환입	100,000
당기순이익	1,600,000

4

10,000,000×1%=100,000원

800,000×5%=40,000원

200,000×10%=20,000원

100,000×20%=20,000원

손실충당금 필요액은 180,000원이며 손실충당금 기초잔액이 40,000원으로 주어졌으므로 140,000원의 손상차손을 추가로 인식해야 한다.

5

(물음 1) 20×1년 : 4,000−1,000−200(손상차손)=2,800원

(물음 2) 20×2년 : 6,000−3,000−100(손상차손)=2,900원(20×1년 매출채권 잔액은 모두 회수되고 20×2년 발생 매출채권의 50%만 기말에 남음)
(50%가 당해 연도에 회수되므로 20×1년의 손실충당금 잔액은 200원, 20×2년의 손실충당금 잔액은 300원이어야 함. 따라서 손실충당금을 100원만큼 추가설정하면 됨)

6

8월 1일	(차) 매 출 채 권	10,000	(대) 매 출	10,000
	(차) 현 금	4,000	(대) 매 출 채 권	5,000
	매출채권처분손실	1,000		
	(차) 현 금	4,500	(대) 단기차입금	5,000
	이 자 비 용	500		
	(차) 손 상 차 손	50	(대) 손실충당금	50

기초잔액이었던 현금 100,000원, 자본금 100,000원을 고려하면,

재무상태표
20×1년 12월 31일 현재

유동자산 :			부채 :	
현　　금		108,500	단기차입금	5,000
매 출 채 권	5,000		자본 :	
(손실충당금)	(50)	4,950	자 본 금	100,000
			이익잉여금	8,450
자산합계		113,450	부채및자본합계	113,450

포괄손익계산서
20×1년 1월 1일~12월 31일

매　　출	10,000
손 상 차 손	(50)
매출채권처분손실	(1,000)
이 자 비 용	(500)
당기순이익	8,450

7

(1) (차)	매 출 채 권	20,000	(대) 매　　출	20,000
(2) (차)	현　　금	8,000	(대) 매 출 채 권	10,000
	매출채권처분손실	2,000		
(3) (차)	현　　금	9,000	(대) 단기차입금	10,000
	이 자 비 용	1,000		
(4) (차)	부 도 어 음	10,000	(대) 매 출 채 권	10,000
	단기차입금	10,000	현　　금	10,000

당기순이익=20,000−2,000−1,000=17,000원

8

〈20×1년 분개〉

(차) 현　　금	120,000	(대) 보통주자본금	50,000
		주식발행초과금	70,000
(차) 현　　금	240,000	(대) 선 수 수 익	240,000
(차) 선 수 수 익	30,000	(대) 기 타 수 익	30,000
(차) 재 고 자 산	20,000	(대) 매 입 채 무	20,000
(차) 매 출 채 권	15,000	(대) 매　　출	15,000
(차) 매 출 원 가	5,000	(대) 재 고 자 산	5,000
(차) 손 상 차 손	1,000	(대) 손실충당금	1,000

〈20×2년 분개〉

(차) 선 수 수 익	120,000	(대) 기 타 수 익	120,000
(차) 매 출 채 권	40,000	(대) 매 출	40,000
(차) 매 출 원 가	10,000	(대) 재 고 자 산	10,000
(차) 손실충당금	500	(대) 매 출 채 권	500
(차) 현 금	10,000	(대) 매 출 채 권	10,000
(차) 손 상 차 손	2,000	(대) 손실충당금	2,000

(20×2년 매출채권 잔액 44,500원, 손실충당금 잔액 500원인 상태에서, 손실충당금 잔액을 2,500원으로 만들어야 하므로 손실충당금 2,000원을 추가시키는 분개 필요)

〈20×3년 분개〉

(차) 선 수 수 익	90,000	(대) 기 타 수 익	90,000
(차) 손실충당금	2,500	(대) 매 출 채 권	3,000
손 상 차 손	500		
(차) 현 금	41,500	(대) 매 출 채 권	41,500

재무상태표

20×1년 12월 31일 현재

자산 :			부채 :		
현 금	360,000		선 수 수 익	210,000	
재 고 자 산	15,000		매 입 채 무	20,000	
매 출 채 권	15,000		자본 :		
손실충당금	(1,000)		보통주자본금	50,000	
			주식발행초과금	70,000	
			이익잉여금	39,000	
			자본합계	159,000	[3번답]
자산합계	389,000	[2번답]	부채및자본합계	389,000	

포괄손익계산서

20×1년 1월 1일~12월 31일

매 출	15,000	
매 출 원 가	(5,000)	
손 상 차 손	(1,000)	
기 타 수 익	30,000	
당기순이익	39,000	[1번답]

재무상태표
20×2년 12월 31일 현재

자산 :			부채 :		
현 금	370,000		선 수 수 익	90,000	
재 고 자 산	5,000	[5번답]	매 입 채 무	20,000	
매 출 채 권	44,500		부채합계	110,000	[7번답]
손실충당금	(2,500)		자본 :		
			보통주자본금	50,000	
			주식발행초과금	70,000	
			이익잉여금	187,000	
자산합계	417,000	[6번답]	부채및자본합계	417,000	

포괄손익계산서
20×2년 1월 1일~12월 31일

매 출	40,000	
매 출 원 가	(10,000)	
손 상 차 손	(2,000)	
기 타 수 익	120,000	
당기순이익	148,000	[4번답]

재무상태표
20×3년 12월 31일 현재

자산 :				
현 금	411,500		매 입 채 무	20,000
재 고 자 산	5,000	[9번답]	보통주자본금	50,000
			주식발행초과금	70,000
			이익잉여금	276,500
자산합계	416,500	[10번답]	부채및사본합계	416,500

포괄손익계산서
20×3년 1월 1일~12월 31일

손 상 차 손	(500)	
기 타 수 익	90,000	
당기순이익	89,500	[8번답]

9 〈20×1년 분개〉

(차) 재 고 자 산	1,000,000	(대) 현 금	1,000,000
(차) 매 출 채 권	1,500,000	(대) 매 출	1,500,000
(차) 매 출 원 가	890,000	(대) 재 고 자 산	800,000
		재고자산평가충당금	90,000
(차) 재고자산감모손실	100,000	(대) 재 고 자 산	100,000
(차) 현 금	1,300,000	(대) 단기차입금	1,500,000
이 자 비 용	200,000		

〈20×2년 분개〉

(차) 단기차입금	1,500,000	(대) 매 출 채 권	1,500,000
(차) 부 도 어 음	200,000	(대) 현 금	200,000
(차) 손 상 차 손	200,000	(대) 부 도 어 음	200,000

재무상태표

20×1년 12월 31일 현재

현 금	3,300,000	단기차입금	1,500,000
재 고 자 산	300,000	자 본 금	3,200,000
재고자산평가충당금	(90,000)	이익잉여금	310,000
매 출 채 권	1,500,000		
자산합계	5,010,000	부채및자본합계	5,010,000

포괄손익계산서

20×1년 1월 1일~12월 31일

매 출 액	1,500,000
매 출 원 가	(890,000)
매출총이익	610,000
재고자산감모손실	(100,000)
이 자 비 용	(200,000)
당기순이익	310,000

재무상태표

20×2년 12월 31일 현재

현 금	3,100,000	단기차입금	0
재 고 자 산	300,000	자 본 금	3,200,000
재고자산평가충당금	(90,000)	이익잉여금	110,000
자산합계	3,310,000	부채및자본합계	3,310,000

포괄손익계산서

20×2년 1월 1일~12월 31일

매 출 액	0
매 출 원 가	(0)
손 상 차 손	(200,000)
당기순이익	(200,000)

10 (1) ○

(2) ×: 매출채권의 하위계정으로는 외상매출금과 받을어음이 있다.

(3) ○

(4) ○

(5) ×: 상환청구권이 없는 매출채권의 양도는 모든 권리와 위험이 양수인에게 이전되기 때문에 매출채권을 장부에서 제거하고, 매출채권 장부금액에서 현금수취액을 차감한 금액을 매출채권처분손실로 인식한다.

제 6 장 유형자산 및 무형자산

1 ③ 물가가 상승할 때, 선입선출법이 더 높은 당기순이익을 시현하며 평균법에서 상대적으로 낮은 당기순이익을 산출하게 된다. 한편, 정률법은 설비투자 초기연도에 상각액이 많고 이후 점차 줄어드는 방법이고 정액법은 매년 상각액이 일정한 방법이다.

2 (1)과 (2)는 맞음

(3) 틀림 : 건물을 증여받은 경우 공정가에 해당하는 금액으로 건물을 인식하고 이를 자산수증이익으로 처리한다. 분개를 하지 않는 것이 바람직하다는 주장도 있으나, 보유하는 건물의 평균가를 적용하는 것은 부적절하다.

3

(1)	(차) 감가상각비	20	(대) 감가상각누계액_기계장치	20
(2)	(차) 건설중인자산	10,000	(대) 현 금	10,000
	(차) 현 금	10,000	(대) 단기차입금	10,000
	(차) 이 자 비 용	1,000	(대) 현 금	1,000

4 (물음 1) 20×2년 감가상각비 3,000원[=(10,000−1,000)/3]

(물음 2) 20×2년 감가상각누계액_기계장치 6,000원[=3,000×2]

5 (물음 1) 20×2년 감가상각누계액_기계장치 6,000원

(물음 2) 20×3년 처분시점의 유형자산처분이익 1,500원
(1,500원짜리를 3,000원에 판매했으므로)

6 (물음 1) 정액법에서의 20×1년 매출총이익 1,300,000원
[=2,000,000−700,000=1,300,000원(매출원가는 700개×1,000원 =700,000원)]

(물음 2) 정액법에서의 20×1년 당기순이익 725,000원
[=2,000,000−700,000−200,000−375,000=725,000원]

(물음 3) 정률법에서의 20×1년 당기순이익 300,000원
[=2,000,000−700,000−200,000−800,000(=1,600,000×50%)]

(물음 4) 정률법에서의 20×2년말 감가상각누계액_기계장치 1,200,000원
[=첫째 해 감가상각비 800,000, 둘째 해 감가상각비 400,000]

7

(물음 1) 〈20×1년 1월 1일〉

(차) 기계장치	40,000	(대) 현금	40,000
(차) 건물	50,000	(대) 현금	50,000

(물음 2) 〈20×1년말의 감가상각〉

(차) 감가상각비	18,000	(대) 감가상각누계액_기계장치	8,000
		감가상각누계액_건물	10,000

(물음 3) 20×1년말 재무상태표상 건물 50,000원, 감가상각누계액_건물 10,000원

(물음 4) 20×1년 발생한 감가상각비 18,000원

(물음 5) 〈20×2년 6월 30일〉

(차) 감가상각비	4,000	(대) 감가상각누계액_기계장치	4,000
(차) 감가상각누계액_기계장치	12,000*	(대) 기계장치	40,000
현금	28,000		

* 6개월 치 4,000원이 반영되어 12,000원이 됨

8

20×1년	(차) 건물	12,000	(대) 자산수증이익	12,000
	(차) 기계장치	1,000	(대) 미지급금	1,000
	(차) 감가상각비	3,250	(대) 감가상각누계액_건물	3,000
			감가상각누계액_기계장치	250
	(치) 현금	5,000	(대) 매출	5,000
20×2년	(차) 감가상각비	125	(대) 감가상각누계액_기계장치	125
	(차) 현금	1,000	(대) 기계장치	1,000
	(차) 감가상각누계액_기계장치	375	(대) 유형자산처분이익	375
	(차) 감가상각비	3,000	(대) 감가상각누계액_건물	3,000
	(차) 현금	5,000	(대) 매출	5,000

재무상태표
20×1년 12월 31일 현재

현 금		25,000	미 지 급 금	1,000
건 물	12,000		자 본 금	20,000
감가상각누계액_건물	(3,000)	9,000	이익잉여금	13,750
기 계 장 치	1,000			
감가상각누계액_기계장치	(250)	750		
자산합계		34,750	부채및자본합계	34,750

포괄손익계산서
20×1년 1월 1일～12월 31일

매 출	5,000
감가상각비	(3,250)
자산수증이익	12,000
당기순이익	13,750

재무상태표
20×2년 12월 31일 현재

현 금	31,000	미 지 급 금	1,000
건 물	12,000	자 본 금	20,000
감가상각누계액_건물	(6,000)	이익잉여금	16,000
자산합계	37,000	부채및자본합계	37,000

포괄손익계산서
20×2년 1월 1일～12월 31일

매 출	5,000
감가상각비	(3,125)
유형자산처분이익	375
당기순이익	2,250

9

- 20×3년말 무형자산 4,000원(20×3년부터 상각에 들어감)
- 20×5년 무형자산상각비 3,000원
  (20×5년에는 무형자산 잔존가치 3,000원 모두를 상각하므로)

10 영업권 2,000원, 특허권 10,000원, 개발비 6,000원, 연구비 5,000원

- 20×1년초 현재 무형자산은 연구비를 제외한 18,000원
- 20×1년말 영업권손상차손 400원, 특허권상각 2,500원
  (→ 20×1년말 무형자산은 15,100원)
- 20×2년말 영업권손상차손 400원, 특허권상각 2,500원, 개발비상각 2,000원
  (→ 20×2년말 무형자산은 10,200원)
- 20×3년말 영업권손상차손 400원, 특허권상각 2,500원, 개발비상각(전액) 4,000원
  (→ 20×3년말 무형자산은 3,300원)

11

20×1년	(차) 연 구 비	300	(대) 현 금	1,500
	경상개발비	200		
	개 발 비	1,000		
	(차) 현 금	800	(대) 매 출	800
20×2년	(차) 무형자산상각비	200	(대) 개 발 비	200
	(차) 현 금	800	(대) 매 출	800
20×3년	(차) 무형자산상각비	200	(대) 개 발 비	200
	(차) 현 금	800	(대) 매 출	800
20×4년	(차) 무형자산상각비	600	(대) 개 발 비	600
	(차) 현 금	800	(대) 매 출	800

재무상태표
20×1년 12월 31일 현재

현 금	2,300	자 본 금	3,000
개 발 비	1,000	이익잉여금	300
자산합계	3,300	부채및자본합계	3,300

포괄손익계산서
20×1년 1월 1일~12월 31일

매 출	800
연 구 비	(300)
경상개발비	(200)
당기순이익	300

재무상태표
20×2년 12월 31일 현재

현 금	3,100	자 본 금	3,000
개 발 비	800	이익잉여금	900
자산합계	3,900	부채및자본합계	3,900

포괄손익계산서
20×2년 1월 1일~12월 31일

매 출	800
무형자산상각비	(200)
당기순이익	600

재무상태표
20×3년 12월 31일 현재

현 금	3,900	자 본 금	3,000
개 발 비	600	이익잉여금	1,500
자산합계	4,500	부채및자본합계	4,500

포괄손익계산서
20×3년 1월 1일~12월 31일

매 출	800
무형자산상각비	(200)
당기순이익	600

재무상태표
20×4년 12월 31일 현재

현 금	4,700	자 본 금	3,000
개 발 비	0	이익잉여금	1,700
자산합계	4,700	부채및자본합계	4,700

포괄손익계산서
20×4년 1월 1일~12월 31일

매 출	800
무형자산상각비	(600)
당기순이익	200

12 〈20×1년 분개〉

(차) 기 계 장 치	110,000	(대) 미 지 급 금	110,000
(차) 건설중인자산	100,000	(대) 현 금	100,000
(차) 감가상각비	40,000	(대) 감가상각누계액_기계장치	40,000

〈20×2년 분개〉

(차) 건설중인자산	60,000	(대) 현 금	60,000
(차) 건 물	160,000	(대) 건설중인자산	160,000
(차) 감가상각비	30,000	(대) 감가상각누계액_기계장치	30,000
(차) 감가상각비	80,000	(대) 감가상각누계액_건물	80,000
(차) 현 금	200,000	(대) 기 계 장 치	110,000
감가상각누계액_기계장치	70,000	유형자산처분이익	160,000

재무상태표

20×1년 12월 31일 현재

현 금	200,000	미 지 급 금	110,000
건설중인자산	100,000	자 본 금	200,000
기 계 장 치	110,000	이익잉여금	60,000
감가상각누계액_기계장치	(40,000)		
자산합계	370,000	부채및자본합계	370,000

포괄손익계산서

20×1년 1월 1일~12월 31일

감가상각비	(40,000)
당기순이익	(40,000)

재무상태표

20×2년 12월 31일 현재

현 금	340,000	미 지 급 금	110,000
건 물	160,000	자 본 금	200,000
감가상각누계액_건물	(80,000)	이익잉여금	110,000
자산합계	420,000	부채및자본합계	420,000

포괄손익계산서
20×2년 1월 1일~12월 31일

유형자산처분이익	160,000
감가상각비	(110,000)
당기순이익	50,000

13 (1) ×: 유형자산의 취득원가는 해당 자산이 사용가능한 상태에 달할 때까지 소요되는 모든 지출액을 합하여 산출한다.

(2) ×: 경우에 따라 다르다.

(3) ×: 경상개발비는 그 자체가 비용이다.

(4) ○

(5) ×: 건설중인자산도 감가상각하지 않는다.

(6) ×: 유형자산처분이익이 인식된다.

(7) ×: 6,000원

(8) ○

제 7 장 금융자산 관련 주요 회계처리

1 (1) (차) 소 액 현 금 5,000,000 (대) 현 금 5,000,000
(재무상태표에는 그대로 '현금'으로 기록된다)

(2) (차) 소모품비 등 4,000,000 (대) 현 금 4,500,000
현금과부족 500,000
* 기말까지 '현금과부족'의 원인을 알 수 없었다면, 다음 분개가 추가된다.
(차) 잡 손 실 500,000 (대) 현금과부족 500,000

2

은행계정조정표

은행측 잔액	3,000
차감 : 미결제수표	(300)
수정후 은행측 잔액	2,700
회사측 잔액	3,000
차감 : 부도수표	(300)
수정후 회사측 잔액	2,700

3 FVPL금융자산, FVOCI금융자산, AC금융자산

4 연간유효이자율 13.33%, 6개월간 부담하는 유효이자율 6.67%
(150만원을 차입하고 20만원의 이자를 지급하는 거래나 다름없다)

5 ② 금융자산에 대한 정의이다.

6 ① 직원가불금은 대여금, 우표는 선급비용, 타회사 주식은 FVPL금융자산 등이 되며, 그 외 보기의 모든 사항이 현금계정에 포함될 수 있다.

7 ③ 관계기업투자주식은 주식에 대해서 적용되며 AC금융자산은 채권에 대해서 적용된다.

8 〈20×1년 7월 1일〉

(차) 현 금	10,000,000	(대) 자 본 금	10,000,000
(차) FVPL금융자산	6,000,000	(대) 현 금	6,000,000

〈20×1년 10월 1일〉

(차) 현 금	3,000,000	(대) 매 출	3,000,000

〈20×1년 12월 31일〉

(차) 현 금	100,000	(대) 이 자 수 익	50,000
		배당금수익	50,000
(차) FVPL금융자산	550,000	(대) FVPL금융자산평가이익	550,000
(차) FVPL금융자산평가손실	200,000	(대) FVPL금융자산	200,000

〈20×2년 6월 30일〉

(차) 현 금	50,000	(대) 이 자 수 익	50,000

〈20×2년 7월 1일〉

(차) 현 금	1,950,000	(대) FVPL금융자산	2,150,000
FVPL금융자산처분손실	200,000		

〈20×2년 10월 1일〉

(차) 현 금	3,000,000	(대) 매 출	3,000,000

〈20×2년 12월 31일〉

(차) 현 금	10,000	(대) 배당금수익	10,000
(차) FVPL금융자산	300,000	(대) FVPL금융자산평가이익	300,000
(차) FVPL금융자산평가손실	200,000	(대) FVPL금융자산	200,000

9 〈20×1년 7월 1일〉

(차) FVPL금융자산	3,000,000	(대) 현 금	5,000,000
FVOCI금융자산	2,000,000		

〈20×1년 12월 31일〉

(차) 현 금	500,000	(대) 이 자 수 익	500,000
(차) 현 금	1,000,000	(대) 배당금수익	1,000,000
(차) FVPL금융자산	500,000	(대) FVPL금융자산평가이익	500,000
(차) FVOCI금융자산평가손실	200,000	(대) FVOCI금융자산	200,000

〈20×2년 6월 30일〉

(차) 현 금	500,000	(대) 이 자 수 익	500,000

〈20×2년 7월 1일〉

(차)		(대)	
현　　금	3,000,000	FVPL금융자산	3,500,000
FVPL금융자산처분손실	500,000		

20×1년 FVPL금융자산 3,500,000원

20×2년 FVPL금융자산처분손실 500,000원

10 〈20×1년 1월 1일〉

(차)		(대)	
FVPL금융자산	2,000,000	현　　금	34,000,000
FVOCI금융자산	32,000,000		

〈20×1년 12월 31일〉

(차)		(대)	
현　　금	300,000	배당금수익	100,000
		이 자 수 익	200,000
FVPL금융자산평가손실	200,000	FVPL금융자산	200,000
FVOCI금융자산	200,000	FVOCI금융자산평가이익	200,000

(물음 1) 20×1년 (수익－비용) 금액 100,000원[＝300,000원－200,000원]

(물음 2) 20×1년 기타포괄손익누계액＝FVOCI금융자산평가이익 200,000원

(물음 3) 20×1년 자산합계 35,300,000원[＝현금 35,000,000원－현금 34,000,000원＋FVPL금융자산 1,800,000원＋FVOCI금융자산 32,200,000원＋현금 300,000원]

11 〈B와 관련〉

(차)		(대)	
FVPL금융자산	2,000,000	FVPL금융자산평가이익	2,000,000

〈D와 관련〉

(차)		(대)	
FVOCI금융자산평가손실	6,000,000	FVOCI금융자산	6,000,000

〈A와 관련〉

(차)		(대)	
FVPL금융자산	11,000,000	FVPL금융자산평가이익	11,000,000

〈C와 관련〉

(차)		(대)	
FVOCI금융자산	72,000,000	FVOCI금융자산평가이익	72,000,000

12 〈총평균법〉

단가 136원[=500×100+400×200+200×100=150,000원/1,100개]

매각한 FVOCI금융자산 원가 68,000원[=500×136]

남아 있는 FVOCI금융자산 원가 81,600원[=600×136]

〈이동평균법〉

단가 144원[=500×100+400×200=130,000원/900개]

매각한 FVOCI금융자산 원가 72,000원[=500×144]

남아 있는 FVOCI금융자산 원가 77,600원[=400×144+200×100]

(참고 : 1개당 단가는 77,600원/600개=129원)

13

(차) FVPL금융자산	1,000,000	(대) 현 금	1,000,000
(차) FVOCI금융자산	1,000,000	(대) 현 금	1,000,000
(차) 현 금	1,200,000	(대) FVPL금융자산	1,000,000
		FVPL금융자산처분이익	200,000
(차) 현 금	50,000	(대) 이 자 수 익	50,000
(차) FVOCI금융자산	100,000	(대) FVOCI금융자산평가이익	100,000

(물음 1) FVPL금융자산처분이익 200,000원+이자수익 50,000원

(물음 2) FVOCI금융자산 1,100,000원

14 (물음 1) 80,000원[=매출 80,000원]

(물음 2) 110,000원[=매출 80,000원+배당금수익 10,000원+이자수익 20,000원]

(물음 3) 110,000원[=FVPL금융자산 60,000원+현금 50,000원]

15

(물음 1)	(차) FVPL금융자산	53,000	(대) 현 금	56,000
	미수이자수익	3,000		
(물음 2)	(차) 현 금	6,000	(대) 이 자 수 익	3,000
			미수이자수익	3,000
(물음 3)	(차) 현 금	53,000	(대) FVPL금융자산	53,000
	(차) FVPL금융자산처분손실	1,500	(대) 이 자 수 익	1,500

16

〈20×1년 1월 1일〉

(차) FVPL금융자산	10,000	(대) 현 금	10,000
(차) FVOCI금융자산	20,000	(대) 현 금	20,000
(차) 관계기업투자주식	30,000	(대) 현 금	30,000

〈20×1년 12월 31일〉

(차) FVPL금융자산평가손실	2,000	(대) FVPL금융자산	2,000
(차) FVOCI금융자산평가손실	4,000	(대) FVOCI금융자산	4,000
(차) 관계기업투자주식	600	(대) 지분법이익	600

〈20×2년 1월 1일〉

(차) 현 금	60,000	(대) FVPL금융자산	8,000
관계기업투자주식처분손실	600	FVPL금융자산처분이익	2,000
		FVOCI금융자산	16,000
		FVOCI금융자산평가손실	4,000
		관계기업투자주식	30,600

17

(차) 현 금	10,000	(대) 자 본 금	10,000
(차) FVPL금융자산	2,000	(대) 현 금	2,000
(차) 현 금	200	(대) 이 자 수 익	200
(차) FVPL금융자산평가손실	500	(대) FVPL금융자산	500
(차) FVOCI금융자산	3,000	(대) 현 금	3,000
(차) FVOCI금융자산	300	(대) FVOCI금융자산평가이익	300
(차) 기 계 장 치	2,500	(대) 현 금	2,500
(차) 감가상각비	500	(대) 감가상각누계액_기계장치	500
(차) 특 허 권	1,000	(대) 현 금	1,000
(차) 무형자산상각비	200	(대) 특 허 권	200

재무상태표

20×2년 12월 31일 현재

현 금		1,700	자 본 금	10,000
FVPL금융자산		1,500	이익잉여금	(1,000)
FVOCI금융자산		3,300	FVOCI금융자산평가이익	300
기 계 장 치	2,500			
감가상각누계액_기계장치	(500)	2,000		
특 허 권		800		
자산합계		9,300	부채및자본합계	9,300

포괄손익계산서
20×3년 1월 1일~12월 31일

매 출	0
감가상각비	(500)
무형자산상각비	(200)
이 자 수 익	200
FVPL금융자산평가손실	(500)
당기순이익	(1,000)
기타포괄손익	300
총포괄손익	(700)

18 〈취득시점 : 20×1.1.1〉

(차) AC금융자산	95,196	(대) 현 금	95,196

(이자의 현가 : $10,000 \times (1/1.12 + 1/1.12^2 + 1/1.12^3) = 24,018$)

(원금의 현가 : $100,000 \times 1/1.12^3 = 71,178$)

(취득원가 : $24,018 + 71,178 = 95,196$)

〈20×1년말〉

(차) 현 금	10,000	(대) 이 자 수 익	11,424
AC금융자산	1,424		

(AC금융자산 연말 장부금액 : $95,196 + 1,424 = 96,620$)

〈20×2년말〉

(차) 현 금	10,000	(대) 이 자 수 익	11,595
AC금융자산	1,595		

(AC금융자산 연말 장부금액 : $96,620 + 1,595 = 98,215$)

〈20×3년말〉

(차) 현 금	10,000	(대) 이 자 수 익	11,785
AC금융자산	1,785		

(AC금융자산 연말 장부금액 : $98,215 + 1,785 = 100,000$)

(차) 현 금	100,000	(대) AC금융자산	100,000

19 〈20×1년〉

(차) 관계기업투자주식	440,000	(대) 현　　금	440,000
(차) 관계기업투자주식	40,000	(대) 지분법이익	40,000

(B사 당기순이익 100,000원의 40%)

(차) 현　　금	16,000	(대) 관계기업투자주식	16,000

(B사 배당금 40,000원의 40%)

〈20×2년〉

(차) 지분법이익	16,000	(대) 관계기업투자주식	16,000

(초과지급액 40,000원(B사 재고자산 공정가와 장부가 차이의 40%))

제 8 장 부채 관련 주요 회계처리

1 (물음 1) 매년 이자로 지급할 현금은 사채발행시부터 1,000원[=10,000×10%(=액면가×액면이자율)]으로 정해져 있다.

(물음 2) $1,000/1.12+11,000/1.12^2$=893+8,769=9,662원에 발행된 것이므로 338원[=10,000−9,662]이 첫 연도초의 사채할인발행차금이다.

(물음 3) 9,662원×0.12=1,159원이 1차년도의 이자비용이며, 이 중 1,000원은 현금지급이 이루어지고 159원은 사채할인발행차금이 상각된 부분이다. 따라서 2차년도초의 회사채 순액은 9,821원[=9,662+159]이 되고, 2차년도의 이자비용은 9,821×0.12=1,179원이 된다.

2 10,000원 : 액면이자율과 시장이자율이 같으므로 사채가격=액면금액

3 $1,000/1.15+1,000/1.15^2+11,000/1.15^3$=8,859원

이 사채의 가격은 8,859원, 사채할인발행차금은 1,141원[=10,000−8,859]

〈20×1년 1월 1일 발행시〉

(차) 현 금	8,859	(대) 사 채		10,000
사채할인발행차금	1,141			

〈20×1년 12월 31일 1차년도 이자지급시〉

(차) 이 자 비 용	1,329	(대) 현 금	1,000
		사채할인발행차금	329

(8,859원×0.15=1,329원, 사채할인발행차금잔액은 812원[=1,141−329])

재무상태표

20×1년 12월 31일 현재

현 금	7,859	사 채	10,000	
		사채할인발행차금	(812)	9,188
		이익잉여금		(1,329)
자산합계	7,859	부채및자본합계		7,859

포괄손익계산서
20×1년 1월 1일~12월 31일

이 자 비 용	(1,329)
당기순이익	(1,329)

〈20×2년 1월 1일 조기상환시〉

(차) 사　　채	10,000	(대) 현　　금	7,500
		사채할인발행차금	812
		사채상환이익	1,688

재무상태표
20×2년 12월 31일 현재

현　　금	359	사　　채	0	
		사채할인발행차금	(0)	0
		이익잉여금		359
자산합계	359	부채및자본합계		359

포괄손익계산서
20×2년 1월 1일~12월 31일

사채상환이익	1,688
당기순이익	1,688

4 20×1년 1월 1일 발행금액 : 9,341원[=(1,000/1.14+11,000/1.14^2)]
20×1년 1월 1일 재무상태표상 사채할인발행차금 : 659원[=10,000−9,341]
20×1년 이자비용 : 1,307원[=(1,000/1.14+11,000/1.14^2)×0.14]
20×1년 12월 31일 재무상태표상 사채할인발행차금 : 352원[=659−307]
20×2년 이자비용 : 1,352원[=(10,000−352)×0.14] 〈소수점 이하 올림〉
20×2년 12월 31일 재무상태표상 사채할인발행차금 : 0원

5 20×1년 (차) 제품보증비 500 (대) 제품보증충당부채 500
→ 20×1년 당기순이익=매출액 10,000원−제품보증비 500원
=9,500원

20×2년 (차) 제품보증비 1,000 (대) 제품보증충당부채 1,000
(차) 제품보증충당부채 1,000 (대) 현　　금 1,000
→ 20×2년 당기순이익=매출액 20,000원−제품보증비 1,000원
=19,000원

20×2년 제품보증충당부채 잔액 500원

* 이연법으로 하더라도 (매출액이 작아지면서) 당기순이익은 같다.

6 (물음 1) 〈발행시점〉

(차) 현 금	9,006	(대) 사 채	10,000
사채할인발행차금	994		

($9,006 = 600/1.1 + 600/1.1^2 + 10,600/1.1^3$)

(물음 2) 〈이자지급시점〉

(차) 이 자 비 용	901	(대) 현 금	600
		사채할인발행차금	301

(9,006×10%=901, 현재 사채할인발행차금 693[=994−301])

〈조기상환시점〉

(차) 사 채	10,000	(대) 현 금	9,300
		사채할인발행차금	693
		사채상환이익	7

7 (4) 할인발행 → 할증발행

8 〈만기가 3년인 경우 발행가〉

$1,000/1.14 + 1,000/1.14^2 + 11,000/1.14^3 = 877 + 770 + 7,425$

$= 9,072$원(할인발행에 해당된다)

9 (1) 액면발행 : $80,000 \times 2.57710(= 1/1.08 + 1/1.08^2 + 1/1.08^3) + 1,000,000$
$\times 0.79383(= 1/1.08^3) = 1,000,000$원

1월 1일	(차) 현 금	1,000,000	(대) 사 채	1,000,000
12월 31일	(차) 이 자 비 용	80,000	(대) 현 금	80,000

(2) 할인발행(10%) : $80,000 \times 2.48685(= 1/1.1 + 1/1.1^2 + 1/1.1^3) + 1,000,000$
$\times 0.75131(= 1/1.1^3) = 950,258$원

1월 1일	(차) 현 금	950,258	(대) 사 채	1,000,000
	사채할인발행차금	49,742		

	유효이자(10%)	액면이자(8%)	상각액	사채장부가
20×1. 1. 1				950,258
20×1.12.31	95,026	80,000	15,026	965,284
20×2.12.31	96,528	80,000	16,528	981,812
20×3.12.31	98,188	80,000	18,188	1,000,000

12월 31일 (차) 이 자 비 용 95,026 (대) 현 금 80,000
사채할인발행차금 15,026

〈두 번째 해 1월 1일 조기상환시점〉
첫해말 재무상태표에 사채는 다음과 같이 표시된다.

사 채 1,000,000
사채할인발행차금 (34,716)
사채의 순장부금액 965,284

상환시점에서의 분개는,
(차) 사 채 1,000,000 (대) 현 금 980,000
사채상환손실 14,716 사채할인발행차금 34,716

(3) 할증발행(6%) : $80{,}000 \times 2.67301(=1/1.06+1/1.06^2+1/1.06^3)+1{,}000{,}000 \times 0.83962(=1/1.06^3)=1{,}053{,}461$원

1월 1일 (차) 현 금 1,053,461 (대) 사 채 1,000,000
사채할증발행차금 53,461

(외국에서는 사채할인(할증)발행차금을 별도 표시하지 않는 경우도 있지만, 여전히 국내에서는 이와 같은 표현이 대다수임)

	유효이자(6%)	액면이자(8%)	상각액	사채장부가
20×1. 1. 1				1,053,461
20×1.12.31	63,208	80,000	16,792	1,036,669
20×2.12.31	62,200	80,000	17,800	1,018,869
20×3.12.31	61,131	80,000	18,869	1,000,000

12월 31일 (차) 이 자 비 용 63,208 (대) 현 금 80,000
사채할증발행차금 16,792

제 9 장 자본 관련 주요 회계처리

1 기업가치, 주주의 부는 재무상태표의 순자산(즉, 자본)의 증감과 관련된다. 주식배당은 이익잉여금에 속한 금액을 자본금으로 옮기는 효과에 불과하다. 주식분할은 주식수만 늘릴 뿐, 자본금의 액수는 변하지 않는다. 주식병합은 주식수만 줄어들 뿐, 자본금의 액수는 변하지 않는다. 따라서 기업의 가치와 주주의 부는 그대로이다.

기업이 현금배당을 할 경우, 이익잉여금의 일부와 자산쪽의 현금 금액 일부가 사외로 유출되므로 기업가치는 감소한다(자본의 금액이 감소한다). 자사주매입을 할 경우, 매입된 주식의 가액만큼 자본금 일부가 자본조정에서 차감되는 형식으로 기재된다. 따라서 자본총액은 감소한다. 즉, 기업가치와 주주의 부가 재무상태표상 감소했다고 할 수 있다.

2 〈20×1년 1월 1일〉

(차)	현 금	12,000	(대) 자 본 금	20,000
	주식할인발행차금	8,000		

〈20×1년 10월~12월〉

(차)	재 고 자 산	2,000	(대) 현 금	2,000
(차)	현 금	8,000	(대) 매 출	10,000
	매 출 채 권	2,000		
(차)	매 출 원 가	1,000	(대) 재 고 자 산	1,000
(차)	현 금	900	(대) 단기차입금	1,000
	이 자 비 용	100		
(차)	부 도 어 음	500	(대) 매 출 채 권	500
(차)	손 상 차 손	15	(대) 손실충당금	15
(차)	자 기 주 식	2,000	(대) 현 금	2,000
(차)	현 금	1,200	(대) 자 기 주 식	1,000
			자기주식처분이익	200

재무상태표
20×1년 12월 31일 현재

현 금		18,100	단기차입금	1,000
재고자산		1,000	자 본 금	20,000
매출채권	1,500		자본잉여금 :	
(손실충당금)	(15)	1,485	자기주식처분이익	200
부도어음		500	이익잉여금	8,885
			자본조정 :	
			자기주식	(1,000)
			주식할인발행차금	(8,000)
자산합계		21,085	부채및자본합계	21,085

* 자기주식처분이익은 자본잉여금에 속한다.
* 현금 18,100원[=12,000−2,000+8,000+900−2,000+1,200]
* 이익잉여금 8,885원[=10,000−1,000−100−15]

3

20×1년	(차) 현 금	70,000,000	(대) 자 본 금	50,000,000
			주식발행초과금	20,000,000
20×1년	(차) 자기주식	1,000,000	(대) 현 금	1,000,000
20×2년	(차) 이익잉여금	4,900,000	(대) 미교부주식배당금	4,900,000
20×2년	(차) 미교부주식배당금	4,900,000	(대) 자 본 금	4,900,000

(물음 1) 20×1년 12월 31일 자본금 : 5,000만원
(자기주식은 별도로 자본조정 기록)

(물음 2) 20×2년 3월 15일 자본조정 : 390만원
(=자기주식[(−)100만원]+미교부주식배당금[490만원])

(물음 3) 20×2년 4월 1일 자본금 : 5,000만원+490만원=5,490만원

(취득한 자기주식에 대해서는 배당을 하지 않는다. 자본금이 50,000,000원인데, 자기주식 1,000,000원이 있으므로 배당받을 주식에 해당하는 금액은 49,000,000원이고 10%를 주식배당했다면 주식배당금은 4,900,000원이 된다)

4 ⑤ 주식할인발행차금

5 ③ 재무구조개선적립금

6 자본거래에서 생긴 이익은 포괄손익계산서를 거치지 않고 바로 재무상태표의 자본잉여금에 반영되어 자본을 증가시킨다. 영업거래 등을 통한 이익은 포괄

손익계산서에 반영되고 수익과 비용을 상계한 결과치인 당기순이익이 산출되면 이들 중 배당금을 제외하고 재무상태표의 이익잉여금에 누적된다. 즉, 자본잉여금과 이익잉여금은 모두 회사의 자본을 증가시키는 것이지만, 그 재원이 다르다는 차이점이 있다.

7 기말자본금 : 150원
자본잉여금 : 50원
이익잉여금 : 100원

8 자본조정은 (−)주식할인발행차금 2,000만원
기타포괄손익누계액은 (+)FVOCI금융자산평가이익 3,000만원
⇒ 1,000만원(FVPL금융자산평가이익 1,000만원은 이익잉여금에 포함)

9 회계기준에 따르면 자기주식은 재무상태표 자산란에 기록되지 않고 자본의 차감항목인 자본조정항목으로 기록된다. 이는 회사 스스로 발행했던 주식을 다시 매입한 것이기 때문에 더 이상 해당 금액만큼의 자본이 필요하지 않다는 의미가 될 수 있으므로, 이것을 자산으로 본다면 논리적인 모순이 될 것이다. 따라서 회계기준은 자기주식을 자산으로 분류하지 않고 자본의 차감계정으로 간주하는 것이다. 그러나 자본시장에서 쉽게 매각을 통해 현금화시킬 수 있는 성격이라는 관점에서 볼 때 일부 학자들은 주식을 소각하기 이전에 자산성이 있다는 주장을 지속적으로 하고 있다.

10

차변	금액	대변	금액
(차) 현 금	150,000,000	(대) 자 본 금	50,000,000
		주식발행초과금	100,000,000
(차) 자 기 주 식	40,000,000	(대) 현 금	40,000,000
(차) 자 본 금	5,000,000	(대) 자 기 주 식	20,000,000
감 자 차 손	15,000,000		
(차) 현 금	25,000,000	(대) 자 기 주 식	20,000,000
		자기주식처분이익	5,000,000
(차) 주식발행초과금	5,000,000	(대) 자 본 금	5,000,000
(차) 재 고 자 산	10,000,000	(대) 현 금	10,000,000
(차) 현 금	20,000,000	(대) 매 출	20,000,000
(차) 매 출 원 가	10,000,000	(대) 재 고 자 산	10,000,000
(차) 이익잉여금	2,000,000	(대) 현 금	2,000,000

(차) 이익잉여금	2,000,000	(대) 자 본 금	2,000,000
(차) 이익잉여금	200,000	(대) 이익준비금	200,000
		(이익잉여금)	

(이익잉여금에 이익준비금이 포함되므로 이익잉여금 총액의 변화가 없음)

재무상태표

20×2년 12월 31일 현재

현 금	143,000,000	자 본 금	52,000,000
		자본잉여금 :	
		주식발행초과금	95,000,000
		자기주식처분이익	5,000,000
		자 본 조 정 :	
		감 자 차 손	(15,000,000)
		이익잉여금 :	
		이익준비금	200,000
		미처분이익잉여금	5,800,000
자산합계	143,000,000	부채및자본합계	143,000,000

* 현금 1억 4,300만원
  [=1억 5,000만−4,000만+2,500만−1,000만+2,000만−200만]
* 이익잉여금 600만원[=2,000만−1,000만−400만+20만−20만]

포괄손익계산서

20×3년 1월 1일~12월 31일

매 출	20,000,000
매 출 원 가	(10,000,000)
당기순이익	10,000,000

11

(1) × : (+)일 수도 있다.
(2) × : 자기주식, 감자차손은 자본조정
(3) ○
(4) ○
(5) ○
(6) × : 자본소성 0
(7) × : 자본잉여금 감소
(8) ○
(9) × : 100원
(10) × : 법정적립금은 이익잉여금

(11) × : 감자차손익은 없다.

(12) × : 현금지출액만큼 자산 감소, 자본조정은 자본의 차감항목

(13) × : 미교부주식배당금은 자본조정의 (+)항목. 자본합계는 변동 없다.

(14) × : (−)100원

(15) × : 100원

(16) ○

(17) ○

(18) ○

12

2월 28일 자본조정 2,000,000원[=미교부주식배당금]
자본합계 94,000,000원[=100,000,000−6,000,000(현금배당)]

5월 31일 자본조정 (−)8,000,000원[=(−)14,000,000(자기주식)+3,500,000(자기주식소각)−1,000,000(감자차손)+3,500,000(자기주식처분)]
자본합계 84,000,000원[=94,000,000(2월 28일 현재 자본합계)−14,000,000(자기주식취득)−2,500,000(감자에 따른 자본금 감소)+3,500,000(자기주식소각)−1,000,000(감자차손)+3,500,000(자기주식처분)+500,000(자기주식처분이익)]

2월 1일	(차)	임의적립금	3,000,000	(대)	미처분이익잉여금	3,000,000
	(차)	미처분이익잉여금	8,000,000	(대)	미지급배당금	6,000,000
					미교부주식배당금	2,000,000
3월 1일	(차)	미지급배당금	6,000,000	(대)	현 금	6,000,000
	(차)	미교부주식배당금	2,000,000	(대)	자 본 금	2,000,000
4월 1일	(차)	자 기 주 식	14,000,000	(대)	현 금	14,000,000
5월 1일	(차)	자 본 금	2,500,000	(대)	자 기 주 식	3,500,000
		감 자 차 손	1,000,000			
	(차)	현 금	4,000,000	(대)	자 기 주 식	3,500,000
					자기주식처분이익	500,000

제10장 기타 회계 주제들

1 현금주의 순이익인 1,000원에는 포함되어 있지 않지만 용역수익은 발생주의에 따르면 수익으로 계산해야 하며, 선급임차료는 현금주의에 따르면 비용이 되었겠지만, 발생주의에 입각하여 아직 비용이 아니다.
따라서 1,000+200+300=1,500원이 발생주의 순이익이다.

2 발생주의에 의해 계산한 이익은, 기업이 벌어들인 부가가치를 진정하게 측정한 이익임에 틀림없다. 하지만 이는 100% 신용사회를 가정할 때 성립하는 것이다. 일반적으로 일부 예상치 못했던 신용위험 때문에 부도가 발생하여 받아야 하는 현금을 받지 못하는 경우가 생길 수 있는데, 이런 위험이 존재하는 한 포괄손익계산서를 100% 신뢰할 수 없다. 따라서 보조적인 현금 관련 자료가 필요하게 되었는데, 이를 위해 현금흐름표를 보고하는 것이 의무화되었다.

3 (1) 수익은 실현되었거나 가득되었을 때 인식한다는 것이다. 현금을 받았다 하더라도 아직 수익이라 할 수 없는 경우가 있으며 일을 해주기로 했다는 약속만으로는 수익의 인식요건을 충족시키지 못하는 것이다.
(2) 비용으로 정의하는 부분은 반드시 수익에 기여한다는 사상에서 비롯된 현대 회계의 근간을 이루는 원칙이다. 따라서 추정을 하는 한이 있더라도 수익이 발생한 회계연도에 인과관계를 갖는 비용을 인식하는 원칙이다.

4 ②가 정답 : 이익잉여금은 당기순이익의 누적치를 근간으로 하고 있으며, 자본에는 자본금, 자본잉여금, 이익잉여금, 자본조정, 기타포괄손익누계액 등 다섯 가지가 있다. 일반적으로 유동자산은 재고자산, 현금, 매출채권 등이며, 유형자산은 비유동자산에 포함된다.

5 ①이 정답 : 외부 회계정보이용자를 위하여 재무회계분야가 있다.

6 ③이 정답 : 미래수익에 기여할 수 있는 것으로 정의되는 것은 자산이다.

7 ④가 정답 : 비용은 수익에 기여하는 기간에 귀속되는 것이고 현금지출과는 관계없이 인식된다. 기타수익은 포괄손익계산서에서 (+)항목이다. 기타포괄손

익은 당기순이익과 별도로 구분하여 포괄손익계산서에 보고된다.

8 ④가 정답 : 복식부기는 한 거래를 두 번 기록하는 것을 말하며, 그 결과로서 나타나는 여러 재무제표 중 중요한 두 가지가 재무상태표와 포괄손익계산서이다.

9 ③이 정답

① 주영업과 관련 없는 수익은 기타수익 또는 기타포괄손익에 포함된다.

② 유형자산은 비유동자산이다.

④ 수익인식과 현금수령은 관계없다.

10 ③이 정답

① 비용과 현금지출은 직접적인 관계가 없다.

② 미래수익에 기여하는 것은 자산이다.

④ 기타수익과 기타비용은 포괄손익계산서에 기록된다.

11 ④가 정답

① 기타비용 등 여러 가지가 있다.

② 기타수익 등 여러 가지가 있다.

③ 자본조정과 기타포괄손익누계액도 있다.

12 ④가 정답 : 공정가로 평가하는 경우가 회계기준에 늘어나고 있다.

13 유형자산은 판매목적이 아니고 사용할 목적이므로 설령 시장가치보다 낮게 평가되어 있다 하더라도 문제가 될 게 없다. 그러나 유가증권은 언제든 매도하여 현금조달이 가능한 자산이므로 시가보다 낮게 평가되어 있으면 이를 시가대로 조정할 필요가 있다. 한편, 선수수익이 많아 현금을 많이 보유하고 있을 경우, 포괄손익계산서에 적자가 발생하더라도 차기 이후 매출액계상이 될 부분이 많이 있다는 의미가 되므로 긍정적인 요인이 된다.

14 이 회사의 유동비율과 부채비율, 매출채권회전율은 산업평균보다 높으며, 재고자산회전율은 산업평균보다 작다. 따라서 단기적으로는 매출채권회수는 잘되고, 유동성도 있어서 자금압박의 우려는 없으나, 장기적으로 볼 때 부채비율 과다와 판매부진(재고자산회전율이 낮으므로) 때문에 어려움이 예상될 수 있다.

15 산업평균보다 높은 항목은 매출액순이익률, 재고자산회전율이며, 산업평균보다 낮은 항목은 부채비율과 매출채권회전율이다. 따라서 당장 판매는 잘되고 수익성도 좋으며, 재무구조도 양호하다고 할 수 있으나, 매출채권회수 부진에 따라 현금흐름에 제약이 가해질 수 있는 위험요인이 상존하고 있다.

16 (800－300)×X－40,000＝10,000원에서 X(판매량)는 100개를 팔아야 이익 10,000원이 달성되며, 이를 위한 매출액은 100개×800원＝80,000원이다.

17 (500－300)×20－F(고정원가)＝0이었으므로 고정원가는 4,000원이다.

18 이익 대비 주가가 높다면(PER이 높다면), 긍정적으로 볼 때에는 미래에 대한 전망이 좋다는 의미이고, 부정적으로 볼 때에는 시장이 과잉반응하여 주가가 지나치게 높다는 의미이다. 이익 대비 주가가 낮다면(PER이 낮다면), 긍정적으로는 주가가 너무 낮으므로 향후 주가가 높아질 것이라는 의미가 되며, 부정적으로는 우리가 모르는 나쁜 일이 있기 때문에 그 정도의 이익에도 주가가 이만큼밖에 안 된다는 식의 논리가 가능하다.

19 제품단위당 가격이 3,000원이고 매출액이 6,000,000원이므로 제품개수는 2,000개가 되어야 한다.

(물음 1) 당기순이익 1,000,000원[＝6,000,000－4,000,000－1,000,000]
(물음 2) 제품단위당 공헌이익 1,000원[＝(6,000,000－4,000,000)/2,000개]
(물음 3) (단위당 가격 3,000－단위당 변동비 2,000)×X(손익분기점 판매량) －1,000,000＝0이 되는 X는 1,000개이다.
(물음 4) 손익분기점에서의 매출액 3,000,000원[＝1,000개×3,000원]

20 〈사례 1〉 제품단위당 공헌이익 100원[＝250－150]
순손익 500,000원[＝2,500,000－1,500,000－500,000]
〈사례 2〉 총공헌이익 1,000,000원[＝800,000＋200,000]
변동원가 1,000,000원, 판매량 10,000개

21 (150만원－100만원)×X－250만원＝0이 되는 X는 5명이다.

22 사용을 전혀 하지 않을 경우, 1번 요금체계가 18,000원, 2번 요금체계가 36,000원이므로 1번 요금체계가 유리하다. 그러나 전화를 많이 사용할 경우, 2번 요금체계가 점차로 늘어나는 요금의 속도가 줄어들게 된다. $18{,}000+X\times20=36{,}000+X\times18$에서 X는 9,000단위, 즉 90,000초 이상 사용할 때 2번 요금체계가 유리하다.

23 별도의 변동원가는 없으므로 3,000원×X(판매수량)=900,000원에서 300매를 판매해야 한다.

24 (물음 1) 10,000개 이하인 경우, (5만원−1만원)−1만원=3만원(1개당 공헌이익)
10,000개 이상인 경우, 5만원−1만원=4만원(1개당 공헌이익)
고정원가는 3억원(1억원+2억원)
목표이익은 2,000만원이므로 (1−0.5)로 나눈 4,000만원의 이익을 실현해야 한다. 10,000개를 판매할 경우, 총공헌이익이 3억원이므로 고정원가 3억원이 회수된다. 이제부터 1개당 4만원의 이익이 증가한다. 따라서 1,000개를 더 만들면 4,000만원의 이익이 실현되어 목표이익 2,000만원을 달성할 수 있다. 즉, 11,000개를 만들어야 한다.

(물음 2) 15,000개가 팔리면, 5,000×4만원=2억원의 이익이 실현된다.
외주제작만을 하게 되면 11,000개가 팔리지만 원가가 줄어든다. 즉, 10,000개 이하에서 공헌이익이 4만원, 10,000개 이상에서 공헌이익이 5만원이다. 그리고 고정원가는 2억원이다.

따라서 10,000개를 팔았을 때, 4억원−2억원=2억원의 이익이 실현되며, 추가로 1,000개를 팔았을 때, 1,000개×5만원=5천만원의 이익이 추가로 발생한다. 즉, 외주제작만 했을 때 11,000개가 팔린다면 5,000만원만큼 더 유리하다.

25 (물음 1) (7,000−2,000)×X−10억원=5억원/(1−0.5)
X=20억원/5,000=400,000명

(물음 2) (7,000−1,000)×X−26억원=5억원/(1−0.5)
X=36억원/6,000=600,000명

찾아보기

[ㅇ]

저자약력

황 규 진(黃圭振) 현재 동양미래대학교 경영학부에서 회계, 재무관리 등의 분야를 담당하고 있다. 서강대학교 경영학과를 졸업하였고, 동 대학원에서 경영학석사(회계전공)와 경영학박사(회계전공) 학위를 취득하였으며, University of Houston의 객원교수로 연구활동을 수행한 바 있다. 실무경력으로는 한국장기신용은행 경제연구소에서 애널리스트로 재직하며 증권시황분석 및 산업분석, 상장기업분석 등의 연구업무를 수행한 바 있다. 최근, 연결재무제표, 금융자산회계, 기업가치평가 등에 대한 연구를 진행중에 있다.

김 범 건(金範建) 현재 동양미래대학교 경영학부에서 회계분야 교과목을 담당하고 있다. 한밭대학교 회계학과를 졸업하였고, 서울시립대학교에서 경영학석사(회계전공)와 서강대학교에서 경영학박사(회계전공) 학위를 취득하였다. 최근, 세무회계, 회계감사 분야에 대한 연구를 진행하고 있다.

회계원리

2026년 1월 5일 제1판 1쇄 인쇄
2026년 1월 15일 제1판 1쇄 발행

저 자 황규진 · 김범건
발 행 인 권 영 섭
발 행 처 (주) 신 영 사
경기도 파주시 심학산로 12(출판문화단지)
등 록 : 1988. 5. 2 / 제406-1988-000020호
전 화 : 031-946-2894(代)
F A X : 031-946-0799
e - mail : sys28945@naver.com
홈페이지 : http://www.shinyoungsa.co.kr

저자협의 인지생략

정가 **26,000**원 ISBN 978-89-5501-902-5